Reliure Devel 1985

# H. M. STANLEY

## DANS LES

# TÉNÈBRES DE L'AFRIQUE

### RECHERCHE, DÉLIVRANCE ET RETRAITE

### D'EMIN PACHA

OUVRAGE TRADUIT DE L'ANGLAIS AVEC L'AUTORISATION DE L'AUTEUR

Contenant 150 gravures

D'APRÈS LES DESSINS DE

A. FORESTIER, SYDNEY HALL, MONTBARD, RIOU

ET TROIS GRANDES CARTES TIRÉES EN COULEURS

TOME SECOND

PARIS
LIBRAIRIE HACHETTE ET C$^{ie}$
79, BOULEVARD SAINT-GERMAIN, 79

1890

DANS

# LES TÉNÈBRES DE L'AFRIQUE

## OUVRAGES DU MÊME AUTEUR

### PUBLIÉS PAR LA LIBRAIRIE HACHETTE ET Cⁱᵉ

**Dans les Ténèbres de l'Afrique.** Relation de la dernière expédition de H. M. Stanley à la délivrance d'Emin Pacha, gouverneur de l'Équatoria. 2 volumes, 150 gravures sur bois et 3 cartes, brochés. . . . . . . . . . . . . . . . . . . . . . . . 30 fr.
      reliés. . . . . . . . . . . . . . . . . . . . . . . . 38 fr.

**Comment j'ai retrouvé Livingstone.** Voyages, aventures et découvertes dans le centre de l'Afrique. Ouvrage traduit de l'anglais par Mᵐᵉ H. Loreau; 5ᵉ édition. 1 volume avec 60 gravures et 6 cartes. . . . . . . . . . . . . . . . . . . . . . . . 10 fr.
*Le même ouvrage*, sur papier de Chine. . . . . . . . . . . . . . . . . 20 fr.

**A travers le continent mystérieux**, ou les Sources du Nil, les grands lacs de l'Afrique équatoriale, le fleuve Livingstone ou Congo jusqu'à l'Atlantique. Ouvrage traduit sous la direction de Mᵐᵉ H. Loreau. 2 volumes avec 150 gravures et 9 cartes. 20 fr.

T. H. PARKE.     NELSON.     H. M. STANLEY.     A. J. MOUNTENEY JEPHSON.
W. G. STAIRS.

STANLEY ET SES COMPAGNONS.

# H. M. STANLEY

DANS LES

# TÉNÈBRES DE L'AFRIQUE

RECHERCHE, DÉLIVRANCE ET RETRAITE

D'EMIN PACHA

OUVRAGE TRADUIT DE L'ANGLAIS AVEC L'AUTORISATION DE L'AUTEUR

Contenant 150 gravures

D'APRÈS LES DESSINS DE

A. FORESTIER, SYDNEY HALL, MONTBARD, RIOU

ET TROIS GRANDES CARTES TIRÉES EN COULEURS

TOME SECOND

PARIS

LIBRAIRIE HACHETTE ET C<sup>ie</sup>

79, BOULEVARD SAINT-GERMAIN, 79

1890

Tous droits réservés.

# DANS
# LES TÉNÈBRES DE L'AFRIQUE

## CHAPITRE XXI

### TROISIÈME VOYAGE AU NYANZA

(Du 18 août au 19 octobre 1888.)

M. Bonny et les Zanzibari. — Les plaintes des Zanzibari. — Harangue de Stanley. — Conversations avec Feradji et Sélim. — Ma réponse. — Récits enthousiastes sur l'abondance des vivres au Nyanza. — Nous attendons Tippou-Tib à l'île de Boungangeta. — Revue de l'expédition avant le départ. — Lettre de Jameson datée des chutes Stanley, 12 août. — Départ de la flottille. — Les rapides du Mariri. — Visite d'Ougarrououé et de Sélim bin Mohammed. — Tippou-Tib, le major Barttelot et les porteurs. — Sélim bin Mohammed. — Ma réponse à Tippou-Tib. — Sélim et les Manyouema. — Les Batoundou. — La variole parmi les Manyouema et les porteurs madi. — Deux folles. — Deux autres Zanzibari tués en maraude. — Promesses violées. — Les Ababoua et leurs armes. — Le rapide aux Guêpes. — Dix hommes tués et mangés par les natifs. — Accident de canot à Manguinni. — Le razzieur Lakki à Mambanga. — Feroudji et l'antilope. — Djabou, notre cuisinier, tué par une flèche empoisonnée. — Les chutes de Panga. — Autres malheurs causés par les natifs. — Rapides de Nedjambi. — Les flèches empoisonnées. — Rapides du Mabengou. — Une naissance. — Notre liste de malades. — Affection entre indigènes. — Une tornade aux Petits Rapides. — Le village de Bavikaï. — Observations sur la malaria. — Choc avec les natifs de Bavikaï. — Un nuage d'éphémères au Large des Hippos. — Incident à Avayabou. — Mort du garçon Soudi. — Résultat du vaccin sur les Zanzibari. — Zanzibari piqués par des guêpes. — Graves accidents aux rapides d'Amiri. — Nos pertes. — La variole. — La caravane se munit de vivres.

La matinée du jour qui suivit l'arrivée de la colonne à Banalya ramena forcément mon esprit sur l'affligeant et bizarre concours de circonstances rapporté dans le précédent chapitre. Je dus croire un instant que la coupe n'était pas comble, et que de nouvelles épreuves m'attendaient encore de ce côté.

Dans le livre de loch du 18 août on pourrait voir que les Soudanais et les Zanzibari de l'arrière-garde s'assemblèrent de leur propre mouvement, pour me soumettre leurs doléances. Je venais justement de lire, dans le récit officiel de M. Bonny : « Avec l'aide de Dieu je m'efforcerai de faire que l'expédition réussisse mieux que par le passé ». Ses rapports, écrits ou oraux, sa conduite ferme et décidée pendant les heures terribles du 19 juillet, son indifférence au sombre destin que pouvaient lui réserver les dangers dont il était assailli; son impassibilité presque grandiose, comme si chacune des circonstances de sa vie avait été ce qu'elle devait être, sa consciencieuse fidélité au devoir, tout cela fit que, d'un seul bond, M. Bonny s'éleva dans mon estime à une merveilleuse hauteur. Je savais que le major Barttelot avait découvert en lui des facultés remarquables, qui, par malheur pour mon jugement, m'avaient échappé jusque-là. Mais je n'eus pas plus tôt donné à un des chefs de la seconde colonne la permission de parler, qu'il m'avoua ceci : la première journée de marche vers l'est sous les ordres de M. Bonny devait être le signal de la défection complète de ses porteurs.

Je l'écoutai avec patience. — Des 101 ou 102 pagazi que je retrouvais, 60 seulement semblaient avoir quelque chance de survivre à leurs épreuves. Tous paraissaient indiciblement misérables et quelques-uns, brisés à tout jamais; on lisait sur plusieurs visages la malice, la rancune, la haine.

« Asseyez-vous, mes enfants, leur dis-je, et causons de bonne amitié »; et quand ils se furent placés en demi-cercle devant moi, et, derrière eux, mes robustes guerriers du Nyanza, je leur parlai en ces termes :

« Eh bien! pauvres amis, les jours de larmes et de lamentations sont passés. Séchez vos yeux et réjouissons-nous! Voyez les solides gaillards qui m'accompagnent; pas un ne pleure! Ils sont heureux et fiers; le plus dur de notre ouvrage est fait; ils ont vu le Pacha blanc; il leur a donné de la viande, du lait et du millet; il a loué leur courage. Pleurez, oui, mais pleurez de joie, car maintenant chacun de vos pas va vous rapprocher de Zanzibar! Je reviens du Nyanza afin de prendre avec moi ceux qui, depuis si longtemps, étaient perdus pour nous. Je vous ai retrouvés, grâce au ciel. Que le passé soit bien passé! Ne pensez plus à vos souffrances, mais vivez dans l'espoir d'un meilleur avenir! Il me fallait aller en avant pour vous ouvrir la route et secourir le blanc prêt à succomber. Tout cela, je vous l'avais dit avant de partir; je vous avais dit que, dès que je l'aurais trouvé, je reviendrais vous porter les bonnes nouvelles. J'ai tenu ma parole; avez-vous tenu la vôtre?

« Non; vous ne m'avez pas cru! quand les fuyards de notre troupe sont retournés vers vous et, la bouche grande ouverte, vous ont dit des menteries pour cacher leur crime d'avoir déserté, vous, les oreilles grandes ouvertes aussi, vous les avez écoutés. Vous portaient-ils des lettres d'aucun de nous? Non! mais ils avaient dans leurs bagages des montres d'argent et des burnous arabes rayés d'or. Les pagazi trouvent-ils ces choses dans la forêt? Pourquoi ne leur avez-vous pas dit : Montrez-nous le lieu, nous irons avec vous, et nous en emporterons aussi? — Toutes ces choses-là, ces hommes nous les avaient dérobées, puis ils se sont enfuis avec leur butin. Ouledi Ambari a pillé ses camarades, Moa leur a volé trois montres d'argent. Charley n° 1 a choisi les meilleurs couteaux de Zanzibar, des bagues d'argent, des anneaux d'oreille en or, de beaux *kitanibi*; les manteaux arabes et les chemises du Caire, ils les ont pris dans nos ballots.... Ils vous ont fait voir tout cela, et vous avez cru que nous étions morts, que j'avais reçu dix-sept balles, que tous les blancs moins un avaient été tués, et que celui qui restait s'était sauvé du côté d'Oudjidji. Oh! gens de peu d'entendement!

« Quoi, près de 400 Zanzibari et 6 blancs, tous morts, sauf quelques-uns, et ces quelques-uns allés à Oudjidji, au lieu de revenir vers vous, leurs frères et amis? Et vous avez cru cela? Je croyais les Zanzibari moins simples; j'en ai vu de plus avisés en mon temps!

« Et si je n'étais pas mort, comment avez-vous pu penser que je vous aurais oubliés, vous et mes fils blancs que j'ai laissés avec vous! Vers qui serais-je venu, sinon vers mes enfants, si j'avais été dans la détresse ou incapable d'aller plus loin? Ne pas me voir arriver était une preuve que nous allions de l'avant et faisions bon ouvrage. Voyez! les voleurs, les déserteurs, ne sachant où s'enfuir, sont bien retournés ici!

« Oui, je sais comment cela vous est venu! Vous êtes restés à pourrir dans le camp couchés sur le dos, tournant et ressassant, jusqu'à ce que la tique ait creusé son trou dans votre cervelle, la même idée dans votre tête, l'idée que vous étiez perdus. Satan vous a fait rêver des maux et de la mort. Vous vous êtes endurci l'esprit, et vous avez été cruels envers vous-mêmes. Au lieu d'aller trouver les petits maîtres, de leur exposer vos chagrins et vos plaintes, vous avez dit *Mambou Koua Moungou!* C'est la volonté de Dieu! Nos maîtres ne se soucient plus de nous: nous ne nous soucierons pas d'eux.

« Voyons, Feradji, tu es le capitaine de ces porteurs. Quelles plaintes as-tu à faire : les blancs t'ont-ils maltraité?

— Non, mais ils ont maltraité quelques-uns de mes hommes.

— Lesquels?

— Des Zanzibari qui n'étaient pas assez actifs et *tchap a tchap*.

— Que leur ont-ils fait?

— Ils les ont frappés de verges.

— Mais pourquoi les blancs voulaient-ils que vos hommes fussent plus *tchap a tchap*? Est-ce qu'il y avait alors beaucoup d'ouvrage?

— Non; quand le vapeur est parti, nous n'avons pas eu grand'chose à faire. Tasser la terre des retranchements, nettoyer le camp, couper du bois, pendant la nuit monter la garde; mais les (paresseux et inutiles) *goï-goï* ne voulaient pas répondre quand on les appelait. Alors les blancs s'impatientaient et criaient plus fort. Alors les goï-goï arrivaient lentement, paresseusement, petit à petit, et disaient qu'ils avaient mal à la tête, ou au dos, à la poitrine, ou aux pieds, partout. Alors les maîtres se fâchaient et disaient : « Ça, ce « n'est pas vrai. » Et tous les jours c'était la même chose!

— Mais nettoyer le camp, aller chercher du bois, monter la garde la nuit, est-ce donc beaucoup d'ouvrage pour une troupe de 250 hommes?

— Ce n'est aucun ouvrage.

— En a-t-on puni d'autres que les goï-goï?

— Non, excepté les voleurs.

— Y a-t-il eu beaucoup de voleurs?

— Tous les voleurs de Zanzibar, je crois, s'étaient engagés dans ma troupe.

— Non, pas tous, Feradji! j'en avais quelques-uns dans la mienne, puis il a bien fallu en laisser à la côte! »

On rit. « Tu dis vrai, repart Feradji, mais il nous en restait assez. Baguettes de laiton, cauris, nippes, tout disparaissait : les Zanzibari accusaient les Soudanais; les Soudanais dénonçaient les Somali, et les Somali les Zanzibari; puis le tour recommençait. Prenez n'importe quoi, mettez-le sous votre oreiller, roulez-le dans votre natte ou faites-en un tout petit paquet à mettre sous votre tête, et voilà, le matin, ça n'y est plus. Vrai, je croyais qu'on finirait par me voler les dents!

— Tes blanches dents, Feradji! ça ne s'achète pas!

— Non, louange en soit à Allah! elles sont nées avec moi; mais on a grand raison de se défier des voleurs.

— Mais dis-moi, Feradji, ils volaient donc toujours?

— Oui; la faim les y poussait. La faim a tué le grand lion de la fable; la faim tue le plus fort des hommes.

— La faim! puis-je te croire? La faim? quand j'ai vu tant de champs de manioc par ici!

— Le manioc, maître! Ça va bien pendant un temps, mais il y faudrait un peu de sauce.

— De la sauce? Que veux-tu dire?

— Le manioc, le manioc tout sec, sans autre chose, manioc le matin et à midi et le soir, toujours le manioc, rien que le manioc et ni sel, ni poivre, ni poisson, ni viande, ni huile, ni beurre, ni graisse d'aucune sorte pour lui aider à descendre le gosier,... ça finit par ne plus passer. Aujourd'hui ou demain, donne à l'appétit quelque chose de nouveau à voir ou à sentir avec le manioc, et le Zanzibari est content. Sans ça, un beau jour l'estomac ferme sa porte et ne veut plus rien prendre, et voilà, l'homme meurt!

— Je comprends, mais j'avais laissé du sel dans le magasin. C'est pour acheter du poisson, des bananes, de l'huile de palme que nous avons apporté le cuivre, les cauris, les perles, le sel.

— Ah! voilà, tu arrives au point, maître.... Quelquefois, très souvent, il se passait bien des jours sans qu'on nous en donnât!

— Mais il y en avait d'emmagasiné; sûrement les blancs avaient quelque raison pour ne pas vous en donner?

— Les voleurs encore, qui prenaient des haches et des

cognées et les vendaient aux indigènes pour du poisson. Ceux avec lesquels ils partageaient leur poisson refusaient de dire qui étaient les voleurs, et alors nous n'avions plus ni cauris, ni baguettes de laiton.

— Mais après tout, Feradji, quand même le manioc tout seul serait sec, comme tu dis, c'est une fort bonne nourriture. De Banana aux chutes Stanley, tous les noirs ne vivent que de manioc; tous les Zanzibari qui autrefois m'accompagnèrent au Congo en ont vécu pendant six ans. Je ne puis comprendre pourquoi le manioc aurait tué cent de vos hommes en onze mois. Quand sont-ils tombés malades?

— A ton départ, il y en avait déjà une douzaine, les uns avaient des ulcères, les autres souffraient des entrailles ou de la poitrine. Quelques-uns guérirent, mais au bout de quatre semaines plusieurs de nos porteurs dépérissaient; il y en eut qui devinrent toujours plus faibles, toujours plus maigres; puis ils sont morts et nous les avons enterrés. Quand les autres arrivèrent de Bolobo, nous ne leur ressemblions plus du tout : nous du campement de Yambouya, nous étions étiques et mourants, et eux, gros et forts. Mais, un mois après, à leur tour ils commencèrent à souffrir; et puis on en enterra un, deux, quelquefois trois en même temps. Au bout de quelques semaines il n'y avait plus aucune différence entre les gens de Bolobo et ceux de Yambouya.

— Mais de quoi donc mouraient-ils? Avez-vous eu quelque maladie : choléra, petite vérole, fièvre ou dysenterie?

— Non, nos hommes ne sont morts d'aucune de ces maladies. Peut-être les Somali ou les Soudanais ne se faisaient-ils pas au climat; mais ce n'est pas le climat qui a tué les Zanzibari.

— Tu dis donc que ce n'est ni la courbache, ni le trop de travail, ni le choléra, la petite vérole, la fièvre, la dysenterie ou le climat?

— Rien de tout cela n'a fait mourir les Zanzibari.

— Sont-ils morts par les balles, la corde, le poison? Y en a-t-il eu de noyés?

— Non; on ne punissait jamais l'homme sage et de bonne conduite, et toutes les semaines nous avions un jour de repos.

— Eh bien, au nom du prophète Mahomet, jette un coup d'œil sur les quarante hommes assis là-bas à part. Regarde leurs gros yeux, leurs joues creuses, leur cou maigre, chaque côte faisant saillie sur leur corps, les millions de rides sur leur front à peau toute ratatinée. Tu les vois ! D'où vient qu'ils sont dans cet état?

— Dieu le sait.

— Ils dépérissent tous les jours davantage et vont bientôt mourir.

— C'est vrai.

— Voyons, donne-moi ton idée : qu'est-ce qui peut les tuer?

— Je ne le sais pas, maître; c'est peut-être leur destinée.

— Bah! Dieu a beaucoup fait pour toi. Il t'a donné des yeux, des mains pour toucher, des pieds pour marcher, un bon estomac pour digérer, et la raison pour te conduire à travers ce bas monde. Ne dis pas que Dieu a donné la force aux hommes pour les faire se dessécher ensuite de cette façon : j'en cherche la raison et je la trouverai. »

« A ton tour, Sélim, fils de Réchid! Le fils d'un père sage doit être sage aussi. La mort est parmi vous, et je veux savoir pourquoi. Comment se fait-il que toi et les tiens, restés au camp toute une année, ayez perdu plus de vies que nous pendant presque le même temps au milieu des forêts épaisses, en dépit de la faim qui nous pressait, en dépit du rude travail qu'il nous fallait accomplir?

— Je ne suis pas un sage, répondit modestement Sélim. Je ne suis pas un sage, et le monde entier le sait. Je ne suis qu'un tout jeune homme, un porteur qui, pour une petite paie, doit charroyer son fardeau à travers les contrées des païens. La force que j'ai, je la mets entière au service du maître de la caravane. Il nous est arrivé des choses bien amères pendant que tu étais au loin. Mon frère est mort. Tu dois savoir que de l'eau et du manioc tout sec, ce n'est pas assez pour un fils d'Adam. Si nos parents et nos amis sont morts, le manioc doit y être pour quelque chose assurément. Grâce en soit rendue à Dieu, je suis en état, et encore fort, mais en certains jours je me serais vendu comme esclave pour un bon repas! Tout ce qui peut remplir mon ventre vide, je travaille à le trouver, et de cette façon j'ai vécu jour après jour jusqu'à ce que — loués soient Dieu et le Prophète! — tu sois revenu parmi nous. Mais, seigneur, tous les hommes ne sont pas semblables; l'esprit de l'un n'est pas celui de l'autre; les hommes blancs diffèrent entre eux, comme chez nous les noirs, car je vois qu'ils ont des riches et des pauvres; il y en a qui sont en bas, à servir les machines dans le dessous du navire, et il y en a en haut, qui commandent sur le pont. »

« Ah! Sélim a la langue bien pendue », murmura la foule.

Encouragé ainsi, l'orateur s'éclaircit la gorge et reprend :

« La grande faute, vois-tu, en est au manioc. Celui qui croît dans ces contrées est de l'espèce amère, et nous savons tous comment on se trouve après en avoir mangé : les langueurs d'estomac, les vomissements, le tremblement des jambes, le relâchement des muscles; une douleur dans la tête comme si elle était cerclée de fer; la terre tourne et on tombe sans connaissance et comme mort. Je l'ai éprouvé, et je l'ai vu chez les autres. Il y en a parmi nous qui ont trouvé le moyen de le rendre mangeable, mais il y en a aussi qui sont trop paresseux ou déjà trop faibles pour essayer ou pour se soucier encore de vivre.

« Depuis quelque temps je me suis mis à réfléchir que dans nos campements nous ne voyons que morts et enterrements, et nous n'y laissons que des tombes. Nous n'avons plus ni viande, ni sel, ni graisse, ni sauce. Manioc, manioc toujours! Mais si le gosier est sec, comment la nourriture pourra-t-elle descendre? Si l'estomac est dégoûté, il faut bien lui donner quelque chose, graisse ou huile, qui l'aide à digérer!

« On nous avait dit que dans quelques semaines il nous faudrait partir pour les chutes Stanley ou remonter encore la rivière, et nous étions décidés — tous — à quitter le service des blancs. La mort nous a visités; elle est encore chez nous et personne ne peut dire pourquoi. Quelques-uns pensent que c'est parce que nous travaillons pour les blancs; moi je ne le crois pas tout à fait, mais jusqu'à ton arrivée nous étions tous d'accord pour trouver que nous en avions assez. Je voulais te dire une autre chose; c'est ceci : pourquoi mourons-nous, nous qui sommes fils de ce continent, et vous, les blancs, vous vivez? Avant, sur le Congo et dans d'autres voyages, nous, les noirs, nous vivions, c'étaient les blancs qui mouraient. Aujourd'hui c'est tout le contraire, et cent noirs pour un blanc! Oui, maître, la cause de la mort est dans ce que nous mangeons. Les blancs avaient des chèvres, des poules, du poisson : nous n'avons que du manioc. J'ai dit ce que je voulais dire.

— A mon tour de parler maintenant. J'ai écouté, j'ai réfléchi, et tout me semble fort clair. Tu dis que tu mangeais du manioc à Yambouya ; tu en as été malade et nombre d'hommes en sont morts?

— Oui.

— Et tu dis que les gens de Bolobo étaient en bon état quand ils sont arrivés à Yambouya?

— Oui.

— Mais qu'au bout de peu de temps, eux aussi ont perdu leurs forces et sont morts?

— Oui.

— De quoi vivaient-ils, à Bolobo?

— De *tchikouanga*.

— Le *tchikouanga*, n'est-ce pas le pain de manioc?

— Oui.

— Avez-vous fait du pain, aussi?

— Quelques-uns parmi nous.

— Et ces quelques-uns ont vécu! Voici ce qui se passait : Vous alliez dans les champs, vous déraciniez les tubercules de manioc mûrs à ce moment de l'année. Vous en ramassiez des feuilles et les emportiez aussi. Or ce manioc est très amer. Et dans cette amertume gît un violent poison. Il ne tuerait pas des centaines d'hommes seulement, mais la race humaine tout entière. En pelant vos tubercules, vous en coupiez des tranches et les mangiez sans les cuire, vous écrasiez vos feuilles et les mangiez aussi comme *kitoouéo*. C'est ainsi que le poison entrait dans votre corps!

« Les hommes de Bolobo achetaient le pain de manioc que préparent les femmes du pays. Ces femmes mettent les tubercules à tremper dans la rivière pendant cinq ou six jours, jusqu'à ce que l'eau en ait emporté le poison. Elles enlèvent ensuite les fibres, font sécher la pulpe, et quand celle-ci est bien sèche, elles en pétrissent un pain excellent. C'est ce pain qui avait engraissé les gens de Bolobo. Mais les gens de Yambouya râpaient leur manioc ou le coupaient en morceaux pour le sécher au soleil; en le coupant, ils en mangeaient des tranches crues ; et ils n'attendaient pas non plus que les autres fussent sèches, car ils n'avaient pas de réserves et la faim les pressait. Même ceux qui faisaient tremper leurs racines en coupaient souvent quelque jolie rondelle, puis ils hachaient et cuisaient les feuilles pour les manger avec ce pain si mal préparé ; et voilà, le venin les rendait malades et les faisait mourir. Et les gens de Bolobo, quand ils montèrent à Yambouya, firent comme les gens de Yambouya, et eux aussi tombèrent malades et plusieurs en moururent. Voilà pourquoi vous avez laissé une centaine de tombes à Yambouya ; voilà pourquoi tant d'hommes sont frappés. Les blancs ne sont pas morts : ils avaient du riz, des haricots, des biscuits, des poules et des chèvres. Si le climat avait tué vos amis, les blancs seraient morts avant eux, comme on les voit mourir au bas Congo. Non, il ne faut accuser ni le climat, ni le lieu de campée d'être la cause de cette maladie funeste — vertige et douleurs à la tête, vomissements, tremblement des membres, faiblesse des genoux, ramollissement des muscles, dégoût de tout aliment, fatigue de vivre, — mais seulement le poison que contient cette sorte de manioc.

« Ce qu'il vous aurait fallu faire, je vais vous le dire : deux ou trois d'entre vous par peloton auraient, tous les matins, déraciné du manioc en quantité suffisante, puis l'auraient mis à tremper dans la rivière ; de cette façon la cassave n'eût jamais manqué pour vos bouillies et vos gâteaux, et je trouverais en plus deux cents compagnons solides et bien en point pour le retour à Zanzibar.

« Maintenant, écoutez-moi bien : Mangez de ce manioc aussi peu que possible. Ramassez-en beaucoup, et pendant qu'il dégorgera dans la rivière, tâchez de vous contenter de bananes et de plantains. Dans un jour ou deux nous partirons d'ici. On transportera les malades dans une grande île à quelques heures de marche ; là vous préparerez de la cassave pour 20 jours. Ceux qui n'ont pas assez de bananes, qu'ils se fabriquent quelque gril, et qu'ils placent sur le feu leur manioc, coupé en tranches très minces, et l'y laissent jusqu'au matin. Vous le pilerez alors, et le réduirez en farine, et ce que vous mangerez sera bon, pour les blancs comme pour les noirs ! Demain, revenez tous me trouver ; vous pourrez jeter à l'eau tous les sales haillons qui vous couvrent, car je vous habillerai à neuf. En attendant, tenez-vous en joie, et rendez grâce à Dieu de ce que nous sommes revenus pour vous arracher à la tombe ! »

Justement nous possédions le baume qui allait guérir toutes les misères du pauvre troupeau enfermé dans le bercail de Banalya. Nos gens de la première colonne étaient encore tellement enthousiastes du Pays aux Herbes, de sa richesse en grain et en légumes, en vivres de diverses sortes, que, en écoutant leurs révélations, les plus découragés se sentaient renaître à l'espérance. Jamais ils ne se lassaient d'entendre, les autres ne se fatiguaient jamais à redire les merveilles du pays de cocagne où ils avaient réjoui leurs yeux et assouvi leur faim. La flamme des paroles par lesquelles ils décrivaient cette heureuse contrée se reflétait sur les maigres visages et les joues creuses de nos malheureux anémiés, rêvant maintenant de cet Eden où ils trouveraient tant de bonnes choses : le grain et la viande qui leur rendraient des forces, le lait et la farine qui guériraient leur estomac ! Les narrateurs, il faut le dire, passaient rapidement sur les mois de misère endurée avant de franchir la porte du paradis ; les auditeurs, non plus, ne s'attachaient guère à éplucher ces récits : leur imagination, surexcitée par ces perspectives brillantes, laissait dans l'ombre les rudes épreuves de la traversée des forêts. Je prêtais l'oreille au babil de ces grands enfants, sympathisant à leur exaltation, mais les plaignant de toute mon âme : « Inchallah ! disait avec une fervente émotion un de nos jeunes hommes du Nyanza : nous allons nous en donner, un autre régal de viande ! et vous vous rirez des jours où vous n'aviez à mettre sous la dent que des racines et des feuilles de manioc ! » Quoi de plus puissant que ces visions séductrices pour enlever aux pauvres éclopés de Banalya toute idée de prendre la fuite ? Le lait et le miel, la viande et le millet, de bons gages, des cadeaux,... tout cela valait bien le poisson séché des chutes, le bâton du maître d'esclaves, l'incertitude de l'avenir !

Le nuage se dissipait qui, depuis si longtemps, assombrissait les esprits de notre arrière-garde. Mais je ne perdais pas de vue la nécessité de fuir au plus tôt le voisinage de Banalya, le théâtre de la tragédie, la pépinière qui avait produit tant de violences et de méchefs. Les messagers envoyés le 17 août à Tippou pour lui annoncer notre retour avaient dû le rejoindre vers le 24 : je l'attendrais dix jours, lui avais-je écrit, et ces dix jours semblaient interminables à notre bouillante jeunesse, à laquelle les retards calculés, les chicanes du traitant arabe inspiraient un profond mépris. Ce délai, j'en avais besoin, non seulement pour laisser à Tippou le temps de se décider, mais encore pour donner à M. Jameson, qu'on m'assurait être aux chutes, la possibilité de nous rejoindre. Il me fallait enfin réorganiser l'expédition et refaire tous les ballots, par suite des exigences de Tippou-Tib, qui les trouvait beaucoup trop lourds pour ses porteurs, des adolescents presque.

Après trois jours passés au campement, j'embarquai malades et bagages pour une île située en amont, où nous arrivâmes trois heures après; mais Ougarrououé, descendu des rapides aux Guêpes — le lieu où, le 25 juillet 1887, ces maudits insectes nous avaient si bien arrangés, — l'occupait déjà, et nous dûmes continuer jusqu'à l'îlot de Boungangeta, beaucoup moins grand, mais qui nous convenait mieux. Les porteurs manyouema suivirent la route de terre jusqu'au bivouac établi sur la berge qui lui fait face; les nôtres s'y traînèrent par petits groupes, et tellement à loisir, que l'arrière-garde, poussant les derniers retardataires, y entra le 24 seulement, quoique la distance ne fût pas de 10 kilomètres. En 1887 ma colonne l'avait franchie en quatre heures. Mais, depuis lors, les Arabes avaient détruit les vastes établissements de la rive, et la brousse, qui pousse ici avec une si merveilleuse rapidité, ensevelissait déjà décombres, plantations et vergers sous son épais fouillis. Cette courte marche, qui leur avait pris trois jours, me servit de terme de comparaison, et je reconnus d'autant mieux la nécessité de remanier à fond toutes nos appartenances. Quatre demi-charges, deux carabines et deux Manyouema manquaient déjà à l'appel. Sur cet échantillon, et sans consulter le livre de loch, je pouvais jauger la volonté mauvaise et tenace de cette tourbe d'esclaves quand le maître n'est pas là. Impossible, sans Tippou-Tib ou l'un de ses neveux, de conduire ce ramassis de chenapans à travers les vastes solitudes qui s'étendaient devant nous. Neuf kilomètres en trois jours! A ce taux, il nous faudrait quinze mois pour gagner l'Albert-Nyanza. MM. Jameson et Bonny avaient mis quarante-trois jours à faire 145 kilomètres. Leur carnet passe légèrement sur toutes les difficultés de cette route, mais je n'avais jamais mieux apprécié la patience qu'ils leur ont opposée.

M. Bonny rentra le 22 août; jusqu'au 31 nous séjournâmes dans cette île, que rafraîchissait la brise. A chacun de mes hommes du Nyanza je remis 5 *doti* ou 18 mètres de cotonnade, 1 750 grammes de cauris, 450 grammes de perles, 15 baguettes de laiton, et moitié autant à ceux de l'arrière-garde, ou la valeur totale de 19 000 francs aux premiers, de 7 075 aux seconds. Ils méritaient également cette récompense, mais nos pagazi avaient déjà reçu un fort joli trousseau, tandis que les gens du lac étaient encore couverts de peau de chèvre ou d'une étoffe faite avec de l'écorce d'arbre. Cet « argent de poche » leur permettrait de se reposer complètement pendant que les 600 porteurs d'Ougarrououé prépareraient le manioc, cuiraient des gâteaux et des pains comme provisions de réserve, et seraient trop heureux de recevoir en échange de la cotonnade ou autres marchandises.

La reconfection des ballots exigeait ma surveillance personnelle; en outre, il me fallut rédiger mes rapports au Comité, écrire aux Sociétés de géographie de Londres et d'Écosse, qui toutes deux avaient souscrit au fond de secours; palabrer avec nos capitaines manyouema, qui, un jour, protestaient de leur fidélité inébranlable, et, le lendemain, me rompaient la tête des lubies de leurs hommes, de nos pertes par les maladies et la fuite des engagés, par la disparition des ballots; mais à leurs plaintes, à leurs menaces, je répondais à peu près dans les termes de ma lettre du 17 à Tippou : « Si tu ne veux pas venir, c'est bien! Si tu veux venir, c'est bien! Agis librement. Je n'ai pas besoin de toi, mais s'il te plaît de me suivre, j'utiliserai tes services, et te payerai d'après le nombre de charges que porteront tes hommes. » Quelques-uns prirent ce petit discours comme un conseil de s'en aller vaquer à leurs propres affaires, la dévastation et la maraude ; bref, trois seulement demandèrent à m'accompagner avec un certain nombre des leurs : « Si de bonne volonté, leur dis-je, vous restez trente jours avec nous, je confierai ensuite des ballots à vos porteurs. »

Voici la copie de notre recensement du 29 :

|  | Hommes. | Porteurs. |
|---|---|---|
| Zanzibari capables de porter les ballots | 165 | |
| Madi | 57 | 283 |
| Manyouema | 61 | |
| Soudanais, officiers et soldats | 21 | |
| Malades zanzibari | 45 | |
| Somali | 1 | |
| Soldats d'Emin Pacha | 4 | |
| Chefs manyouema, femmes et serviteurs | 108 | |
| 2 officiers et un domestique | 3 | |
| Total | 465 | 283 |

Ballots à emporter dans ce second voyage au lac Albert :

| | | |
|---|---|---|
| Poudre à canon | 37 | caisses. |
| Munitions pour remingtons | 85 | — |
| — pour winchesters | 11 | — |
| — pour maxim | 9 | — |
| Perles en sacs | 19 | — |
| Cauris | 6 | — |
| Rouleaux de fil de laiton | 4 | — |
| Balles d'étoffe | 17 | — |
| Capsules à percussion | 4 | — |
| Divers | 40 | — |
| | 230 | caisses. |

230 charges pour 283 porteurs.

Puis quelques paquets d'articles divers, utiles ou nécessaires aussi longtemps que nous conserverions les pirogues; pains de cassave, munitions à consommer en route, câbles, etc. Quand nous quitterions la rivière, les 230 ballots dont le détail est ci-dessus seraient répartis entre nos engagés. De ceux-ci j'avais 53 en surnombre, car, par suite de la nature des contrées à traverser et de la présente condition de la seconde colonne, les maladies, les combats avec les indigènes, les morts réduiraient notablement ce chiffre, et le jour arriverait, sans nul doute, où nous aurions encore plus de charges que de porteurs, et où les chefs de caravane auraient à épauler des fardeaux. En attendant, nous donnions aux éclopés une bonne chance de se refaire. Pendant quelque soixante jours ils voyageraient en canots, on les nourrirait de légumes, de farine de plantain. Pour la viande, par exemple, inutile d'en espérer : chèvres et poules étaient fort rares; Ougarrououé et les siens avaient mis à sac les deux rives. Et si les porteurs libres de toute corvée voulaient bien, de leur côté, s'abstenir de piller les cases ou de courir, par imprudence et excès de zèle, à la rencontre de dangers inutiles, l'expédition, dans ce second voyage à l'Albert-Nyanza, pourrait perdre beaucoup moins de vies que n'en avait coûté le premier.

Nous étions encore à l'île Boungangeta, qu'on me remit une lettre de M. Jameson, datée de Stanley-falls, 12 août. Il se proposait, disait-il, de redescendre le fleuve jusqu'à Bangala; d'après le messager, il avait le projet de poursuivre jusqu'à Banana. Bangala ou Banana, pour nous c'était tout un : en partant des chutes Stanley, il se séparait de propos délibéré de notre expédition, et rien ne pouvait plus me retenir dans le voisinage de Banalya. J'avais donné ma parole aux officiers du fort Bodo, à Emin et à ses Égyptiens que, le 22 décembre ou à peu près, je serais de retour dans cette station, et au Nyanza vers le 16 janvier. Je regrettais vivement que M. Jameson fût ainsi perdu pour notre entreprise, car les notes du livre de loch plaidaient puissamment en faveur de son mérite, mais je ne devais pas laisser à la fatalité qui s'attachait à notre arrière-garde le temps de réduire encore notre nombre, ou à la garnison du fort Bodo celui de s'inquiéter d'un retard trop prolongé et de perdre la tête parce que j'aurais manqué à ma promesse. J'écrivis cependant à M. Jameson que s'il pouvait réunir cinquante hommes solides et suivre au premier jour la route que lui indiqueraient des arbres coupés et flachés, rien ne lui serait plus facile que de rejoindre une colonne marchant en file indienne sur un sentier hérissé d'obstacles, abatis, marais, marigots et rivières. Mais le lecteur le sait déjà, et nous l'ignorions encore, M. Jameson était mort depuis douze jours quand son messager repartit pour Stanley-falls.

Le 30 août, la flottille entière, 41 pirogues, y compris une douzaine appartenant à Ougarrououé, se mettait en route pour transporter M. Bonny, 239 hommes, leurs effets personnels, vivres, pots pour la cuisine, etc., à 8 kilomètres en amont, à l'escale au-dessus du confluent du Rendi; là nos gens devraient prendre le sentier tracé par nous à notre voyage de retour, tandis que nos canots reviendraient à Boungangeta.

Le lendemain, treize jours s'étant écoulés depuis que j'avais écrit à Tippou-Tib une lettre à laquelle nous n'avions pas reçu de réponse, nous quittâmes l'île pour nous acheminer vers l'est à travers la région des forêts. Les canots emportaient 225 hommes et 275 ballots pesant de 26 à 28 kilogrammes chacun, de la farine, des vivres, les nippes de la troupe et, en dépit d'un soleil brûlant qui nous fit rendre grâce à nos tendelets improvisés, nos gens ramèrent pendant six heures, jusqu'à notre ancien camp au-dessous du bas Mariri. Le 1$^{er}$ septembre, nous arrivions au pied des rapides. La colonne de Bonny avait continué jusqu'à Moupé du sud. Nos innocents Zanzibari et Manyouema ne se doutant pas qu'il y aurait à décharger les canots et à en transporter la cargaison à dos d'homme par voie de terre, nous dûmes leur dépêcher des exprès pour qu'on vînt nous prêter main-forte.

La journée du 2 se passa à pousser les pirogues à la gaffe, et non sans en chavirer deux, pour leur faire remonter les premiers obstacles; le lendemain, notre petite troupe franchissait les rapides supérieurs, et à midi nous étions réunis à Moupi.

Ougarrououé nous avait suivis avec sa flottille pour compléter ses achats d'ivoire; il campait près du village du haut Mariri. Ayant bâclé mes lettres aux Sociétés de Géographie, je le priai de voir à ce qu'on les fît expédier en Angleterre; le 4, il revint avec le neveu de Tippou-Tib, Sélim bin Mohammed, dont il a été beaucoup parlé à l'occasion du major Barttelot et de M. Jameson. Cet homme est de taille moyenne, un peu mince, très actif; il a les traits réguliers des Arabes, mais gâtés par la petite vérole : sa physionomie exprime le courage et l'audace.

Ce que nous en avait raconté M. Bonny et ses mauvais procédés envers M. Barttelot me portaient à croire que je m'étais mépris sur son compte, mais notre entrevue me fit revenir à mon impression première sur l'oncle et le neveu. La voici dans toute sa simplicité : ces deux hommes sont assurément capables de prendre la vie d'un Gentil sans le plus léger remords; mais seule la soif de la vengeance les pousserait à préparer de sang-froid le meurtre d'Arabes ou de blancs. Ni l'un ni l'autre n'avait le moindre avantage à tuer Barttelot ou à ruiner sa caravane : pourquoi leur imputer ces méfaits? Je ne vois aucune raison de douter que Tippou-Tib n'ait envoyé ou même conduit en personne, des chutes à l'Arouhouimi, les porteurs dont il est question dans la lettre de M. Jameson. Mais ses excuses, au retour, de n'avoir pu découvrir notre campement sont bonnes pour les béjaunes. Elles prouvent qu'il ne s'en souciait guère, que la récompense promise ne l'alléchait pas. Barttelot, tout de suite, aurait dû « faire celui qui n'y pense plus ». Mais, par malheur, ces jeunes gens ne songèrent qu'à l'amadouer, ils prièrent et supplièrent, et les deux finauds, comprenant qu'un service réclamé avec tant d'insistance valait beaucoup d'argent, haussèrent leur prix, non par mauvaise volonté, mais parce que la tentation était trop forte. Le traité que Tippou avait signé, la reconnaissance qu'il me devait, il a tout oublié en sa soif de richesse, toujours excitée mais jamais assouvie. Le major était dans l'impossibilité de satisfaire à ces demandes, mais l'oncle et le neveu croyaient ces deux officiers très riches, et encore plus les patrons de notre entreprise. « Ils en ont envie, eh bien! ils payeront! disaient-ils. Stanley a été bon pour nous[1], mais on ne travaille pas pour rien, même pour un ami; l'amitié coûterait trop cher! » et ils ont serré un peu plus l'écrou... avec succès, il faut l'avouer. Quand Tippou prenait son air indifférent — et il ne lui en coûtait guère, — on s'empressait de ranimer son zèle au moyen de cadeaux. Si Sélim bin Mohammed paraissait contrarié, de mauvaise humeur, il parlait de susceptibilité blessée, le major ouvrait ses caisses, en tirait une tunique d'uniforme aux couleurs éclatantes, ou lui envoyait une carabine d'un millier de francs, un ballot de cotonnade ou des revolvers à crosse d'ivoire. Si le beau-frère Sélim bin Massoud montait sur ses grands chevaux, nos officiers captaient sa condescendance par un riche présent.

Sélim était venu en personne, me dit-il, pour répondre verbalement à ma note du 17, et son oncle lui avait donné l'ordre d'envoyer immédiatement des messagers pour lui rapporter mes paroles.

Jamais ne me furent mieux démontrés qu'en cette entrevue l'incapacité de l'Arabe à comprendre ce qu'est un contrat légal, son esprit indécis et chicaneur, son oubli voulu des conversations tenues, son penchant à fausser les promesses, son peu de sincérité, sa dissimulation, comme aussi son talent à vous noyer sous les compliments, sans préjudice

---

1. Voir le rapport du major.

d'averses de *Machallah* et d'*Inchallah*. Donc Sélim venait, m'assura-t-il, me demander de la part de Tippou de vouloir bien lui dire ce que je désirais. Et cela, après avoir reçu, il n'y avait pas trois semaines, six lettres, dont une en anglais, cinq en arabe ou en souahili!

« Maintenant, Sélim, écoute : si je vous croyais, Tippou-Tib ou toi, le moins du monde impliqués dans le meurtre de mon ami, tu ne sortirais pas en vie de notre camp. Je vois que vous ne me connaissez pas encore! Mais je sais, et je crois, de plus profonde conviction, que ni toi ni Tippou-Tib n'avez cherché la mort du major Barttelot, et nous allons causer sans colère, comme avant. Tippou ne m'a pas fait de tort que le consul anglais et le Seyyid de Zanzibar ne puissent régler à l'amiable. Entre leurs mains je remettrai mon affaire. Dis à ton oncle qu'il devra me rembourser son voyage et celui de ses 96 amis ou serviteurs de Zanzibar aux chutes; il aura en outre à me dédommager pour la perte des marchandises, carabines, munitions, poudre, et du retard apporté à notre marche. Qu'il tourne, qu'il vire, je suis sûr de l'emporter à la fin. Il ne peut rien contre moi; je peux beaucoup contre lui. Qu'il pèse mes paroles, et se demande s'il ne ferait pas mieux de prouver que dans l'avenir il essayera de se conduire autrement. S'il veut essayer, dis-lui ceci : il n'a qu'à rassembler ses hommes et à venir me trouver, d'ici à cinquante jours, avant que nous repassions l'Itouri; peut-être lui sera-t-il possible de regagner ma bonne opinion et d'arrêter les poursuites légales.

— Très bien, j'entends ce que tu me dis : je retourne ce soir à Banalya. Ougarrououé me prête des pirogues. Dans une semaine je reverrai Tippou-Tib, et le dix-septième jour je serai de retour ici et suivrai votre sentier : je te rejoindrai avant quarante jours.

— Donc nous allons nous faire les grands adieux, car je ne te verrai plus qu'à Zanzibar, peut-être dans dix-huit mois!

— Pourquoi?

— Parce que ni toi ni Tippou-Tib n'avez la moindre intention de tenir parole. Tu es venu pour donner l'ordre aux Manyouema qui m'accompagnent de retourner aux chutes Stanley. Mais ça m'est parfaitement égal! Emmène-les; je te répète qu'il n'est point en votre pouvoir de me nuire!

— Inchallah, Inchallah! que ton cœur reste en paix : nous nous reverrons avant quarante jours, je te le jure! »

Véridique Sélim! En sortant de ma tente, il s'en alla droit à mes trois capitaines manyouema, Sadi, Foundi et Kibbo-bora, et voulut leur persuader de partir avec lui, ce à quoi, chose singulière, ils se refusèrent obstinément. Sélim, entrant en fureur, les accabla de menaces, et ils vinrent sur l'heure me demander protection.

Souriant, je dis à Sélim : « Tu as tenu ton serment : les quarante jours ne sont pas écoulés, et je te revois! Mais qu'est-ce à dire? Voici trois chefs indépendants, envoyés par Tippou lui-même pour nous accompagner. Ce faisant, ils obéissent aux ordres de Tippou. Ne les en détourne pas, Sélim! puisque sur la route tu n'auras pas autant d'hommes à surveiller, car, toi aussi, tu veux venir. N'ai-je pas raison? Mais en voilà assez. Vite, prends ton canot ou nous aurons fait deux marches avant ton départ, et tu as promis de nous rejoindre en moins de quarante jours! »

L'étape du 5 mars nous conduisit au grand village des Batoundou. La récolte du maïs était superbe, et aussi la bananeraie, qu'aucune caravane n'avait encore visitée. Nous ne pûmes nous procurer de viande pour nos malades, mais plantains et maïs furent les très bienvenus et j'ordonnai une halte de deux jours.

Ce fut chez les Batoundou que vinrent à ma connaissance certains inconvénients graves du contact des miens avec les Manyouema; pour commencer, ils avaient communiqué la petite vérole à nos porteurs madi, parmi lesquels elle se développa avec une alarmante rapidité. Quant aux Zanzibari, on se le rappelle, je les avais tous fait vacciner à bord de la *Madura*. Les Manyouema avaient avec eux deux femmes atteintes de folie, ou, pour parler plus exactement, sujettes à des accès d'exaltation, — possédées des démons, disaient les chefs — et leurs chants continuels nous empêchaient de dormir. C'est peut-être un concert de ce genre qui aura causé la mort de Barttelot : si le pauvre major avait tant soit peu d'oreille, ces rauques vocalises, ces cris dignes d'une maison d'aliénés ont dû suffire pour l'exaspérer! De temps à autre, les bonnes amies venaient joindre leurs voix à celles de ces malheureuses, persuadées que cette méthode finirait par les calmer, car toutes les tentatives pour leur imposer silence par la force exacerbaient leur état. Quelque influence que ces accords pussent avoir sur les nerfs de la malade, ils avaient le plus fâcheux effet sur les nôtres.

Deux Zanzibari des meilleurs parmi nos engagés, et qui nous étaient fort utiles, quittèrent nuitamment le camp, afin d'entreprendre, à leur compte, une petite razzia sur les Batoundou; les ayant attirés dans une embuscade, ceux-ci les massacrèrent. L'un de ces hommes marchait toujours en tête de notre avant-garde et n'avait pas quitté son poste depuis notre départ de Yambouya en juin 1887. Et voilà comment les plus braves de nos porteurs disparaissaient les uns après les autres! Ce triste événement me servit de texte pour remontrer une centième fois à nos gens la folie absurde de sacrifier leur vie pour la conquête d'une chèvre! Travailler rudement des mois, presque des années afin de gagner argent et honneur par une conduite virile et la fidélité, et tout ensevelir dans les entrailles des cannibales! Je leur avais donné bœufs, moutons, chèvres, poules, des poignées de roupies, et pour vingt-cinq mille francs de cotonnade, mais pas un, pas un, ne se serait livré pour moi et, à cause de moi, n'aurait tendu sa gorge au couteau! Ingratitude monstrueuse! Et pour un méchant cabri, que ce fût le jour ou la nuit, ils couraient se jeter entre les mains du mangeur d'hommes! Eux, alors, de manifester le plus bruyant repentir, et de jurer, par Allah! qu'ils ne sortiraient plus du camp,... puis de violer leur promesse un ou deux jours après! « Amen! »

Le lecteur qui m'a suivi jusqu'ici aura dû le constater : presque tous les malheurs arrivés à l'expédition ont été la conséquence de quelque manquement de parole. Tenir une promesse semble la plus difficile de toutes les tâches à 999 999 sur le million d'hommes que je puis avoir rencontré dans ma vie; ils ne s'y essayent pas, du reste : le monde les admire et les loue; c'est à eux qu'il donne raison; ils sont les vrais héros!

Quant à moi, je puis dire que ces perpétuels « oublis » des nègres ont été le tourment de mon existence, la cause de rongements d'esprit sans cesse ni trêve, et je ne me suis point épargné à leur faire toucher du doigt le danger de leur idiotie. Pendant un de mes voyages, 800 kilomètres durant, j'ai chassé devant moi un troupeau de cent à trois cents bœufs avec moins de labeurs et d'anxiété qu'il ne m'en eût fallu pour un pareil nombre de noirs. Si nous les avions attachés, mes gens, cou à cou, le long d'un carcan à esclaves, je ne nie point qu'ils n'eussent eu raison de trouver la chose gênante, et certes ils n'auraient pas manqué de nous accuser de cruauté! Ici, n'ayant point de chaînes en ma possession, ni même assez de cordes, il me fallait, forcément, accepter leur promesse de ne pas s'échapper la nuit, seuls ou en petits groupes, pour marauder dans le broussis; mais jamais plus de deux jours ils n'ont su résister à la tentation! Or, qu'il soit blanc, qu'il soit noir, l'homme qui de propos délibéré me donne sa parole et qui ne la tient pas, je ne puis le considérer comme un ami; le lecteur n'aura point de difficulté à discerner le pourquoi.

Du « Préau des Éléphants », notre bivouac du 11, la caravane se dirigea vers les rapides aux Guêpes.

Des gens d'Ougarrououé me dirent que dans les terres au delà de Bouambouri habitent les Ababoua. Leurs huttes, d'une forme toute différente de celle des cases fluviales, sont cimentées, commodes et confortables; elles ont de larges vérandas. Leurs forgerons, des maîtres en leur profession, couvrent de dessins les lames des zagaies, des épées, des custaches, les pointes des flèches. On me montra des couteaux à trois et quatre lames, et je les reconnus pour les œuvres au cachet des Monbouttou et des Nyam-Nyam, telles que les a décrites Schweinfurth dans ses *Artes Africanæ*.

Le 12, au départ du rapide aux Guêpes, nos canots emportaient 198 personnes; la colonne de marche sous les ordres de M. Bonny en comptait 262. Ne portant pas de fardeaux, et composée de nos plus vigoureux engagés, l'avant-garde s'établissait au camp avant l'arrivée de la première pirogue. Le sentier était distinct, bien foulé, comme généralement en Afrique.

Bientôt, et sous prétexte de couper des feuilles de phrynium pour le toitage de leurs huttes, nos gens trompèrent la surveillance des sentinelles et s'évadèrent dans la forêt par un routin conduisant vers l'intérieur. Quelques-uns réussirent à larronner des poules, une ou deux gerbes de canne à sucre et beaucoup de plantains mûrs, mais les indigènes nous tuèrent trois Manyouema. Un soldat de Lado, des milices irrégulières d'Emin, fut transpercé par une lame de javelot large et pointue, qui passant à côté des vertèbres lui fit une effroyable blessure, sans atteindre néanmoins quelque partie vitale. Bonny sutura les chairs, plaça des bandages. L'arrière-garde rapporta que sur le chemin, cinq Manyouema, trois Zanzibari et un Soudanais qui faisaient partie de la colonne de Banalya, s'étant arrêtés pour se reposer, les naturels, embusqués dans les broussailles, leur tombèrent dessus et les massacrèrent pour les manger ensuite. Et, cinq jours auparavant, j'avais averti tous et chacun du danger qu'il y avait à s'isoler pendant l'étape, et à se livrer à des razzias pour le moins inutiles. Quand il nous fallait fourrager pour « de bon », c'est-à-dire une fois tous les cinq jours, une escouade nombreuse et bien armée allait couper des plantains en grande quantité ; on les séchait ensuite pendant douze heures afin de les transporter plus aisément.... La petite vérole faisait rage parmi les Manyouema et les Madi et quotidiennement en réduisait le nombre. Mais que dire de cette funeste indiscipline qui, en un seul jour, nous avait pris douze vies! Mes noirs étaient absolument incapables de tenir parole ; je l'étais tout autant de les y contraindre : plus je travaillais à arrêter les désordres, plus je me rendais compte que la mort seule des coupables y pourrait mettre un terme, et puisque les accusés se livraient si bénévolement au bourreau, je n'avais même plus à prononcer leur sentence.

Au-dessus de Manguinni, une pirogue chavira par l'inadvertance des mariniers. Je me rendis sur les lieux avec nos meilleurs plongeurs et recouvrai tout le chargement, sauf une caisse de poudre, et une autre de verroterie. Le canot fut perdu.

Nous passons près de Mougouyé pour gagner Mambanga. La caravane s'y arrête deux jours à préparer des vivres pour traverser le désert qui nous séparait d'Engoueddé. Pendant ce temps, Lakki, ou les « Cent-Mille », un vrai Jack Cade[1], bruyant, rodomont, le batteur d'estrade qui, à Bandaya, lors de l'attaque des naturels, criait à ses amis : « Ils veulent manger de la chair, et de la chair ils auront, mais la leur! » disparut du bivouac avec une troupe de pillards émérites et ne rentra que vingt-quatre heures après, sans autre butin qu'une

1. Un drapier du comté de Kent, qui pendant le règne de Henri VI se mit à la tête d'une jaquerie.

très singulière blessure faite par une flèche empoisonnée.

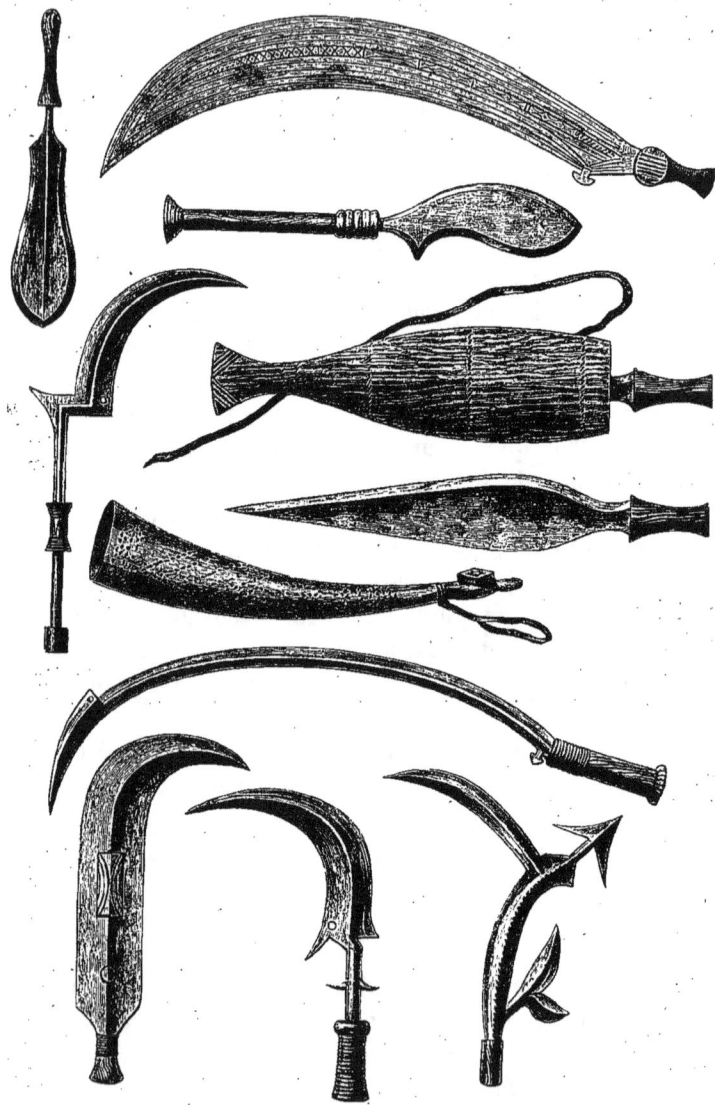

Épées et couteaux. — Armes diverses. — Cor d'ivoire.
(D'après une photographie.)

Nous injectâmes du carbonate d'ammoniaque et Lakki guérit,

mais pour soutenir *mordicus* que c'était grâce aux feuilles vertes de tabac dont la plaie avait été recouverte.

Pendant notre voyage à travers la forêt, et presque toutes les fois que nous préparions les palissades, un petit quadrupède, appartenant à la famille des cerfs, et tapi sous le couvert jusqu'à ce que l'on fût presque à le toucher, s'élançait lestement parmi des centaines de gens excités par le désir qui ser-

Antilope chassée à la nage.

rait les entrailles et qui, geste, voix, action, mettaient tout en œuvre pour le capturer. Aujourd'hui un de ces gracieux petits êtres bondit par-dessus plusieurs pirogues placées côte à côte, et plonge entre deux eaux. Ardents à la poursuite, nos hommes sautent dans la rivière, dont la surface est bientôt parsemée de boules noires, les têtes de ces frénétiques. La « faim de viande » arrive chez eux à son paroxysme. La flèche empoisonnée, la zagaie qui tranche comme un rasoir, la perspective de bouillir dans le pot du cannibale, rien ne les arrête : une colonne tout entière se jette à l'eau ; tous nagent avec fureur, au risque de se noyer parce qu'un cinquantième de chance se présente pour chacun de s'emparer d'un minuscule animal, dont la moitié ne suffirait point pour le repas d'un seul. Il me fallut dépêcher cinq pirogues à la rescousse de ces fous. A plus de 800 mètres en aval, un jeune homme, nommé Feroudji, finit par le saisir au cou ; lui, à son tour, est happé par une demi-douzaine de camarades, et le courant les eût emportés si les canots n'avaient pris tous les lutteurs à bord. Mais, hélas pour le pauvre Feroudji ! l'antilope des brousses n'avait pas plus tôt rendu l'âme, que chacun faisait main basse sur ses restes, et il n'en put sauver qu'un tout petit morceau, qu'il se fourra dans la bouche pour en garder quelque chose.

A l'étape suivante, nous arrivions près de notre ancien bivouac au confluent du Ngoula et de l'Itouri. A bord de la première pirogue, un homme fut atteint au dos par une flèche empoisonnée Injection immédiate de carbonate d'ammoniaque : le blessé guérit.

Le lendemain autre alerte, mais cette fois la mort fut presque instantanée, comme si une balle eût frappé quelque viscère important. Djabou, le cuisinier, un peu souffrant, restait assis à l'arrière d'une pirogue; l'équipage, descendu sur la rive, éloignée d'une douzaine de mètres, la halait le long d'un rapide; un hardi naturel se rapproche petit à petit de l'embarcation et lance son dard envenimé, qui pénètre le bras du pauvre engagé à la hauteur de l'épaule et perce le bas de la gorge : la blessure avait l'air d'une piqûre d'aiguille. Djabou avait à peine crié « Mahomet! » qu'il tombait mort sur le banc.

Nous nous dirigions alors sur les Chutes de Panga. Le 20 septembre je fis pratiquer un sentier sur la berge, à côté des rapides; nous halâmes 27 pirogues jusqu'à la cale, qui est en face du « Fort de l'Ile », puis on convoya tous les bagages au camp.

Pendant notre premier passage dans les environs de ces chutes, les naturels ne nous avaient guère inquiétés; depuis lors ils s'étaient ravisés : ils savaient avec quelle facilité on peut égorger un porteur nègre quand il n'est pas sous la surveillance immédiate d'un blanc. Les déserteurs de notre avant-garde avaient fourni plus d'un repas à ces misérables; les stupides Bakoussou d'Ougarrououé ne laissèrent plus vides les marmites de l'anthropophage, dès qu'il eut compris que sa connaissance de la forêt lui rendait aisé d'approcher un de ces imbéciles et de le zagaïer comme il aurait fait d'une chèvre. Nous perdîmes quatorze hommes en trente jours. Le 20, un imprudent Madi s'aventura dans la brousse, en quête de bois mort; un indigène le perça de part en part. Le 21, à une quinzaine de mètres du camp, une femme manyouema atteinte d'une flèche empoisonnée expirait avant qu'on pût lui porter secours. Et pour compléter la série, un de nos Zanzibari de la colonne de Banalya mourut encore de par le manioc frais.

Dès notre arrivée aux rapides de Nedjambi, nos hommes, pressés par la faim, prirent à peine le temps d'empiler leurs fardeaux et partirent en corps pour la chasse aux bananes. Nous qui restions au camp ne manquions pas de besogne : pour faire franchir le lendemain à nos 27 canots les rapides correspondant à cette partie de la rive, il fallait ouvrir un chemin à travers la brousse et fabriquer des cordelles de rotin pour tirer les pirogues.

Au coucher du soleil, quelques-uns des fourrageurs rentrèrent, ravis de leur succès, mais beaucoup s'étaient attardés ; jusque longtemps après minuit, on tirait des coups de fusil, et les échos des clairières nous renvoyaient les appels de nos grands cors d'ivoire. A neuf heures du soir arriva la nouvelle que deux des nôtres avaient été tués. A dix heures on rapporta le corps de Feradji, le joyeux capitaine qui m'avait donné la réplique au campement de Banalya. Il était tout couvert de gouttes de sueur ; sur le bras gauche on voyait comme une piqûre d'épingle, la porte par où la mort était entrée ; après avoir été frappé, il eut la force de marcher une bonne heure dans la direction du camp, ensuite il voulut se reposer, car il se sentait faiblir ; il s'assit et mourut.

Puis le jeune Houssein bin Djouma, d'une famille respectable de Zanzibar ; il n'était pas mort, comme on nous l'avait annoncé, mais le cas semblait des plus graves. La flèche, traversant les chairs de l'avant-bras, avait pénétré à deux centimètres et demi au-dessus de la troisième côte ; la pointe, retirée à la hâte, était enduite d'une substance d'odeur particulière et dont l'aspect rappelait le coaltar concentré. Le bras n'était point gonflé, mais la blessure du tronc avait déterminé une grosse tumeur, molle sous le doigt. Le cœur avait été sur le point de lui manquer, disait-il, il avait eu de fortes transpirations, mais après avoir beaucoup vomi, il s'était senti soulagé. Très faible maintenant, il souffrait de la soif. On lava soigneusement ses blessures, dans chacune desquelles furent injectés 27 centigrammes de carbonate d'ammoniaque, puis on lui fit avaler une forte dose d'eau-de-vie.

Dix jours après, notre jeune homme, entièrement guéri, reprenait sa besogne accoutumée.

La dernière escouade rentra longtemps après minuit, par bonheur saine et sauve et nous apportant poules et plantains.

Mais, le lendemain matin, Tam, natif de l'île Johanna, atteint de fièvre chaude au cours d'une variole, se jeta dans les rapides et fut noyé.

Après avoir halé nos canots par voie de terre l'espace de 1 200 mètres, nous nous arrêtons au-dessus des rapides afin de préparer pour cinq jours de rations de farine. Le traînage de ces pirogues à moitié pourries en réduisit le nombre à 22.

Puis nous franchissons sans accident la longue suite des sauts d'Engoueddé, et la caravane se dirige vers Avissibba; une bonne étape nous amène au-dessous des rapides de Mabengou, dans le bivouac où j'avais attendu si longtemps Jephson et les siens.

Halte le lendemain; une petite troupe de fourrageurs part pour l'Itouri, à la conquête des vivres. L'après-midi, ils nous apportent des plantains pour plusieurs jours, des chèvres, des poules. Pour la première fois, il nous fut possible de faire du potage gras pour nos malades. On prétendait que, en véritables bouchers, les Manyouema avaient débité une femme en morceaux pour assouvir leur faim de viande; les chefs de caravane le nient formellement, et je les crois, car si les Zanzibari eussent découvert semblables mœurs parmi des compagnons dont les mets auraient pu contaminer leur batterie de cuisine, le vacarme n'eût pas cessé de sitôt.

Le 30 septembre, près des rapides en amont d'Avougadou, nous trouvons des manguiers, des orangers sauvages, si j'en puis juger d'après les fleurs et les feuilles, et, en outre, un très grand nombre de figues rouges à saveur douceâtre, mais leur involucre desséché n'avait plus de sécrétions sucrées, et il fut impossible d'en manger.

Sur la route, une des femmes indigènes mit au monde un enfant, et bientôt on la vit debout près de sa progéniture. Les Zanzibari accoururent à ce spectacle inaccoutumé. « Jette ça à la rivière! cria l'un d'entre eux. — Pourquoi? répliqua un autre, ne vois-tu pas qu'il respire? — Oui, mais il est tout blanc! il doit avoir quelque maladie affreuse! » — « Ignorance, que de crimes s'abritent sous tes ténèbres! Père! pardonne-leur, car ils ne savent ce qu'ils font! » me disais-je en regardant ces hommes. Sans même soupçonner qu'ils auraient commis un meurtre, ils eussent éteint cette petite flamme à peine allumée!

Nous n'eûmes guère, à cette période, d'autre souci que les ulcères dont souffraient plusieurs de mes gens. Soudi, garçon fort avisé, âgé de treize ans, l'ancien petit domestique du major, avait éprouvé un accident qui dénuda l'os de la jambe sur une longueur de 20 centimètres. Nous avions quinze cas de variole; mais, de nos Zanzibari en contact incessant avec les malades, un seul contracta cette affection, Tam, dont nous avons dit la triste fin.

Vis-à-vis du confluent du Nepoko, tout près d'Avédjeli, l'épouse d'un tambour manyouema, jeune femme jolie et très avenante, entra dans un jardin pour cueillir des légumes; des sauvages cachés tout près la criblèrent de flèches. J'en vis jusqu'à sept plantées dans son corps. Ses cris attirèrent nos gens; on la transporta au camp en toute hâte; nous nous préparions à injecter de l'ammoniaque dans ses blessures quand elle tomba en arrière, tendit les mains à son jeune mari, le serra dans ses bras de la façon la plus touchante, soupira longuement et mourut. Certains voyageurs soutiennent que les Africains ne connaissent ni l'amour, ni l'affection, ni la jalousie. Qu'auraient-ils dit en voyant cette scène? Une autre femme manyouema offrait l'aspect le plus hideux; son visage n'était plus qu'une masse de pustules à soulever le cœur et d'une fétidité à peine supportable, mais son époux la soignait et la servait avec la tendresse la plus dévouée. La mort, la mort partout et chaque jour, et sous toutes ses formes, était parmi nous, mais aussi l'amour suprême, comme un ange gardien; il veillait auprès des mourants et embellissait le trépas même. Pauvres et douces créatures, ignorantes, les plus humbles de l'humanité, inconnues de ceux qui chantent les nobles sacrifices, la constance, l'oubli de soi-même, vous êtes vraiment nos sœurs, et il n'en peut douter, celui qui vous a vues, au milieu des réalités les plus lugubres, bercer le suprême sommeil de vos bien-aimés!

Le 2 octobre, nous approchions des Petits Rapides, au-dessous du confluent du Ngaiyou et de l'Itouri; une violente tornade s'abattit soudain sur nous, soulevant les eaux de la rivière, presque toujours si calmes, en vagues furieuses et les creusant en vallées profondes, brassant même le fond boueux; on eût dit un goulet étroit et sans profondeur, où, fouettées par la tempête, les lames brisent contre un estran d'alluvion. Nos pirogues, heurtées l'une contre l'autre, menaçaient de passer à l'état de bois pour allumettes; la grande forêt gémissait et hurlait sous l'effort de la lutte, mais, une demi-heure après, l'Itouri avait repris son aspect doux et bienveillant; la feuillée était redevenue immobile.

Le 3, pendant une halte, je fis ouvrir une caisse appartenant à M. Jameson, et contenant surtout des objets en rapport avec ses goûts de naturaliste. Ses livres, ses carnets, tout ce qu'il valait la peine de conserver, je le mis dans des paquets cachetés pour les transporter avec nos effets : nous dûmes nous défaire de tout ce qui n'aurait aucune utilité en terre civilisée.

J'envoyai M. Bonny et 28 hommes au delà du Ngaiyou ; peut-être un débarcadère que j'avais aperçu en passant et repassant conduirait-il à quelque bon sentier orienté vers le N.-E. Je pourrais éviter ainsi la zone dévastée qui, sur une longueur de 300 kilomètres, s'étend entre les rapides de Bassopo et l'Ibouiri ; puis, au bout d'une centaine de kilomètres, quitter la rivière pour me diriger sur le lac Albert. — A son retour, notre camarade ne tarissait pas sur la dextérité, l'agilité merveilleuse de ses éclaireurs, qui, légers comme l'antilope des brousses, bondissaient par-dessus les obstacles, et, par chaque mille mètres, en gagnaient 500 sur lui. A 2 kilomètres et demi de la cale, il avait découvert un village entouré de riches bananeraies et qu'on lui dit se nommer Bavikaï. J'ordonnai de reprendre notre marche sur l'heure, cette question de routes étant des plus sérieuses.

Pendant qu'on opérait le transbordement d'une rive à l'autre, je pus voir une douzaine de Madi dans le déplorable état où les avait mis la variole, et tout près d'eux, et les coudoyant avec la plus admirable insouciance, amis et camarades encore bien portants. — Si j'avais pu sur-le-champ dicter mes réflexions à un sténographe! Jamais l'ignorance ne m'avait paru plus coupable! Cette incapacité absolue de se rendre compte du danger a quelque chose d'effrayant. Sur ces êtres humains je voyais déjà s'abaisser la faux du Roi des épouvantements; la mort allait frapper et faire de ces malheureux un horrible spectacle, avant de leur donner le coup de grâce. Mais ils ne la voyaient pas.... Et je ne la verrai pas non plus; je serai trop absorbé ou trop confiant quand je tomberai à mon tour, probablement par suite de quelque inattention momentanée. Bah! *Mambou Koua Moungou!* qui de nous peut éviter sa destinée!

Je reproduis mes notes du 5 octobre au sujet de la malaria.

Après la région des forêts, nous avons moins souffert des fièvres africaines qu'en pays découvert, entre Matadi et le lac Stanley.

Mais une halte un peu longue dans les essarts suffit à nous rappeler que nous ne sommes pas suffisamment acclimatés pour échapper entièrement aux effluves paludéens. Il faut dire que les fièvres sont ici fort bénignes; prise à temps, une dose de quinine suffit à les chasser.

Sur le plateau de Kavalli et dans l'Oundoussouma, Jephson, Parke et moi, les uns après les autres, avons été pris par les fièvres, et pourtant la hauteur moyenne de ces terres est de 1 375 mètres au-dessus de la mer. A 7 ou 800 mètres plus bas, lors de notre descente sur la plaine du Nyanza, la fièvre nous a attaqués avec plus de violence. Elle est beaucoup trop commune à Banana, au niveau même de la mer, et encore plus à Boma, 24 mètres au-dessus.

C'est à Vivi que nous avons observé le plus de cas; or l'altitude de Vivi dépasse de 75 mètres celle de Boma et il n'y a pas de marécages dans les environs.

Au lac Stanley (335 mètres), la fièvre paludéenne prend souvent une forme pernicieuse.

En descendant le Congo, vent en poupe, il est très rare que nous en ayons eu des accès.

Mais en remontant le haut Congo, vent debout, nous l'avons souvent revue, et sous ses formes les plus graves.

Dans notre long voyage sur l'Arouhouimi, nous n'avons guère eu l'occasion de penser à la malaria; mais en descendant la rivière en canot, portés à la rencontre des vents par le courant ou l'aviron, nous avons dû reconnaître bientôt que l'acclimatement ne se fait pas en un jour.

Il m'est donc prouvé que, de 15 à 1 600 mètres au-dessus du niveau de la mer, on ne peut espérer d'immunité absolue, et qu'un lac de 50 kilomètres de large n'est pas une protection suffisante pour un camp établi sur ses bords; que 1 650 kilomètres de fleuve ou de rivière peuvent servir de voie à l'émanation, sous forme concentrée; un épais rideau de forêt vierge, voire même un simple bosquet entre votre demeure et la clairière ou le pays découvert, et vous n'êtes plus exposé qu'aux fièvres locales, dont la plus légère attention à l'hygiène vous garantirait; par contre, en pays découvert, ni la maison ni la tente ne peuvent vous préserver, puisque l'air contaminé pénètre par les portes et les fenêtres ou sous les courtines et les ventilateurs. Les arbres, des plantations de grands arbustes, une haute muraille, un écran, en un mot, entre l'habitation et les courants aériens mitigerait l'influence paludéenne, et les occupants ne seraient guère exposés qu'aux miasmes des entours.

Pour Emin Pacha, une moustiquaire est la meilleure des protections contre les effluves délétères; toujours il en emportait dans ses voyages, et je me demande si, dans les pays découverts, un respirateur fixé à un voile ou bien un masque de mousseline ne seraient pas un préservatif.

Trois compagnies de quarante hommes chacune s'éloignèrent dans trois directions pour explorer les sentiers qui partent du village. La première s'égara au milieu des bois épais qui longent le Ngaiyou et dut tirer quelques coups de fusil sur les naturels de Bavikaï, en villégiature dans leurs sombres retraites; la seconde, s'engageant dans un routin courant au nord-est, rencontra bientôt de nombreux indigènes arrivant de trois villages différents; elle eut un de ses hommes blessé à la tête d'un coup de flèche. La troisième se trouva fort empêchée dans un lacis de sentes et en essaya plusieurs, mais toutes s'arrêtaient dans des bananeraies ou de maigres brousses, et ils furent trop heureux de battre en retraite avant que pussent les atteindre des sauvages bien armés et pourvus de flèches empoisonnées. Il nous fallut donc retraverser la rivière et remettre l'entreprise à un peu plus tard, car je désirais éviter à mes hommes le travail éreintant de s'ouvrir un tunnel à travers le sous-bois.

Le 10, nous sommes au « Large des Hippos ». Une nuée d'éphémères s'avançait sur la rivière, haute de 55 mètres et plus, allant de l'eau jusqu'à la cime des grands arbres, tellement épaisse que de loin nous la prîmes pour un brouillard et, si la chose n'eût été impossible, pour une averse de neige couleur lavande. Elle avançait à la vitesse d'environ trois nœuds à l'heure. Dans l'air calme du matin, le vol était parfaitement régulier et soutenu, mais la moindre brise soufflant des rives les faisait tourbillonner comme du fin névé en légères particules. De temps à autre l'immense armée rencontrait de plus petits essaims d'insectes émigrant en aval; leurs ailes transparentes nous renvoyaient les feux du soleil; on aurait dit des étincelles.

Des plaques de gazon vert, brouté ras par les hippopotames qui affectionnent cette expansion de la rivière, recouvraient les berges du « Large »; beaucoup de palmiers à huile; des raphias, arums, phryniums, amomes, poivriers dénotent une ancienne escale. Ma tente fut dressée sous un petit figuier à longues branches qui me protégeaient contre le soleil de l'Équateur; mais, à trois heures de l'après-midi, la chaleur réfléchie par le miroir des eaux atteignait 30° C. à l'ombre. Cette température insolite précéda un orage avec éclairs, roulements formidables, pluie diluvienne.

Une femme nous tomba dans les mains à la cataracte de Bagaïdo et nous apprit que, de l'autre côté du Ngaiyou, se trouvent les Medzé, et, sur sa rive gauche, les Babandi.

Près d'Avaiyabou, un naturel qui s'était dissimulé derrière un rideau de lianes suspendues aux branches d'un grand arbre, sauta soudain sur le sentier, et, se saisissant d'une petite fille manyouema, lui perça la poitrine de part en part avec sa dague à double tranchant, puis retira son arme, et la brandit sur sa tête en poussant un cri sauvage qui signifiait sans doute « Mort aux intrus! »

Et au campement suivant, près du débarcadère d'Avamberri, Soudi, cet intelligent jeune garçon qui avait servi le major et qu'on transportait le long des rapides jusqu'à la pirogue qui l'attendait plus haut, expira sur les épaules du pagazi. L'ulcère qui rongeait sa jambe avait dévoré le périoste du tibia. Depuis notre départ de l'île Boungangeta, jamais on ne le laissait marcher et nous le soignions de notre mieux; mais le défaut d'exercice, le soleil ou la pluie, auxquels il était exposé dans les canots, avaient affaibli une constitution autrefois saine et robuste. Le brave petit homme avait courageusement supporté ses souffrances, mais nos caisses de médicaments étaient restées à Bangala, et nous ne pouvions le soulager.

Le 18, aux rapides d'Amiri, un second Zanzibari fut atteint

de variole. Malgré les 10 à 20 malades qu'il y avait toujours au camp depuis notre passage chez les Batoundou, deux seulement de nos premiers engagés, sur les 620 qu'on avait vaccinés à bord, contractèrent l'infection : peut-être leur tempérament était-il réfractaire au virus jennérien. En tout cas, il serait difficile de produire, en faveur des bienfaits de la vaccine, une preuve meilleure que l'expérience de la mission. Mais parmi les Manyouema, les Madi et les autres indigènes qui les accompagnaient, l'épidémie faisait rage, et nombre de victimes furent jetées dans la rivière, des blocs de roche attachés au corps, mesure très nécessaire pour éviter l'exhumation des cadavres par les naturels, qui, nous le savions, suivaient de loin la caravane et se nourrissaient de nos morts.

Les guêpes ont tellement piqué un de nos Zanzibari, chef de caravane et entre temps patron d'une pirogue, que, se croyant perdu, il insiste pour me dicter son testament. Il désigne son frère, qui est aussi des nôtres, pour son légataire universel. Je me suis acquitté de la tâche à sa satisfaction, grâce à quelques termes de loi, mais je lui ai aussi administré, par voie hypodermique, 0 gr. 54 de carbonate d'ammoniaque, lui promettant qu'en dépit de ces méchantes bestioles, Zanzibar nous reverrait l'un et l'autre. Le lendemain il était parfaitement guéri, et ne jurait plus que par ces médecins blancs qui guérissent tout, sauf la mort.

Après notre départ des rapides d'Amiri, une série de malheurs atteignit la caravane. Quelques imprudents de la dernière colonne se ruèrent sur un bosquet de plantains et s'y comportèrent comme de grands enfants. Les naturels survinrent et en blessèrent trois. Deux autres, l'un qui souffrait d'une maladie de cœur, et un jeune homme de faible santé, avaient quitté le sentier pour que l'arrière-garde ne les forçât pas à marcher.

Depuis le 1er septembre nous avions perdu 9 Zanzibari par les armes des indigènes; 1 s'était suicidé; 1 était mort d'un ulcère; 2 manquaient à l'appel; 15 Manyouema et 18 Madi avaient été tués par les sauvages ou la petite vérole : 44 morts en 45 jours!

Des chutes d'Amiri à Avatiko il y a sept journées de marche par une contrée absolument dépeuplée et qui n'offre aucune ressource; au delà d'Avatiko, et par la route nouvelle que je me proposais de prendre, il y aurait encore deux journées au moins avant qu'il fût possible de se procurer des vivres. Je calculais d'après les étapes que pouvaient fournir nos Zanzibari de l'avant-garde, rompus maintenant aux voyages en forêt. Peut-être valait-il mieux ne pas compter sur les ressources d'Avatiko. Mais nos pirogues pourraient transporter les provisions à une journée de marche du village; ces provisions étaient encore dans les bananeraies, et pour les rassembler en quantité suffisante et préparer 20 rations de farine par tête, il fallait que le maître fût obéi quand il enjoindrait aux hommes de se rappeler ses ordres, d'écouter ses conseils et d'obéir à ses instructions.

Le 20, dès l'aube, 160 carabines sont dépêchées aux plantations situées à 8 kilomètres dans les terres, par le travers des chutes. Tant d'étapes nous séparaient d'Avatiko, dis-je à mes gens : je leur donnais un jour pour cueillir les plantains, les peler, couper en tranches et faire sécher. 28 ou 30 kilogrammes de fruit par tête fourniraient 8 ou 9 kilogrammes de farine, de quoi manger dix jours. Certains, je les connaissais assez pour savoir qu'ils apporteraient au camp assez de provisions pour se nourrir au moins deux semaines; d'autres, malgré les avertissements qu'ils recevaient par la mort de leurs camarades, pour combien de jours en prendraient-ils?

Si cette fois tous suivirent mon avis, je ne sais, mais, le 21, les bananes abondaient chez nous. Chaque compagnie avait expédié aux cultures la moitié de son effectif, et au retour tous les arrivants durent verser, pour les officiers et les malades, deux bonnes poignées de leur butin. Pour peu que les chefs des « popotes » s'entendissent à l'économie, nous pourrions entreprendre sans terreur la traversée du désert.

## CHAPITRE XXII

### DES CHUTES D'AMIRI AU FORT BODO

(Du 23 octobre au 17 décembre 1888.)

Nouveau séjour dans l'ancienne station d'Ougarrououé. — Marche vers Bounda. — Nous traversons l'Itouri. — Une page de mon carnet. — Les plantations d'Avatiko. — M. Bonny mesure un pygmée. — L'histoire et le costume des pygmées. — Conversation par gestes. — La femme du pygmée. — Les singes et autres animaux de la forêt. — L'essart d'Andaki. — Nos habits en guenilles. — L'Ihourou. — La disette. — Repas d'Amani. — Oulédi en quête de vivres. — Provisions soustraites. — Encore le village de Kilonga Longa. — Autres décès. — Meilleure route dans la forêt. — Escarmouche près d'Andi-koumou. — Les pygmées et la caisse de cartouches. — La colline de Kakoua. — Défaite d'une caravane. — Le dernier des Somali. — Un abat d'eau. — Heureuse trouvaille de vivres à Indemaou. — Le pont sur le Doui. — Une revue sommaire. — Une chèvre égarée dans notre camp. — Autre capture de nains. — Détresse. — Nous renvoyons chercher des bananes à Ngouetza. — Sabouri se perd dans la forêt. — Inquiétudes relatives à la troupe partie pour Ngouetza. — Le camp de la famine. — Retour de Sabouri. — A la recherche des absents. — Nous les retrouvons dans la forêt. — L'Ihourou. — Arrivée au fort Bodo.

Le 23 octobre, l'expédition s'arrêtait à l'ancien établissement d'Ougarrououé et prenait possession des cases abandonnées. La cour de la grande maison du chef était maintenant un champ de riz dont les oiseaux avaient dévoré jusqu'au dernier grain; plus d'une centaine de nos gens campèrent dans les vastes galeries; et, s'il eût été facile de trouver des vivres dans un rayon assez rapproché, une semaine de repos nous aurait fort convenu; mais le bonheur de se savoir sous un toit ne valait pas le risque de consommer en vain nos précieuses rations. Nous étions ici au centre d'une zone désolée que la terreur de la faim nous ordonnait de franchir à toute vitesse.

L'étape du lendemain nous conduisit à Bounda. Nos pirogues furent l'objet de l'attention des indigènes, et, pour se garantir des flèches, les Manyouema se précipitèrent dans l'eau; les Zanzibari de l'embarcation qui suivait sautèrent sur la rive pour attaquer de flanc l'ennemi; nous repêchâmes tout effarés ces pauvres Manyouema qui, par leurs nonchalantes attitudes dans le canot, avaient offert aux naturels des cibles si avantageuses.

L'Itouri coulait à pleins bords, car les pluies tropicales tombaient tous les jours en lourdes averses. Les petites rivières, ruisseaux et ruisselets, qui entaillent la rive droite donnèrent force tablature à la colonne de marche. A peine nos hommes, mouillés jusqu'à la ceinture, avaient-ils traversé un ru, qu'il fallait se remettre à l'eau pour en franchir un deuxième, souvent plus profond encore. Ils ne faisaient autre chose que tordre leurs nippes et déclamer contre ces interruptions agaçantes; à l'embouchure de tributaires plus importants, les pirogues, rangées bord à bord, formaient des ponts de bateaux où les porteurs défilaient, leurs vêtements trempés et collés sur le corps excitant les rires de nos mariniers. Les pionniers ne manquaient pas de laisser sur les bordages des échantillons de la boue et de l'argile savonneuse qui les couvraient; chute après chute attestaient combien le pas était glissant et provoquaient les bruyantes railleries des spectateurs. Ce jour-là ils traversèrent trente-deux cours d'eau.

Le 25, nous arrivions vis-à-vis du confluent de la Lenda; la marche avait été bonne, et quelques lignes écrites ce soir-là expriment notre joie, bien fugitive, hélas! à la pensée que le jour n'était pas loin où nous verrions le terme de ces rudes labeurs.

« Je voudrais dire ici toute ma reconnaissance envers Dieu; ce pénible voyage à travers la forêt tire maintenant à sa fin. Nous sommes à 250 kilomètres du Pays aux Herbes, et ce chiffre va diminuer bien vite; en attendant, nous vivons dans l'espérance, et recevons les ondées sans nous plaindre, car, après les pluies, les récoltes vont mûrir là-bas dans la savane. Nous ne nous attardons plus à maudire la fange et les chaudes exhalaisons du sol, ni les trente-deux ruisseaux que nous avons franchis hier, ni les berges glissantes, ni les boueux fonds qui ont si souvent exercé notre patience! Les petits bonheurs entrevus vont nous tenir en joie. Quelle chance, par exemple, quand nous serons délivrés de ces atroces fourmis rouges et de leurs assauts diurnes et nocturnes! Dès que nous aurons enfin séché la semelle de nos bottes et enlevé de leurs revers la moisissure de la forêt, ces ennemies ne viendront plus troubler nos rêves. Si notre chair frémit sous l'aiguillon des avettes féroces, si elle tressaille entre les mandibules des formicules ; si elle se contracte sous la piqûre d'un frelon ou se tortille sous le venin de ces guêpes abominables, si nous écartons de la main l'importun papillon ou poussons de côté la malfaisante limace tigrée, si nous écrasons du pied, avec une hâte nerveuse, le mille-pattes verdâtre qui nous en veut, nous savons aussi que bientôt ces misères auront pris fin ! Un peu de patience, et de meilleurs jours luiront ! Depuis le 17 août nous n'avons eu d'autre viande que quatre chèvres, et seul le plantain rôti nous a retenu l'âme dans le corps. Bien petitement, il est vrai ! car je ne me sens guère en force. Nos pensées s'arrêtent avec complaisance sur nos prochains et plantureux repas de bœuf, veau et mouton, sur ces larges platées de viande garnie de patates douces, de haricots, et assaisonnée à l'huile de sésame, sur ces bouillies de farine au lait, sur les échaudés de millet. Et le soupçon constant, l'instinct peut-être, ne nous hantera plus qu'un sauvage avec son carquois de flèches empoisonnées est embusqué à quelques pas. Mes continuelles anxiétés, ma vigilance incessante, le souci de nourrir mes hommes et de les arracher aux dangers qu'ils regardent comme des plaisanteries, je vais enfin les oublier ! Après les échantillons du genre humain que nous avons rencontrés dans la forêt, je reprendrai avec bonheur une meilleure opinion du monde et de ses habitants ! »

Le 26, à notre ancien campement d'Oumeni, nous ne trouvâmes que deux maigres régimes de plantain : un ouragan terrible rugissait à travers la forêt ; les plus grands arbres tremblaient jusque dans leurs racines ; le sombre Itouri pâlissait sous les efforts de la rageuse tempête.

Le lendemain nous faisons force de rames jusqu'à la Grande Cataracte, puis on décharge les bagages, on laisse les pirogues dans le broussis. Après une demi-heure de halte, seulement, les porteurs épaulent leurs fardeaux, et, nous dirigeant vers l'intérieur, nous faisons une étape de 9 kilomètres : nous en avions fini avec la navigation du haut Arouhouimi.

Le 28, après trois heures de marche, nous arrivons aux plantations d'Avatiko, juste au moment où la majeure partie de nos hommes commence à crier la faim. Ils courent vers les bananeraies comme les loups après la proie. Ici la caravane s'arrête une couple de jours pour fourrager et préparer des vivres.

A peine étions-nous installés qu'on nous amenait deux pygmées, un homme et une femme, au teint cuivré, jeunes tous les deux ; le premier devait avoir tout au plus vingt et un ans. Bonny le mesura consciencieusement, et j'écrivis sous sa dictée :

Hauteur, 1 m. 220 ; — tour de tête, 0 m. 515 ; — du menton au sommet du crâne, en arrière, 0 m. 616 ; — tour de poitrine, 0 m. 647 ; — du ventre, 0 m. 705 ; — des hanches, 0 m. 571 ; — de poignet, 0 m. 108 ; — bras gauche, 0 m. 190 ; — cheville, 0 m. 178 ; — mollet, 0 m. 197 ; — longueur de l'index, 0 m. 051 ; — longueur de la main droite, 0 m. 102 ; — du pied, 0 m. 159 ; — de la jambe, 0 m. 56 ; — du dos, 0 m. 470 ; — du bras, jusqu'au bout des doigts, 0 m. 492.

C'était le premier nain adulte que j'eusse encore vu : en lui passant la main sur le corps, revêtu de poils longs de 12 millimètres et plus, il nous semblait toucher de la fourrure. Il était coiffé d'une sorte de bonnet de prêtre, peut-être volé, peut-être reçu en cadeau, et décoré d'une touffe en plumes de perroquet. Une large bande d'écorce couvrait sa nudité. L'extrême malpropreté de ses mains, très délicates, attira notre attention. Il venait évidemment de décortiquer des bananes.

Pas un journaliste de Londres n'aurait deviné les sentiments avec lesquels je contemplais l'hôte minuscule de la vaste forêt centrale du Continent Noir. Ce pygmée de vingt ans, je le voyais plus vieux que le Memnonium de Thèbes. Ce corps si petit faisait passer devant mes yeux un des plus anciens types de l'homme primitif : ce nain à peau cuivrée descend en droite ligne des bannis des âges antiques, des Ismaëls chassés de la demeure du maître, évitant les lieux habités par les travailleurs, privés de la joie et des délices du foyer, exilés éternellement par suite de leurs vices, pour vivre de la vie de bêtes humaines dans les marais et les jungles sauvages. Ses ancêtres, Hérodote nous l'a conté, ont capturé les cinq jeunes voyageurs Nasamons et s'en sont divertis dans leurs villages des rives du Niger. Il y a quantité de siècles, on les connaissait déjà, et les Grecs ont chanté leur fameuse guerre avec les cigognes, et, depuis Hékatée, 500 ans avant Jésus-Christ, les cartes géographiques les ont toujours placés dans la région des monts de la Lune.

Quand Messou conduisit les enfants de Jacob hors du pays de Gessen, les pygmées étaient les maîtres incontestés de la plus sombre partie du sombre continent; ils l'habitent encore, tandis que les dynasties sans nombre de l'Egypte et de l'Assyrie, la Perse, la Grèce, Rome ont fleuri pendant des périodes relativement courtes, pour retomber ensuite dans la poussière. Et

Pygmée pris à Avatiko.

durant cette longue série de siècles, ce peuple de petits a erré çà et là. Rejetés des rives du Niger, poussés par les vagues successives de migrateurs à plus grande taille, ils ont dressé leurs huttes de feuillage dans les lieux les plus secrets de la forêt. Leurs frères sont les Boushmen, les « broussards » de l'Afrique méridionale, les Ouatoua du bassin du Louloungou, les Akka du Monbouttou, les Balia des Mabodé, les Ouamboutti du bassin de l'Ihourou et les Batoua qui vivent à l'ombre des monts de la Lune.

Les gigantesques Madi et les Soudanais à stature élevée, les Zanzibari plus grands encore, se tenaient près du petit homme, et c'était pour moi chose délicieuse que d'épier les pensées se succédant sur sa physionomie avec la rapidité de l'éclair : la surprise, l'étonnement, puis un retour instantané sur lui-même, les doutes, l'inquiétude, la crainte, ensuite l'espoir grandissant en lui quand il nous vit de bonne humeur et prenant un vif intérêt à l'examiner ; la peur le ressaisit et des ombres passèrent et repassèrent sur son visage. D'où sortaient ces monstres humains ? Qu'allaient-ils faire de lui ? Le tuer, peut-être, et de quelle façon ? L'embrocher encore en vie, ou le plonger, tout criant, dans ces grands pots de terre où les sylvains font leur soupe ? « Ah non ! » et un léger hochement de tête et une contraction nerveuse, la pâleur qui s'étendait sur ses lèvres montraient la détresse du pauvre petit. Que ne ferait-il pour gagner la faveur de ces géants ? Les jeunes Nasamons se le demandaient aussi, il y a 2600 ans passés, quand les pygmées ses ancêtres les montraient du doigt et, en les regardant, baragouinaient dans l'ancien dialecte de Nigritie. Donc, je le fis asseoir près de moi, je lui passai la main sur le dos, je lui donnai des bananes grillées, assez pour en remplir la vaste protubérance de son abdomen, et il sourit, reconnaissant. Quel rusé petit nain, quel esprit prompt et délié ! Si éloquemment parlait-il par gestes, que le plus bouché de nos gens le comprenait à merveille.

« Combien y a-t-il d'ici au plus prochain village où l'on trouve des vivres ? »

Il plaça le coupant de sa main droite sur la jointure du coude. (Plus de deux journées de marche.)

« Dans quelle direction ? »

Il montra l'orient.

« Combien y a-t-il d'ici à l'Ihourou ?

— Oh ! » Sa main droite monta jusqu'à son aisselle. Le bras entier,... cela veut dire le double de la distance (quatre jours).

« Y a-t-il des vivres dans le nord ? »

Le nain branla la tête.

« Y en a-t-il à l'ouest ou au nord-ouest ? »

Nouveau hochement de tête, puis il fait un mouvement de la main, comme s'il repoussait un petit amas de sable.

« Pourquoi ? »

Des deux mains il eut l'air de tenir un fusil, puis il cria : « Dou-ou-ou-ou ! »

Nous comprîmes que les Manyouema y avaient tout détruit.

« Y en a-t-il de ces « Dou-ou-ou-ou » par ici maintenant ? »

Il releva les yeux et sourit d'un sourire qui eût fait honneur à la plus coquette des jeunes filles. Il disait, ce sourire : « Comme si tu ne le savais pas ! Oh, le vilain ! qui se moque de moi ! »

« Veux-tu nous conduire à ce village où il y a des vivres ? »

Il fit de la tête un signe d'acquiescement empressé, puis caressa son ventre, une vraie pleine lune : « Oui, parce que là je pourrai le remplir ! » puis il sourit dédaigneusement en appuyant l'ongle du pouce sur la première articulation de l'index gauche : « Ici les plantains ne sont pas plus grands que ça, mais là ! vois comme ils sont gros ! » et il prit son mollet à deux mains.

— Le Paradis ! crièrent les gens ; des bananes grosses comme une jambe d'homme ! » Du coup, le pygmée s'était concilié toutes les affections ; et notre nabot fut le vrai chef de la caravane jusqu'à ce que ces fruits miraculeux eussent repris leurs dimensions réelles. Quelques-uns étaient prêts à le serrer dans leurs bras ; sa figure mimait la plus candide ignorance, quoiqu'il n'ignorât pas que depuis la mention de ces fameux plantains il était maintenant pour eux « un peu moindre que les anges », suivant l'expression biblique.

Et, pendant tout ce temps, la face cuivrée de la petite femme reflétait éloquemment les émotions de son camarade ; ses yeux jetaient des flammes ; ses traits reproduisaient comme un miroir fidèle les mobiles impressions qui se succédaient sur la physionomie de celui-ci : même jeu muet, mêmes doutes, mêmes craintes, même espoir, même effroi ; cette âme passionnée vibrait aux mêmes sentiments qui agitaient l'autre nain. Aussi rondelette qu'une oie de Noël, qu'une poule d'Inde engraissée pour un dîner d'apparat, ses seins bruns luisaient comme du vieil ivoire ; elle se tenait debout, les bras pendants, les mains jointes, et, quoique toute nue, personnifiait la candeur et la modestie.

C'étaient, sans aucun doute, le mari et la femme : lui, avec la dignité reflétée d'un Adam ; elle, avec les grâces d'une Ève en miniature. Cachées sous les plis d'un animalisme anormalement épais, leurs âmes existaient cependant, et aussi les sentiments les plus délicats, restés inertes et torpides par défaut d'exercice. Ce couple étrange s'harmonisait avec le sauvage Eden d'Avatiko.

Chargés de plantains séchés au feu, et guidés par les nains, nous quittons les anciennes bananeraies et nous orientons vers l'est-nord-est. A midi nous traversons le Ngoki aux eaux claires; à trois heures du soir, la caravane campait près du ru d'Epéni. Les traces des pygmées sont nombreuses dans ces déserts : campements temporaires, rouges pellicules de l'amome qu'ils avaient rejetées après avoir mangé le fruit aigrelet, coquilles de noix, ramilles cassées pour servir de guides aux initiés dans les mystères des bois, pièges dressés à côté de la route, fosses creusées dans les lieux où se croisent les passées de gibier. Le paysage était un des plus romantiques que nous eussions traversés. Nous contournions de grands entonnoirs, sur les pentes desquels s'étageaient des feuillées peintes de toutes les nuances de vert et constellées de fleurs aux corolles cramoisies ou d'un roux éclatant. Çà et là les fleurettes du manguier sauvage, semblables à la perce-neige, ou les houppes soyeuses et couleur crème des bombax. Je soulève un lourd rideau de lianes. Le fond de la dépression apparaît : une masse impénétrable de cimes verdoyantes; on dirait des piles de coussins satinés. Les singes en troupes bondissent d'arbre en arbre; d'autres, suspendus par leur longue queue, se balancent à trente mètres du sol, ou, avec une agilité merveilleuse, lancent leurs corps légers de l'autre côté de l'abîme béant, s'accrochent à quelque branche, s'y arrêtent un instant pour regarder une dernière fois la file des intrus, puis disparaissent dans les profondeurs feuillues. Des ibis crient à leurs compagnes de se presser, car les voyageurs marchent vite; les touracos se querellent avec la gutturale rudesse des fellahs. Apivores, oiseaux soleil, perroquets gris, perruches vertes et, de temps à autre, des aigles à collier blanc, volent majestueusement au-dessus des gouffres de verdure, partent sous nos pieds avec la rapidité de la flèche, ou restent paresseusement perchés sur les rameaux les plus élevés dans le brasillement de cette chaude atmosphère. Les fleurs embaument, et la senteur des lis, des effluves de musc se mêlent à l'odeur âcre des sangliers, des fumées d'éléphants, de singes, ou de l'antilope des brousses, au parfum pénétrant du crottin des civettes. Presque jamais nous ne sommes sans entendre le murmure des ruisseaux ou la chute des cascades; les rayons argentés du soleil frappent obliquement le sous-bois et rehaussent l'éclat des fruits de l'arum, du phrynium, de l'amome; leurs frondes humides étincellent, les gouttes de rosée jettent des feux.

Et le jour suivant, il en fut de même sous l'ombre éternelle de la sylve. Le 1er novembre, la caravane émergeait dans les clairières d'Andaki, où nous attendait la récolte promise. Les plantains, à vrai dire, se trouvèrent moins gros que la jambe du nain, mais ils étaient parfaitement mûrs, et, au bout d'une demi-heure, ils grillaient à souhait, entassés sur des claies de bois. Nos gens étaient prévenus que, pendant ces deux jours, ils auraient à préparer autant de vivres qu'ils en pourraient emporter. Longitude nord 1° 16′ 30″; la station de Kilonga Longa étant à 1° 6′ et le fort Bodo à 1° 20′, nous ne pouvions mieux demander.

Le 2, les éclaireurs chargés d'examiner les diverses sentes vers l'est nous ramènent deux femmes : l'une avait entendu parler d'un grand village, vers le nord, où il y avait des vivres. Andari, nous dit l'autre, est dans l'E.-N.-E, à quatre jours de marche, et là on trouve « tant de plantains, qu'Andaki, en comparaison, n'en a qu'une poignée ».

Après avoir traversé un large ressaut du terrain, nous entrons dans une vaste clairière abandonnée. Une année avait dû s'écouler depuis que les occupants avaient fui le village incendié, car les bananiers étaient étouffés sous les voraces efforts des arbustes et des plantes sauvages, ou écrasés sous les allées et venues des éléphants. Les phryniums montaient à 4 mètres; les cépées avaient vigoureusement repoussé, et déjà leurs cimes, entrelaçant leurs fins rameaux, formaient comme un tapis de feuillée; c'est à travers cet inextricable fouillis qu'il nous fallait passer, serpes et coutelas en main; les deux femmes avaient perdu la piste et ne se reconnaissaient pas en cette débauche de végétation. La sueur nous couvrait le corps à respirer cette atmosphère de terre moite et chaude, tandis que nous creusions un sillage dans cette mer de profonde verdure. Enfin, au bout de dix heures, et sur le bord d'un ruisselet babillard, la fatigue nous contraint de camper, n'ayant gagné que huit kilomètres.

Le 4, de bonne heure, nous reprenons la tâche. Trancher, couper, dessus, dessous, à droite, à gauche, ramper sur le sol, se mettre à quatre pattes, se hisser péniblement sur les souches branchues, veiller sur chaque fondrière ouverte dans le compost aux morbides exhalaisons, se plier en deux pour se faufiler sous les troncs renversés, s'ouvrir brèche à la force du bras.... « Avancez, avancez donc! La longue file des affamés est derrière, prête à emboîter le pas, et devant vous, le désert de verdure. Vite! sabrez-moi ce hallier! virez à droite, virez à gauche! Les fourmis rouges? Qu'importe! Allez, allez toujours! Nos gens sont debout à attendre. Aiguisez vos outils aux pierres des torrents; buvez à la hâte. Un peu plus d'entrain, les amis! tranchez ces lianes, coupez ces jeunes arbres! — Ah! on ne passe plus? Mais je vois une sente de gibier, tout près dans le fourré. Quelle chance! Frappez à la serpe et au sabre, à la hache et au coutelas! Ne nous laissons pas mourir comme des imbéciles dans ce repaire des démons! » Puis, obliquant d'un autre côté, et de-ci, et de-là, nous nous frayons un chenal, qui, serpentant à travers l'effroyable broussis, finit par nous conduire sous les cimes majestueuses de la forêt vierge.

Les haillons du traditionnel Irlandais seraient, à côté des miens, un costume de soirée, et je contemple mélancoliquement les accrocs qui me constellent et les loques et les fils qui pendent du pantalon et de la chemise; mes hommes rient en se regardant. « Nous ressemblons à des rats qu'on aurait tirés à travers les dents d'une ratière », dit un compagnon. La comparaison me plaît, mais nous n'avons pas de temps à perdre en babil; deux bananes font toute notre collation, et, à 3 heures du soir, nous n'étions plus qu'à une demi-heure de l'Ihourou.

Le lendemain, dès les premières lueurs de l'aube, nous défilions sur une passée d'éléphants parallèle à cette rivière, qui est ici un vrai torrent, une série non interrompue de rapides écumants dont le vacarme importune les oreilles. Nous traversons de nombreux et profonds affluents, mais l'excellente piste nous permet d'allonger le pas; l'étape nous donne 14 kilomètres et demi.

Pendant ces derniers jours, moururent 13 Zanzibari de la malheureuse colonne Barttelot, un des soldats danagla d'Emin, et je ne sais combien de Manyouema et de Madi.

Le soir du 6, une marche de 12 kilomètres me démontra l'absolue nécessité de trouver au plus vite des vivres si je ne voulais voir succomber l'entière caravane. La faim est toujours dure à supporter ; mais quand, l'estomac presque vide, il faut charrier son ballot par de longues marches, la disette ouvre la porte à une foule de maladies qui bientôt déciment les rangs. Les gens du Nyanza savaient trouver des champignons et des fruits sauvages qui suppléaient à l'insuffisance des vivres, mais le manioc de qualité inférieure avait empoisonné la moitié au moins des Zanzibari. Manyouema et Madi étaient absolument réfractaires aux conseils et même à l'exemple.

« Amani, dis-je à un jeune homme que je voyais dans la presque impossibilité de continuer sa route, je veux savoir, mais de vérité vraie, ce que tu as mangé depuis deux jours.

— Voilà, maître : ma gamelle avait une bonne provision de farine de plantain qui nous aurait bien encore duré deux jours. Mais Soulimani, qui la portait, l'a laissée près de la route pour cueillir des champignons. Quand il est revenu, plus rien. Un des Manyouema l'aura prise. Hier soir, en arrivant au camp, chacun de nous est reparti pour chercher d'autres champignons ; nous les avons fait bouillir et ç'a été notre souper. Ce matin, nous n'avons rien mangé : ce soir, nous en trouverons peut-être d'autres.

— Et demain, que mangeras-tu?

— Demain, comme Dieu voudra! J'espère bien que nous trouverons quelque chose! »

Et ce jeune gars, qui n'a que dix-neuf ans, portait sur son dos 25 kilogrammes de cartouches, et il en portera autant demain et après-demain, jusqu'à ce qu'il mesure la terre de son corps, puis, les yeux grands ouverts sur le dôme sombre de la forêt, il moisira et pourrira sur le sentier.... Car pour faire revivre tant d'affamés, de rien je ne puis rien tirer! Et le cas d'Amani est celui de toute la caravane!

Oulédi a reconnu un camp de Manyouema pour s'y être arrêté au mois de novembre 1887, en fourrageant à l'ouest de l'Ihourou pendant qu'il attendait Jephson et Nelson à Ipoto, et que notre avant-garde se dirigeait sur l'Ibouiri.

Le 7, jour de repos, le même Oulédi fut dépêché à la clairière d'Andari, à 10 kilomètres N.-N.-O. du camp, mais une centaine des hommes désignés pour l'accompagner étaient tellement faibles, que chaque gamelle reçut l'ordre d'apporter ses marmites, où je fis mettre trois poignées de farine afin de donner à ces pauvres gens la force d'arriver à la plantation.

Le 8, deux cents des nôtres restèrent au bivouac, attendant en silence le retour des fourrageurs. Inquiet de ce long jeûne, je leur fis une seconde distribution dans l'après-midi.

Le 9, nos gens ne reparurent pas. Deux hommes étaient morts au camp; un autre vacillait sur jambes par suite de l'ingestion d'un champignon vénéneux. Quand les malheureux compagnons vinrent chercher leur farine, leur pas était encore plus incertain, les os du sternum plus saillants. Trois jours de plus et nous périssions tous; mais je ne perdais pas l'espoir, et à chaque minute il me semblait entendre la voix des batteurs d'estrade.

Le matin du 10, préoccupé des provisions d'Europe que j'emportais pour les officiers du fort Bodo, je les fis examiner, et nous découvrîmes, à ma consternation, que 57 conserves — viande, thé, café, lait — manquaient à l'appel : les Manyouema en avaient fait leurs choux gras. Si un regard avait suffi pour les consumer, ils auraient promptement été réduits en cendres! « Comment ces boîtes ont-elles pu disparaître? demande leur chef Sadi. Comment? » Mais je leur ai enlevé les autres ballots de vivres et leur assigne en échange les paquets de cartouches pour remingtons et maxim.

A 2 heures du soir, nos gens rentrent enfin, apportant pour plusieurs jours de bananes, découvertes dans une plantation abandonnée. Ils avaient pris le soin de se bien restaurer avant de penser aux autres. Chacun, en remboursement de mes avances, doit verser à mon fonds de réserve 450 grammes de farine et autant pour les malades qui n'ont pas eu la force de les accompagner et dont on ne veut plus aux « gamelles ». Je puis, de cette façon, leur distribuer 3,5 kilogrammes de farine de plantain sec, et en garder plus de 90 kilos pour les besoins à venir.

Le 11, une heure et demie de marche nous menait à la cale où Kilonga Longa traverse ordinairement l'Ihourou ; mais les naturels, craignant qu'il ne poursuivît ses déprédations sur la rive ouest, avaient détruit tous les canots; il me fut impossible d'aller voir le traitant et de régler mon fameux compte avec lui. La rivière était en crue; l'affreux désert qu'avaient fait les Arabes étendait au loin ses solitudes. Nulle autre voie pour en sortir que de remonter encore l'Ihourou, jusqu'à ce qu'on pût le passer pour se diriger vers l'est, sur sa rive gauche. Notre route actuelle orientait N.-E.-N.

Le 12, nous enfilâmes une route où venait évidemment de passer quelque tribu de nains : elle était jonchée de pellicules d'amome, de coquilles de noix, des rouges écorces des baies du phrynium. On ne trouve plus dans cette région, comme dans le sud de l'Itouri, de fèves des bois, de fenessi ou de maboungou. Arrivé au bivouac, j'appris que sur le bord de l'eau, près du campement indigène où pendant quatre jours nous avions souffert la faim, six hommes avaient succombé : un Madi qui avait mangé des champignons vénéneux, le soldat de Lado, de la blessure reçue en amont du rapide aux Guêpes, deux Soudanais de la seconde colonne, un jeune Manyouema au service de M. Bonny, Ibrahim, un beau Zanzibari, d'un attelet empoisonné sur lequel il avait posé le pied.

Le 13, la grande forêt nous parut moins défavorable à la marche. Notre passée d'éléphants s'embranchait à une autre venant du côté d'Andari et orientée vers l'est; les deux sentiers réunis faisaient une façon de grand'route que fréquentaient les pygmées. Nous la suivîmes deux heures. On pouvait reconnaître où les marmousets s'étaient arrêtés pour allumer leur pipe, casser des noix, traquer le gibier, ou, tout simplement, pour faire la causette. Les ramilles étaient rompues à moins d'un mètre du sol. Où le chemin se trouvait un peu boueux, on voyait de délicates empreintes, comme les pas d'une petite miss de huit ans, au pied fin et bien cambré : ces nains sont d'ancienne lignée et de race aristocratique. Ils ont de nombreux camps aux environs. Dans ce terrain ocreux, des arbres superbes s'élèvent à de prodigieuses hauteurs.

Il était grand temps de procurer aux hommes quelque repos et de nouveaux vivres. Visiblement, la confiance les abandonnait : leur corps se consumait à la tâche terrible de tourner constamment dans ce cercle fatal : faim et marches forcées. Mais l'excès d'infortune qui, de jour en jour, nous courbait davantage vers la tombe, ne nous arrachait point de larmes.

Fait depuis longtemps à supporter les vicissitudes, à voir l'angoisse et la souffrance, j'écoute, silencieux, le récit lamentable des calamités. Ni plainte ni gémissements ne peuvent réparer toutes ces pertes! La douleur de demain nous attend, tout aussi certaine que le lever du soleil, et trop m'appesantir sur les épreuves d'hier me rendrait incapable de supporter celles d'aujourd'hui.

Distribuer quotidiennement 230 ballots à un nombre toujours plus réduit de porteurs était la plus impatientante des tâches. Pas un homme sur vingt qui n'eût quelque réclamation à présenter : ulcère, douleurs à la tête, menace de hernie, maux de toute espèce et plus ou moins indéfinis; panaris, épine au pied, rhumatisme, fièvres.... Les charges étaient toujours aussi nombreuses, mais les pagazi mouraient.

Le 14, après six heures de marche, nous approchions d'Andouta et d'Andi-koumou. Comme l'avant-garde franchissait les abords des défrichements, troncs couchés et débris de la forêt, des flèches volèrent dans les airs et deux hommes furent blessés. Sur-le-champ les autres jettent caisses et ballots et se précipitent sur les naturels. L'escarmouche fut assez vive, mais les sauvages, coiffés ici d'une sorte de chapeau à haute forme, prirent bientôt la fuite, et, une demi-heure après, la caravane entrait sous couvert. Nous trouvâmes dans les cases une telle quantité de très beaux plantains, que mes affamés ne pouvaient revenir de leur extase.

L'étendue de cette clairière égale celle de la fameuse plaine de l'Ibouiri. Elle est située au milieu de collines qui se dressent à l'est, à l'ouest et au sud; nous vîmes sur les arbres d'un des sentiers les « flaches » des Manyouema; un des villages était en ruines, mais la vaste surface d'essarts arrête les déprédations des brigands, qui n'ont pu encore détruire ces splendides bananeraies.

En examinant les caisses de munitions avant de les empiler pour la nuit, nous en trouvâmes une en moins, celle du caporal Daïn Mohammed; il l'avait laissée au pied d'un grand arbre sur le bord du sentier. Quatre chefs de caravane reçurent l'ordre de s'en retourner avec le Soudanais et de rapporter le colis manquant.

En approchant de l'endroit désigné, ils virent toute une bande de pygmées, hommes, femmes et enfants, rassemblés

Combat dans la clairière d'Andi-koumou.

autour de deux chétifs guerriers qui essayaient de soulever la caisse comme pour se rendre compte du poids. Nos gens, très curieux, se dissimulèrent avec soin, car les yeux de ce petit monde sont singulièrement perçants. Chacun donnait son avis; les garçons sautaient à cloche-pied, se carrant des hanches avec la joie inexprimable que leur causait l'aventure, et les mignonnes femmes, portant sur leur dos des bébés plus mignons encore, piaillaient des paroles de sagesse féminine. Un des plus avisés prit une perche légère qu'il passa à travers les poignées, et tous, de leurs voix aiguës, d'exalter ce trait de génie. L'Hercule, alors, et le Milon de la tribu, y appliquant toute leur force, enlèvent la caisse au niveau de leurs épaules, et, chancelant sous le poids, s'acheminent vers le broussis. Nos gens de tirer à poudre et de pousser de grands cris en se lançant à la poursuite des myrmidons; l'un, trop gros pour courir, reste en arrière, un jouvenceau de dix-huit ans, qu'on nous amène en triomphe. Nous admirons l'homoncule, gras à lard. Mais il aurait fallu entendre le Zanzibari!

Le 17, M. Bonny fut envoyé à la recherche d'un canot qu'on disait exister dans ces parages, mais il ne put le trouver; la rivière semblait venir de l'est-nord-est et avait plus de 50 mètres de largeur. Courant paisible, lit profond.

L'après-midi du 14, le 15 et le 16 novembre, nos gens les passent à se venger de leur abstinence forcée. Plantain cuit à l'eau, plantain rôti sur la claie, plantain réduit en farine, plantain sous toutes les formes, en moyenne, chacun en a consommé 140 en trois jours.

Le 19, peu après avoir quitté Andi-koumou, nous traversons l'établissement d'Andouta, puis la colonne passe près de la montagne pittoresque de Kakoua. La contrée est toute hérissée d'immenses quartiers de roche, de blocs couverts d'une épaisse végétation et entourés de fougères en profusion. Près du camp, on découvre, dans la rocaille, un petit grenier de maïs et de bananes, appartenant sans doute aux nains. Si cette trouvaille avait eu lieu quelques jours auparavant, nos gens en fussent venus aux coups, mais aujourd'hui chacun se sent sur le dos une bonne charge de vivres et ils accordent à peine un regard au trésor des petits hommes. La plupart d'entre eux, du reste, sont assez sérieusement indisposés par suite des noces et festins d'Andi-koumou.

Le 20, étape de 8 kilomètres. Depuis que nous suivons la grand'route des nains, le sol, différent des terres marneuses qui absorbaient les pluies perpétuelles de la région avoisinant l'Itouri, est constitué par une argile rougeâtre, imperméable et dure, qui retient l'eau en petites mares, et rend le sentier glissant et savonneux.

A la halte méridienne, le chef de l'avant-garde, précédant les autres de quelques centaines de mètres, rencontre inopinément une caravane de naturels d'Andi-toké nord. Ils poussent un hurlement de surprise, mais, le voyant sans armes, lui courent sus, lance en arrêt. Le cri nous avait donné l'éveil, et les nôtres arrivent à temps pour sauver le camarade. Dans l'escarmouche qui s'ensuivit, deux aborigènes furent blessés et un autre tué; nos gens s'emparèrent des trésors de la caravane: bagues de fer, cabochons, bracelets, chevillières et anneaux de jambo en fibre de calamus, quelques outils de forgeron, et, chose fort surprenante, des cartouches remington encore chargées.

Notre première pensée fut que le fort Bodo avait été pris ou évacué, ou que les sauvages avaient massacré quelque patrouille; après mûre réflexion, nous croyons bien qu'elles nous ont appartenu, mais qu'elles ont passé par les mains des Manyouema de Kilonga Longa.

Le 21, nos gens ont l'air de ne plus pouvoir marcher; ils ne sont pas encore remis de leur orgie de plantain. A midi nous nous trouvons par latitude nord 1° 45′, preuve que nous tirons au nord, malgré tous les efforts pour découvrir un sentier conduisant vers l'est.

On m'avait aujourd'hui annoncé la mort de Tchama-Issa, le dernier de nos Somali; au repos de midi je suis tout enchanté de le revoir : je voudrais, au moins, en conserver un. Tous les jours je lui envoie sa portion de ma propre table, et deux Soudanais touchent une paie supplémentaire pour le soigner, le faire manger, le porter. Jusqu'à ce soir nous avons perdu 52 pagazi de la colonne restée à Banalya. J'estimais, au départ, que nous en conserverions à peu près la moitié. Les choses ont été assez bien tant qu'on a pu les transporter en canot, mais la marche extermine ces infortunés.

Le 22, à peine l'avant-garde était-elle au campement, que s'abattent de terribles ondées. Leur organisation appauvrie,

Nains emportant une caisse de munitions.

leur énergie perdue ne permettent pas aux malheureux de supporter le froid humide; Madi et Zanzibari laissent tomber leurs fardeaux et courent pêle-mêle vers le camp. Un Madi réussit à se traîner jusqu'à ma tente, où brûlait une bougie, car au cœur de la forêt, sous ces averses, il fait aussi sombre en plein jour que par les nuits ordinaires du Pays aux Herbes. A l'ouïe de ses gémissements je sortis avec ma lumière et trouvai le malheureux couché dans la boue, tout raide et ne pouvant plus se mouvoir. A la vue de la bougie, ses yeux se dilatèrent, il étendit ses mains vers la flamme en essayant de la saisir. Je le fis placer à quelque distance d'un bon feu, et une tasse de Liebig bien chaud le rendit à la vie. Sur le sentier, deux autres Madi succombèrent, et un Zanzibari de la colonne de Banalya; cette pluie glacée les avait frappés à mort.

L'étape suivante ne dure que deux heures : il faut envoyer quarante-cinq des plus forts à la découverte de cette viande qui serait le salut de nos malades et des porteurs trop faibles pour continuer leur route. Vingt-quatre heures après, ils apportent une chèvre. Tuée en un clin d'œil, débitée et mise dans les marmites, elle donna bientôt 140 litres de bouillon excellent, que l'addition de 900 grammes de farine transforma en potage. Quel bon repas eurent nos soixante éclopés!

Le 25, à 10 heures du matin, nous étions à Inde-maou. Situé dans une combe, au pied d'une montagne, ce village n'est séparé du Doui, une des branches de l'Ihourou, que par une distance de dix kilomètres.

A Inde-maou, notre expédition, si longtemps éprouvée et que guettait la destruction, eut quelques jours de répit. Les bananeraies, très étendues, étaient chargées de fruits mûrs et d'une odeur délicieuse. A Andi-koumou je n'avais pu enseigner à ces grands enfants l'art d'économiser leurs rations; il ne me fut pas possible à Inde-maou de leur apprendre la modération au milieu des richesses. A Andi-koumou on aurait pu alimenter une armée de cette bonne et saine nourriture, mais la voracité déréglée de ces pauvres affamés avait amené de graves indigestions; ici l'intempérance leur chargea tellement l'estomac que, tous les matins, je ne faisais guère autre chose qu'écouter les plaintes et distribuer de l'émétique.

Nos éclaireurs découvrirent un sentier conduisant de l'autre côté du Doui; un autre se dirigeait sur Inde-perri, un assez grand établissement situé à 24 kilomètres N.-E. du fort Bodo. Mon premier plan avait été de couper à travers la forêt de manière à arriver droit sur la Terre aux Herbes, et, suivant une route plus septentrionale que la ligne d'Ipoto au fort Bodo, d'envoyer, en passant, un détachement régler mes affaires avec Kilonga Longa; mais, à la suite de nos tentatives pour trouver un gué ou des canots pour traverser l'Ihourou, les crues nous avaient forcés de longer constamment la rivière : nous étions maintenant par 1°47′ de lat. N. et 31° 27′45″ de long. E. La découverte de cartouches remington dans les ballots d'une caravane indigène, à une distance assez rapprochée du fort Bodo, me troublait plus que je n'aurais voulu; pourtant, j'avais toute raison de le croire, notre citadelle était imprenable, et à ce moment, du reste, la garnison devait avoir rejoint Emin sur les rives du Nyanza. Mais, pour mettre fin aux doutes qui me hantaient, j'infléchis quelque peu notre marche dans la direction sud, voulant passer près du Fort et voir, de mes yeux, ce qu'il en était là-bas. J'envoyai donc M. Bonny avec le chef Réchid et 60 hommes, jeter un pont sur le Doui.

Le 1ᵉʳ décembre, après un repos de cinq jours, l'expédition quitta Inde-maou pour se diriger vers le Doui. M. Bonny, le vieux Réchid et leurs aides mettaient la dernière main à une œuvre qui leur fit le plus grand honneur, mais surtout à M. Bonny. Sans s'arrêter un instant, la caravane entière passa sur cette charpente grossière, mais très solide, et d'une longueur de 72 mètres.

Sur l'autre rive je fis l'appel sommaire de mon monde. Trente-quatre hommes de l'arrière-colonne étaient déjà morts; et sur les seize Zanzibari inscrits sur la liste des malades, il y en avait quatorze de Yambouya. Quelques jours suffiraient sans doute à décider de leur sort. Mais pour les sauver, que ne mettions-nous pas en œuvre! Toutes les chèvres et les poules que nos gens pouvaient découvrir, on les leur réservait. Nous leur faisions la cuisine; M. Bonny leur distribuait journellement des remèdes; ils n'avaient à porter que leurs vivres; mais leur organisme était tellement affaibli par les misères endurées à Yambouya et à Banalya, que la plus légère écorchure produite par une herbe, une branche, une liane, provoquait un ulcère aigu; en trois ou quatre jours, celui-ci mesurait déjà plusieurs pouces de large. Les soins et le repos qu'on trouve dans un hôpital auraient seuls eu raison de ce dépérissement rapide.

Après avoir traversé le petit village d'Andi-ouba, nous gagnons en trois heures la vaste station d'Addigouhha. Le 4 décembre, en quatre heures et demie nous arrivons à Ngouetza, où nous campons sur la lisière de bananeraies des sages. J'avais compté, ce jour-là, dix villages de nains, mais sans apercevoir un seul de ces myrmidons; la forêt était dense, le sous-bois luxuriant. Une muraille de boue battue, longeant des ruisselets, séparait

Pont jeté sur le Doui.

chaque agglomération de villages. Nous établissons notre campement dans une de ces enceintes. Tout d'un coup s'avance une belle chèvre aux mamelles pendantes, escortée de deux jolis biquets de trois ou quatre mois; après quelques instants de surprise à la vue de cette petite famille, nous sautons sur ce présent des dieux. Une demi-heure après on vient nous dire qu'un des Outchou attachés à la personne de M. Bonny a été blessé par une flèche et que les pygmées ont attaqué et tué un jeune Manyouema. J'envoyai une escouade porter son corps dans les bois, où ses parents pourraient l'ensevelir; mais pendant la nuit, les cannibales ne manquèrent pas d'enlever cette provende.

Les crieurs reçoivent l'ordre de parcourir le campement et de dire qu'on ne repartirait pas avant d'avoir préparé pour cinq jours de vivres. Les appels retentissent de tous côtés ; on apporte de lourdes charges de plantains, on les sèche sur des grils de bois, et le lendemain matin on les réduit en farine.

Nous marchions maintenant vers le sud, et il était facile de constater que le terrain descend à l'Ihourou par une pente très douce. Nous traversâmes six rivières, larges et lentes, découvrant de vastes bancs d'argile que rougit le fer ; les rives étaient autant de pépinières de rotang et de palmier raphia. Vers trois heures de l'après-midi, l'avant-garde tomba sur plusieurs familles de nains et captura une femme âgée, une jeune fille, un garçon de dix-huit ans, des bananes et des poulets. La vieille était forte comme un cheval : on le vit bien à la façon dont elle épaula le lot de bananes. Ces gens avaient l'air de bien connaître la forêt, mais ils voulaient toujours nous diriger vers l'E.-N.-E., ce qui nous eût éloignés du fort Bodo. Je les fis donc passer vers l'arrière-garde, puis nous serpentâmes vers le S., vers l'E. et quelquefois au S.-S.-E., traversant six cours d'eau le 7, et un pareil nombre le 8.

La tente du quartier général avait été dressée et le sol quelque peu nettoyé de sa brousse, quand je vis un jeune homme chanceler sur ses jambes : la faim lui enlevait ses forces, me dit-il. « Comment ! tu as déjà fini tes cinq jours de rations ! — Non, je les ai jetées : les nains nous avaient dit qu'aujourd'hui nous arriverions à un endroit où il y a de fameuses bananes, les plus grosses du monde ! »

Et, en effet, mon enquête me révéla que, pendant la route, 150 hommes au moins s'étaient, comme lui, débarrassés de leurs vivres, et que ce jour-là, le 8, ils n'avaient plus rien à manger. Je fis appeler les chefs de caravane, et, après les avoir semoncés pour leur manque de surveillance, je décidai que tous ceux qui avaient encore quelque force retourneraient à Ngouetza, d'où nous étions partis seulement l'avant-veille. La caravane avait mis quatorze heures et demie à franchir cette distance, mais nous avions perdu beaucoup de temps à nous ouvrir un passage à travers la jungle, souvent même à chercher un sentier, et les fourrageurs pourraient regagner les plantations en moins de onze heures.

Donc, le matin du 9, deux cents personnes s'acheminèrent

vers les bananeraies de Ngouetza ; mais, avant de partir, elles durent me verser 90 kilogrammes de farine de plantain pour les malades et ceux qui garderaient le bivouac. Nous restions 130 hommes, femmes, enfants et nains, presque tous l'estomac en détresse. Je fis distribuer une demi-tasse de farine à chacun, puis M. Bonny s'éloigna avec dix éclaireurs pour aller à la découverte de l'Ihourou. D'après mes calculs, nous nous trouvions, par le N. 1° 27′15″ et par l'est, 31° 41′30″, à 17 kilomètres en droite ligne au nord du fort Bodo. Mais à quoi bon montrer la carte à des gens criant la faim? Partout des troncs rigides arrêtent le regard; en haut, étendue au-dessus de la tête comme un drap mortuaire, cette éternelle feuillée cache le ciel et le soleil; la sombreur de la forêt nous environne et semble fermer la route à toute espérance.... Mais ils savent que l'Ihourou n'est pas loin du fort Bodo, et si Bonny le découvre, cela leur rendra certainement un peu de courage.

Notre aide-chirurgien réussit dans sa mission et flacha le sentier. Pour passer le temps, je me mis à reprendre mes calculs et à corriger les écarts que m'avaient fait découvrir mes divers voyages dans cette même région; enfoncé dans mon Norie, mes chiffres et mes cartes, je trouvai dans le travail une distraction suffisante. Mais, le 14, ma tâche était terminée et je passai la journée du 15 à attendre avec la plus vive anxiété le retour de nos gens. Ceux qui m'entouraient s'affaiblissaient de plus en plus, et, cependant, l'espoir ne les abandonnait pas encore. Je fais ouvrir une caisse, j'en sors une conserve de lait et une autre de beurre, et je mets une cuillerée de chacune dans un pot de terre déjà rempli d'eau bouillante, maigre potage qui servira à prolonger l'agonie. Pendant six jours on rangeait en demi-cercle les marmites de chaque mess : chaque cuisinier m'apportait la sienne; j'y laissais tomber les rations de beurre et de lait; il les remuait consciencieusement, puis, escorté de son groupe, s'en allait faire la distribution. Le cœur un peu remis par cette boisson chaude, nos hommes se répandaient dans les bois à la recherche des baies rouges du phrynium, et des fruits plus rares de l'amome, dont la pulpe aigre-douce calmait les tortures de l'estomac; parfois même ils découvraient un champignon, mais quand cent trente personnes ont erré tout autour d'un bivouac et dans toutes les directions, en quête de quelque bribe à se mettre sous la dent, le cercle s'élargit de jour en jour. Et, alors, poussé toujours plus avant par les cris de ses entrailles, on est à quelques kilomètres du campement, on n'a pas fait attention à la route prise, et quand on veut rejoindre les autres, on ne sait même plus de quel côté se diriger. Voilà comment deux de nos porteurs n'ont pas reparu ce soir, et Sabouri non plus, un petit garçon de huit ans. J'aimais beaucoup ce gamin-là. Il portait mon winchester et ma cartouchière. Chérubin aux yeux noirs, rond comme un rouleau à pâte, fort et robuste, il avait l'avisement d'un homme dans sa cervelle d'enfant, et souvent, quand la caravane allait bon train, je tournais la tête pour regarder trottiner le bonhomme. Pour mon petit page, si prompt à me rejoindre au moindre bruit, je me privais souvent de mes meilleurs morceaux, et son petit bedon attirait le sourire de tous. Il avait l'air d'un enfant portant une dame-jeanne sous sa blouse; mais, hélas! depuis quelques jours la dame-jeanne avait disparu; lui, comme les autres, avait dû aller à la cueillette des baies, et, ce soir-là, il n'était pas rentré.

A la tombée de la nuit, les vieux mousquets des Manyouema firent sonner leurs signaux. Vers neuf heures je crus entendre sa voix; je fais sonner le clairon; il me semble qu'on y répond d'une extrémité du camp : un des grands cors d'ivoire jette son appel, qui résonne au loin sous les voûtes de la forêt : le même cri s'élève du côté opposé. « C'est le fantôme de Sabouri qui revient gémir sur sa mort! » dit-on autour de nous. Le tableau du pauvre petit égaré dans ces labyrinthes, voyant la nuit sombre descendre sur lui, et bientôt perdu au milieu des ténèbres épaisses de ces bois fantastiques où des nains cruels rôdent à la recherche de leur proie, et les sangliers, et les chimpanzés énormes, les léopards, les *tchitah*[1]; où les éléphants foulent aux pieds les phryniums qui craquent et crépitent, et les grands babouins tapent sur les arbres creux. La terreur l'environne de toutes parts. Pour moi, je le regarde comme perdu.

Journée vraiment terrible! Trois des nôtres disparus, et, dans le camp, un mort, un de nos jeunes serviteurs. Et les survivants s'affaissaient toujours davantage. En essayant de faire quelques pas, plusieurs tombaient de faiblesse. Ce spec-

---

1. Guépards

tacle agissait sur mes nerfs au point que je ressentais pour leurs souffrances, non seulement une sympathie morale, mais une sympathie physique, comme si leur marasme était contagieux.

Cette nuit-là, sur ma couche, la pensée des absents ne me quitta guère : s'étaient-ils égarés dans les bois ? la faim les avait-elle terrassés avant qu'ils eussent pu arriver aux bananeraies ? Mais, quelque épouvantable que fût la seule idée d'une semblable catastrophe, il fallait la regarder en face et m'attendre à tout, et tout tenter pour sauver un résidu de l'expédition, afin qu'il pût porter de nos nouvelles au Pacha, et par lui, quelque jour, au monde civilisé.... Par moments je voyais la mission tout entière succombant dans ce coin perdu de la grande forêt, Emin nous attendant de mois en mois et se demandant ce qu'elle était devenue, pendant que nos cadavres se décomposeraient peu à peu et que toutes les blessures faites à l'écorce des arbres par les haches de nos éclaireurs se seraient réparées, que la sente s'effacerait en moins d'un an sous la vigoureuse poussée de la végétation des tropiques, et que notre lieu de repos resterait ignoré au siècle des siècles. — Notre barque dérivait rapidement vers l'abîme. Sur les deux cents hommes partis depuis près d'une semaine, sans nourriture et faisant 50 kilomètres pour en aller chercher, le quart peut-être ne sera pas arrivé là-bas ; les Madi se seront laissés tomber sur la route, en suppliant les autres de revenir les secourir... s'ils reviennent ! Car ils n'ont pas de chefs ; les uns seront tués en détail par les flèches des nains ; les grands aborigènes attaqueront les autres ; les malheureux se dispersent au hasard, se troublent, s'égarent ; on les égorge un par un. Et nous attendons et attendrons toujours des gens qui ne reviendront jamais, et nous mourrons trois d'abord, puis six, puis dix, puis vingt, et, comme une chandelle éteinte, tout sera fini.... Non ! non ! il faut faire quelque chose !

Le sixième jour, on prépare le potage comme de coutume : une conserve de beurre et une conserve de lait condensé ; mouillez *ad libitum*,... pour cent trente personnes ! M. Bonny et les chefs de caravane sont appelés au conseil. Quand je parle de quelque catastrophe arrivée peut-être à nos fourrageurs, une telle possibilité semble au-dessus de leur compréhension. Mais depuis le commencement des marches, folies sur folies, insanités sur insanités ont marqué chacune de nos journées ;

voyez! chaque nuit ils s'échappent pour courir à la maraude! Cinquante se précipitent dans la rivière après une antilope des brousses; après quinze mois dans la forêt, ils en sont encore à jeter leurs rations, à se ruer frénétiquement sur des plantations bien gardées, à marcher sottement sur les brochettes plantées dans notre sentier, à ne pas regarder aux écorchures, qui dégénèrent bientôt en ulcères malins, à céder leurs carabines à des hommes qui les réduiraient tous en esclavage! Voilà ce qu'ils font jour après jour et mois après mois. Et vous ne voulez pas admettre la possibilité d'un désastre! Trois cents hommes avec trois officiers ne se sont-ils pas perdus pendant six jours dans la forêt? Hier même, trois des nôtres n'ont-ils pas disparu? N'ai-je pas assez dit à ceux qui partaient que nous mourrions tous s'ils ne revenaient pas le quatrième jour? Et c'est aujourd'hui le sixième; cinquante d'entre nous sont proches de la fin. Et les autres?

Peu à peu, cependant, l'idée se glissait dans les esprits que si nous restions encore trois jours à ne rien faire, nous serions ensuite trop faibles pour aller aux vivres. Ils convinrent avec moi qu'il serait bon d'enterrer nos bagages et de retourner à Ngouetza pour cueillir des plantains nous-mêmes. Mais il y avait une difficulté : les cinquante plus faibles ne pourraient sans doute pas nous suivre, et quand nous reviendrions au camp, ils auraient ouvert et pillé nos caches : histoire de grabuger!

M. Bonny vint alors à la rescousse; il s'offrit à garder le campement avec dix hommes, si je lui donnais dix jours de vivres pour lui et la garnison. Dix jours! certes, je ne resterais pas si longtemps absent; mais on pourrait le contenter; je mesurai donc plein une demi-tasse de farine par homme et par jour, et, en plus, quatre biscuits : j'ajoutai même quelques conserves de beurre et de lait condensé. Pour ceux qui ne pouvaient ou ne voulaient nous suivre, il nous était impossible de rien faire. Ce qui, à la rigueur, suffit pour soutenir l'existence de treize hommes, que serait-ce pour sauver la vie de cent trente autres, déjà si compromis! Ce qu'il leur faudrait, c'est une abondante provision de cette farine de plantain si saine et si digestive!

Ce matin, le petit Sabouri apparaît, gai, dispos, indifférent, comme s'il rentrait d'une promenade. « Toi, Sabouri! mais où

Le camp de la famine.

étais-tu donc? — Je ramassais des baies, et je me suis perdu, et puis j'ai vu des marques de hache sur les arbres. Là, que je me suis dit, voici le bon chemin! et je l'ai suivi, mais je suis arrivé à une grande rivière. C'était l'Ihourou! Puis j'ai trouvé un grand creux dans un arbre, je m'y suis collé et j'ai dormi, puis j'ai suivi la même route, mais dans l'autre sens, et toujours comme ça, je suis revenu ici. Voilà. »

Le 15, au matin, appel général. Sadi, le chef manyouema, dit que quatorze des siens sont incapables de marcher. Tous les gens qui obéissent à Kibbo-bora sont prêts, sauf son frère, trop malade. Foundi, un autre Manyouema, laisse en arrière une de ses femmes et un petit garçon. Quarante-trois créatures humaines restent au campement, sur le bord même de la tombe, et elles y vont tomber si nous ne trouvons rien avant vingt-quatre heures. Prenant un air serein, quoique mon cœur fût prêt à se briser, je leur dis d'avoir bon courage; j'allais leur ramener les absents, qui, sans doute, les oubliaient en se gorgeant de bonnes choses. Si je les trouvais en route, c'est moi qui les ferais marcher! « En attendant, priez Dieu pour que je réussisse. C'est Lui seul qui peut vous sauver! »

Nous partons à une heure pour retourner à Ngouetza — 50 kilomètres, — j'ai avec moi 65 hommes et jeunes garçons, et 12 femmes. Nous marchons jusqu'à la nuit, puis nous nous étendons sur le sol, isolés ou par groupes, chacun sous sa touffe de brousse, silencieux et triste, et perdu dans ses pensées. Inutile pour moi de chercher le sommeil, « ce baume des esprits blessés ». Trop de souvenirs surgissent, trop de mourants hantent les ténèbres; les formes qui se dessinent dans mon imagination se décomposent dans l'horreur qui les peint de couleurs livides; les pâles cadavres près desquels nous avions passé le jour même, pouvais-je les oublier! Le scintillement des étoiles cachées par la grande sylve n'arrivait pas jusqu'à moi, et des pauvres cœurs qui m'entouraient, il ne pouvait sortir autre chose que des murmures de désespoir; les feux n'étaient pas allumés : à quoi bon! il n'y avait rien à cuire! Ma peine était grande. Et sous le funèbre voile des ténèbres s'avançaient les fantômes qui se rient et se gaussent de l'homme qui est seul, qui font surgir dans son cerveau des figures de flamme, ou tracent des silhouettes de feu sur le manteau de la nuit et vous parlent tombe, vers du cercueil et oubli. Et un démon vient souffler dans votre cerveau malade que mieux vaut se reposer enfin et ne plus sentir le cœur se resserrer douloureusement. Le vent qui soupire dans les ramilles de ce noir broussis vous porte les effluves de cette terre malsaine, et murmure à l'oreille : « Perdu ! perdu ! Vains tes labeurs et vaines tes souffrances ! Les mauvais jours succèdent aux mauvais jours ; les braves tombent ; l'un après l'autre ils roulent au sépulcre ; ils vont pourrir et disparaître, et tu vas rester seul ! »

« *Allah ho akbar* ! » cria dans l'obscurité de la nuit un homme auquel la douleur et la faim enlevaient le sommeil. Ces paroles, se réverbérant à travers les ténèbres, éveillent un écho dans mon cœur. « Dieu est grand ! » Pourquoi un fils de l'Islam vient-il rappeler à un chrétien que Dieu règne ? « Et maintenant vous, rois de la terre, recevez instruction, vous, insensés, quand apprendrez-vous la sagesse ? Celui qui a planté l'oreille, n'entendra-t-il pas ? Celui qui a formé l'œil, ne pourra-t-il voir ? » Et, voici, des pensées plus saines reprennent possession de mon esprit ; mes yeux ne se lassent plus à sonder les ténèbres, je rentre en moi pour me remémorer tant d'exemples de miséricorde reçue ; ces souvenirs en appellent d'autres, et le cœur obstiné se fond, et je dépose tous mes soucis aux pieds de Celui qui seul donne la délivrance !

Vers le matin je m'endormis pour me lever en sursaut quelques heures après ; la nuit s'enfuyait ; l'aube spectrale me montrait les groupes de compagnons qui sommeillaient encore.

« Debout, enfants ! vite ! aux plantains ! Plaise à Dieu, nous mangerons aujourd'hui ! » En quelques secondes, tous s'étaient levés de leur couche et bientôt défilaient sur le sentier dans la lumière grise du matin ; les uns claudiquant par suite de plaies, d'autres boitillant par suite d'ulcères, presque tous chancelants par extrême faiblesse. A peine la marche commençait-elle à nous échauffer, que je distingue un murmure de voix à quelque distance. Le petit Sabouri tient ma carabine prête, il guette mon moindre signe ; je vois un grand monceau de fruits dépassant les larges feuilles de phrynium qui nous cachent un détour du sentier.... Ce sont eux ! ils arrivent ! Le faible, le boiteux et le perclus oublient peines et souffrances. Leurs cris de reconnaissance s'élèvent spontanément vers le ciel. Anglais et Africains, chrétiens, fils de l'Islam ou païens, tous confessent le nom du Très-Haut. Il n'est pas ici, Il n'est pas là, Il est partout!

Il n'y avait qu'à regarder ceux qui marchaient en tête de l'escouade pour voir clairement la cause du retard. Mais nous n'avions pas de temps à perdre en reproches; il fallait allumer les feux, s'asseoir, griller les fruits, et amasser le plus tôt possible des forces pour le retour. Une heure après, nous reprenons la route du campement, où nous arrivâmes à 2 heures et demie de l'après-midi, reçus comme les mourants reçoivent ceux qui viennent les arracher à la mort. Et cet après-midi-là, jeunes et vieux, Zanzibari et Manyouema, Soudanais et Madi noyèrent les douleurs du passé dans les joies du présent, et chacun fit le vœu d'être plus prévoyant désormais,... pour n'y plus penser le lendemain.

Le 17, nous arrivions à l'Ihourou, que nous traversions le 18. Puis il fallut s'ouvrir péniblement une voie à travers la formidable brousse; mais le 19, d'assez bonne heure dans l'aprèsmidi, la caravane émergeait des halliers : nous étions sur les confins des plantations du fort Bodo, que les nouveaux venus ne se lassaient pas d'admirer.

Le 20, après avoir, non sans labeur, tracé notre route à travers les cultures abandonnées, nous nous retrouvons sur le chemin que j'avais si souvent parcouru. Les traces y abondent, et les pelures de plantain en petits tas. Mais qui les y a laissées? Peut-être les naturels sont-ils retournés à leurs anciennes stations; peut-être les nains se nourrissent-ils maintenant « de la graisse de la terre ». Nous approchons de l'extrémité de notre belle route stratégique; je tombe, au tournant, sur une patrouille de Zanzibari aussi étonnés que nous-mêmes de cette soudaine rencontre. Les décharges de nos carabines troublent le grand silence de la clairière : d'autres lui répondent bientôt; fous de joie, nos amis, par sauts et par bonds, accourent nous tendre la main, et, le premier, mon cher docteur, les yeux brillant de plaisir, qui me crie : « Tout va bien au fort Bodo ».

# CHAPITRE XXIII

## LA GRANDE FORÊT DU CENTRE DE L'AFRIQUE

(Décembre 1888.)

Les renseignements du professeur Drummond sur l'Afrique. — Aire de la Grande Forêt. — Végétation. — Entomologie. — Description des arbres. — Les tribus et leur nourriture. — La brousse proprement dite. — Les abatis, merveilles de la vie végétale. — L'étrange sensation de solitude. — Une tempête dans la forêt. — Végétation tropicale sur les rives de l'Arouhouimi. — Nids de guêpes. — La forêt, image de la société humaine. — Quelques secrets des bois. — Le gibier dans la forêt. — Pourquoi nous ne faisions pas de chasses. — Les oiseaux. — Les simiens. — Insectes et reptiles. — Les coléoptères et les petites abeilles. — Le pou de Pharaon. — Les chutes des arbres. — Les chimpanzés. — La zone la plus pluvieuse de la Terre. — L'Itouri ou haut Arouhouimi. — Les différentes tribus et leurs dialectes. — Leurs coutumes et physionomies. — Leur teint. — Conversation avec quelques captifs à Engoueddé. — Les nains Ouamboutti, leurs habitations et leurs manières de vivre. — Les nains batoué. — Vie dans les villages sylvains. — Les nains capturent deux Égyptiens au fort Bodo. — Poisons employés pour les flèches. — Le traitement des blessures par les flèches. — Les fruits de la forêt. — Animaux domestiques. — Maladies des Madi et Zanzibari. — Le chemin de fer du Congo et les produits de la forêt.

Un professeur anglais, qui a le droit d'inscrire à la suite de son nom une série d'initiales montrant qu'il est membre de plusieurs sociétés savantes, un écrivain doué d'un très remarquable talent de description, s'est aventuré, tout en confessant n'être qu'un « triste voyageur », à faire de l'Afrique le tableau suivant :

« Couvrez la zone qui borde les côtes d'herbe épaisse et jaunâtre; piquez-y çà et là des palmiers, éparpillez des villages à moitié ruinés, peuplez cette région de léopards, hyènes, crocodiles et hippopotames. Revêtez les plateaux montagneux, non de la forêt infinie, la grande forêt ombreuse, la forêt vierge de l'Amérique, non de la jungle feutrée des forêts de l'Inde, mais de bois maigres, aux arbres rabougris dont les troncs presque atrophiés et le feuillage rare ombragent à peine contre le soleil des tropiques; des bois où le climat seul rappelle que vous êtes près de l'équateur! Les féeriques labyrinthes de palmiers et de fougères, les festons des plantes grimpantes qui barrent les sentiers et parfument les forêts de leurs fleurs éblouissantes, les nuées éclatantes d'insectes, les oiseaux au gai plumage, les perruches, le singe faisant la voltige dans les bosquets ombreux, tout cela est inconnu en Afrique!

« Une fois par semaine, vous apercevrez un palmier; une fois en trois mois un singe croisera votre route; les fleurs sont rares, les arbres mesquins, et, pour être honnête.... » Vrai, si cela est une honnête description, qu'on rejette mon livre, car ce chapitre va prouver qu'au sujet de l'Afrique tropicale, mes vues diffèrent du tout au tout de celles du savant professeur.

Le lecteur m'a suivi pendant mes 2 750 kilomètres à travers la grande forêt centrale de l'Afrique; il peut dire avec moi que ce tableau ne ressemble pas plus à l'Afrique équatoriale que les *tors* du Devon, les landes du Yorkshire ou les dunes de Douvres ne représentent les paysages souriants de l'Angleterre, le Warwickshire aux feuillées plantureuses, les jardins du Kent et les splendides vallons de la grande île. Le Nyassa n'est pas toute l'Afrique; les solitudes de la Massaïe, les buissons, secs autant que vieux balais, qui parsèment le Kalahari, les herbages onduleux de l'Ousoukouma, les bois maigres de l'Ounyamouézi, les plaines ocreuses de l'Ougogo où croissent les acacias, sont de simples parties d'un continent qui renferme plusieurs zones. La surface de l'Afrique est trois fois plus grande que l'Europe et infiniment plus variée. Le Sahara est le désert des déserts; vous retrouvez les steppes de la Russie orientale dans le pays des Massaï et dans certaines contrées de l'Afrique méridionale; les plateaux de la Castille dans l'Ounyamouézi; les plus belles parties de la France dans l'Egypte; la Suisse dans l'Oukondjou et le Toro; les Alpes dans le Rouvenzori; le Brésil dans le bassin du Congo, l'Amazone dans le grand fleuve lui-même, et ses immenses forêts vierges dans celles de l'Afrique centrale.

Des environs de Kabambarré, dans le Manyouema sud, jusqu'à Bagbomo, sur la Ouellé Makoua, dans le Niam-Niam occidental, cette forêt mesure une longueur de 1 000 kilomètres; la largeur moyenne en est de 840. Surface totale : 840 000 kilomètres carrés. Sans compter les fragments détachés, les îlots de forêt ou les presqu'îles séparées du reste par les golfes de la « Mer des Herbes » et les vastes étendues de haute futaie qui couvrent les bassins inférieurs, comme ceux du Loumani, Louloungou, de la Ouellé Moubangui, et les bords du Congo lui-même, de Bolobo à la Loïka.

Le Congo et l'Arouhouimi m'ont permis de pénétrer sur une très longue lisière de la grande forêt primitive, mais je ne parlerai ici que de la partie qui s'étend de Yambouya, 25° 30′ de lat. E. à Inde-soura, 29° 59′, c'est-à-dire, à vol d'oiseau, sur 525 kilomètres.

Considérons cette immense région non en homme pratique, non pour analyser scientifiquement les bois et les produits, mais pour nous en faire une idée générale. Elle couvre une si vaste superficie, elle est à la fois si une et si variée qu'il faudrait gros de livres pour la décrire convenablement. Et si nous la regardons de plus près encore, ce seraient des légions de spécialistes que nous devrions appeler à notre secours. Impossible d'examiner de près les fleurs et les fruits et les nombreuses merveilles de cette végétation ; impossible de noter les différences d'écorce et de feuillage dans les arbres majestueux qui nous entourent, ou de comparer les gommes vitrifiées ou visqueuses qui tombent en gouttes de lait, perles d'ambre ou pastilles opalines. Le loisir nous manque pour épier ces malfaisantes colonnes d'industrieuses fourmis montant et descendant sur les troncs, parmi les vallées ou les chaînes de montagnes que leur présentent les rides de l'écorce, ou pour attendre les combats furieux qui vont se livrer entre ces bataillons de fourmis noires et de fourmis rouges arrivant de deux côtés. Comment s'attarder à sonder cette masse de pourriture, cet arbre mort, jadis si puissant et maintenant poreux comme une éponge! De ce qu'il a été, il ne conserve plus que le contour; l'intérieur grouille de menues tribus d'insectes. Quel trésor pour l'entomologiste! Appliquez-y l'oreille : vous entendez le murmure incessant de la vie intense. Ces millions de bestioles aux formes diverses, aux couleurs splendides, aux livrées éclatantes, joyeuses dans leur travail, exultant dans leur existence courte, mais active et jamais assouvie; regardez-les fourrager, ravager, lutter, détruire, construire, fourmiller partout, explorer sans repos ni trêve. Posez seulement la main sur un arbre, couchez-vous sur le sol, touchez une branche tombée, et vous comprendrez l'activité dévorante, la furie venimeuse qui animent ces minuscules peuplades. Ouvrez un carnet : la page blanche attire une douzaine de papillons; une abeille voltige au-dessus de votre main ; de nombreuses arrière-cousines de la brune mouche à miel poussent une pointe sur vos yeux ; une guêpe vous bourdonne à l'oreille ; un énorme frelon menace votre visage, une armée de fourmis vous monte aux pieds, les éclaireurs grimpent déjà plus haut. Encore un instant, elles vous plongent au cou leurs mandibules tranchantes... Aïe!

Non, il ne faut ni s'asseoir ni se reposer sur ce sol où pullule la vie. Nous ne sommes plus au milieu des bouquets de pins et des bois proprets de l'Angleterre : nous sommes dans le monde des tropiques, et pour en jouir, il faut marcher à petits pas. Mais comme il est splendide !

Imaginez toute la France et toute l'Espagne revêtues d'arbres d'une hauteur variant entre 6 et 54 mètres. Les cimes de ces fûts, dont le diamètre mesure de quelques pouces à 120 centimètres et plus, sont tellement rapprochées qu'elles s'enchevêtrent et empêchent de voir le ciel et le soleil. Lancez d'un arbre à l'autre des câbles épais de 5 à 40 centimètres ; contournez-les, tordez-les en anses, en nœuds, en festons, en guirlandes, faites-en des W et des M gigantesques, plaquez-les contre les troncs, ou enroulez-les tout autour et jusqu'aux sommets comme un *anaconda*[1] sans fin. Prodiguez-leur les feuilles et les fleurs, et que là-haut ils aident les ramures à cacher le soleil; des branches les plus élevées, qu'ils retombent par centaines à quelques pieds du sol ; frangez-en les extrémités des racines que les épiphytes jettent dans les airs; mêlez-y les torsades de la plus fine passementerie, des houppes, des cordelettes ténues ; passez-y maintenant une multitude d'autres câbles, d'autres cordes, se traversant aussi confusément que possible, faites-les courir de-çà, de-là, partout, sans vous préoccuper de la régularité du dessin ou même du choix des matériaux. Que sur chaque fourche, sur chaque branche horizontale, s'élèvent des choux géants, et ces végétaux à larges feuilles ensiformes qu'on appelle la plante à

---

1. Grand serpent boa des rives de l'Amazone.

oreilles d'éléphant, puis des touffes d'orchidées, merveille des tropiques, et une draperie de ces délicates fougères, si communes dans la grande forêt; couvrez branches, rameaux, lianes, de mousses épaisses, ressemblant à une verte fourrure. Une fois chaque arbre en place avec sa parure de lichens et de plantes sarmenteuses, il ne reste plus qu'à étendre sur le sol un tapis verdoyant de phryniums, d'amomes et de buissons nains. Voilà la Grande Forêt, la Sylve antique et compacte. Mais quand la foudre a brisé la tête de quelque colosse et laissé entrer le soleil; quand elle a fendu un fût géant jusque dans ses racines, ou qu'une tornade a jeté bas un groupe d'arbres de haute futaie, les jeunes s'élancent en foule vers le ciel et se disputent l'air et la lumière, jouant des coudes, se poussant, s'étranglant, s'étouffant, jusqu'à ce que le tout devienne un impénétrable broussis.

La forêt que nous traversons offre un mélange de ces diverses scènes. On trouve une cinquantaine d'arbres, droits comme les piliers d'une cathédrale, gris et solennels dans la pénombre; au milieu, un patriarche chenu et décharné, et, tout autour, des fils qui ne demandent qu'à vivre; les jeunes troncs s'élancent vers le ciel pour hériter de la lumière et du soleil autrefois possédés par leur père. La loi de primogéniture règne dans la forêt.

Et aussi la mort par blessures, maladies, déchéance organique, affections héréditaires, vieillesse; les divers accidents qui éclaircissent la forêt, éliminent les faibles, les incapables et ceux qui ne savent pas s'adapter. Et regardez ce géant parmi les géants, cet insolent fils d'Anak. Il élève la tête au-dessus de ses frères, il est « le roi de tout ce que domine son regard », mais son orgueil attire la foudre qui le frappe, puis il sèche jusque dans ses racines, chancelle, tombe, et, dans sa chute, blesse une demi-douzaine de ses anciens compagnons. Voilà pourquoi nous voyons tant de loupes, tant d'excroissances, de goitres, de troncs déformés. Les arbres survivent souvent aux parasites qui les ont à demi étranglés, et des raies profondes, causées par la striction des lianes, sillonnent parfois les fourches des branches. D'autres, opprimés par des voisins appartenant à quelque espèce différente, dépérissent et meurent avant leur âge mûr. En voilà encore, déjetés ou bossus : une souche tombée les a pressés obliquement. En voici dont la cime a été cassée par les branches qu'arrachent les tempêtes. Les rongeurs ont endommagé ceux-ci; les éléphants ont brisé ceux-là en s'y frottant le cuir; les oiseaux les picotent jusqu'à provoquer de larges ulcères d'où exsudent les gommes; les multitudineuses fourmis s'affairent à les détruire; enfin les nomades, grands et petits, essayent sur les troncs le tranchant de leurs haches, zagaies ou couteaux,... la décadence et la mort sont à l'œuvre ici comme partout.

Ce n'est pas tout : dans cette barbare forêt, couvrez le sol d'une couche épaisse d'humus, ramilles, feuilles, branches à moitié pourries; placez tous les quelques mètres un géant tombé depuis des années et devenu un amas fumant de fibres en décomposition, d'anciennes colonies de fourmis, de défuntes générations d'insectes; il est à demi voilé par une masse de plantes sarmenteuses ou enseveli sous le feuillage des nombreux jeunes arbres qui profitent de sa chute; des églantiers aux longues branches, des roseaux poussent dans les creux; et, tous les kilomètres ou à peu près, des ruisseaux boueux, des criques stagnantes, cachées sous des lentilles d'eau, les larges feuilles du lotus et du nymphéa, des mares sans profondeur se couvrent d'une écume verte et grasse, faite de millions d'organismes microscopiques. Peuplez ces vastes régions d'innombrables tribus s'entre-guerroyant et vivant éloignées de 10 à 40 kilomètres, au milieu des clairières de la forêt, sur les ruines de laquelle ils cultivent bananes, plantains, manioc, fèves, tabac, colocasie, courges et melons. Pour rendre leurs villages inaccessibles, ils ont recours aux moyens de défense qu'a pu suggérer à ces sauvages la nature même de leur existence. Ils hérissent leurs sentiers de brochettes cruellement affilées et cauteleusement cachées sous quelque feuille qui semble apportée par le vent, ou les plantent à côté de quelque tronc couché sur le sol. En sautant par-dessus, l'intrus s'enfonce dans le pied nu la terrible écharde; il en reste boiteux pendant des mois, s'il n'est pas tué par le poison dont la pointe est barbouillée. Ils empilent les branches, font des abatis de grands arbres; de derrière ils vous guettent, munis de leurs lances ou de leurs flèches de bois aux pointes durcies au feu, puis frottées de poison.

La forêt vierge, la vieille sylve primitive où depuis des siècles de siècles, les arbres grandissent, vivent et meurent, se distingue aisément de celle que l'homme habitait à une époque plus ou moins rapprochée : les arbres y sont plus hauts et plus droits, les fûts acquièrent des dimensions plus colossales; on y rencontre fréquemment des clairières naturelles où il n'est pas trop difficile de marcher ; on n'y voit guère d'autres plantes que le phrynium, l'arum, l'amome; le sol y est plus sec, plus ferme, plus compact ; c'est le campement favori des pygmées nomades. Quand on a sabré ces plantes, coupé la petite brousse, on se trouve dans un temple sylvain et frais, dont le séjour serait délicieux.

En deux ou trois générations, la poussée végétale efface les traces de toute intervention humaine. Quelques arbres, ceux surtout dont le bois est mou et spongieux, ont pu s'élever à la hauteur des antiques patriarches, mais, en général, dès que l'homme a abandonné un essart, des armées de baliveaux, les rejets des cépées, une foule sans nom s'élance à la vie, tous luttent à qui profitera de l'air et de la lumière; la clairière, inondée de soleil, se transforme en fourré, et offre peu d'endroits où l'on puisse pénétrer sans labeur. On y trouve des palmiers de variétés nombreuses et surtout l'élaïs et le raphia.

Au bout de quelques mois plus personne ne saurait passer ; il faut s'ouvrir un tunnel à travers ces masses étouffantes, tellement mêlées, enchevêtrées, entrelacées que, je l'ai dit ailleurs, si le sommet était un peu plus plan, il semblerait facile de faire route par-dessus. Des arbres, jeunes et vigoureux, presque enfouis au milieu de ces masses compactes, soutiennent les plantes grimpantes, les lianes, les rotins. Quand on est parvenu à se tailler une tranchée dans ce fouillis, les plantes ligneuses coupées en biseau vous lacèrent les jambes et souvent blessent grièvement les pieds nus des porteurs. La brousse des bords de l'Arouhouimi a généralement ce caractère. Partout, sur les deux rives, on apercevait des essarts abandonnés et d'anciens défrichements. L'eau est le seul moyen de communication entre les tribus bordières, et nous ne pouvions avancer qu'à la serpe et à la hache.

Les clairières délaissées depuis moins d'une année montrent des merveilles de vie, une fécondité inouïe, une infinie variété d'espèces poussant avec une vigueur sans pareille. Les pieux noircis par l'incendie qui avait dévoré les huttes disparaissent sous les entrelacs des lianes ; les feuilles d'un vert gai cachent les désastres passés. Chaque montant a l'aspect d'un cabinet de verdure, et chaque bille rappelle un tronçon de colonne qu'a depuis longtemps recouvert la végétation des ruines. Les troncs ont été généralement coupés à une hauteur de 5 ou 6 mètres, et souvent deux par deux ; les plantes sarmenteuses en embrassent d'abord le pourtour ; puis elles montent, descendent, s'enroulent les unes autour des autres ; elles se feutrent et se soudent ; il devient parfois impossible de reconnaître ce qui leur a servi de support ; elles lancent d'un fût à l'autre leurs cordes déroulées, et les tours jumelles sont bientôt réunies par un portique ombreux ; on dirait les restes d'un vieux donjon ; les guirlandes s'égayent de fleurs pourprées ou blanches. Les troncs argentés d'antiques colosses depuis longtemps abattus par la hache et condamnés à pourrir et à mourir, leurs grands bras décharnés et jusqu'aux plus petites branches, se revêtent de lianes qui vont et viennent en réseaux, se tordent et se nouent une centaine de fois ; ce n'est plus qu'un tissu vert brodé de soie aux délicates nuances et qui, sous l'influence du vent, s'agite comme un immense rideau.

Quand je marchais avec la colonne ou que nous reposions la nuit, la présence de mes hommes ou le murmure de leur voix ne me portait guère à comprendre cette poésie de la forêt : Nous souffrions trop de la faim ; nous avions pâti de misères trop prolongées ; les épreuves quotidiennes faisaient trop souvent appel à notre bonne humeur, à notre patiente endurance. Nos vêtements, bons pour un pays découvert, ne valaient rien contre cette cruelle brousse. Mais si, une fois par hasard, je m'éloignais du bivouac, si les rumeurs n'en arrivaient plus à mes oreilles, j'oubliais un instant les mille soucis, et notre dénuement, et mes déboires ; la majesté de la forêt agissait sur mon âme et rendait le calme à mon esprit. Ma voix retentissait au milieu du silence, renvoyée par les échos comme par les murs d'une cathédrale. Je me sentais envahir par une influence indéfinissable, presque surnaturelle ; l'absence continue de la grande lumière du ciel, les lueurs tamisées du soleil, cette étrange sensation de solitude qui vous force à regarder tout autour pour voir si l'on n'est pas le jouet d'une illusion,... cela me donnait l'impression d'un autre monde :

deux vies étaient en présence, la vie végétale et la vie humaine; l'une massive, colossale, paisible et silencieuse, et pourtant si majestueuse et solennelle! Il me semblait bizarre que ces deux vies, si semblables parfois, ne pussent entrer en communion; il m'eût paru simple et naturel qu'un de ces vieux patriarches m'eût adressé la parole avec la gravité d'un Mathusalem; voire même qu'un Titan, les pieds plantés ferme dans le sol, m'eût demandé avec dédain ce que je venais faire au milieu de cette assemblée des rois de la forêt.

Mais quelles pensées s'agitaient en moi quand, debout sur l'un des bords de la grande trouée que s'est faite l'Arouhouimi à travers la grande forêt, mes yeux s'arrêtaient sur l'autre berge de la puissante rivière, assombrie maintenant sous les menaces de la tempête! Je voyais les rangs pressés de cette armée de colosses, variée de stature comme d'espèces, attendre la tourmente de pied ferme. L'orage a concentré ses forces; l'éclair darde ses lames de flamme blanche à travers les multiples bataillons de nuages que la foudre déchire. Les vents accourent à l'assaut. Les arbres encore immobiles, et comme peints sur un gigantesque décor, attendent le choc avec une sécurité tranquille. Soudain, comme saisis de panique, ils baissent les têtes tous à la fois, ils se balancent, se tordent, s'infléchissent, se contournent. Mais le tronc solide et les arcs-boutants des racines les maintiennent en place; échevelés, tremblants, la rafale les courbe violemment en arrière,... hors d'haleine, elle s'arrête. Les cimes se relevant furieuses ramènent leurs masses en avant, et, sur tous les points, la bataille est engagée. Légion après légion de nuées chevauchent au-dessus des branches qui crient et cassent. On entend hurler et mugir, gémir et soupirer; des clameurs aiguës, des bourrasques se mêlent à la plainte des bois. Les monarques sylvains brandissent leurs bras puissants; leurs sujets inclinent le front jusqu'à terre et la feuillée s'agite comme pour célébrer la valeur des ancêtres. Une pâle lumière verdâtre se joue sur les jeunes troupes, entraînées au combat par l'exemple des aînés. Notre âme se passionne à ce spectacle; la frénésie du Berseker était contagieuse. De tout notre être, nous applaudissons à la sauvage ruée de la rafale, à la force de l'ouragan courbant ses adversaires sous le même niveau; volontiers nous acclamerions son triomphe, mais la superbe résistance des champions à flottante chevelure, l'énergie de la vaillante armée qui se relève en même temps que les chefs; et, au-dessous, le frémissement enthousiaste des petits, nous disent que souvent la victoire reste à la persévérance. — L'éclair jette çà et là ses lueurs splendides et ses flammes dévorantes; le fracas du tonnerre se répercute dans les bois lointains. Les nuages noirs se précipitent, entremêlent leurs tourbillons, enroulent leurs volutes et assombrissent encore la scène. Les oreilles assourdies par la furie de l'ouragan et la terrible rage de la forêt, nous regardons la scène sous la lumière pâle et fuyante. Mais tout d'un coup s'ouvrent les cataractes du ciel; une pluie torrentielle éteint le courroux de la tempête; elle apaise et endort la noble colère des géants.

C'est le long des rives de l'Arouhouimi, dans cette riche et fertile partie du bassin oriental du Congo, qu'on peut se faire une idée de la végétation tropicale. Les berges sont presque toujours assez basses, quoique souvent il soit difficile même de les deviner, grâce à l'exubérance des plantes parasites qui tapissent chaque centimètre carré, et s'élèvent, en certains endroits, de la surface même des eaux jusqu'à 16 ou 18 mètres au-dessus. Immédiatement en arrière se dresse la grande forêt d'un vert sombre dont les cimes montent à cinquante ou soixante mètres. Mais l'aspect général des rives varie considérablement. Les sites d'anciennes demeures humaines ont une physionomie bien distincte de la forêt primitive, et où le sol change, la flore change aussi.

Les essarts abandonnés depuis peu, outre la folle prodigalité de leur végétation, montrent, isolées ou en masses, les fleurs les plus éblouissantes. Au-dessus montent quelques grands arbres à feuilles épaisses et luisantes, couverts d'une profusion de corolles rouge sang, dont les pétales, tombant en pluie vermeille sur la trame impénétrable des plantes sarmenteuses à fleurs papilionacées, contrastent avec les fleurettes jaunes, blanches ou pourpre pâle des arbustes et parasites. L'amome montre ses coupes neigeuses lavées de rose, une vigne sauvage ses grappes violet clair; tel feuillage est d'un châtain superbe. Un poivrier appelle l'attention par ses gousses rouges, et un manguier par ses myriades de clochettes arrondies semblables à de petites perles; le robinier emplit les airs du parfum qu'épanchent ses thyrses d'un blanc pur; le mimosa agite à la brise ses houppes dorées d'une si douce senteur. Le vert gai des fougères fait ressortir les teintes plus claires de la « plante à épée », un élaïs aux premières années de sa croissance, ou bien celles de la feuille si grande et si utile du phrynium; un jeune figuier au tronc d'argent, aux branches largement éployées, mêle ses frondaisons aux folioles délicats de la sensitive, aux feuilles palmées du calamus; une multitude d'orties, ou de plantes qui lui ressemblent, concourent à revêtir l'ancien défrichement d'une verdure curieuse et charmante. La base, le support, le sol d'où s'élance toute cette vie, ce fouillis de tiges, de ramures, de fleurs, cette barrière infranchissable de végétation splendide est peut-être quelque vieille souche, morte depuis longtemps, cariée, pourrie, noire de moisissure, dévorée par les champignons, que commence à couvrir une couche d'humus, et où chaque éraillure, chaque fissure, chaque trou est le repaire d'insectes divers, depuis le termite au corps délicat jusqu'à l'ignoble mille-pattes ou à quelque coléoptère monstrueux.

Plus loin, changement de spectacle. Des arbres gigantesques, des colosses sans nombre, se culbutant jusqu'à la lèvre même de la berge, en forcent quelques-uns à pousser presque horizontalement sur la rivière, quelquefois jusqu'à 15 ou 16 mètres. Sous leur ombre, une centaine de pirogues s'abriteraient du soleil brûlant. Leur bois est jaune, dur comme du fer; à en couper un, on userait un assortiment de nos meilleures haches d'Amérique. Ils portent des fruits d'un brun rougeâtre, qui, à la maturité, prennent l'aspect de superbes prunes; d'autres semblent des dattes mûres, mais aucune n'est comestible. A ces arbres, qui s'étendent au loin sur les eaux, les guêpes noires suspendent leurs nids. Extérieurement, on croirait voir des poches de papier grisâtre ornées de plis, de bouffants, de découpures, et très joliment arrangées les unes au-dessus des autres comme ces écrans qu'on place pendant l'été devant les grilles des cheminées anglaises.

Evitez religieusement ces arbres : ce n'est pas à proximité d'un grand nid de guêpes qu'il serait loisible d'investiguer le paysage. Regardez ces colonnades de marbre, ces milliers de guirlandes, de festons, de cordelettes, d'anses réunis en groupes, resserrés en écheveaux épais, parfois laissant apparaître l'écorce blanchâtre des arbres, et toujours s'entremêlant, s'entre-croisant dans un désordre qu'on ne saurait dire étudié. Voyez ces masses de verdure dans les profondeurs ténébreuses où filtre, de loin en loin, un pâle rayon de soleil irisant les feuilles mouillées, et les lueurs mobiles et fugitives qui poudroient parmi les ramures, et là-bas, sous la voûte, la sombreur éternelle que relèvent le gris des troncs, les tiges argentées des lianes ou le filigrane brun pâle des sarments de vigne sauvage. En voulant embrasser l'ensemble, l'œil est forcé de s'arrêter sur les baies cramoisies du phrynium, les taches rouges que font les capsules de l'amome, les teintes jaunes et brunes que prennent déjà certaines feuilles; un large champignon étalant sa blanche ombrelle au milieu d'un élégant bouquet de fougères finement découpées, ou des agarics semblables à des flocons de neige solide, attachés comme des bernaches à une souche sillonnée par les siècles; le vert gai des orchidées, le vert grisâtre des grandes feuilles retombantes de « l'oreille d'éléphant », les franges de mousse pendant des branches, les blessures des arbres versant des gouttes de gomme autour desquelles se pressent les fourmis, et les immenses traînées de ces calamus dont on ne voit jamais le bout; les lianes qui se tordent et s'enroulent, les convolvulus, glissant leurs spires dans le dédale des sombres galeries, et en ressortant triomphants, plus loin et plus haut pour prendre appui sur une branche, l'entourer ici de ses anneaux, là se balancer en guirlandes, puis s'élancer sur une autre et continuer à perte de vue.

Cette forêt, je l'ai déjà dit peut-être, me représente l'humanité. Je ne puis y jeter les yeux sans penser que la vie, la déchéance et la mort y sont perpétuellement à l'œuvre. Jamais je ne l'ai regardée avec quelque loisir sans que tel ou tel trait ne me suggérât quelque souvenir du monde civilisé. Ainsi, elle m'a rappelé un matin où, entre sept heures et demie et huit heures et demie, j'étais sur le pont de Londres, contemplant la marée humaine qui monte vers la Cité, hommes, femmes, jeunes gens, et parmi eux tant de femmes pâlies, tant d'hommes atrophiés, surmenés, les épaules courbées, arrivant à grands pas prendre part au combat de la vie! Tous je les revois ici : les jeunes, les forts, les vieillards, les décrépits. Cet arbre-ci est gris, vieilli avant l'âge; un autre est goitreux, un autre faible de complexion ; celui-ci bossu ; celui-là anémié par manque d'air et de sommeil ; d'autres, de constitution débile, s'appuient ou tombent sur les voisins, comme les pensionnaires d'un hôpital d'incurables ; on se demande comment ils font pour vivre encore ! Quelques-uns, déjà morts et ensevelis sous des monceaux de feuilles, sont maintenant des pépinières de parasites, ou servent de retraite à des hordes d'insectes destructeurs. Tel a blanchi soudain, paralysé par la foudre, tel autre a été décapité par l'éclair. Ce vétéran, mesurant son âge par des siècles, né avant que les découvreurs européens eussent franchi l'équateur, est près de succomber à la vieillesse qui lui a desséché les entrailles ; mais ce sont là des exceptions ; presque tous se dressent magnifiques et superbes ; les uns, avec la grâce insolente de la jeunesse, se parent d'élégance et de beauté ; d'autres sont dans toute la vigueur de l'âge mûr ; d'autres montrent l'orgueil tranquille et silencieux des vieillards de l'aristocratie. Tous ont lutté pour l'existence ; tous lutteront aussi longtemps qu'ils conserveront quelque énergie. Tous les traits de l'humanité se retrouvent dans les fils de la forêt,... chacun peut y reconnaître son semblable — moins le martyr, pourtant, et celui qui marche de son plein gré au-devant de la mort. Le sacrifice n'est pas dans leur nature ; peut-être n'ont-ils entendu que deux préceptes : « Croissez et multipliez » et : « Mieux vaut obéissance que sacrifice ».

Comme je ne connais rien au monde de plus laid et de plus répugnant que la foule un jour de Derby, je ne trouve rien de si affreux dans la forêt que la poussée égoïste des broussailles au milieu d'un essart abandonné depuis quelques années. — Attention ! la cloche sonne, la course va commencer. Il me semble voir la ruée de la multitude, la lutte furieuse pour arriver au bon endroit, les faibles jetés par terre, les autres les foulant aux pieds sans même s'en apercevoir : « chacun pour soi ! au diable le dernier ! » l'excitation chauffée à blanc, les clameurs, les cris, la victoire de la force, le dédain honteux de tout ordre et de toute décence !

Comment tel petit incident sur un point aussi éloigné du reste du monde que la sylve inviolée ramène-t-il ma pensée à mes amis et à leurs demeures dans la lointaine Angleterre ? Les soupirs mélancoliques du vent agitant les ramures bien au-dessus de ma tête, le lugubre frémissement de la feuillée m'ont rappelé une nuit au château de \*\*\*, où je passai des heures nombreuses à écouter la bise gémissant dans les vieux arbres où nichent les freux, pendant que mon cœur se serrait de tristesse. Le soir, après les fatigues du jour, pourquoi revenais-je sans cesse aux tempêtes sur l'océan, au froid, à la misère des naufrages, quand les lourdes averses s'abattaient sur ma tente et que les grosses gouttes de pluie, tombant sur la toile, me semblaient l'orchestration d'un chant funéraire? J'entendais les échos plaintifs et douloureux des longs désirs non satisfaits, des pensées inexprimées, des aspirations manquées, des sentiments d'amour et d'amitié qu'on n'a pas su traduire, des sympathies restées muettes; ils prenaient des formes distinctes, ils assiégeaient mon imagination et je me sentais prêt à fondre en larmes, et à m'écrier : « Oh! mes amis! Dieu est par-dessus tout; il connaît toutes choses! »

Sans être un adepte de la science forestière, on finit néanmoins par en apprendre quelque chose; je sais maintenant que le palmier élaïs, s'il exige de l'humidité, demande beaucoup de soleil pour fleurir; que le calamus réclame la brousse pour y fixer ses longs jets au moyen de ses crocs; que le palmier raphia aime les bords des marais, où ses racines plongent dans le limon empesté; que le *Phœnix spinosa* prospère auprès des eaux, et que l'humidité en excès tue le palmier éventail. Mais un homme arrivant des régions tempérées et ne connaissant que le chêne, le hêtre, le peuplier ou le pin, se trouverait dépaysé au milieu de la grande forêt. Peu à peu il apprendrait à distinguer le bois dur du bois mou; il y a ici de nombreuses familles de ces derniers, qui, dans les tropiques, remplacent le pin et le sapin. Tous ont immanquablement de larges feuilles. Règle à peu près générale : à l'évasement ou à l'étroitesse du limbe correspondent ici l'élasticité ou la consistance des fibres. Les feuilles des grands rubiacés, par exemple, sont, pour la forme et la couleur, très semblables à celles du ricin. Leur bois, fort utile, est très facile à travailler; on en fait toutes sortes d'ustensiles domestiques, plateaux, assiettes, cuillers, pots à lait, pots à eau, tabourets, bancs, sièges à dossier, tambours, aussi bien que des plafonds, des portes, des palissades. Quoique aussi cassant que le cèdre, il peut rester très longtemps à la pluie sans fendiller. On trouve dans les bois plusieurs espèces de l'arbre à coton, toujours reconnaissable aux superbes arcs-boutants des racines, à la hauteur qu'aucun autre ne surpasse, au gris argenté de l'écorce, aux raides épines des tiges, à la soie blanche des fleurs, aux feuilles d'un vert gris.

Il y a aussi : le tek de l'Afrique, l'acajou africain, le cœur-vert, le *Lignum vitæ* ou arbre de vie, le bois de fer, le *Raphia nitida*, dit bois de Campêche, qui ne pourrit jamais; le bois jaune des bords de la rivière, à peine moins dur que le précédent et incomparablement plus que le cœur de chêne; le « bois puant », le copal, *Hymenæa verrucosa*, aux feuilles vernies et luisantes, le manguier arborescent, l'oranger sauvage à petites feuilles, le figuier à tronc blanc, l'arbre à beurre, les tribus des acacias, le majestueux *mpafou* et des milliers d'arbres fruitiers dont la plupart me sont inconnus. Imaginez-les confusément mêlés, et réunis par millions de sarments, de lianes, de liserons géants, jusqu'à ce que le soleil ne puisse plus pénétrer, et que, çà ou là, quelque plaque de lumière pâle, changeant lentement de place, vous dise seule que l'astre du jour brille et brûle dans le ciel équatorial.

En réfléchissant au nombre de mois que nous avons vécu dans la forêt, aux centaines de kilomètres que nous y avons faits en divers sens, je ne comprends guère que nous n'ayons pas eu d'accidents par la chute d'arbres ou de branches. J'en ai vu tomber devant notre avant-garde, ou quand l'arrière-garde venait de passer; d'autres, à droite ou à gauche de notre caravane en file; et près des campements, la nuit aussi bien que le jour. Une fois que nous venions de quitter l'embarcation, un fût colossal s'écroula dans la rivière, tout près de la poupe, formant une énorme vague qui souleva l'*Avance* et couvrit d'écume l'équipage occupé non loin.

Plusieurs personnes m'ont demandé des détails sur les chasses. Éléphants, buffles, sangliers, antilopes des brousses, lapins, gazelles, chimpanzés, babouins, singes de toutes sortes, genettes, écureuils, civettes, zèbres, ichneumons, grands rongeurs, voilà les animaux que nous savons exister dans ces bois; les branches sont couvertes d'oiseaux et de chauves-souris; la rivière abonde en poissons et en bivalves — moules et ostracées;

peu de crocodiles et d'hippopotames. Les tribus de la forêt sont les plus vicieuses et les plus dégradées de l'espèce humaine, quoique, à mon sens, tout aussi capables de progrès que l'étaient les sauvages de l'antique Calédonie, et non moins susceptibles de se transformer en un peuple ami de l'ordre et observant les lois. Mais la sylve ne favorise pas les relations fraternelles. Au milieu de ses labyrinthes, les gens ne peuvent s'apercevoir avant de se rencontrer. La peur les paralyse; ils lèvent instinctivement leurs armes : l'un, pour tuer le gibier, a son faisceau de flèches frottées d'un poison presque aussi meurtrier que l'acide prussique; la carabine de l'autre lance une balle qui brise l'os frontal. Supposons que le second soit assez bénévole pour se laisser tuer : ses amis le traiteront de niais. C'est tout ce qu'il y aura gagné. Mais ces mêmes amis se croiront obligés de venger le mort et pourchasseront l'assassin. Les sylvains savent généralement s'arranger de façon à connaître l'arrivée des étrangers, et, avant que ceux-ci aient pu atteindre le village, ils se sont réfugiés, près ou loin, qui le sait! Ce monde a l'habitude de manger ce qu'il tue; il ne serait donc pas sage de courir le gibier dans les environs du campement : c'est une des raisons pour lesquelles nous n'avons guère chassé.

De plus, le talent n'est pas commun de se diriger au milieu de la forêt : une douzaine de fois, pendant une marche, j'ai dû rectifier la direction que prenait l'avant-garde. Si, à 200 mètres du campement, on eût fait faire quelques tours à n'importe lequel de mes gens, il lui aurait été fort difficile de retourner à l'endroit d'où il était parti.

Une troupe d'hommes fait beaucoup de bruit en foulant les feuilles sèches, en cassant les ramilles, en frôlant les arbustes, en coupant les lianes pour s'ouvrir une route. L'animal sauvage est averti avant que les chasseurs l'aient deviné, et il se sauve sous le lointain couvert : parfois nous avons rencontré à moins de 10 mètres un éléphant qui s'enfuyait dans une jungle impénétrable. Quant aux buffles et autre gros gibier, les pistes en étaient fort communes; mais, pour les raisons déjà énumérées, nous ne songions guère à troubler leur repos.

Et pour nous permettre de chasser, nous avions sur les bras une tâche trop sérieuse : celle de procurer des vivres, non seulement pour deux ou trois blancs, mais pour toute une troupe.

Quant aux oiseaux, ils menaient certes assez grand bruit sur nos têtes, mais nous étions au rez-de-chaussée, et eux sur le toit d'un quinzième étage. Nous ne pouvions les voir, mais partout nous les entendions siffler, gazouiller, crier, houlouler : perroquets, ibis, touracos, perruches, gros-becs, véloces, oiseaux-soleil, tette-chèvres, huppes, hiboux, pintades, merles, tisserins, martins-pêcheurs, plongeons, aigles-pêcheurs, milans, lavandières, melliphages, alouettes, siffleurs des sables, kakatoès, toucans, geais, barbets, piverts, pigeons, nombre de minuscules oiseaux à moi inconnus et des chauves-souris par millions, petites et grandes.

Les simiens sont largement représentés; j'en ai vu une douzaine d'espèces; le colobe, des babouins à fourrure mi-partie grise et foncée; de petites guenuches noires, des galagos et des écureuils volants, mais jamais à moins d'une centaine de mètres. Longtemps avant que nous eussions pu les approcher, les rumeurs d'une caravane en marche avaient donné l'alarme.

Les reptiles sont fort nombreux; l'Itouri fourmille de serpents d'eau de diverses grandeurs; sans cesse ils se laissaient choir des arbres tout près de notre bateau : couleuvres d'eau, vertes et très minces; couleuvres gris de plomb et de taille formidable; couleuvres or, noir et vert longues de deux mètres; pythons et serpents à lunettes; vipères cornues et lycodendites. Quant aux serpenteaux des brousses, grands de 60 centimètres, il leur arriva souvent malheur pendant la construction de nos bomas.

Pour les insectes, il faudrait un livre entier. Je n'en ai jamais vu tant d'armées, tant d'espèces que pendant nos marches en forêt : mais il serait contraire à ma dignité de m'étendre longuement sur ces pestes, après toutes les injures que, de concert avec les autres membres de l'expédition, je leur prodiguais à pleine voix. Je ne me rappelle heure du jour où je ne les ai maudites, ces abeilles, petites et grandes, ces guêpes — et la nuit, les phalènes — ces mouches, tsé-tsé, taons, moustiques et parpaillots, coléoptères géants qu'attirait le soir la bougie, voletant à travers les ténèbres et se précipitant contre la toile, puis bombicinant avec rage de-çà, de-là, bourdonnant avec un bruit de crécelle, jusqu'à ce que, redoublant de furie, ils vinssent se jeter contre mon livre ou mon visage, comme s'ils eussent à tirer quelque terrible vengeance de ma personne. Et les essaims de fourmis qui inspectaient mon assiette plongeaient dans mon maigre potage, perambulaient mes bananes; les criquets, sautant comme beaux diables et s'installant dans mes cheveux ou sur mon front; les cigales à voix grêle qui me rendaient fou comme la musique enragée des femmes manyouema ivres de *peppo*! Le Pacha professe grande affection pour tout ce petit monde : quant à moi, je déclare lui avoir fait tout le mal possible. Les avettes de la taille des moustiques sont les plus tourmentantes. J'en ai connu quatre espèces. Elles appartiennent au genre des mellipones, elles attaquent les yeux de préférence, sans préjudice du nez ou des narines, vous affolent de douleur. Pour lire, écrire ou manger, nous devions recourir aux services d'un homme dévoué. Les jambes de notre pauvre bourriquet étaient pelées par suite des piqûres de ces affreuses petites pestes. Quand on en écrasait une, la main restait imprégnée d'une odeur d'amande amère.

Comme taille, les coléoptères varient. Il y a les monstres longs de six à sept centimètres et les insectes capables de passer par le trou d'une aiguille à coudre. Ces derniers, vus à la loupe, ne laissent pas que d'être fort inquiétants sous leur harnais de guerre. Ils tracent un sillon dans la peau et vous échapperaient, grâce à leurs dimensions imperceptibles, si une sensation de piqûre d'épingle ne vous avertissait de les déloger. Les huttes des indigènes sont infestées par trois variétés distinctes. Certains se logent sur votre personne; d'autres perforent les solives et saupoudrent votre potage d'une fine poussière de bois; d'autres explorent les feuilles sèches du faîtage, vous font frissonner à la pensée que des serpents s'y glissent. Un quatrième, enfin, lion rugissant de la tribu escarbote, attend la nuit et s'arrange de façon qu'on ne puisse garder une chandelle allumée à l'heure méditative et silencieuse de la pipe.

N'oublions pas, entre autres moindres désagréments : le « chigre » ou pou de Pharaon, un *Pulex penetrans*, tique qui dépose ses œufs sous l'ongle des orteils des porteurs les plus *tchap a tchap*, mais s'attaque surtout au corps des *goï-*

*goï* pour en faire une masse de pourriture vivante; non plus que l'animalcule qui, plongeant sous l'épiderme, vous perfore comme une aiguille; les ixodes, tant les grosses que les minces, qui sucent insidieusement notre maigre provision sanguine; la guêpe, dont l'aiguillon vengeur inocule la fièvre à l'imprudent qui élève la voix près du guêpier ou seulement touche l'arbre où elle a élu domicile; les mellifères sauvages qui, un jour, mirent en déroute l'équipage de deux canots et les châtièrent avec une telle rigueur qu'il fallut envoyer une escouade de secours; la « limace tigre », cette horrible limace marbrée qui tombe des branches pour vous tatouer la peau de sa bourre venimeuse et vous faire hurler de frénésie; les fourmis rouges, qui, la nuit, envahissaient le camp pour tuer le sommeil : une dizaine de fois, elles ont attaqué la caravane en marche et mis en fuite les hommes aussi lestement que s'ils eussent été poursuivis par autant de pygmées; les fourmis noires, qui infestent l'arbre à serpents, d'où elles dégringolent sur le voyageur pour lui octroyer un avant-goût de l'enfer; des formicules, qui se logent jusque dans la moindre parcelle de votre nourriture, et qu'il faut bien se garder d'avaler sous peine de perforation ou cautérisation des membranes de l'estomac. Quel mal elles nous donnèrent dans la forêt! A peine avions-nous fait une percée dans la broussaille qu'elles arrivaient à l'envi, nous mordant avec un acharnement tel, que j'ai vu des pionniers couverts d'ampoules.

Quant aux moustiques, ces vieux camarades ne nous ont jamais faussé compagnie, surtout dans les grands défrichements.

Si, dans le jour, nous étions la proie des fourmis et autres tortionnaires — autant aurait valu être fustigés avec des orties, — la nuit avait ses alarmes et ses anxiétés, même ses terreurs. Au plus profond des ténèbres, lorsque la caravane était plongée dans le sommeil, un éclair frappait un arbre dont la chute aurait pu détruire la moitié du campement. Le bruit des branches secouées par les bourrasques rappelait celui du ressac ou d'une lame de fond qui rejaillit sur la rive. La pluie tombait avec un vacarme que nulle voix n'aurait pu dominer : une véritable cascade. Presque chaque nuit un arbre mort craquait, se déchirait, sa tête décrivait dans l'air une immense courbe, et la terre tremblait quand s'abattait le géant.

Parfois, l'arbre se débarrassait seulement de quelque membre mort, et les échos de la forêt retentissaient du bris de la branche comme d'une fusillade de mousqueterie. Les rafales, courbant les rameaux, les faisaient entre-choquer brusquement dans un bruissement de feuilles sèches, de tiges froissées, de lianes vibrantes. Puis c'était l'inévitable grillon, le cri plus perçant, mais non moins monotone de la cigale, le coassement de la grenouille. Nous entendions la voix triste du galago appelant sa compagne, cri de râpe, cri désagréable qui rendait hideuses certaines nuits. Plus loin quelque chimpanzé solitaire se divertissait à taper sur un arbre comme nos gamins raclant un bâton sur les grilles. Puis les éléphants, qui, vers l'heure des maléfices, ont l'habitude de se promener en troupes. S'ils n'ont jamais, dans leurs courses, traversé nos campements, c'est sans doute à cause des feux que nous allumions tous les soirs par vingtaines.

Considérant le nombre des sokos ou chimpanzés qui peuplent cette grande forêt, il est curieux que pas un seul de nous n'en ait vu d'échantillon vivant. Mon terrier Randy leur donnait la chasse presque tous les jours entre Ipoto et Ibouiri, mais il en fut malmené un certain jour. Quatre fois j'ai entendu leurs cris, j'ai même possédé deux de leurs crânes, dont l'un est entre les mains du Pacha; le second, que j'ai dû laisser en arrière, était de dimensions démesurées.

En juillet 1887, la pluie tomba 8 jours, et en août 10 jours de suite, 14 jours en septembre, 15 en octobre, 17 en novembre et 17 en décembre. Total 71 jours. Du 1$^{er}$ juin 1887 au 31 mai 1888, nous eûmes 138 jours de pluie ou, plus exactement, 569 heures. Il nous a été impossible, en forêt, de mesurer l'eau du ciel autrement que par la durée des chutes. Nous ne nous aventurons guère en estimant que cette région est la plus mouillée du globe.

Pendant neuf mois, les vents soufflent du Sud Atlantique en remontant le Congo et l'Arouhouimi. Ils ont chargé l'humidité recueillie au-dessus de l'océan, puis, pendant un parcours de 2 250 kilomètres, au-dessus d'un large fleuve étalé entre les berges qui s'écartent de 800 mètres à 26 kilomètres. Dans leur course vers l'est, saisis par la froide atmosphère qui règne à cette altitude, ils se condensent pour tomber presque tous les deux jours en averses diluviennes.

La forêt est aussi très favorablement située pour recevoir les vapeurs qui s'élèvent des lacs Tanganika, Albert-Édouard et Albert. Debout dans les hautes herbes, à l'entrée de la région sylvaine, j'ai pu voir deux nuages, accourant l'un de l'est, l'autre de l'ouest, se rencontrer et se dissoudre en ondées sur le mont Pisgah et les contrées adjacentes. Outre ces pluies, qui persistaient parfois dix ou quinze heures pendant notre marche vers le fort Bodo, nous subissions souvent des averses locales, mais de courte durée. Maintes fois l'arrière de la caravane était exposé aux misères d'une violente bourrasque, quand les éclaireurs avançaient en plein soleil. J'ai constaté ce fait à Engouéddé et aux rapides de Mabengou. Dans ce cas, nous étions à peu près sûrs que quelque grande colline avait intercepté, pour nous en gratifier, quantité de vapeurs en route vers l'est. Cheminant au cœur de la forêt, il nous était impossible de voir les accidents de terrain, fussent-ils presque à nous toucher. De la rivière seulement, quand il lui arrivait de courir à peu près en ligne droite, nous apercevions en amont des éminences de 180 ou 200 mètres.

Par suite de cette humidité continuelle, les eaux de l'Itouri ou Arouhouimi supérieur sont rarement très basses. Nous l'avons vu en juillet à environ 2 mètres au-dessous de son niveau ordinaire. Au mois d'octobre, il s'est élevé de 30 centimètres en une seule nuit. C'est en novembre qu'il monte le plus haut, et en décembre que la baisse est le plus sensible. Mais il ne se déssèche jamais et apporte au grand fleuve un énorme volume d'eau. Il a 1 150 kilomètres de long et prend naissance au sud de ce trio de collines connu sous le nom de « Groupe des Voyageurs » et, de leurs noms respectifs, Speke, Schweinfurth et Junker. Le bassin de l'Itouri couvre une aire de 175 500 kilomètres carrés.

Au nord de ce vaste territoire sont cantonnés les Ababoua, Mabodé, Momvou et Balessé. Au sud, les Bakoumou et Babourou, branches principales, se subdivisent en centaines de tribus.

L'idiome des Bakoumou, situés dans les terres à l'orient des chutes Stanley, est en usage jusqu'aux chutes de Panga ; celui des Momvou part de ces dernières pour dominer jusqu'au Ngaiyou, à l'est duquel on parle la langue des Balessé jusqu'à Inde-ndoura. Au delà vient celle des Baboussessé. Encore avons-nous trouvé, dans chaque section, des sous-tribus qui disaient ne pas entendre le langage du district.

Toutes les tribus de la région équatoriale comprise entre l'océan Atlantique et le 32° degré de longitude est, ont entre elles une ressemblance plus ou moins éloignée ; mais je placerais au 20° degré la ligne de séparation entre les deux grandes familles de même race et de même origine. Réparties sur environ douze degrés de longitude, des peuplades par centaines offrent de très grandes analogies. Ce que Schweinfurth et Junker, Emin et Casati ont rapporté des Niam-Niam, des Monbouttou et des Momvou peut, avec quelques légères différences, s'appliquer aussi aux Bangala, Ouayyanzi, Batomba, Bassoko, Babourou, Bakoumou, Balessé. L'une peut présenter des signes d'une organisation supérieure quand on la compare à telle autre. Celle-ci aura souffert davantage et pâti sous l'oppression de puissants voisins ; mais, dans l'ensemble, je ne vois aucune disparité appréciable. Ils n'élèvent point de gros bétail et se contentent de brebis, de chèvres et de volaille. Telle communauté s'adonne à la culture du manioc, mais toutes sans exception cultivent les deux bananiers. Toutes sont vêtues d'écorce battue et assouplie ; quant à la coiffure, généralement uniforme, on voit des peuplades se signaler par le soin qu'elles y apportent. Quelques-unes pratiquent la circoncision ; toutes mangent la chair de l'ennemi. Les armes, coupant comme un rasoir, sont à peu près du même modèle : lances affilées, couteaux pointus à deux tranchants et à deux ou quatre lames, épées recourbées, petits arcs et courtes flèches ; et, aussi, les tabourets, banquettes et sièges à dossier, les pendants d'oreilles, bracelets et chevillières, les grands tambours et cors de guerre, les petits tam-tam, tous les outils de forgeron et de charpentier.

Il existe une différence marquée dans la forme des cases, dans les tatouages du corps, les lignes dessinées sur le visage et les ornements dont ils agrémentent la lèvre supérieure. Cette variété provient du désir de se distinguer des voisins, mais ne dénote aucune diversité de race. Si jamais voyageur pouvait, du pont d'un bateau à vapeur, observer les rivages qui s'étendent d'Équateurville sur le Congo à Inde-sourà, sur le haut Itouri, il serait frappé de la similitude, non seulement dans le costume et les armes, mais aussi dans la coloration des visages, tandis

Pot.

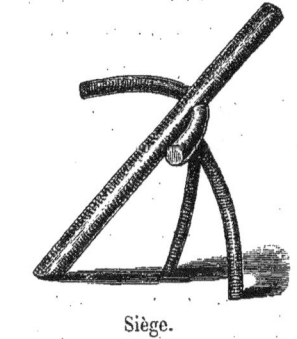

Siège.

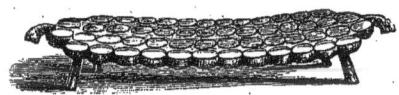

Table à jouer.

Tabouret.

qu'il distinguerait bien vite comme étrangère toute colonie de Soudanais, Zanzibari ou Ouanyamouczi accidentellement établie dans la contrée.

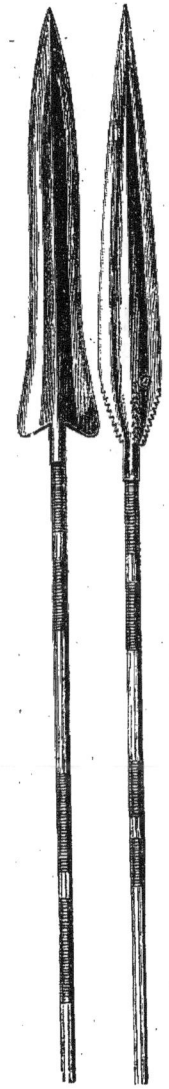

Lances.

Cette région, embrassant, nous l'avons dit, douze degrés de longitude, est à peu près entièrement couverte par la forêt. A l'ouest, celle-ci est, de temps à autre, coupée par la savane, d'où une modification sensible dans le teint des autochtones. Le sylvain, rarement brun foncé, a généralement la peau cuivrée, parfois presque aussi pâle que l'Arabe, et toujours d'une nuance plus claire que son frère des Prairies, un négroïde comme lui. Cette décoloration est due, sans doute, à leur séjour, de génération en génération, sous l'ombre éternelle des grands bois; d'autres l'attribuent à un mélange primitif de deux races, l'une noire et l'autre de teinte moins sombre. Toujours est-il qu'en passant des grands bois au pays découvert, la différence vous saute aux yeux.

Parmi les peuplades sylvestres, nous avons vu des physionomies singulièrement engageantes; d'autres répulsives et dégradées à l'excès. Cependant, quelque féroce que soit le caractère des naturels, quelque rétive leur disposition, et bestiale leur façon de vivre, il n'en est pas qui ne décèle des germes de progrès, grâce auxquels, à une époque future, la civilisation et tous les bienfaits qui en découlent se substitueront à la barbarie. Je fus particulièrement frappé de l'extérieur digne et des réponses de quelques prisonniers d'Engouedé avec lesquels je pus m'entretenir en monvou. Je leur demandai s'ils avaient l'habitude de combattre les étrangers, ils répondirent : « Que nous veulent ces étrangers? Nous n'avons rien. Nous n'avons que des bananes, de l'huile de palme et du poisson. — Mais si les étrangers veulent vous acheter des bananes, de l'huile de palme et du poisson, les leur vendrez-vous? — Avant vous, nous n'avions jamais vu d'étrangers. Chaque tribu reste tranquille chez elle, si elle n'a pas ses raisons pour venir nous combattre. — Faites-vous la guerre à vos voisins? — Non, mais quelques-uns de nos gars vont au bois poursuivre le gibier; nos voisins les surprennent, et alors nous allons de leur côté, ils viennent du nôtre, et nous nous cognons, jusqu'à ce que les uns ou les autres en aient assez et s'avouent vaincus. — Serez-vous mes amis si je vous renvoie à votre village? » Ils ne parurent pas ajouter grand'foi à mes paroles, et lorsque je les fis conduire hors du campement, des cauris à la main, ils refusaient de marcher, redoutant quelque piège. Il leur semblait impossible qu'on ne les sacrifiât pas. L'un d'eux revint dans ma tente; je le traitai amicalement, en vieille connaissance, lui donnai des bananes, qu'il s'empressa de faire griller, ruminant sans doute en son esprit l'étrangeté du cas. Il se restaura à loisir, alluma sa pipe et tourna les talons avec une tranquillité dont nous n'étions pas dupes. Trois fois seulement, nous passerions près de ce village, et leur confiance nous serait acquise sans retour.

Éparpillés çà et là parmi les Balessé — d'Ipoto au mont Pisgah, entre les rivières Ngaiyou et l'Itouri, une région grande comme les deux tiers de l'Écosse, — vivent les Ouamboutti, nomades de très petite taille et connus sous les diverses appellations de Batoua, Akka et Bazoungou. Ces nains, d'une stature variant de 92 à 138 centimètres et dont le plus robuste ne pèse guère au delà de 40 kilogrammes, habitent la forêt vierge et se nourrissent de gibier. Ils disséminent leurs cam-

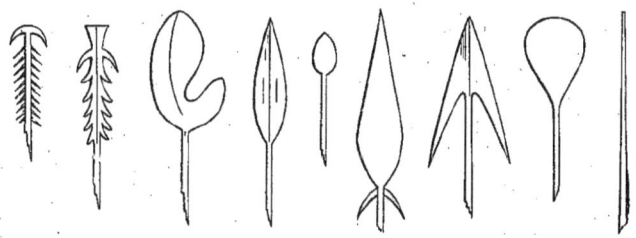

Pointes de flèches des nains.

pements à 4 ou 5 kilomètres en forêt, sur le pourtour des essarts de quelque tribu agricole, celle-ci presque toujours composée d'hommes forts et bien découplés. Dix ou douze communautés de ces pygmées, nombrant en tout 2 000 ou 2 500 âmes, peuvent ainsi servir d'avant-postes à un défrichement de quelque importance. Avec leurs sagaies, leurs petits arcs et leurs flèches enduites d'une épaisse couche de poison, ils tuent l'éléphant, le buffle, l'antilope, ou bien, sans prendre tant de peine, creusent des fosses profondes qu'ils recouvrent artificieusement de roseaux, de feuillage et de terre; ils construisent aussi des hangars dont le toit, suspendu par une liane des plus fragiles, tombe au moindre choc, emprisonnant les chimpanzés, babouins ou autres simiens attirés par les noix ou les bananes mûres répandues sur le sol. Sur la piste des civettes, moufettes, ichneumons et rats, ils disposent d'ingénieuses trappes à lacets où, dans ses courses vagabondes, le petit animal se prend et s'étrangle. Outre la viande, les cuirs pour boucliers, les fourrures et l'ivoire, ils se procurent du miel sauvage et des plumes d'oiseaux. Ils excellent dans la confection des poisons, qu'ils échangent contre ba-

Les pygmées comparés avec les officiers anglais, les Soudanais et les Zanzibari (d'après une photographie.)

nanes, patates douces, tabac, couteaux, lances et flèches. Leurs

Piège à éléphant.

alentours seraient bientôt dépourvus de gibier s'ils n'exploitaient que les kilomètres carrés qui entourent la clairière, mais, dès que la proie se fait rare, ils partent à la recherche de nouveaux établissements.

Pour les agriculteurs aborigènes, leurs hauts et puissants protecteurs, les pygmées sont des éclaireurs parfaits : connaissant les dédales de leur coin de la grande sylve, ils donnent l'alarme quand approchent les étrangers. Chacune de leurs demeures temporaires est un observatoire d'où ils surveillent les issues et abords de la clairière. Leurs villages commandent la croisée de toutes les routes; il n'est pas de sente qui ne les traverse. Des indigènes approchent-ils, paraissant mal disposés, ils se liguent avec leurs voisins du moment et ne sont pas alliés à dédaigner. La flèche combat la sagette, le venin lutte contre le poison, la ruse se mesure avec l'astuce ; le succès final est presque toujours pour la tribu amie des lilliputiens. Leurs proportions minuscules, leur agilité, leur malice, surtout leur pratique des bois en font de redoutables adversaires, et les peuplades agricoles savent fort bien qu'en penser. Nul doute qu'elles ne soupirent souvent après le départ de ces hôtes encombrants auxquels, en retour de maigres redevances en fourrure ou en gibier, ils doivent laisser libre accès aux cultures, bananeraies et jardins. Chaque nation a ses parasites, et les tribus de la grande forêt centrale ont beaucoup à souffrir de ces cruels petits hommes qui s'attachent à elles comme la glu et les flattent pour en être bien nourris, tout en les ruinant par leurs extorsions et pilleries.

Les huttes des pygmées témoignent d'un certain goût. Ce sont des constructions basses dont la forme rappelle assez bien la moitié d'un œuf coupé en long. Les portes, hautes de 60 à 90 centimètres seulement, sont situées à chaque extrémité ; ils éparpillent les cases sur une circonférence plus ou moins irrégulière, au centre de laquelle ils réservent une place pour celle du chef de la famille. A 100 mètres environ, et sur chaque sente qui s'éloigne du village, on voit une guérite exiguë, juste assez vaste pour contenir deux de ces petits hommes et dont la porte ouvre sur la route.

D'après ce que nous savons de ces fils de la forêt, si jamais des caravanes indigènes prennent le chemin, par exemple, d'Ipoto à Ibouiri, elles ne manqueront pas d'être considérablement allégées avant d'arriver à destination : il y a dix grandes clairières entre ces deux établissements et, sur la route de chacune, deux campements de pygmées ; ce serait donc vingt fois le péage en sel, tabac, fer, rotin, ornements de bambou, couteaux, haches, doloires, lances, flèches, anneaux, etc., qu'il faudrait acquitter. Vu les innombrables droits d'octroi et autres contributions qu'exige ce parcours de 130 kilomètres, nous ne sommes pas surpris que les habitants d'Ipoto n'aient jamais entendu même le nom d'Ibouiri. De ces entraves apportées à la libre circulation résultent la diversité des dialectes et l'ignorance absolue des captifs relativement à des stations situées à une trentaine de kilomètres.

Les pygmées chez eux.

Comme nous l'avons dit déjà, il existe deux types de nabots absolument distincts au point de vue du teint, de la conformation de la tête et des caractéristiques faciaux. Que les Batoua et les Ouamboutti aient ou non la même communauté d'origine, ils diffèrent autant que le Turc et le Scandinave. Les Batoua ont la tête allongée, le visage étroit, de petits yeux rougeoyants et rapprochés, ce qui leur donne une mine de furet, en dessous, anxieuse et refrognée. Les Ouamboutti ont la face ronde, les grands yeux de la gazelle, très distants, le front découvert, un air de franchise absolue, la peau d'une riche coloration jaune ivoire. Ils occupent le sud du district, les Batoua tiennent le nord, mais ces derniers s'étendent vers le Sud-Est jusqu'aux forêts d'Aouamba sur les deux rives de la Semliki et à l'Est de l'Itouri.

La vie, dans leurs villages sous bois, est à peu près celle des cultivateurs. Les femmes amassent le combustible et les provisions; les hommes chassent, guerroient et dirigent la politique. Le gibier ne manque jamais, et, en dehors de la préparation des fourrures, des cuirs ou des plumes, il faut encore fabriquer des filets pour le poisson ou des pièges pour les menus hôtes de la forêt. Les plus jeunes doivent s'exercer sans cesse au tir, car nous n'avons jamais traversé un bourg sans trouver bon nombre d'arculets et de fléchettes à pointe mousse. On fait aussi un usage abusif de la hache, si nous en jugeons d'après les arbres sur lesquels le tranchant en était essayé. A 500 mètres environ de chaque campement ouamboutti, des figures taillées à facettes plus ou moins géométriques indiquent une résidence de nains.

En mon absence, deux Égyptiens, un caporal et un gamin d'environ quinze ans, l'un et l'autre presque blancs, nous furent enlevés près du fort Bodo. Nous n'avons jamais pu découvrir ce qui leur advint. Je suppose qu'après leur capture on a dû les emmener, comme jadis les Nasamons d'Hérodote, au campement des pygmées. Je me suis souvent demandé quelles ont dû être leurs impressions quand ils se sont trouvés au milieu des Ouamboutti : quelque chose, sans doute, comme celles du navigateur Robert Baker en l'an de grâce 1562 :

Sont-ilz de la cannibale malegent, — Ne le sçavons, et si telle en est l'adventure, — A la marmite requerront les crestiens alér, à la marmite bonnement.

Tout nudz ilz pourmainent soi de ci de là, — A leur guise ne sçaurions perambuler, — Sans drapz ne habillement aulcun.

Comme bestes font en la sylve, — De fulles ilz desjunent, de raisses ilz disnent, — Emmi ces païens qui vouldrait vivre de tel selvage past !

Un des poisons dont les tribus frontières barbouillent la pointe de leurs armes, activant ainsi l'œuvre de mort, est un enduit noirâtre, de l'aspect et de la consistance de la poix. Si l'on peut s'en rapporter au dire des femmes indigènes, il proviendrait d'un arum, plante à larges feuilles, très commune et très abondante entre le fort Bodo et Inde-souma. L'odeur du poison encore frais rappelle celle des vésicatoires dont on se servait en notre jeune temps. Nul doute que ce toxique ne soit mortel. Il tue les éléphants aussi infailliblement qu'une balle explosible. Les vastes approvisionnements d'ivoire d'Ougarrououé, de Kilonga Longa et de Tippou-Tib témoignent que la chasse aux éléphants et autre sauvagine est la principale occupation de ces chasseurs. Tout guerrier adulte a une ceinture ou une bandoulière en cuir de buffle pour y suspendre dague et couteau. Toute mère pour porter son enfant, et toute femme pour porter sa corbeille, passe à son front une large courroie qui retient le fardeau.

Pour plus de prudence, la mixture mortelle ne se cuisine pas dans le village même. C'est au milieu des halliers qu'on la prépare, qu'on l'étend en couches épaisses sur la flèche de fer ou de bois dur, dont la moindre aspérité est enduite soigneusement. A Avissibba, nous découvrîmes, sous les pieux qui soutenaient le faîtage, quelques paniers pleins de fourmis rouges desséchées, dont l'aspect me remit en mémoire celui d'un autre poison mortel, couleur mastic, que j'avais vu sur d'autres flèches. Il y a tout lieu de croire que les Avissibba l'obtiennent en pulvérisant ces insectes, qu'ils mêlent ensuite à l'huile de palme. Une seule de ces fourmis vous gratifie d'une ampoule du même diamètre qu'un liard : que ne peut effectuer, introduite dans une blessure, l'essence concentrée d'une multitude de ces venimeuses bestioles ! Si ce pâle poison a l'origine susdite, certes les ingrédients ne manquent pas aux nabots : les longues fourmis noires, par exemple, qui infestent l'arbre à couleuvre, et dont la morsure équivaut à l'application d'un fer rouge !

Quand ces poisons sont à l'état frais, les effets en sont

rapides. Faiblesse excessive, palpitations de cœur, nausées, pâleur extrême ; la sueur perle sur tout le corps en grosses gouttes et le malheureux blessé ne tarde pas à expirer. J'ai vu mourir en une minute un de mes hommes, piqué, comme d'une fine épingle, par une flèche qui traversa le bras droit et se planta dans la poitrine. Un de mes chefs de caravane succomba une heure et un quart après avoir été frappé ; une femme, après vingt minutes ; une de ses camarades n'avait pas été transportée à 100 mètres qu'elle avait rendu le dernier soupir ; un de nos hommes mit trois heures pour mourir, et deux autres plus de cent heures. Ces écarts de durée dans l'évolution du virus sont dus à la fraîcheur ou à la siccité du produit. On avait lavé, sucé, injecté la plupart de ces plaies, mais quelque parcelle toxique était sans doute restée au fond.

Pour neutraliser les ravages de ces poisons, du moins tant que nous ne connaîtrons pas l'antidote qu'emploient les indigènes, il faut faire prendre au patient une forte dose d'émétique et recourir à la succion et à des injections hypodermiques avec une solution très concentrée de carbonate d'ammoniaque. Il se pourrait que la morphine, à des doses plus fortes que je ne me permettais d'administrer, fît avorter les terribles spasmes tétaniques, avant-coureurs de la mort.

Comme il n'y a pas de graminées dans toute l'étendue de la forêt, les naturels auraient grand mal à couvrir leurs huttes, n'était le feuillage précieux du phrynium, très abondant sous bois. Ses feuilles, de 30 à 50 centimètres, croissent sur des tiges minces et droites, hautes de 1 m. 50 à 2 m. 10 ; elles servent avec les tiges à la construction des cases et paillottes. Le fruit rappelle notre cerise ; on n'en mange pas le péricarpe, mais le noyau apaise tant soit peu les tiraillements d'estomac.

La sylve abonde en fruits sauvages et variés, qui ont soutenu notre existence pendant nombre de jours. Nous devons beaucoup à un très bel arbre, à port majestueux, à feuilles petites, commun le long des rives méridionales de l'Itouri entre le 30° et le 31° degré de longitude est. Ses gousses, longues de 25 centimètres, contiennent quatre fèves cordiformes, qu'on appelle *makouémé* ; elles ont plus de 5 centimètres de long sur 25 millimètres de large et plus d'un centimètre d'épaisseur ; le tégument externe, couleur tourterelle, est doublé intérieurement d'une fine pellicule rougeâtre. Dépouillée de ses deux enveloppes, la fève peut être écrasée, concassée ou bouillie entière ; peut-être vaut-il mieux la broyer pour aider à la digestion, car elle est un peu coriace. Les pygmées nous firent part de leurs expériences, et sur ce chapitre ils doivent être bien renseignés, car, pendant leurs courses errantes, le makouémé est souvent leur seule ressource.

Dans le voisinage de ces papilionacées de haute marque, croît, d'ordinaire, le faux arbre à pain, appelé *fenessi* par les Zanzibari et dont le fruit, délicieux et rafraîchissant, atteint à peu près le volume d'une pastèque.

En remontant l'Itouri de 1° 6′ à 1° 47′ de latitude nord, nous trouvions souvent des *spondia* ou prunes de porc, fruits jaunes, odorants, à gros noyau, puis une sorte de poire portée par une plante sarmenteuse qui produit du caoutchouc ; en dépit d'un parfum suave, elle nous causa d'assez graves indispositions. N'oublions pas une pomme sauvage, insipide et douceâtre qui nous a rendu des services, non plus que des noix rappelant les marrons d'Inde, dont nous ne prétendons pas faire l'éloge, mais auxquelles les pygmées ne sont pas indifférents. Outre les noyaux des baies du phrynium, nous avions les beaux fruits rouges de l'amome, dont les capsules renferment une pulpe acidulée et ces « graines de paradis » introduites pour la première fois en Angleterre en 1815. Les drupes du calamus ou rotang appartenant à la famille des palmiers peuvent encore se manger, mais ne sont guère faciles à cueillir. Les figues ne sont pas bonnes ; pourtant nous n'étions pas difficiles, et rien n'est à dédaigner qui « trompe la faim ». Nous mâchions jusqu'à la noix de kola, bien plus, il faut l'avouer, pour la santé de nos bronches que pour calmer les tourments de l'estomac.

Du reste, disons-le, il a fallu parfois se contenter de fourmis blanches, de limaces — non pas l'affreuse limace grise — d'escargots, tortues, campagnols rôtis ; quelquefois nous prenions des silures. Les animaux domestiques des indigènes sont des chèvres de race élégante, des chiens, parias d'ordre inférieur, de robe aux nuances variées. Nous n'avons vu qu'un seul chat, un chat à fourrure tigrée, encore était-il tenu en cage.

J'ai noté un fait singulier : alors que beaucoup de nos Madi étaient infestés de filaires — ou vers de Médine, vers de Guinée, — ce qui les rendait absolument impropres à tout travail, — pas un des Zanzibari n'en souffrait. Les Madi n'employaient d'autres remèdes que de simples frictions de graisse ou d'huile sur la tumeur, afin d'en déloger l'hôte. A une certaine époque, il se déclara une quinzaine de cas d'oreillons chez nos Zanzibari. Ils se contentèrent d'étendre de la pâte de farine sur les parties enflammées. Bon nombre de natifs, de Manyouema et de Madi non vaccinés furent victimes de la variole, tandis que, des trois Zanzibari attaqués, pas un ne succomba; deux d'entre eux ne furent même pas dispensés de leur labeur quotidien.

Dans mon ouvrage sur *le Congo et la fondation de son État libre*, j'ai parlé si longuement des produits de la forêt qu'il serait oiseux d'y revenir. Lorsqu'un chemin de fer aura été construit, ce qu'elle peut fournir au monde civilisé aura certes sa valeur au point de vue de l'exportation. Les indigènes, à commencer par ceux de Yambouya, se mettront bien vite à recueillir le caoutchouc, et quand un Européen intelligent leur aura montré les richesses de cette flore exubérante, il ne s'écoulera pas beaucoup d'années avant que d'autres concurrents envahissent les bords de la rivière silencieuse et appellent les tribus environnantes à suivre l'exemple des Babourou.

# CHAPITRE XXIV

## L'EMPRISONNEMENT D'EMIN PACHA ET DE M. JEPHSON

(Du 20 décembre au 7 février 1889.)

Notre réception au fort Bodo. — Rapport de Stairs sur ce qui s'était passé pendant notre absence. — Sans nouvelles de Jephson. — Revue de nos hommes. — Nous brûlons le fort pour aller trouver Emin et Jephson. — Le camp de Kandekoré. — Recommandations à Stairs et à Parke, commis à la garde des malades. — Nouvelles d'Emin et de Jephson. — Le vieux Gavira nous fait escorte. — Deux Ouahouma nous apportent des lettres. — Ce qu'elles contiennent. — Je confie mes réponses au chef Mogo. — Les Balegga nous attaquent. — Nous les repoussons avec l'aide des Bavira. — Arrivée de Jephson. — Conversation sur Emin. — Récit que fait Jephson de la révolte dans l'Equatoria. — Son opinion. — Réponse d'Emin à ma lettre.

Après six longs mois d'absence, nous voici enfin au fort Bodo. Le cœur débordant de gratitude et de joie, les hommes de ma petite garnison gambadant autour de moi comme des épagneuls, je remontais l'avenue de l'ouest, ouvrant les oreilles aux bonnes nouvelles que nous communiquait le docteur. Tout allait à souhait. A droite et à gauche, des champs de maïs; partout de superbes moissons en perspective; des enclos protégés de palissades, un village propret, des rues bien entretenues, et blancs ou noirs, tous ceux que l'on rencontrait, sauf quelques incurables, jouissant d'une santé parfaite. Nelson était tout à fait ragaillardi; l'ombre noire de la famine ne planait plus sur le campement; chacun avait pris un pas martial et une fière attitude. Stairs, l'officier par excellence, étant ce qu'il avait toujours été, celui qui avait toujours obéi et voulait obéir.

Le lieutenant Stairs possédait 24 000 épis de maïs dans son grenier. Il avait encore sur pied des plantains, des patates douces, des haricots et du tabac en quantité respectable. Le cours d'eau voisin fournissait du poisson, une sorte de silure. Entre officiers et soldats, les rapports étaient excellents. Certes il y avait eu quelques ennuis. Des indigènes s'étaient nuitamment emparés d'une bonne provision de tabac. — Enhardis par la tolérance, une nuée de pygmées s'étaient abattus sur les alentours, mais le commandant n'avait pas perdu la tête, et, grâce à des mesures aussi promptes que sages, aborigènes, lilliputiens et Zanzibari le respectaient aujourd'hui autant qu'ils le craignaient. Les officiers ses camarades l'avaient aidé de leurs conseils et de leur prudence, ainsi qu'en témoigne la lettre qu'on va lire ci-après :

Fort Bodo, Ibouiri, Afrique centrale, 21 décembre 1888.

*H. Stanley, Esq., commandant l'expédition.*

Monsieur, j'ai l'honneur de vous informer que, me conformant à votre lettre d'instructions datée du fort Bodo, le 18 juin 1888, j'ai pris le commandement du fort Bodo et de sa garnison.

L'effectif était le suivant : officiers 3, Zanzibari 51, Soudanais 5, Madi 5. Total 64.

Bientôt après votre départ pour Yambouya, les indigènes cantonnés dans le voisinage devinrent agressifs et excessivement hardis. Presque chaque jour, ils arrivaient par bandes dans les plantations pour marauder aux bananes. Une escouade des leurs, profitant de l'obscurité, s'introduisit dans les jardins à l'est du fort et détala avec une notable quantité de tabac et de fèves. La nuit du 24 août, ils revinrent à la charge, mais, cette fois, les sentinelles veillaient, et la leçon que reçurent les larrons eut pour effet de modérer leur hardiesse ; mais les bananes n'en disparaissaient pas moins et il me fallut mettre sur pied trois patrouilles par semaine pour repousser pillards et éléphants. Ceux-ci, quand on négligeait d'allumer les feux pendant quelques jours, revenaient aux bananeraies ; ils ont dévasté un hectare en une seule nuit.

Vers le 1<sup>er</sup> novembre, les naturels étaient rentrés dans le devoir, et, à l'heure qu'il est, je ne crois pas qu'il existe un seul campement de nains à 12 ou 14 kilomètres à la ronde. Ceux du sud-est nous avaient donné le plus de tablature et furent les derniers à évacuer nos parages.

A la fin de juillet, nous attendions le retour de M. Mounteney Jephson de l'Albert-Nyanza pour relever la garnison du fort et transporter les bagages sur les rives du lac. Cependant les jours succédaient aux jours et n'amenaient ni notre camarade, ni la moindre nouvelle du Pacha. Nos gens devenaient de plus en plus impatients. La plupart d'entre eux fussent volontiers restés au fort jusqu'à notre arrivée ou celle de M. Jephson, si huit ou dix mécontents, pressés d'atteindre le Nyanza pour y jouir de l'abondance des vivres n'eussent fait mine de nous lâcher à la première occasion, abandonnant les blancs, les charges et les malades.

Dans ces conjonctures, je ne me suis pas départi un moment de la plus grande indulgence, faisant à la garnison la vie aussi supportable qu'il m'était possible. Peu de temps après l'époque où nous avions vainement attendu M. Jephson, quelques-uns de nos hommes demandèrent la permission de tenir un palabre; je la leur accordai. A ce *chaouri* furent présentées par Ali Djouma et acceptées à la presque unanimité des Zanzibari les motions suivantes :

1º Quitter le fort; se diriger vers le lac par le pays de Mazamboni, et, en faisant deux fois chaque étape, transporter les bagages et toutes les charges jusqu'au Nyanza, où l'on pourrait vivre dans l'abondance;

2º Ou bien, expédier quinze courriers avec une lettre jusqu'aux limites de la plaine; là, s'informer si les Bandoussouma sont nos amis ou nos ennemis. Si ennemis, retourner au fort; si amis, porter la lettre à M. Jephson, qui nous enverrait chercher au plus vite.

J'ai répondu à la première proposition : 1º M. Stanley m'a expressément défendu de traverser la plaine sans le secours d'amis ou d'alliés de l'intérieur; 2º M. Stanley n'a-t-il pas prévenu Emin Pacha qu'il serait imprudent de traverser la plaine sans avoir au moins soixante fusils, alors même que les tribus ne seraient pas hostiles? 3º Nous n'avons que 30 hommes valides. Nous perdrions les bagages et les malades.

A la suite de ces explications, nous avons vécu dans les meilleurs termes. Mes gens ont continué à cultiver le sol, à semer le maïs, et autres grains ou légumes, comme en vue d'un séjour prolongé. Le 1$^{er}$ septembre, une terrible bourrasque, accompagnée de grêle, passa sur le fort, détruisit 60 pour 100 de la récolte sur pied et dévasta tellement nos bananeraies, qu'il s'écoula un long mois avant que les plantes pussent fournir de nouvelles pousses. Sans cette catastrophe, notre moisson eût été des plus riches et je n'aurais pas été contraint de ne livrer à nos hommes que la misérable quantité de dix épis de maïs par tête et par semaine. Les affaiblis, les chétifs, protégés du D$^r$ Parke, recevaient chacun une tasse de maïs égrené par jour. A une époque, nous avons eu à la fois plus de 30 hommes atteints d'ulcères. Grâce aux efforts du docteur, tous sont aujourd'hui guéris, à l'exception de 4.

Depuis votre départ jusqu'au 20 décembre, 8 de nos hommes sont morts de maladie, 2 ont été tués par les flèches empoisonnées, et 2 enlevés par les naturels. Voici notre effectif aujourd'hui : officiers 3, Soudanais 3, Madi 5, Zanzibari 45 = 56.

J'ai toujours tenu conseil avec les officiers pour toutes les questions importantes. Nous avons été unanimes dans notre résolution de vous attendre, bien persuadés, d'ailleurs, que vous feriez l'impossible pour nous relever le plus tôt que vous pourriez.

Le 20 décembre, j'ai eu l'honneur de vous remettre le commandement du fort, ainsi que les effets confiés à mes soins.

J'ai l'honneur d'être, etc., etc.

W. G.-STAIRS, R. E.

Qu'était donc devenu Jephson, l'homme énergique auquel nous avions décerné le surnom de « Boubourika », le « Tchitah », le guépard, en raison de sa vivacité, de son ardeur, Jephson qui toujours « tirait sur la longe » ! Qu'est-ce qui aurait pu le retenir, lors même que le Pacha, après réflexion, aurait jugé inutile ce long voyage au fort Bodo !

Puisque nous restions sans nouvelles de l'un et de l'autre, inutile d'attendre qu'ils envoyassent des porteurs. Or il nous en fallait 55, pour les effets absolument indispensables. Donc, après y avoir longuement réfléchi, je résolus de procéder par « doubles » ou, pour mieux dire, par « triples » étapes, le pagazi ayant à transporter son fardeau à l'autre bout de la marche du jour, puis à revenir sur ses pas pour en charger un second, du moins entre le fort Bodo et la rivière Itouri. Une fois entré dans la plaine, je laisserais le lieutenant Stairs, les officiers et les malades au fertile défrichement de Kandekoré, et je continuerais vers le Nyanza à la recherche d'Emin et de Mounteney Jephson. Ceci excéderait de dix jours le temps prévu, mais comment faire mieux quand le guignon vous poursuit ! Nous étions revenus au fort Bodo quarante-huit heures avant le temps fixé; si j'arrivais au Nyanza le 26 janvier, je serais de dix jours en retard; il fallait s'y résigner.

Le 21 décembre, tout ceci bien et dûment expliqué à nos gens, il fut convenu que 55 de nos porteurs feraient en un jour deux fois la même étape, et que ce supplément de travail leur serait payé par de la cotonnade. Cette promesse m'amena immédiatement 55 volontaires. Ainsi fut résolue une très épineuse question.

Étaient présents au fort Bodo, à la revue du 22 décembre, 209 Zanzibari, 17 Soudanais, 1 Somali, 151 Manyouema et auxiliaires, 26 Madi, 2 hommes de Lado, 6 blancs. Total, 412.

Le voyage de Banalya au fort Bodo nous avait donc coûté 106 personnes, dont 38 appartenant à la colonne d'arrière-garde.

Le 23, nous partîmes du fort Bodo, et, le jour suivant, le capitaine Nelson ayant enterré la grosse dame-jeanne du Pacha, quelques carabines hors d'usage, etc., etc., mit le feu à notre citadelle et se hâta de nous rejoindre.

Le jour de Noël et le lendemain sont employés à fourrager. Le 27, Stairs, avec une centaine de fusils, pousse de l'avant afin d'occuper la passe de l'Itouri. Il a ordre de s'installer convenablement, puis de renvoyer 55 hommes au campement du « Carrefour », où le docteur et moi, dont la toilette est fort délabrée, nous les attendrons en nous cousant « un complet », car nous n'oserions paraître en plaine déguenillés comme nous sommes. Le 2 janvier, le contingent de Stairs n'étant pas encore de retour, un Soudanais ramassait du bois à 150 mètres environ de nos avancées, lorsqu'il reçut cinq flèches dans le dos, six plutôt, puisque, deux mois plus tard, une autre fine pointe fut éliminée. Le malheureux, grièvement blessé — deux projectiles avaient pénétré si avant dans les os et les muscles qu'on le souleva presque de terre en les lui retirant, — ne mourut pas du coup; il se remit même plus ou moins, mais pour succomber un an plus tard, juste au moment où nous arrivions à Bagamoyo.

Le lendemain, les 55 hommes de Stairs revenaient avec une lettre du lieutenant. Tout allait bien et il espérait la conclusion pacifique de ses négociations avec les naturels de Kandekoré. En conséquence, le 4 du mois, à midi, nous disons adieu au « Carrefour ». Le lendemain, six heures de marche nous amenaient à Inde-ndourou ouest; le 6 nous avions atteint Inde-ndourou centre, et le 7 nous étions dans le village de Bakourou, au pied du Pisgah, en vue de la plaine herbeuse que les Manyouema et les soldats de l'arrière-garde ne pouvaient se lasser de contempler.

Le 9, nous avions traversé l'Itouri et nous campions à l'est de Kandekoré.

Le jour suivant, tout mon monde était à l'œuvre pour fortifier notre boma et enlever la broussaille que, d'ordinaire, les naturels laissent croître à toucher les toits de leurs huttes, afin, s'ils étaient poursuivis, de se dérober aux regards.

Après dîner, dans la soirée, je fis appeler le lieutenant Stairs et le D$^r$ Parke, pour leur donner mes instructions sur ce qu'ils auraient à faire en mon absence :

« Messieurs, leur dis-je, vous le sentez comme moi, il pèse sur notre entreprise une influence mystérieuse dont l'action continue nous a quelquefois poussés sur les limites du désespoir. Nul plan, si clair et si bien ordonné semble-t-il, qui ne soit traversé et annihilé. Les promesses ne sont pas tenues, les instructions ne sont pas obéies, les conseils ne sont pas écoutés. Obstinés que nous sommes à corriger cette constante perversité des choses, notre labeur reste stérile et inefficace. Une difficulté n'est pas vaincue, qu'il s'en dresse une autre, et la lutte continue. Malgré des misères physiques sans nombre, un surmenage de toutes les facultés morales et intellectuelles, notre troupe a été décimée à plusieurs reprises. Tout cela, vous le savez aussi bien que moi, et vous n'ignorez pas que le désarroi se prolongera aussi longtemps que tous les membres de la mission ne seront pas réunis en une seule main pour y rester. Mais, toutes les fois que j'ai voulu le faire, l'impuissance à la marche ou la nécessité de courir précipitamment d'un endroit à l'autre nous ont toujours tenus séparés.

« Après avoir rallié la colonne d'arrière-garde et l'avoir réunie à la première, après avoir relevé la garnison du fort Bodo, nous nous trouvons sans nouvelles de Jephson ou du Pacha; or il m'est impossible de manœuvrer en remorquant une ambulance. La revue d'aujourd'hui montre 124 hommes souffrant d'ulcères, débilité, anémie, dysenterie et quantité d'autres maux. Ils ne pourraient ni marcher, ni porter des charges. Jephson et le Pacha m'attendent peut-être. Nous sommes au 10 janvier et j'avais promis d'être de retour au Nyanza le 16, quand même je serais forcé d'aller jusqu'à Yambouya; il y a déjà un retard de six jours; vous le voyez, je suis tiré de-ci et de-là!

« Puis-je compter sur vous, être sûr que vous m'obéirez sans réserves, que vous m'obéirez à la lettre, ne déviant pas d'un iota de la route tracée? Tranquille là-dessus, je partirai à l'instant et je saurai enfin ce qui en est de Jephson et du Pacha.

— Pourquoi douter de nous? Certes nous avons toujours fait de notre mieux pour vous contenter! s'écria Stairs.

— C'est la vérité pure et je vous en sais un gré infini. Mais allons-nous avoir une réédition de l'affaire de Yambouya? Votre ami Jephson ne reparaît plus; est-il mort de la fièvre ou d'un accident quelconque? Pourquoi ce silence du Pacha? N'avons-nous pas lieu de craindre que de nouveaux dangers n'enveloppent l'un et l'autre? Je n'y tiens plus et pars pour le Nyanza, où j'obtiendrai des renseignements ou me frayerai une route par Melindoua jusqu'aux abords de la station de Msoua. Sûrement, j'y trouverai la solution du problème. Les Mahdistes auraient-ils remonté le fleuve et tout massacré sur leur passage? Ou bien, par suite de quelque autre expédition de secours arrivant de l'est, seraient-ils occupés au point d'en oublier leurs promesses? Qu'en est-il? je ne sais. Si nous restons tranquillement assis à réfléchir sur ce mystère, il ne va pas se débrouiller pour notre plaisir. Donc, je pars. Mais ces 124 hommes auxquels un long repos est indispensable, je suis contraint de vous les abandonner, sûr, d'ailleurs, que vous ne bougerez pas, soit d'un mois, soit de deux, que je ne vous aie informé des événements. Je compte sur votre zèle. Vous, Stairs, aurez à être constamment sur l'alerte, et vous, docteur, à soigner les malades. Me le promettez-vous fidèlement, sur votre parole?

— Nous le promettons! répondirent-ils avec chaleur.

— Maintenant, docteur, je m'adresse à vous d'une façon spéciale. Stairs s'acquittera de tout ce qui concerne le campement, mais à vous incombe la responsabilité la plus lourde. Ces 124 hommes ne sont pas tous également atteints; quelques-uns n'ont que de légères indispositions, d'autres sont en danger, d'autres à peu près sans ressources. Mais tous réclament impérieusement vos soins et vous aurez sans cesse à les leur prodiguer. Veillez à ce que vos « grands malades » soient bien nourris, à ce que leurs repas soient préparés et servis trois fois par jour; ne vous fiez à personne et ne voyez que par vos yeux. Il faut, vous dis-je, que ces hommes retournent dans leurs foyers. C'est aujourd'hui ou jamais pour vous le temps qu'il faut « saisir par les cheveux »; voici l'occasion, ne la laissez pas échapper. Il faut sauver ces hommes. Ici est le devoir, ici est votre tâche et, avec elle, l'estime, l'admiration de ceux qui sauront comment vous l'aurez remplie.

« Les causes d'insuccès tiennent à ce que les hommes sont, la plupart du temps, incapables de discerner la chose qu'ils ont à faire, celle qu'ils ont à portée de la main. Ils regardent au delà et oublient la besogne essentielle pour accomplir celle qu'on ne demande pas. Avant mon départ d'Angleterre, des centaines d'individus s'adressaient à moi pour faire partie de notre expédition. Tous pensaient acquérir infailliblement cette gloire dont peut-être un homme sur mille ne connaît pas le véritable chemin. Tenez, en fait de blancs, il y en a six ici; l'un de ces six ne m'a-t-il pas, l'autre soir, demandé l'autorisation d'explorer la rivière Ouellé-Moubangui? — Choisir entre tant d'endroits inconnus l'Ouellé-Moubangui! Je n'ai pas à discuter des goûts. — Mais un devoir tout tracé était devant ses yeux, et il ne le voyait point. Il regardait bien loin par delà l'horizon, et ce qu'il cherchait était à ses pieds. Il sembla s'éveiller d'un rêve en m'entendant dire que rapatrier des exilés me paraît plus glorieux que de découvrir de nouveaux territoires. Parmi nos camarades se trouve un homme qui reçoit un salaire pour me servir avec fidélité et dévouement, et cependant il a manqué le moment opportun pour se distinguer quand il a laissé enlever et placer dans des caisses, ses yeux le voyant, mes effets et jusqu'à ses propres rations! Encore n'a-t-il pas eu conscience de s'être fourvoyé avant d'avoir compris que, ce faisant, il avait perdu l'occasion de s'assurer bons témoignages, augmentation de traitement et promotion rapide. Aujourd'hui elle se présente à vous. Saisissez-la d'une main ferme. Faites votre possible pour la mettre à profit. Ne rêvez ni gloire ni médailles, mais occupez-vous de votre tâche. Votre tâche, c'est votre capital. On en retire un intérêt petit ou grand d'après la façon dont on le travaille.

« Bonsoir! demain je m'en vais faire quoi? je ne sais; il ne m'en chaut, du reste, jusqu'à ce que l'ouvrage soit là devant moi. Mais cet ouvrage, je le ferai. Vous, faites le vôtre. »

Le lendemain, après avoir de mon mieux réconforté les malades, je quitte Kandekoré des Bakouba et, quarante-cinq minutes après, nous émergeons de la broussaille, à la joie délirante de ceux de l'arrière-garde et des Manyouema, qui voyaient ce merveilleux pays pour la première fois.

Le 12, nos alliés indigènes de Bessé nous recevaient cordialement. Ils nous apprirent que le Pacha bâtissait de « grandes maisons » à Nyamsassi; le bruit courait de son prochain passage dans la région avec bon nombre de fidèles, tous renseignements qui calmèrent notre inquiétude.

Le lendemain, halte dans une petite vallée, un peu au nord de Moukangui. Le 14 nous revoyait dans notre ancien campement chez Mazamboni. Celui-ci d'accourir aussitôt, escorté de son frère Katto et de l'inévitable cousin Kalengué. En réponse à nos questions pressantes, ils nous informèrent que Jephson était chez Kavalli depuis l'avant-veille (le 12), que Hailallah, un de nos jeunes domestiques qui avait déserté, vivait aux frais du chef et qu'il était maintenant aussi grand qu'une lance. Ils ajoutèrent que Malledjou (le Pacha) avait expédié des messagers à Kavalli pour s'enquérir de nous, et qu'il avait planté du maïs à notre intention. « Quel homme attentif et prévenant! Il pense à tout! » me disais-je.

Mazamboni nous avait donné deux bouvillons gras, et je désirais vivement voir se régaler Zanzibari et Manyouema, après un carême si prolongé. Donc, nous restâmes au campement le 15. Le soir même arrive le chef Gavira. Il nous raconte que, trois jours avant, on a vu Jephson et 17 soldats au village de Katonza. Nos gens, bien pourvus de cotonnade, acquise par leur travail supplémentaire, et ayant en plus les cinq *doti* déjà reçus à Banalya, sans parler des perles, cauris, fil de laiton, « s'en donnent » à cœur joie. Les Manyouema sourient d'un air affable, trois cents Zanzibari croassent en chœur. Ce divertissement, inventé par quelques-uns des nôtres quand ils flairèrent l'air de la plaine, est fort goûté. Le vieux Gavira nous accompagne. Dans l'après-midi du 16, date à laquelle j'aurais dû être sur le Nyanza, nous nous trouvons à une bonne journée de marche du lac, dans un village brûlé par nous précédemment, aujourd'hui flambant neuf et prospère, dont nous sommes les hôtes bienvenus et fêtés.

Nous étions maintenant bien et dûment hors du labyrinthe forestier. Si réellement M. Jephson et le Pacha se trouvaient à cette heure au-dessous de nous, sur la rive du lac, comme le disaient les indigènes, que nous restait-il à faire, sinon remettre à Emin les munitions qui lui étaient destinées et ramener chez eux quelques Égyptiens? Cet après-midi, le vieux Gavira eut ses raisons de croire que Boula Matari était un fort estimable gentleman.

Mais, à cinq heures du soir, deux messagers Ouahouma se présentent, envoyés par Kavalli avec des lettres à mon adresse. A mesure que j'en prends connaissance, un frisson mortel m'envahit, paralysant toutes mes facultés mentales et ne laissant de place que pour une surprise sans bornes. Lorsque je revins à moi, les oreilles durent tinter à Jephson et au Pacha. Toute personne douée d'une parcelle d'imagination comprendra ce que j'éprouvai après lecture des communications suivantes :

LETTRES D'EMIN.

Doufilé, 2 septembre 1888.

Cher monsieur,

M. Jephson devant accompagner quelques officiers en partance pour vous rejoindre, je mets l'occasion à profit pour vous présenter mes meilleurs souhaits et mes compliments bien sincères touchant l'heureuse arrivée de votre expédition.

C'est par nos jeunes gens que nous en avons appris la nouvelle ; les lettres à nous adressées nous étant toujours rigoureusement refusées. M. Jephson, qui m'a rendu de grands services dans des circonstances très pénibles, vous racontera tout ce qui est advenu. Il vous aidera de son expérience ou même vous donnera d'utiles conseils, si vous veniez ici, comme certains le désirent. Si vous vous y décidiez, je vous serais fort reconnaissant de prendre des mesures pour la sécurité de ma petite fille, au sujet de laquelle je suis fort inquiet.

Dans le cas où vous trouveriez préférable de ne pas venir ici, il ne me reste qu'à vous souhaiter un heureux et prompt retour dans votre pays et à vous prier de transmettre à vos officiers et à vos hommes mes remerciements bien sincères ; enfin, d'être mon interprète auprès de tous ces généreux Anglais grâce auxquels votre expédition a pu se mettre en marche, et de leur exprimer ma gratitude bien sentie.

Croyez-moi, cher monsieur,

Sincèrement votre affectionné,

Dr Emin.

Doufilé, 6, 11, 88.

Je suis toujours prisonnier. Deux fois on nous a dit que vous étiez venu : c'était un bruit mensonger. Maintenant que les Mahdistes sont dans le pays, et maîtres de la station de Redjaf, nous devons nous attendre à être attaqués d'un moment à l'autre. Les chances de salut diminuent d'heure en heure, cependant nous espérons encore. J'ai entendu dire aujourd'hui que les soldats de Mouggui étaient partis pour Redjaf. S'ils ont été battus, comme nous avons tout lieu de le craindre, les gens de Khartoum seront ici au premier jour.

M. Jephson m'a fait part de la lettre qu'il vous a écrite ; je ne pense pas avoir rien à y ajouter[1].

A vous bien sincèrement,

Dr Emin.

Toungourou, 21 décembre 1888.

Cher monsieur Stanley,

M. Jephson vous ayant raconté tout ce qui s'est passé ici depuis que nous avons quitté Doufilé, inutile de refaire son récit[2]. Bien que, pendant un moment, il se soit opéré une diversion en ma faveur, les officiers, enorgueillis de leur victoire, sont redevenus aussi mauvais qu'au début de la

1. Donc le Pacha approuve ce qu'écrivait Jephson.
2. Le Pacha semble dire qu'il a lu les lettres de Jephson.

comédie. Tous sont résolus à quitter le pays, en cherche d'un asile quelconque. Personne cependant, sauf quelques officiers et un petit nombre de soldats, ne pense aller en Égypte. Je ne suis pas, malgré tout, sans espérer des jours meilleurs, et je joins mes instances à celles de M. Jephson pour vous demander de rester où vous êtes, c'est-à-dire chez Kavalli, et de me prévenir de votre arrivée aussitôt que vous le pourrez.

Le chef Mogo, porteur de la présente et de la lettre de M. Jephson, a mes ordres pour vous attendre chez Kavalli. C'est un homme sûr et honnête; vous m'obligerez en vous occupant de lui.

Je suis, avec les meilleurs souhaits pour vous et tous les vôtres,

Votre affectionné,

D<sup>r</sup> EMIN.

---

LETTRE DE JEPHSON.

Doufilé, 7 novembre 1888.

Cher monsieur,

Je vous écris pour vous dire l'état des affaires dans ce pays, et j'espère que Choukri Agha pourra vous faire parvenir cette lettre assez à temps pour que vous soyez avisé de vous tenir sur vos gardes.

Le 18 août éclata une rébellion, et le Pacha et moi fûmes faits prisonniers. Le Pacha est sévèrement gardé, mais je puis aller et venir dans la station, sauf que mes mouvements sont surveillés. La rébellion a été manigancée par une demi-douzaine d'Égyptiens, officiers et employés; peu à peu, d'autres y sont entrés, les uns spontanément, la majeure partie par crainte; les soldats, sauf ceux de Laboré, n'y ont pas trempé, mais ont indolemment cédé à leurs officiers. Les deux promoteurs de la rébellion sont deux Égyptiens, qu'on nous a dit vous avoir porté leurs plaintes à Nsabé. L'un est un adjudant du Pacha, Abdoul Vaal Effendi, impliqué jadis dans l'affaire d'Arabi; le second, Achmet Effendi Mahmoud, un borgne, est un employé civil. Ces deux personnages et quelques autres, tandis que le Pacha et moi nous acheminions vers Redjaf, circonvinrent les gens, disant qu'ils vous avaient déjà vu, que vous n'étiez qu'un aventurier. Vous ne veniez pas d'Égypte; les lettres que vous aviez montrées du Khédive et de Nubar Pacha étaient fausses; il n'était point vrai que Khartoum eût succombé; le Pacha et vous aviez fait un complot pour les saisir, eux, leurs femmes et leurs enfants, et les livrer comme esclaves aux Anglais. Dans ce pays ignorant et fanatique, ces paroles se répandirent comme une traînée de feu; il en résulta une mutinerie générale et l'on nous arrêta.

Les rebelles, rassemblant ensuite des officiers de différentes stations, tinrent un grand conseil pour délibérer sur les mesures à prendre. Tous ceux qui n'entrèrent pas dans le mouvement furent tellement raillés et insultés qu'ils se virent obligés, pour leur propre sûreté, à donner leur acquiescement au fait accompli. Le Pacha fut déposé, les officiers qu'on soupçonnait lui être favorables furent remplacés par d'autres qui favorisaient les mutins. On décida d'envoyer le Pacha prisonnier à Redjaf; quelques-uns des pires révoltés voulaient même le mettre aux fers; mais les officiers n'osèrent exécuter ce plan, les soldats ayant dit qu'ils ne permettraient à personne de porter les mains sur lui. On convint aussi de vous prendre au piège au retour, et de vous dépouiller complètement.

Les choses en étaient là quand nous fûmes surpris par la nouvelle que les gens du Mahdi étaient arrivés à Lado avec trois vapeurs, plus neuf *sandal* ou *neuggers*, et avaient débarqué sur l'emplacement de l'ancienne station. Omar Salé, leur général, envoya au Pacha trois derviches à plumes de paon avec une lettre demandant la soumission immédiate du pays : les officiers rebelles saisirent les messagers, les emprisonnèrent, et décidèrent la résistance. Après quelques jours, les Donagla attaquèrent Redjaf, qu'ils prirent, tuèrent cinq officiers et quantité de soldats, emmenèrent en captivité plusieurs femmes et enfants. Tous les approvisionnements et toutes les munitions de la station furent perdus du coup. Il s'ensuivit une débandade générale dans les stations de Bidden, Kirri et Mouggui ; les habitants fuyaient vers Laboré avec leurs familles, laissant derrière eux tout ce qu'ils possédaient. A Kirri on abandonna les munitions, dont les indigènes se saisirent aussitôt. Le Pacha évalue à 1 500 le nombre des Mahdistes.

Les officiers et de nombreux soldats sont rentrés à Mouggui ; ils ont l'intention de tenir tête aux Donagla. Ici notre position manque d'agrément, car depuis la révolte tout est chaos et confusion. Pas de chef ; chaque jour on donne une demi-douzaine d'ordres contradictoires que personne n'exécute. Les officiers rebelles sont incapables de diriger les soldats.

Nous attendons tous les jours la catastrophe ; les Bari font cause commune avec les Mahdistes, ils arrivent ici en poussée, rien ne pourra nous sauver. Après la chute de Redjaf, les soldats maudissaient leurs officiers : « Si nous avions obéi à notre Pacha et fait ce qu'il nous disait, nous serions en sûreté. Pendant bien des années, le Pacha a été notre père et notre mère, mais nous vous avons écouté et maintenant nous sommes perdus ! »

Les officiers, alarmés de tous ces événements, attendent votre arrivée avec anxiété. Ils désirent abandonner le pays avec vous ; car ils ont maintenant acquis la conviction que Khartoum est tombé et que vous venez de la part du Khédive. La plupart des officiers et tous les soldats voudraient bien rétablir le Pacha, mais les Égyptiens redoutent que, alors, la vengeance ne tombe sur leur tête, et ils ont persuadé aux Soudanais de ne rien faire. Les soldats refusent d'agir avec leurs chefs, tout est dans le *statu quo* ; on n'a pris aucune mesure pour la sûreté de la station ; on ne l'a ni fortifiée, ni approvisionnée. Nous ressemblons à des rats pris dans la souricière. Ils ne veulent ni nous laisser faire, ni nous laisser partir. Si vous ne venez très promptement, je crains que notre sort ne ressemble à celui des autres garnisons du Soudan. Si la rébellion n'eût éclaté, le Pacha aurait pu tenir tête aux Mahdistes pendant quelque temps, mais il n'a plus la possibilité d'agir.

Voici, à mon avis, ce qu'il faudrait faire quand vous arriverez chez Kavalli, dans le cas, cela va sans dire, où vous croiriez mes idées raisonnables :

Si vous avez des forces suffisantes, laisser tous les colis non indispensables sous la garde de quelques officiers et d'une poignée d'hommes, puis venir, de votre personne, à Nsabé, avec autant de carabines que possible, amenant les officiers soudanais, mais non les soldats.

Expédier un canot à Msoua avec des indigènes portant une lettre en arabe pour Choukri Agha, l'informer de votre arrivée, et du désir que vous avez de voir le Pacha et moi.

Écrire au Pacha ou à moi pour dire le nombre de vos hommes; à moi plutôt : la lettre ne courrait pas le risque d'être soustraite.

Sous aucun prétexte, ne communiquer avec personne qui ne soit envoyé par le Pacha ou moi, qui que ce soit et quelque artificieuses que soient ses paroles. Ni le Pacha ni moi ne croyons qu'il y ait le moindre danger pour vous dans le pays. Les habitants savent maintenant que vous venez d'Égypte et ils comptent sur vous pour les tirer d'affaire; — n'en pas moins fortifier votre campement.

Si nous ne devons plus sortir d'ici, n'oubliez pas, je vous prie, de me rappeler au souvenir des miens.

Mes meilleurs vœux pour vous et ceux qui vous accompagnent.

Votre dévoué,
A.-J. Mounteney Jephson.

A H.-M. Stanley, Esq.,
commandant l'expédition, etc.

Ouadelaï, 24 novembre 1888.

Le messager n'ayant pas encore quitté Ouadelaï, j'ajoute ce post-scriptum, le Pacha désirant que je vous envoie ma précédente lettre telle quelle, car c'est la description fidèle de ce qui se passait quand nous désespérions presque de jamais quitter le pays. Peu après, les soldats, conduits par leurs chefs, essayèrent de repousser les Donagla, qui leur tuèrent six officiers et beaucoup de monde. Parmi les morts, il y eut plusieurs des pires ennemis du Pacha. Dans toutes les stations, les soldats, frappés de panique, et aux regrets du passé, ont déclaré qu'ils ne se risqueraient plus à se battre, à moins qu'Emin ne fût remis en liberté. Si bien que les officiers rebelles, obligés de nous élargir, nous ont envoyés à Ouadelaï, où le Pacha est libre de faire ce qui lui plaît; jusqu'à présent, il n'a pas repris le commandement et ne s'en soucie guère, je crois. Nous espérons être dans quelques jours à Toungourou, une station sur le lac, à deux journées par vapeur de Nsabé; lorsque nous apprendrons votre arrivée, nous pourrons, le Pacha et moi, aller, je l'espère, à votre rencontre.

Choukri Agha assure avoir tout préparé pour votre réception : bétail, chèvres, maïs, volailles. Il s'est bravement conduit dans toute cette affaire; c'est le seul chef qui ait pu tenir tête aux rebelles.

La victoire des Donagla augmente notre danger; mais notre position est moins mauvaise, en ce sens que nous ne sommes plus à leur portée immédiate; nous pouvons battre en retraite s'il nous plaît, ce qui eût été impossible quand on nous détenait prisonniers. Nous entendons dire que les Mahdistes ont envoyé des vapeurs à Khartoum pour ramener des renforts; si cela est vrai, ils ne seront pas ici avant six semaines. S'ils arrivent avec d'autres troupes, c'en est fait de nous, les soldats ne tiendront pas; les Mahdistes n'auront qu'à passer dessus. Ces gens sont d'autre espèce que ceux que nos troupes ont battus il y a trois ans. Ce sont de véritables fanatiques, se ruant sur l'ennemi avec de grandes piques et de larges épées. Chacun attend votre arrivée avec anxiété, car les succès des Donagla ont démoralisé nos gens.

Tout est maintenant de savoir ce que vont faire les Mahdistes. S'ils poursuivent leurs victoires, et tombent sur nous, tout est perdu, je vous l'ai déjà dit, car je ne pense pas qu'on nous permette de quitter le pays.

Mais, s'ils ont décidé de demander des renforts à Khartoum et qu'ils veuillent les attendre, nous pourrons peut-être nous en tirer, si vous n'arrivez pas plus tard que fin décembre; quant à prévoir ce qui adviendra dans un bref délai, impossible!

A.-J. M. J.

Toungourou, 18 décembre 1888.

Cher monsieur,

Mogo, le messager, n'étant pas encore parti, j'ajoute un autre post-scriptum. Nous sommes présentement à Toungourou. Le 25 novembre, les Donagla entourèrent Doufilé et nous assiégèrent pendant quatre jours. Nos soldats, au nombre de cinq cents, parvinrent à les repousser, et l'ennemi se retira à Redjaf, son quartier général. Il a envoyé à Khartoum pour avoir des renforts et ne manquera pas de nous attaquer quand il les aura reçus. Lors de notre fuite de Ouadelaï, les officiers me demandèrent de détruire notre bateau l'*Avance*. Je l'ai donc fait sauter.

On remanie Doufilé aussi vite que faire se peut.... Mais le Pacha ne peut bouger ni pied ni patte; il a toujours contre lui un parti très fort, et les officiers n'ont plus la crainte immédiate des Mahdistes.

Gardez-vous bien de descendre à Nsabé. Restez chez Kavalli, j'irai vous voir dès que j'aurai reçu votre réponse. Impossible de vous cacher que négocier avec les gens du Pacha est une tâche ingrate et dangereuse. J'espère que vous arriverez avant le retour des Donagla, autrement le cas serait désespéré.

Sincèrement,
A.-J. M. Jephson.

---

MA RÉPONSE A JEPHSON.

Camp de Gavira, à une journée de marche du Nyanza, à une journée de marche à l'est des Mazamboni.

17 janvier 1889.

Mon cher Jephson,

J'ai en main votre lettre du 7 novembre et vos deux post-scriptum, l'un daté du 24 novembre, l'autre du 18 décembre : je n'en veux critiquer ni discuter le contenu. Il me faut être bref et agir promptement. Donc, je me borne à un précis des événements qui se rapportent à notre voyage.

Nous avons quitté le Pacha le 3 mai dernier. Il était expressément entendu que, environ deux mois plus tard, avec ou sans le Pacha, vous reviendriez au fort Bodo, accompagné d'assez d'hommes pour charger nos bagages et les transporter jusqu'au Nyanza. Le Pacha semblait très désireux de voir le mont Pisgah et le fort, et, si l'on peut faire fond sur des paroles, il semblait très désireux aussi de nous faciliter la tâche de lui venir en aide. Je craignais, à part moi, que ses affaires ne lui permissent guère de s'absenter, mais j'étais certain que vous ne resteriez pas inactif.

Nous avions convenu, en outre, que le Pacha établirait un dépôt d'approvisionnements à l'île Nyamsassi, afin que l'expédition fût assurée de sa subsistance dès son arrivée au lac.

Huit mois se sont écoulés, et pas une de ces promesses n'a été exécutée.

Quant à nous, fidèle à notre engagement, nous quittions le 25 mai la plaine du Nyanza pour arriver le 8 juin, quinze jours plus tard, au fort Bodo. Nous apportions au lieutenant Stairs et au capitaine Nelson l'assurance réconfortante que vous seriez leur hôte dans deux mois, et leur remettions l'autorisation écrite d'évacuer ensuite le fort et de vous accompagner au Nyanza avec la garnison, laquelle, réunie aux soldats du Pacha, aurait fait de l'île Nyamsassi une véritable place forte. Je quittai Bodo le 16 juin, à la recherche du major et de sa colonne.

Dans la matinée du 17 août, à dix heures, nous retrouvions l'arrière-garde à Banalya, à 145 kilomètres de Yambouya, à 913 du Nyanza ; le soixante-troisième jour à dater de notre départ du fort Bodo, le quatre-vingt-cinquième de notre départ du Nyanza.

\*\*\*

J'envoyai mes dépêches aux chutes Stanley et de là en Europe. Le 31 août, nous nous remettions en route. Le 20 décembre, deux jours avant la date fixée, j'étais au fort. Le 24, nous marchions vers la passe de l'Itouri. Mais, comme, par suite de votre non-arrivée, nous avions beaucoup plus de charges que nous n'en pouvions porter à la fois, il nous fallut faire deux fois chaque étape du parcours. Le 10 janvier, tous les survivants de l'expédition étaient campés, avec armes et bagages, à 800 mètres au delà de la rivière, dans un pays abondamment pourvu de vivres. Le 12, je remis à Stairs le commandement de la colonne : votre absence du fort et le silence absolu qui s'était fait autour de vous deux me faisaient craindre des troubles graves. Votre lettre, reçue hier, me les a expliqués. Les difficultés déjà trouvées à Banalya, je les retrouve ici, près du lac Albert. Elles nous écraseront si nous ne savons prendre une décison nette et claire. Si j'avais atermoyé à Banalya, nous y serions encore, attendant Jameson et Ward, nos hommes mourant par douzaines.

Un sort semblable vous attend-il, le Pacha, Casati et vous? Si vous êtes encore en proie à l'indécision, bien le bonsoir je vous souhaite ; mais tant que je conserve la moindre lueur d'intelligence, je dois sauver ma mission ; vous avec elle, si vous le voulez.

Dans les « Hauts Commandements » du Khédive, datés du 1er février 1887, n° 5, adressés à Emin Pacha et dont traduction m'a été donnée, je lis ce qui suit :

« Et puisque notre sincère désir est de relever toi, tes officiers et soldats du poste difficile que vous tenez encore, notre gouvernement a dû porter son attention sur les moyens de retirer toi, tes officiers et soldats de cette position dangereuse.

« Et une mission de secours a été organisée sous les ordres de M. Stanley, l'explorateur fameux et expérimenté, bien connu par toute la terre ; il va se mettre en chemin avec tout ce qui peut vous être nécessaire afin de vous ramener ici, toi, tes officiers et tes hommes, par la route qu'il trouvera convenable. En conséquence, j'ai fait écrire ceci, mon Haut Commandement; M. Stanley te le remettra de sa main pour t'apprendre ce que l'on a fait; et, dès que tu en auras pris connaissance, je t'invite à présenter mes bons souhaits aux officiers et aux hommes.

« Et je te dis ceci : Reviens au Caire ou reste où tu es avec tes officiers et tes hommes ; tu as pleine liberté de choisir.

« Notre gouvernement a décidé que ton salaire sera payé, et celui des officiers et des hommes.

« Les officiers et les hommes qui voudront rester peuvent le faire sous leur propre responsabilité : ils n'auront à attendre aucune aide du gouvernement.

« Applique-toi à bien comprendre le contenu de ceci, et fais-le connaître à tous les officiers et aux hommes, afin qu'ils voient ce qu'ils ont à faire. »

Ce sont précisément les paroles du Khédive que je vous redis à mon tour. Appliquez-vous à comprendre clairement, et secouez cette indécision qui vous perdra si vous n'y prenez garde !

Le premier acompte sur le ravitaillement promis, je l'ai remis à Emin Pacha le 1$^{er}$ mai 1888. Le solde est en nos mains, prêt à être livré dans l'endroit et à la personne qu'il plaira au Pacha. Si le Pacha ne peut, ou ne veut le recevoir, il me faudra aviser, et le plus tôt possible.

Nous avions pour seconde tâche d'accueillir dans notre camp et de ramener dans leurs foyers, par la route la plus sûre et la plus rapide, tous ceux qui désirent quitter ce pays. Si personne ne veut s'en aller, nous n'avons plus affaire ici, et je repartirai de suite. Appliquez-vous à comprendre tout ce que ceci veut dire, appliquez-vous à voir que mon départ sera la fin finale de tout secours, la fin amère de ces gens aveugles et obstinés, qui refusent l'aide qu'on vient leur apporter ! Du 1$^{er}$ mai 1888 à la mi-janvier 1889, le Pacha a eu neuf mois pour réfléchir à une simple proposition : quitter l'Afrique, — ou y rester.

Donc, par la présente lettre officielle, qu'accompagne un post-scriptum à vous destiné, j'assigne le village de Kavalli comme le lieu de rendez-vous où je recevrai tous ceux qui ont l'intention de quitter la province. Il va sans dire que nous modifierons nos plans si une seconde lettre de vous ou une entrevue personnelle nous en démontre l'opportunité.

P.-S. Maintenant, je m'adresse personnellement à vous, Jephson : si vous vous regardez encore comme membre de l'expédition et tenu de m'obéir, dès la réception de cette lettre, revenez à Kavalli avec ceux de mes hommes — Binza et les Soudanais — qui voudront vous suivre, et apportez-moi la réponse finale d'Emin Pacha et de Casati. Si je n'étais pas chez Kavalli, vous m'y attendriez, tout en me faisant avertir par une lettre que les messagers de Kavalli remettraient à Mpinga ; Mpinga me la ferait passer chez Mazamboni, où je serai probablement. Comprenez que les ressources de Kavalli ne lui permettent pas de nous héberger au delà de six jours et que si, passé ce temps, vous n'êtes pas encore prêt, nous aurons à nous retirer chez les Mazamboni et de là à notre campement de l'Itouri. User de violence pour nous procurer le nécessaire serait déraisonnable et mettrait fin à nos bons rapports avec les indigènes. Cette difficulté aurait été écartée si le Pacha avait, comme je le lui avais demandé, établi un dépôt à Nyamsassi. Qu'il y ait ou non des provisions à Msoua, en quoi cela peut-il me servir? Il n'en manque pas non plus en Angleterre! Par malheur, celles de Msoua sont tout aussi inaccessibles! Nous n'avons pas de bateau pour communiquer par le lac, et vous ne dites point ce que sont devenus les vapeurs *Khédive* et *Nyanza*.

On assure que le Pacha a été déposé, on affirme qu'il est prisonnier. Avec qui dois-je communiquer pour les mesures à prendre? Je n'ai point pour instructions de conférer avec les officiers mutinés. C'est à Emin et aux siens que je venais porter secours et, en cas de décès du Pacha, à celui qui légalement devait le remplacer. Emin n'est point mort ; je ne puis communiquer avec aucun autre, si le Pacha lui-même ne lui donne mandat. Donc, s'il ne peut me venir trouver à Kavalli avec une escorte de soldats fidèles, s'il ne peut déléguer personne pour que je lui remette les munitions convoyées avec tant de labeur, il ne me reste qu'à les détruire et à regagner l'Angleterre.

Finalement, si les gens du Pacha veulent quitter cette province et s'établir en quelque région pas trop éloignée d'ici, sur le Victoria-Nyanza, par exemple, ou sur la route qui conduit à Zanzibar, je suis prêt à les y accompagner, comme aussi à conduire les autres jusqu'au Caire. Mais je veux des déclarations claires et formelles, suivies d'une prompte obéissance aux ordres que je donnerai à cet effet, ou un refus non moins clair et formel. Nous ne pouvons rester ici toute la vie, à attendre des gens qui m'ont l'air de ne pas savoir ce qu'ils veulent.

Mes meilleures salutations au Pacha et au signor Casati : je prie Dieu que la sagesse les guide l'un et l'autre avant qu'il soit trop tard. J'espère vous voir bientôt, mon vieux camarade, et entendre de vos lèvres toute l'histoire.

Votre, etc.

HENRY-M. STANLEY.

A J. M. JEPHSON, Esq.

CONFIDENTIEL.

Kavalli, 18 janvier 1889, 3 heures après-midi.

Mon cher Jephson, j'envoie trente cavaliers et trois hommes de Kavalli au lac, avec mes lettres et d'urgentes instructions pour qu'un canot soit expédié et qu'on récompense les porteurs.

Il se peut que je reste ici six jours encore, et peut-être dix. Je ferai de mon mieux pour prolonger mon séjour sans rupture de paix jusqu'à ce que vous arriviez. Nos gens sont bien approvisionnés en rassade, draps et cauris, et je constate que les indigènes brocantent volontiers, ce qui profitera au pays, quand même notre visite prolongée pourrait les incommoder.

Agissez prudemment et promptement, ne perdez pas une heure et amenez Binza et vos Soudanais. J'ai lu vos lettres une demi-douzaine de fois, mais sans les comprendre tout à fait : sur quelques détails importants, une lettre semble contredire l'autre. Dans l'une, vous dites que le Pacha est gardé étroitement, tandis qu'on vous laisse une certaine liberté, et dans l'autre vous dites que vous viendrez me trouver dès que vous aurez appris mon arrivée. « J'espère ajoutez-vous, que le Pacha pourra m'accompagner. » Mais si vous êtes prisonnier, je ne vois pas comment vous sortiriez de Toungourou, de quelque façon que ce soit. Cela ne paraît pas très clair à nous autres qui sortons de la forêt.

Si le Pacha peut venir, expédiez-moi un courrier dès votre arrivée à notre ancien camp sur le lac, et j'enverrai une forte escouade pour l'escorter jusqu'au plateau, pour l'y porter, même, s'il en est besoin. Mais avec les 2000 kilomètres que j'ai dans les jambes, depuis que je vous ai quittés en mai dernier, je me sens trop épuisé pour retourner au lac. Que le Pacha veuille bien me prendre en pitié.

Ne vous alarmez pas, ne vous inquiétez même pas à mon endroit ! D'ici à 20 kilomètres, aucun ennemi ne peut approcher sans que j'en sois informé. Je suis au plus épais d'une population amie, et si j'embouche la trompette de guerre, j'aurai en quatre heures deux mille combattants prêts à repousser toute attaque. S'il s'agit de lutter de ruse, qu'on me mette en présence du plus retors des Arabes !

Je vous écrivais ci-dessus que j'ai lu vos lettres une demi-douzaine de fois, et à chaque lecture mon opinion varie. Tantôt je vous crois à moitié Mahdiste ou Arabiste et tantôt Eministe. J'en saurai davantage quand je vous aurai vu.

Allons, ne regimbez pas, mais obéissez ; prenez mes injonctions comme des ordres qu'il faut strictement exécuter, et avec la grâce et l'assistance de Dieu, tout finira bien.

Je ne demande pas mieux que d'aider Emin de façon ou d'autre, mais il lui faut aussi m'aider et se fier à moi. S'il désire sortir de l'embarras, je suis son plus dévoué serviteur et ami, mais s'il hésite encore, il me plongera dans l'étonnement et la perplexité. Je pourrais sauver une douzaine de Pacha, s'ils voulaient seulement se laisser sauver. Volontiers je me mettrais aux genoux d'Emin pour le prier d'être raisonnable. Pour le reste, il me paraît assez entendu, même en ce qui concerne son propre intérêt. Sachez-lui gré de ses nombreuses vertus, mais ne vous laissez pas envahir par cette fascination fatale que le Soudan semble exercer sur tous les Européens qui touchent ce territoire depuis quelques années. Dès qu'ils y mettent le pied, on dirait qu'ils sont attirés par le gouffre qui les engloutira. Pour échapper, il n'y a qu'un moyen : obéir aveuglément, avec dévouement, et sans mettre en question les ordres donnés.

Le Comité a dit : « Portez à Emin ces munitions. S'il veut sortir, ces munitions lui en donneront le moyen. S'il préfère rester, ces munitions lui seront utiles. » Le Khédive a dit la même chose, en ajoutant : « Mais si le Pacha et ses officiers veulent rester, ce sera sous leur responsabilité ». Sir Evelyn Baring a dit la même chose, en paroles claires et décisives. Me voici, après un voyage de 6500 kilomètres, avec la dernière équipe de secours. Que celui qui est autorisé à l'accepter, l'accepte. Qu'il vienne, et je suis tout prêt à l'aider avec tout ce que j'ai de force et d'intelligence. Mais cette fois-ci, qu'il n'y ait pas d'hésitation! Que ce soit un oui ou un non bien positif, et nous reprenons le chemin du pays.

A vous, bien sincèrement,

HENRY-M. STANLEY.

A A.-J. M. JEPHSON, Esq.

---

Camp de Mpinga, à une longue marche du Nyanza, à 16 kilomètres est de chez Mazamboni.

A SON EXCELLENCE EMIN PACHA, GOUVERNEUR DE L'EQUATORIA.

17 janvier 1889.

Monsieur,

J'ai l'honneur de vous informer que la seconde partie des approvisionnements que nous avions ordre de vous remettre est ici, à la disposition de toute personne que vous chargerez d'en prendre livraison. Si vous préférez que nous en fassions le dépôt à Kavalli ou à Kyya Nkondo, sur le lac, veuillez nous en aviser.

Ce second convoi comprend 63 boîtes de cartouches remington, 26 caisses de poudre, de 20 kilogrammes chacune, 4 caisses de capsules à percussion, 4 ballots d'effets, 1 ballot *dito* pour le signor Casati, que je le prie d'accepter en mon nom, 2 pièces de serge bleue, papier à lettres et enveloppes, cahiers de papier blanc, etc.

Après les avoir transportés jusqu'ici, au prix de difficultés plus grandes que nous n'avions prévu, je dois vous demander reçu officiel des objets susnommés et réponse définitive à la question que je vous ai déjà posée : Entendez-vous accepter notre aide et main-forte jusqu'à Zanzibar? Signor Casati en veut-il? Avez-vous des officiers et des soldats qui demandent à profiter de notre escorte jusqu'à la mer? S'il en est ainsi, je vous serai obligé de me faire connaître un moyen d'entrer en communication avec eux. D'après mon avis — que je vous soumets respectueusement — toute personne désireuse de nous accompagner devrait s'approvisionner de grains pour un mois et se rendre aussitôt au lieu désigné, Nsabé ou Kyya Nkondo, sur le lac, où l'on établirait un campement en toute hâte. Il faudrait m'en informer par une note expédiée *via* Kavalli. Le fonctionnaire de service au camp me relatera le nombre précis de gens acceptant notre sauf-conduit, et sur le vu de cette liste, je me chargerai d'eux avec plaisir.

Si, au bout de vingt jours, je n'ai rien appris ni de vous, ni de M. Jephson, je décline toute responsabilité pour ce qui s'ensuivra. Nous ne demanderions pas mieux que de séjourner à Kavalli, si nous étions assurés d'y trouver à vivre. Mais une troupe nombreuse ne peut se sustenter qu'en réquisitionnant d'importantes contributions de maïs. Si nous employons la

## ATTAQUE DES BALEGGA.

contrainte, on ne peut plus entretenir avec les natifs de relations amicales, donc il devient difficile de correspondre avec vous.

Si votre vapeur nous apporte à Kyya Nkondo du grain, dont la garde serait confiée à six ou sept de vos hommes, un mien détachement en prendrait livraison. Je n'ai d'inquiétude que relativement aux vivres; mais je dois vous prier d'être prompt et catégorique, s'il vous est possible.

Si, dans les vingt jours, vous m'avez fait connaître les moyens de vous être utile, je promets de n'y épargner aucun effort. J'attends le steamer en grande anxiété.

Je suis, monsieur, votre obéissant serviteur,<br>
Henry-M. Stanley,<br>
commandant l'expédition de secours.

Le lendemain de notre arrivée chez Kavalli, j'expédiai 30 fusils au lac avec mes réponses à Emin Pacha et à M. Jephson. Les hommes passèrent leurs missives au chef Mogo, qui partit aussitôt pour Msoua. Entre temps, nous avions reçu 5 bœufs, 6 chèvres, 5 jours de rations maïs, fèves, ignames et millet. D'autres cadeaux étaient en route.

Le 21 au soir j'appris que les Balegga se rassemblaient pour nous attaquer. Le lendemain, de bonne heure, 60 carabines avec 1500 Bavira et Ouahouma marchaient à leur rencontre. On se heurta sur la crête des montagnes qui dominent le lac, et, après une vive résistance, les Balegga furent repoussés jusque chez leurs compatriotes, sujets de Mélindoué et alliés de Kabba Réga.

Une beauté de Bavira.

Le 23 fut un jour de fête pour toute la plaine, et les Bavirotes se réunirent dans notre camp; elles célébrèrent leur joie de la défaite de l'ennemi héréditaire par des chants et des danses qui durèrent six heures de nuit. Les enfants et les danseuses s'étaient enguirlandés de feuillage, barbouillé les joues d'ocre rouge et bien graissé le corps avec du beurre. Le pas était vif, animé, même gracieux; la partie vocale faisait encore plus de plaisir. Les jeunes guerriers faisaient des rondes autour des danseuses en brandissant dextrement leurs zagaies.

Pendant les journées qui suivirent, nous eûmes repos et tranquillité. Livraisons régulières de bétail, brebis, chèvres et volaille.

Le 5 février, Jephson manda qu'il venait d'arriver au lac, et tout aussitôt je l'envoyai chercher par une escorte de Zanzibari : une étape de 42 kilomètres, aller et retour.

Le lendemain, après dîner, M. Jephson résumait ainsi tout ce que neuf mois de séjour avec Emin lui avaient appris sur son compte :

« Le sentiment est son pire ennemi. Personne ne retient ici Emin, sinon Emin lui-même. Pas mieux que vous je ne suis au fait de ses intentions du moment, et cependant nous conversions tous les jours. »

Je demandai à Jephson de m'écrire un rapport circonstancié sur la révolte des troupes équatoriennes et sur l'invasion de la province par les Mahdistes. Il se mit immédiatement à l'œuvre.

Village de Kavalli, Albert-Nyanza, 7 février 1889.

Cher monsieur,

J'ai l'honneur de vous soumettre le rapport ci-après sur mon séjour, depuis le 24 mai 1888 jusqu'à ces derniers temps, chez Son Excellence Emin Pacha, le moudir de la Province Équatoriale.

Conformément à vos ordres, j'ai visité presque toutes les stations de la province; j'y ai lu, en même temps que votre message, les lettres de Sa Hautesse le Khédive et de Son Excellence Nubar Pacha devant tous officiers, soldats et employés égyptiens. Puis je haranguai le peuple, et quand ils eurent ensemble conféré, je leur demandai : Voulaient-ils rester, ou accepter notre sauf-conduit pour l'Égypte?

A Laboré, la réponse unanime avait été : « Nous suivrons le moudir partout où il ira ». Tous semblaient se réjouir que nous fussions venus à leur aide, tous dirent leur haute estime pour le moudir, tous vantèrent sa justice et sa bonté, son dévouement manifesté pendant plusieurs années. Le Pacha m'avait laissé toute liberté de frayer avec ses officiers et le peuple; je conversais avec qui je voulais.

A Kirri, la dernière station qu'occupent les soldats du 2ᵉ bataillon, nous prîmes le temps de nous renseigner. Tout le pays au Nord et à l'Ouest de Kirri était occupé par le 1ᵉʳ bataillon, en rébellion ouverte contre le Pacha depuis tantôt quatre années. Le major Hamid Agha écrivit au Pacha, le suppliant de ne pas aller à Redjaf, où les insurgés avaient comploté notre capture, afin de nous emmener à Khartoum. Car ils se figuraient que les Égyptiens l'occupaient encore, et prétendaient que les nouvelles données par Emin étaient fausses. Il fallut nous en retourner sans avoir visité les stations du nord.

A Laboré, tandis que nous faisons lecture des lettres susdites, un soldat sortit des rangs, et s'écria : « Menteries que vos paroles, pièces fausses que vos lettres ! Khartoum tient toujours ! C'est par Khartoum que passe la route de l'Égypte ! Nous nous en retournerons par cette route-là, ou nous mourrons dans ce pays-ci. »

Sur l'ordre du Pacha de le loger en prison, les soldats rompirent les rangs et nous entourèrent, nous menaçant de leurs fusils chargés. Pendant quelques minutes de bagarre et d'excitation, nous pensâmes être tous assassinés. Cependant, ils se calmèrent plus ou moins, me demandant de leur parler seul, ce que je fis, et me témoignant le regret de ce qui s'était passé. C'était Sourour Agha, chef de la station, qui les avait montés.

Comme nous retournions à Doufilé, le 18 août, nous n'apprîmes qu'une révolte avait éclaté, menée par Fadl el-Moulla Agha, le chef de Fabbo, qu'en étant faits nous-mêmes prisonniers. Il paraît que, pendant notre absence, certains Égyptiens, menés par Abdoul-Ouahab Effendi et Moustapha Effendi el-Adjemi, tous deux relégués dans le haut Nil pour avoir pris part à l'affaire d'Arabi, puis quatre employés civils, Moustapha Effendi Achmet, Achmet Effendi Mahmoud, Sabri Effendi, Taïbé Effendi, et quelques autres, avaient harangué le peuple et fait circuler des lettres : « Il n'était point vrai que Khartoum fût tombée ; les missives dites de Sa Hautesse le Khédive et de Son Excellence Nubar Pacha étaient autant de faux ; vous n'étiez qu'un aventurier ; vous ne veniez pas de l'Égypte ; vous aviez comploté avec le Pacha d'emmener tous les habitants et de les vendre, avec femmes et enfants, comme esclaves aux Anglais. D'ailleurs, ajoutaient-ils, en Égypte nous nous sommes rebellés contre Sa Hautesse le Khédive : ce ne sera pas grosse affaire de nous rebeller contre un simple Pacha ! »

Ces paroles suscitèrent une tempête dans le pays. Les soldats laissaient faire les officiers, ne prenant d'autre part dans la révolte que celle de nous garder à vue. Les meneurs Fadl el-Moulla Agha, Achmet Agha Dinkaoui et Abdoul Agha el-Opt les firent conduire à Doufilé, où ils se joignirent aux mutins. Partout ils envoyèrent des lettres, racontant qu'ils avaient emprisonné le moudir et moi, parce que nous conspirions pour les trahir ; ils donnaient ordre de se rendre à Doufilé pour s'y concerter au sujet des mesures à prendre ; ils demandaient aussi l'aide des officiers rebelles du 1$^{er}$ bataillon.

On me questionna sur l'expédition ; des scribes examinèrent la lettre de Sa Hautesse, et la déclarèrent fausse. Les insurgés proposèrent de déposer le Pacha. Ses partisans cédèrent à l'intimidation. On lui annonça par écrit qu'il était cassé, et qu'il resterait prisonnier à Redjaf. J'étais libre, me dit-on, captif en réalité, puisqu'on ne me permettait pas de quitter la station, et que tous mes mouvements étaient surveillés. On arrangea un plan pour vous attirer dans le pays, vous dépouiller de vos armes, munitions, provisions, etc., puis vous jeter dehors.

Les rebelles nommèrent ensuite un nouveau gouvernement; tous les officiers soupçonnés d'amitié pour le Pacha furent révoqués. Mais bientôt surgirent la jalousie et les dissensions, et, après que la maison d'Emin et celles de deux ou trois de ses amis eurent été pillées, il se produisit une certaine détente.

Le 15 octobre, nous apprenions tout à coup que les gens du Mahdi étaient arrivés à Lado en trois vapeurs, et neuf *sandals* ou *neuggers*. Le 17, trois derviches sous pavillon blanc apportèrent une missive d'Omar Salé, le général en chef du Mahdi. Elle promettait libre pardon au Pacha s'il se rendait, lui et ses troupes. La lettre fut ouverte par les révoltés, qui se décidèrent à la résistance. Le 24 octobre, nous apprîmes que les Mahdistes, auxquels s'étaient adjoints de nombreux Bari, avaient pris Redjaf, tuant 3 officiers, 3 scribes, 2 employés, beaucoup d'hommes, capturant femmes et enfants. Panique. Les officiers, les soldats et leurs familles vident Bidden, Kirri, Mouggui et s'enfuient en désordre à Laboré. A Kirri ils ne prennent pas le temps d'emporter les munitions.

A la nouvelle du désastre, les révoltés décidèrent d'envoyer à Mouggui des renforts qu'ils ramassèrent dans toutes les stations méridionales. Le 31 octobre, on apprit qu'à Mouggui les officiers étaient à couteaux tirés, et que les soldats déclaraient ne se battre que si on remettait leur moudir en liberté. Le 11 novembre, on nous dit que la troupe avait marché sur Redjaf. Les gens du Mahdi firent une sortie si vive que les soldats tournèrent le dos sans coup férir, laissant en plan les officiers, dont six furent tués, parmi lesquels le gouverneur, de création récente, et quelques-uns des pires rebelles. Deux autres disparurent; plusieurs soldats tombés de fatigue, tant leur fuite avait été précipitée, furent massacrés par l'ennemi.

Sur ce, les officiers favorables au Pacha insistèrent pour qu'on lui rendît la liberté. Il avait été gardé étroitement pendant trois mois. Les récalcitrants, craignant le peuple, nous renvoyèrent à Ouadelaï, où la population nous reçut avec enthousiasme. On ne doutait plus que Khartoum ne fût tombée, et que nous ne vinssions réellement d'Égypte.

Au bout de quelques jours, le Pacha envoya des messagers à Doufilé, dont il s'inquiétait de rester sans nouvelles. On avait entendu dire qu'une forte troupe du Mahdi avançait de l'ouest sur Ouadelaï, et n'en était qu'à quatre journées.

Le 4 décembre, l'officier commandant Bora, une petite station entre Ouadelaï et Doufilé, nous arriva en grand émoi avec ses soldats, disant qu'ils avaient abandonné leur poste; que Doufilé, Fabbo et toutes les stations du nord étaient tombées au pouvoir de l'ennemi; que les vapeurs avaient été capturés par les gens du Mahdi; que les naturels autour des stations s'étaient soulevés et, se déclarant pour l'ennemi, avaient assassiné nos messagers. On tint conseil : officiers et soldats décidèrent qu'il fallait se replier sur Toungourou, d'où ils gagneraient la montagne, et tenteraient de vous rejoindre au fort Bodo. On me requit à ce même conseil de détruire notre bateau *l'Avance* pour qu'il ne tombât pas entre les mains du Mahdi; et, comme je ne voyais pas à le sauver, il me fallut y consentir, à mon très grand regret. Le 5 décembre, nous partîmes de bonne heure, emportant les objets les plus nécessaires, abandonnant le reste. Les magasins avaient été vidés de leurs munitions et celles-ci distribuées aux soldats, lesquels déclarèrent au dernier moment qu'ayant maintenant beaucoup de poudre, ils préféraient rentrer dans leurs pays, Makaraka et régions avoisinantes — où ils se disperseraient parmi leurs compatriotes, plantant là le Pacha et ses officiers.

Les choses semblaient au plus bas. Nous cheminions, une longue et traînante procession, composée principalement d'employés égyptiens, de leurs femmes et de leurs familles, accompagnés par sept ou huit soldats, les derniers fidèles. Avec quelques domestiques armés, nous disposions d'environ trente fusils. Sitôt notre départ, les soldats se ruèrent sur les maisons et les pillèrent.

Le 6 décembre, un vapeur remontait la rivière après nous. Nous nous préparions à tirer dessus, quand on découvrit qu'il portait quelques-uns de nos gens venant de Doufilé; ils nous remirent des lettres du Pacha. Fabbo avait été évacué; les réfugiés avaient pu gagner Doufilé, malgré les attaques des nègres. Après un siège de quatre jours, Doufilé avait été prise par un petit corps d'ennemis qui s'y étaient introduits à la faveur de la nuit, et avaient même capturé les vapeurs. Les défenseurs, au nombre de 500, s'étaient enfuis, mais quand ils se virent entre deux feux, le désespoir leur rendit quelque énergie, et les soldats suivirent leurs officiers, Sélim Agha Mator, Bellal Agha, Bachil Agha, Bourgout et Souleiman Agha. Enhardis par le succès, ils reprirent la station, firent une sortie et infligèrent tant de pertes à l'ennemi, qu'il se retira à Redjaf, envoyant deux vapeurs demander des renforts à Khartoum.

Partout les soldats se sont montrés d'une lâcheté insigne, sauf quand ils se voyaient acculés. Dans l'échauffourée de Doufilé, il en est mort un grand nombre; quatorze officiers ont été tués : Souleiman Agha, blessé d'un coup de fusil tiré par les siens, a succombé au bout de quelques jours. On évalue les pertes des Mahdistes à 250 hommes, mais il faut en retrancher les deux tiers probablement, bien que ces gens ne soient guère armés que de lances et d'épées; les soldats avaient des remingtons et combattaient derrière un fossé et des terrassements, mais ils tiraient trop mal pour incommoder beaucoup l'ennemi.

A Ouadelaï, la troupe eût désiré que le Pacha reprît le commandement, mais toutes ces trahisons lui montraient une situation sans remède et il se replia sur Toungourou. Cette retraite de Ouadelaï n'a duré que deux jours, mais elle m'a fait comprendre quelle tâche difficile, sinon impossible, ce serait de mener ces gens à Zanzibar, s'ils demandent à nous accompagner. Depuis notre départ de Ouadelaï, le parti hostile au Pacha a repris l'ascendant. Ils n'ont plus la frayeur immédiate du Mahdi et, derechef, accusent Emin d'avoir inventé toute l'histoire de la chute de Doufilé, afin de couper la retraite à ses anciennes troupes et de les livrer au Madhi; après quoi, il irait vous rejoindre avec sa suite. Ils ont condamné à mort Emin, Casati et moi, comme coupables de trahison.

Pendant le conseil tenu à Ouadelaï par les officiers et soldats, il y eut de grandes querelles, les uns voulant rester, les autres suivre le Pacha. Des gros mots on en vint aux coups. Fadl el-Moulla Agha et les siens parlaient d'emmener Emin et moi prisonniers; par contre, Sélim Agha Mator et les siens soutenaient leur ancien chef et demandaient à l'accompagner hors du pays. Bien qu'ils promettent de partir, ces derniers ne font rien pour s'y préparer. Si vous tenez à les emmener avec vous, vous aurez à patienter plusieurs mois. Puis le Pacha, le signor Casati et moi avons dû attendre à Toungourou, les révoltés ayant donné au capitaine de station le commandement strict de nous garder jusqu'à nouvel ordre.

Le 26 janvier, le Pacha et moi avons reçu vos lettres, datées des 17 et 18. Obéissant à votre injonction précise de partir immédiatement pour Kavalli, je me préparai à me mettre en route dès le lendemain, et me chargeai de la réponse d'Emin. Une trahison de quelques subalternes me retint pendant deux jours; mais, grâce au chef de Msoua, Choukri Agha, resté fidèle et dont je ne puis trop louer la conduite pendant ces cinq malheureux mois, je pus être transporté jusqu'à Nyamsassi; les eaux du lac sont si dures et si dangereuses en cette saison, que le trajet de Msoua à Nyamsassi m'a pris cinq jours.

Pour le moment, tantôt les mutins ont l'avantage, tantôt le parti du Pacha reprend l'ascendant. Un vapeur portant des renforts aux gens du Mahdi vient d'arriver à Redjaf; on en attend deux autres prochainement, ainsi que des troupes venant du Bahr el-Ghazal. Pour venger leur échec à Doufilé, les Mahdistes ne manqueront pas de tomber sur Ouadelaï avec des forces écrasantes, et d'en surprendre les occupants au milieu de leurs querelles et de leurs hésitations. Toungourou n'est qu'à deux journées de Ouadelaï. Entouré d'un monde auquel il ne peut se fier, Emin est dans une position des plus dangereuses; il importe qu'on le secoure promptement.

Dans votre lettre des 17 et 18 janvier, vous reprochez au Pacha et à moi, avec une certaine amertume, de ne pas avoir construit un baraquement à Nsabé, ainsi qu'on vous l'avait promis; de n'y avoir pas mis de garnison, de ne l'avoir pas fourni de vivres, prêts pour votre retour. Nous n'avons pas été au fort Bodo; nous ne vous avons pas procuré de porteurs; les individus qui auraient voulu profiter de votre escorte ne vous attendaient pas à Nsabé.... Mais tout cela nous était impossible! Après s'être absenté pendant près d'un mois — la durée de sa visite au lac, — le Pacha avait quantité d'affaires arriérées au siège du gouvernement. Pour mon compte, je fus pendant quatre semaines la proie de fièvres presque continues. En juillet seulement, nous eûmes la possibilité de visiter les stations en aval de Ouadelaï[1].

A peine avions-nous achevé notre œuvre au nord, que l'on nous faisait prisonniers. Le 18 août, tout reste d'autorité fut enlevé au Pacha. Avant

1. Omar al-Khattab, le deuxième calife après Mohammed, a dit : « Quatre choses ne reviennent jamais : la parole dite, la flèche lancée, la vie passée, l'occasion dont on n'a pas profité ». J'accepte les explications de M. Jephson, mais elles ne m'empêchent pas de croire que bien des anxiétés et des souffrances auraient été épargnées, eux-mêmes n'eussent pas été emprisonnés, si le Pacha avait tenu sa parole. C'est en juillet qu'ils devaient partir pour le fort Bodo. C'est le 18 août qu'ils furent arrêtés.

de quitter Ouadelaï, il tenta d'envoyer un détachement à Nsabé pour y construire un casernement, mais les soldats se refusèrent à obéir avant de savoir quelles résolutions avaient prises leurs camarades du nord. Même il est heureux que la station n'ait pas été préparée et que la garnison et les approvisonnements du fort Bodo n'y aient pas été transportés, car très certainement les rebelles s'en fussent rendus maîtres et eussent capturé les Européens qui s'y seraient trouvés.

Il faut encore vous expliquer que, lors de mon arrivée, au 21 avril 1888, le 1er bataillon, rebelle depuis longtemps, avait essayé deux fois de s'emparer de la personne du Pacha. Le 2e bataillon, tant fidèle qu'il se dît, était presque ingouvernable. Emin n'avait que les dehors de l'autorité, une vraie guenille ; si quelque grave intérêt était en jeu, il ne pouvait rien ordonner, il lui fallait prier ses officiers de vouloir bien faire ceci ou cela.

Sans doute, durant notre séjour à Nsabé, en mai 1888, Emin laissait entendre que les choses n'iraient pas d'elles-mêmes, mais il ne nous révélait pas la situation véritable. Même alors elle était désespérée : pourtant nous n'avions pas la moindre idée que le mécontentement ou l'indiscipline pussent à ce point régner chez lui. Nous pensions — comme on pensait en Egypte et en Europe, d'après les lettres de Junker et celles du Pacha lui-même — que toutes les difficultés provenaient du dehors. De la sorte, nous fûmes induits à nous fier en des individus indignes de notre assistance. Au lieu de nous avoir quelque gratitude pour nos offres de secours, ils complotaient notre ruine afin de nous piller. Au moment de la plus forte exaspération, si les mutins avaient pu lui reprocher le moindre acte d'injustice, de cruauté ou seulement de négligence, il est certain qu'Emin eût perdu la vie.

Ceux qui veulent quitter sont les quelques fidèles du Pacha, et plusieurs neutres ; il y a aussi des employés égyptiens, tristes sires, il faut l'avouer ; l'irruption mahdiste les a effrayés. Je les ai toujours engagés à se grouper à Nsabé, où ils seraient à votre portée, mais ils semblent incapables de bouger ; rien ne les peut arracher à leur désespérante inertie.

Il faut dire qu'il répugne à la plus grosse partie des habitants, même à la plupart des Soudanais et à nombre d'Egyptiens, d'abandonner le pays. Recrutés dans les pays d'alentour, plusieurs n'ont jamais vu l'Egypte. L'ambition de tout Soudanais est de mener le plus grand train possible ; ici les officiers mènent large vie, commandent à 20, 50, 100 domestiques, hommes, femmes et enfants ; au Caire, avec leur paie, ils ne pourraient en avoir que 3 ou 4. Cela vous explique qu'ils ne se soucient pas de partir.

Sur la question de savoir si le Pacha veut s'en aller ou non, je puis affirmer qu'assurément il désire nous accompagner, mais je ne devine pas les conditions qu'il mettra à son départ. Ses idées me semblent varier beaucoup : aujourd'hui, il ne demande pas mieux ; demain, quelque idée autre le retiendra. J'ai conversé avec lui plusieurs fois sur le sujet, jamais je n'ai pu en tirer la moindre lumière.

« Maintenant, lui dis-je, que vos gens vous ont déposé et mis de côté, je présume que vous vous sentez, à leur égard, dégagé de toute responsabilité et de toute obligation. — S'ils ne m'eussent pas déposé, répondit-il, je me serais senti le devoir de partager leur sort et de les secourir de mon mieux, mais à présent je me considère comme absolument libre de ne songer plus qu'à ma propre sécurité. Si j'en ai la chance, je m'en irai sans regarder en arrière. » Et pourtant, quelques jours seulement avant mon départ, il me disait : « Certes je ne suis en rien responsable de leur sort, mais je ne puis prendre sur moi de partir le premier, laissant derrière moi quelqu'un qui eût bien voulu s'en aller. Sentimentalité pure, je le sais, et qui doit vous paraître étrange, mais je n'aimerais pas que mes ennemis à Ouadelaï me montrassent du doigt : Voyez comme il vous a lâchés ! » Ce ne sont là que deux exemples entre plusieurs ; je pourrais citer quantité d'autres paroles, non moins contradictoires. — Un jour, quelque peu impatienté après une de ces conversations qui n'aboutissaient pas, je m'écriai : « Si jamais l'expédition arrive à vous joindre, je conseillerai à M. Stanley de vous arrêter et de vous emmener, bon gré, mal gré. » Il répondit : « Eh bien, je ne ferai rien pour vous en empêcher ! » Il semble que si nous le devons sauver, il faudra, tout d'abord, le sauver de lui-même.

Avant de clore ce rapport, je dois témoigner que dans mes fréquentes conversations avec des administrés du Pacha, gens de tout acabit et de toutes conditions, je n'ai entendu, sauf exceptions minimes, que des louanges sur sa justice et sa générosité. Mais on disait aussi qu'il ne tenait pas son monde d'une main assez ferme.

Les trois Soudanais que vous m'avez laissés à titre d'ordonnances, et mon domestique Binza reviennent avec moi. Mabrouki Kassim, l'homme que blessa le buffle à Nsabé, est mort deux jours après votre départ pour le fort Bodo.

Je suis, cher monsieur, votre obéissant serviteur,

A.-J. Mounteney Jephson.

A H.-M. Stanley, Esq., commandant l'expédition de secours.

M. Jephson me remit encore le reçu en règle par Emin Pacha de la lettre officielle que je lui avais écrite le 18 janvier :

A H.-M. STANLEY, ESQ., COMMANDANT L'EXPÉDITION DE SECOURS.

Toungourou, 27 janvier 1889.

Monsieur,

J'ai l'honneur de vous accuser réception de votre note en date du 14 janvier, camp de l'Oundoussouma, et de votre lettre officielle du 17 janvier qui m'a été remise hier dans l'après-midi. Je demande la permission de vous offrir en même temps mes sincères congratulations pour l'œuvre accomplie par vous et par votre troupe.

Je prends note de l'offre que vous faites de me livrer, ou à telle autre personne par moi désignée, le second convoi de ravitaillement que vous avez apporté, consistant en 63 caisses de cartouches remington, 26 caisses de poudre pesant 16 kilogrammes chacune, 4 caisses capsules à percussion, 4 ballots effets, 1 ballot effets pour le signor Casati, un don que vous lui faites personnellement, 2 pièces serge. apier à lettre, enveloppes, cahiers papier blanc, etc. Dès que les officiers que j'attends de Ouadelaï seront arrivés, l'un d'eux prendra livraison et vous remettra reçu en règle.

Les 31 caisses cartouches remington, votre premier versement, ont été par moi dûment déposées dans les magasins du gouvernement.

Relativement à la question si le signor Casati et moi avons l'intention d'accepter votre escorte et votre appui jusqu'à Zanzibar, et si nous avons des hommes et des officiers qui soient disposés à profiter de votre sauf-conduit jusqu'à la mer, j'ai à répondre que, non seulement le signor Casati et moi requerrons votre assistance bien volontiers, mais que quantité d'autres individus demandent à s'en aller, soit en un autre pays, soit même jusqu'en Égypte. Les événements déplorables qui se sont passés pendant votre absence ont retardé leur départ. Ces gens ne commencent à nous arriver que depuis quelques jours. Je vous prie donc de vouloir bien leur donner des facilités. Je me propose de les envoyer à Nyamsassi. Quelques-uns s'en vont dès aujourd'hui avec M. Jephson. Ils ont tous des provisions pour un mois, au moins.

Je me permets de vous remercier quant à l'indication de vos prochains mouvements. Mais entre le terme que vous avez fixé et l'arrivée de votre lettre, neuf jours se sont passés, et les onze qui restent seraient à peine suffisants. Je ne puis donc que vous exprimer ma gratitude pour vos bonnes intentions et celles des personnes qui vous ont envoyé. A vous de voir si vous pouvez nous attendre, ou si vous préférez partir, les vingt jours écoulés.

Je comprends parfaitement les difficultés que vous avez à trouver des vivres pour vos gens, et je regrette fort que le temps par vous indiqué ne me permette pas de vous expédier d'autres provisions.

M. Jephson nous quittant aujourd'hui et ayant la complaisance de porter ma lettre, je profite de l'occasion pour dire de quel secours m'ont été sa présence et son appui. Dans les circonstances les plus difficiles, il a montré un courage si résolu, une telle patience et une telle bonté, qu'il me faut lui témoigner ma reconnaissance, et lui souhaiter tout succès. Comme probablement je ne vous reverrai plus[1], je vous prie de faire parvenir à ses parents l'assurance de la gratitude que m'ont inspirée ses services.

Avant de conclure, je demande la permission de vous présenter à nouveau mes cordiaux remerciements, à vous, à vos officiers et à vos hommes, vous priant encore de faire parvenir l'expression de mon éternelle reconnaissance aux personnes bien intentionnées qui vous ont envoyé à notre secours. Que Dieu protège vous et votre troupe, et qu'il vous accorde un retour heureux et rapide !

Je suis, monsieur, votre obéissant serviteur,
Dr Emin Pacha.

---

1. Je ne comprends pas ce qui a pu induire le Pacha à le prendre sur un ton si dolent, car, aussi clairement que langue peut parler, que plume peut écrire, je m'étais efforcé à lui expliquer que nous nous considérions comme ses serviteurs, et que nous nous engagions à lui rendre tous les bons offices possibles, pourvu seulement qu'il exprimât son désir nettement et clairement.

# CHAPITRE XXV

### EMIN PACHA ET SES OFFICIERS A NOTRE CAMP DE KAVALLI

(Du 7 février au 26 mars 1889.)

J'envoie chercher Stairs et sa caravane. — Plans relatifs aux moyens de tirer Emin de Toungourou. — Les récits de Jephson me donnent une idée de la situation. — Les intentions des officiers rebelles à Ouadelaï. — Lettre d'Emin. — Les officiers relâchent Emin et l'accompagnent à notre camp de Kavalli. — Arrivée d'Emin Pacha. — Stairs et sa caravane chez Mazamboni. — Lettre caractéristique de Jephson. — Jephson va chercher Emin et ses officiers. — Billet du Pacha. — Arrivée de la caravane d'Emin. — Grande revue hors du camp. — Le grand divan. — Sélim Bey. — La colonne de Stairs et les richesses qu'elle apporte. — M. Bonny est envoyé au Nyanza pour monter les bagages. — Message aux officiers rebelles restés à Ouadelaï. — Note de M. Bonny. — Arrivée du mercanti grec le signor Marco. — Suicide de Mrima, un Zanzibari. — Les chefs des tribus voisines nous fournissent de porteurs. — Nelson apporte le bagage d'Emin. — Arrangements avec les chefs de la contrée entre l'Itouri et le Nyanza. — Kabba Réga. — La fille d'Emin Pacha. — Lettre de Fadl el-Moulla à Sélim Bey. — Le Pacha est attaché à l'expédition comme naturaliste et météorologiste. — Le Pacha un matérialiste. — Arrivée du D$^r$ Hassan. — J'inspecte le camp. — Arrivée du capitaine Casati. — M. Bonny amène Aouach Effendi et son bagage. — Un docteur unique au monde. — Les chimpanzés. — Le Pacha un collectionneur-né. — Mensuration des nains. — Pourquoi je diffère d'Emin dans mes appréciations sur les hommes. — Voyages du camp au lac pour chercher les gens et leurs colis. — Récriminations des Zanzibari. — Les meneurs. — Hassan Bakari. — Les officiers égyptiens. — Entrevue avec Choukri Agha. — La flore des collines Baregga. — Le Rouvenzori. — Le chef des Oussiri entre dans notre confédération. — Conversation avec Emin. — Mon discours à Stairs, Nelson, Jephson et Parke devant Emin Pacha. — Leur réponse. — Notification à Sélim Bey et Choukri Agha.

Le 7 février, je rappelai le lieutenant Stairs et sa caravane, et dépêchai Réchid avec 35 hommes pour obtenir de Mazamboni une centaine de porteurs au bénéfice des convalescents. J'avais l'intention de masser l'expédition à Kavalli, et d'envoyer à Emin Pacha des lettres où je le priais de choisir entre les propositions suivantes :

1° S'emparer d'un vapeur, y embarquer telles gens qui voudraient quitter Toungourou et gagner notre camp du lac. Après

## PLANS EN FAVEUR D'EMIN.

quoi, nous donnerions au bateau un équipage de Zanzibari et nous organiserions des transports rapides. Si ce n'est pas praticable :

2° Marcher par la voie de terre jusqu'à la station de Msoua, et nous prévenir par canot de l'arrivée du convoi. Si la chose ne se peut :

3° Rester à Toungourou et me faire savoir par le chef Mogo s'il est nécessaire d'envoyer du renfort. Dans ce dernier cas,

Vue du camp à Kavalli.

dès le retour du lieutenant Stairs, je marcherai avec 300 fusils et 2000 auxiliaires indigènes sur Msoua par Mélindoué, et de là sur Toungourou, employant la force pour dégager le Pacha. Mais il me fallait absolument connaître les intentions d'Emin. Dans sa lettre du 27 janvier perçait une disposition larmoyante et mélancolique toute autre que celle à laquelle je me serais attendu après la question bien précise posée dans ma lettre officielle du 17 janvier : « Était-il disposé à accepter notre escorte et notre aide pour gagner Zanzibar ? Ou pouvait-il suggérer quelque autre moyen sûr de lui être utile et l'assister avec efficacité ? je n'épargnerais aucun effort pour lui rendre service.

Ni ma lettre à M. Jephson — elle avait été écrite pour être lue au Pacha, — ni la missive officielle que je lui avais adressée n'ayant été comprises par Emin, j'en rédigeai une troisième en style d'affaires. Le plus imbécile pioupiou ne manquerait pas de la comprendre, pensais-je ; mais Jephson, quand il l'eut entendue, affecta d'en être épouvanté.

Comme je n'avais aucune intention de blesser les susceptibilités suraiguës de personne, et celles du Pacha moins que de tout autre, j'écrivis une autre missive dans un style que Chesterfield lui-même eût déclaré parfaitement convenable. Mon ami Jephson la déclara « charmante, délicieuse, d'une douceur exquise ». Le 8, elle fut mise entre les mains des messagers.

Les conversations quotidiennes avec M. Jephson, un éministe déclaré, soit dit en passant, me renseignèrent peu à peu sur la situation. Pendant son séjour forcé avec le Pacha, M. Jephson avait contracté une habitude qui m'amusait. Il entrelardait ses dires, fort spirituels, mais cruels pour la province de l'Equatoria, de phrases stéréotypées : « Ce pauvre cher Pacha, vous savez bien ! Oh, le bon homme ! Ma parole, ce Pacha est si bon garçon ! » etc., etc. toutes expressions révélatrices du caractère d'Emin, montrant que Jephson avait bon cœur au moins, et que tout ce qu'il avait vu et entendu lui faisait estimer le Pacha davantage. Mais, quand il s'agissait des Égyptiens, c'était avec un vocabulaire autrement monté en couleur : chenapans, marauds et maroufles, faquins et mauvais drôles, — chiens-renards, ceux du Caire ; stupides brutes, ceux du Soudan. A l'arsenal de Khartoum, un des gros bonnets avait falsifié les comptes et encaissé 1 500 coups de courbache ; un autre faisait son beurre en ajoutant du charbon à la poudre dont il emplissait les cartouches remington. Un major avait vendu les approvisionnements de l'État ; d'autres avaient été déportés dans la Sibérie de l'Equatoria après crimes qualifiés, meurtre, incendie et le reste ; d'autres avaient été impliqués dans l'affaire d'Arabi. Malgré toute sa bonhomie, le Pacha ne pouvait que se sentir gêné vis-à-vis de telles gens. Tant qu'il y eut un pouvoir plus ou moins respecté, et que l'austère justice se personnifia dans une figure imposante comme celle de Gordon, les bandits se sentaient surveillés, bien que Gessi Pacha, en 1879, déjà, se répandît en plaintes sur Emin auprès de Gordon ; mais, quand on sut Khartoum prise, et le gouverneur général tué, les Égyptiens, avec leur esprit naturellement brouillon, et les Soudanais, avec leur opiniâtreté de brutes, se donnèrent libre carrière. La perversité, la mauvaise conduite et le dédain de toute discipline furent à l'ordre du jour. Emin n'était plus pacha que de titre et de nom. D'autorité, il n'y en avait plus. D'autres, à la place du gouverneur, n'auraient pas voulu présider cette cour du roi Pétaud. Après avoir constaté quelque désobéissance flagrante, ils eussent conduit les fidèles à Msoua, ou dans n'importe quel petit poste du sud lointain, auraient avisé le Caire de ce qui s'était passé, et demandé secours et instructions. D'autres encore auraient tenu jusqu'au bout; ils auraient exigé l'accomplissement du devoir et le maintien de la règle, arrive qu'arrive! Et d'autres, émigrant avec ceux qui avaient en dégoût ces discordes perpétuelles, eussent fondé quelque royaume ou quelque empire, auquel le monde civilisé n'eût pas manqué de donner appui. Mais d'autres eussent fait comme Emin : espérer et temporiser. Les hommes cependant ne récoltent que ce qu'ils ont semé: telle graine, telle moisson.

Tandis que nous attendions Stairs et tâchions de pressentir la décision du Pacha, des événements se passaient qui s'imposèrent à nous comme à Emin.

Pendant que Jephson nous revenait de Toungourou, les officiers rebelles qui s'étaient concentrés à Ouadelaï apprirent notre arrivée. La renommée grossissait nos forces : nous avions plusieurs centaines de Zanzibari et alliés, nous étions armés de mitrailleuses et de carabines à répétition. Or le gouvernement égyptien avait été remplacé à Khartoum par un khalife qui commandait à d'irrésistibles armées. Parmi les officiers d'Emin il ne manquait pas de traîtres ni d'agents mahdistes; la majorité restait indifférente. « A celui qui a, il sera donné. » Comme une boule de neige qui roule, le pouvoir augmente en avançant, mais le flocon de neige fond. Emin avait été déposé, emprisonné, Emin était le flocon; le khalife à Khartoum la boule grandissante.

Les résolutions se devinent quand on connaît les motifs. Voici des officiers notoirement rebelles, ils prêtent l'oreille aux suggestions des Mahdistes plus ou moins déguisés. Ils gagneront la faveur du Khalife en trahissant ceux qui voudraient sauver la situation, en livrant leur ancien pacha et ses compagnons blancs, et cette perfidie leur vaudra honneur et profit. Des mitrailleuses, des carabines à répétition, des remingtons, une fournée de prisonniers européens, tout cela mérite belle récompense; cela vaudra des robes de gala, des offices importants et lucratifs. Ici une difficulté se présente : comment gagner accès dans le camp des libérateurs en expectative, puisqu'ils n'ignorent point qu'on a emprisonné « leur Pacha », et qu'on a traité rudement leur ami Jephson ? « Rien de plus aisé », opine un malin. Il suffit d'envoyer au Pacha une députation pour demander humblement pardon et lui promettre de le réinstaller en autorité. Le bonasse Emin passera l'éponge sur nos torts, nous introduira, nous présentera à ses amis comme des pénitents jaloux de prouver leur repentir par leur obéissance future et leur loyauté au gouvernement de Sa Hautesse. Une fois dans le camp de l'étranger, nous verrons le coup à faire. Rien ne sera plus facile que de capturer les blancs et leur séquelle, ces benêts et gobe-mouches de blancs ! Ménageons-nous deux portes de sortie. Si le Khalife se montre impitoyable, si ses Donagla nous courent sus avec la férocité qui les distingue, et si nous ne pouvons plus espérer de pardon, entrons au camp des blancs : notre apparente obéissance désarmera les soupçons, nous y ferons nos choux gras, au moment opportun nous prendrons leurs armes et munitions ; puis, nous chasserons les blancs comme mendiants ou nous les égorgerons, et de leurs engagés nous ferons nos esclaves ! »

Nous entendons d'ici les tonnerres d'applaudissements qui saluèrent la harangue de cet Égyptien, fils de Béelzébuth. Que le discours ait été prononcé ou non, les rebelles députèrent au Pacha quatorze officiers, qui lui baisèrent les mains, exprimèrent la plus humble contrition de leurs offenses, s'offrirent à le réinstaller comme gouverneur, le suppliant de les accompagner au camp de Stanley à Kavalli, et d'y parler en leur faveur. A quoi Emin acquiesça volontiers. Il monta sur le *Khédive*, les réfugiés encombrèrent le pont de leurs colis et bagages. Le capitaine Casati était de la fête ; le *Nyanza* chargea semblable marchandise, et le Pacha fut amené, avec force démonstrations honorifiques, à Msoua, où il rencontra les messagers qui lui apportaient ma lettre. Il la lut, et prit la route de notre camp sur la rive du lac.

Le 13 février au soir, pendant que Jephson et moi étions à souper, des courriers me remirent la lettre ci-après :

## LETTRE D'EMIN.

A HENRY STANLEY, ESQ., COMMANDANT L'EXPÉDITION DE SECOURS.

Au camp, 13 février 1889.

Monsieur,

En réponse à votre lettre du 7 courant, pour laquelle je vous présente mes meilleurs remerciements, j'ai l'honneur de vous informer qu'hier, à 3 heures de l'après-midi, je suis arrivé avec deux vapeurs, amenant un premier convoi d'individus qui désirent quitter le pays sous votre escorte.

Dès que j'aurai fait les arrangements nécessaires pour abriter mes gens, les vapeurs repartiront pour la station de Msoua, afin d'y aller prendre un autre chargement d'individus à transporter.

J'ai avec moi une douzaine d'officiers désireux de vous voir, et quarante soldats seulement. Ils sont venus, sous mes ordres, pour vous prier de leur donner le temps d'amener leurs frères — ceux au moins qui acceptent vos offres — de Ouadelaï, et j'ai promis de faire mon possible pour les assister. Les choses n'étant plus tout à fait ce qu'elles étaient auparavant, vous leur dicterez les conditions que vous jugerez convenable de leur prescrire. Pour ces arrangements, j'irai vers vous avec les officiers, après avoir pourvu au camp; et si vous envoyez des porteurs, je pourrai profiter de leurs services.

J'espère sincèrement que les grandes difficultés que vous avez eu à vaincre, et que les lourds sacrifices faits par votre expédition pour venir à notre aide seront récompensés par un plein succès dans le transport de mes gens. La vague d'insanité qui nous avait envahis se retire, et vous pouvez être sûr des gens qui viennent présentement avec moi.

Signor Casati me prie de vous offrir ses meilleurs remerciements pour votre amical souvenir.

Permettez-moi de vous exprimer ma cordiale reconnaissance pour tout ce que vous avez fait jusqu'à maintenant à notre intention, et croyez-moi

Le vôtre sincèrement,

D<sup>r</sup> EMIN.

---

Le Pacha croit évidemment que ses hommes lui sont toujours fidèles. « Vous leur dicterez, dit-il, les conditions que vous jugerez convenable de leur prescrire... Vous pouvez être sûr des gens qui viennent présentement avec moi. »

Je l'espère bien; mais, si la moitié de ce que Jephson a rapporté est vrai, le Pacha leur accorde une confiance que je ne saurais partager. Quoi qu'il en soit, si « la vague d'insanité se retire », ce sera tant mieux. Tout est bien qui finit bien. Demain Jephson, avec 50 fusils, escortera le Pacha et ses officiers jusqu'au plateau. J'enverrai des courriers à Stairs chez Mazamboni, pour qu'il amène promptement son escadron. Soyons tous présents; nos amis les rebelles verront que nos guerriers-porteurs savent manœuvrer au commandement.

16 février. — Stairs annonce son retour pour le 17 ou le 18 :

« Grande joie au camp de l'Itouri quand vos courriers et le chef Réchid annoncèrent l'arrivée de Jephson ; mais, du côté d'Emin Pacha, la perspective nous semblait bien sombre. Votre dépêche efface la mauvaise impression, et maintenant nous espérons tous marcher vivement sur Zanzibar. »

Bonté divine, comme cette jeunesse est impatiente! Je me demande, moi, si nous serons partis avant la fin du trimestre!

Un courrier m'apporte une lettre de Jephson — du Jephson tout pur.

Camp de Ouéré, Albert-Nyanza, 15 février 1889.

Cher monsieur,

Je touchai hier au camp, mais n'y suis arrivé que ce matin, les natifs ayant pris par une très longue route.

Nous trouvons le Pacha, Casati, Marco, Vita l'apothicaire, plusieurs officiers et employés, établis en un joli endroit, à 3 kilomètres environ de l'ancien camp où nous vîmes Emin pour la première fois.

Dès mon arrivée, sitôt après avoir remis votre lettre et échangé les nouvelles, je demandai au Pacha quand il comptait se mettre en marche. Il répondit qu'il lui fallait d'abord s'entendre avec les officiers. Ce matin on s'est réuni, et il est décidé que demain nous partirons pour Kavalli, et que nous ferons la route en 48 heures.

Le Pacha vous viendra voir, restera peut-être quelques jours auprès de vous, puis ira chercher sa fille et le reste de son bagage, 200 charges environ, consistant en millet, sel, sésame, etc. Les officiers n'apporteront que 20 charges chacun, car ils ne viennent encore que pour s'entendre sur les moyens de transport. Quant aux employés, ils charrient tout leur avoir et resteront auprès de nous.

Les deux steamers iront, le 18, à Msoua, prendre le reste des émigrants et du bagage, ainsi que les approvisionnements de blé pour le camp du Nyanza.

A l'arrivée des vapeurs à Msoua, les irréguliers — ils sont une cinquantaine de fusils — iront à Kavalli par la voie de terre, amenant les femmes qui peuvent bien marcher. A leur retour les steamers ramèneront les officiers à Ouadelaï.

Le Pacha apporte 60 défenses d'ivoire; le surplus ne manquera pas d'utilité. C'est un jour de retard, mais je ne le regrette point. Hier, tant les Zanzibari que moi étions excédés de fatigue et n'eussions pu repartir dès le matin. Toutefois, en dépit des ampoules aux pieds, les Zanzibari se précipitèrent dans le camp avec des gestes de possédés et hurlant comme des démons. Ils nous donnèrent leur représentation habituelle d'une lutte contre des ennemis imaginaires, puis ils se rangèrent en ligne devant Emin. Les soldats le saluèrent et paradèrent en due forme. Il en fut très content, et me pria de les assurer de sa reconnaissance pour tout ce qu'ils avaient enduré à son intention; ce que je fis de mon mieux dans mon mauvais kissouahili. Le Pacha mit toutes les femmes à moudre, et je servis 2 bols de farine par bouche de Soudanais, Manyouema et natifs. Aujourd'hui Saat-Tato et un autre chasseur ont apporté un springbock et deux coudous : on mange largement. Ces vilains et paresseux Soudanais regardaient quasiment avec stupeur la folle gymnastique des Zanzibari : Quelles gens bruyants et fantastiques!

Casati est plus impossible que jamais. Je lui demandai : « Partez-vous demain?

— Je préfère encore attendre.

— Et combien de charges nous apportez-vous?

— Oh, je n'ai pas grand'chose, vous savez! Kabba Réga m'a dépouillé de mes quatre sous. Cependant, comptez sur 80 porteurs. »

Vita, l'apothicaire, n'en réclame que 40; il en faut 60 à Marco, le mercanti grec. A ce compte, nos Zanzibari y passeront tous avant d'arriver à Kavalli. Le Pacha fit quelques remontrances à Casati, à propos de ses pierres à moudre, de ses grandes jarres, de ses bois de lits pour femmes et enfants.

« M. Stanley, répliqua-t-il, a offert de prendre tous nos effets. »

Ces gens n'ont pas de conscience. Ils tueraient nos hommes, si durement éprouvés, plutôt que de rien sacrifier de leurs bibelots, qu'il faudra pourtant jeter tôt ou tard.

Casati, me disait le Pacha, s'opposait à quitter Toungourou, bien que Choukri Agha eût offert l'assistance de ses pagazi; et malgré votre lettre pressante il a fait l'impossible pour empêcher ce départ, qu'il qualifiait d' « impolitique ». On enrage de voir l'égoïsme de ces individus, et leur incapacité de comprendre les choses comme elles sont.

Les rumeurs de « l'homme blanc » allant envahir Fallibeg se sont évanouies en fumée, et il n'en est plus question.

Casati refuse de bouger, tant qu'on n'aura pas assez de porteurs pour charger lui-même et toutes ses frusques. Le Pacha s'en impatiente.

Avec des boulons tout semblables aux nôtres, on a raccommodé supérieurement l'*Avance*. Ce soir, j'irai au vapeur pour me faire donner des clefs et des rivets. Le Pacha nous octroie les rames légères du bateau caoutchouc qui avait appartenu à Gordon. Le gréement est complet.

Tous compliments de la part du Pacha, de Casati et des officiers.

Je suis, etc.

A.-J. Mounteney Jephson.

Comment donc! Le pacha, 200 charges seulement! Et ce Casati, qu'on avait mis nu comme un ver, 80! Et ce Grec de Marco 60! Cela nous fait 580 charges pour rien que quatre personnes! C'est vrai, j'avais promis de tout monter au camp du plateau. Mais des pierres à moudre! Si j'ai promis, il faudra tenir. Il n'y aura pas grand mal à ce que Jephson se fasse un peu de mauvais sang.

Billet du pacha :

Cher monsieur,

M. Jephson nous est arrivé hier avec sa suite et nous comptons partir demain dans la matinée. J'aurai donc le plaisir de vous voir après-demain. Mes gens ne seront rassurés que lorsqu'ils entendront l'assurance, tombant de vos lèvres, que leur folle équipée ne vous empêchera pas de les mener en bon chemin.

Je vous suis très reconnaissant de l'aimable lettre[1] que m'a remise M. Jephson, et j'espère que mes manières tant soit peu africaines ne porteront pas tort à nos relations amicales.

Agréez, cher monsieur, mes meilleures salutations et croyez-moi,

Le vôtre, très fidèlement,

D<sup>r</sup> EMIN.

Le 17 février, la caravane du Pacha, composée de 65 personnes, nous arriva vers midi. Les officiers députés par les rebelles de Ouadelaï ont à leur tête Sélim Bey, promu colonel par Emin. Il a la cinquantaine et six pieds, il est large d'encolure, noir comme corbeau ; il me plaît assez. Le conspirateur traître et pervers n'a pas cette mine-là. Je lis sur sa figure l'indolence et la sensualité. C'est un homme à mener ; il n'a pas l'étoffe d'un conspirateur. Nourrissez-le bien, faites-le boire encore mieux, et Sélim Bey vous sera fidèle ! Je vois d'ici l'œil de l'homme qui s'endort en digérant. Il fut taillé pour manger, boire et ronfler, cagnarder au lit, s'attarder en pantoufles, réclamer son café cinquante fois par jour, boire sa bière par cruchons, siroter sa liqueur et dormir dessus, demain comme aujourd'hui, la vie durant. Les vrais conspirateurs sont maigres, sur le patron de Cassius. Trois de ces officiers, des Égyptiens, avaient quelque chose d'Arabi dans les traits ; les autres étaient des Soudanais, du Soudan noir.

Grande parade hors du camp, bannières déployées. Les étendards flottaient au vent, les vétérans Zanzibari faisaient la double muraille de fer, les auxiliaires manyouema avaient l'air rude et bon enfant ; les natifs de Kavalli et environs faisaient cercle, massés par centaines.

Au milieu de la double rangée se tenait le Pacha, petit, figure maigrichonne ; on eût dit un professeur de jurisprudence, malgré son fez et ses vêtements blancs ; on l'escorta au grand carré, et de là droit au Barzah.

---

1. Cette « aimable lettre » était dans ce style Chesterfield tant recommandé par Jephson, plus au fait que moi de l'extrême susceptibilité du Pacha. Hélas ! Hélas !

Entrevue avec les officiers rebelles.

Les officiers, en uniformes flambant neuf — on les avait si rarement mis à l'air ! — firent sensation. Les natifs ne pouvaient assez voir, regardaient bouche bée et les yeux sortant de la tête.

Au Barzah, le Pacha introduisit ses officiers selon toutes les règles. Nous nous saluâmes les uns les autres. Nous nous enquîmes avec anxiété de nos santés mutuelles ; nous nous congratulâmes d'être exempts de la consomption, du diabète et de la dysenterie ; nous exprimâmes le désir de nous rencontrer le lendemain au grand divan, où chacun aurait le plaisir de produire les plus secrètes pensées de son cœur.

18 février. — Aujourd'hui, grand divan. Chacun parade en son plus beau gala. Après avoir échangé d'élégants compliments, après avoir pris le café, je priai le Pacha d'avoir l'insigne bonté de s'enquérir auprès de la députation s'il lui plairait d'exposer l'objet de son message, ou si elle préférait apprendre tout d'abord le motif qui avait groupé sur les rives du lac les représentants de vingt pays divers.

Par l'intermédiaire du Pacha, un admirable traducteur qui possède l'art de mitiger toutes les aspérités de langage si naturelles à un Anglo-Saxon, ils firent répondre qu'ils seraient enchantés de m'entendre en premier.

« Fort bien, dis-je, ouvrez vos oreilles pour recevoir des paroles de vérité : Un homme qui fut votre hôte assez récemment, le D$^r$ Junker, nous dit que vous étiez dans une très pénible situation, et manquiez de poudre pour vous défendre contre les mécréants et les fauteurs du faux prophète ; l'entendant, vos amis d'Angleterre donnèrent de l'argent, qu'ils m'ont remis, pour acheter de la poudre et vous l'apporter. Et comme je passais par l'Égypte, le Khédive m'a prié de vous dire que vous pouviez me raccompagner, si tel était votre désir. Que si vous préfériez rester, vous resteriez. Faites comme vous jugerez bon. Sa Hautesse déclare ne vouloir peser sur votre décision en aucune manière. Donc, agissez suivant vos préférences, et manifestez la pensée cachée dans vos cœurs ! »

Le Pacha traduit, et un murmure d'approbation se fait entendre : « *Kouéïs* ! (Bien !) »

Et Sélim Bey, l'officier supérieur, de prendre la parole :

« Le Khédive nous montre encore une fois sa grâce et sa bonté. Nous sommes de Sa Hautesse les plus fidèles et dévoués sujets. Nous sommes nés au Caire, et ne souhaitons rien mieux que de revoir notre pays. Loin de nous la pensée de vouloir rester. Qu'y gagnerions-nous? Nous sommes les soldats et officiers de Sa Hautesse. A lui de commander, à nous d'obéir. Que ceux-là restent qui préfèrent la compagnie des païens. S'ils demeurent en arrière, c'est qu'ils l'auront bien voulu. Vers vous nos amis et frères de Ouadelaï nous ont envoyés pour vous prier de nous accorder le temps d'embarquer nos familles, afin que nous puissions nous rassembler dans votre camp, et de là rentrer au pays. »

Puis ils produisirent le document dont voici la traduction :

A Son Excellence M. Stanley, le chargé d'affaires de notre Gouvernement.

Quand Sélim Bey Mator, commandant les troupes de la province, nous annonça votre heureuse arrivée, elle nous emplit de joie et nous désirâmes d'autant plus rentrer en notre pays. C'est pourquoi nous espérons, avec l'aide de Dieu, vous rejoindre très prochainement; c'est pour vous en informer que nous avons écrit cette lettre, à Ouadelaï.

| Mabrouk Chérif, | lieutenant, | Ali el-Kourdi, | lieutenant, |
|---|---|---|---|
| Nour Abd el-Bein, | — | Ahmed Soultan, | — |
| Moustapha Ahmed, | — | Fadl el-Moulla Bakhit, | — |
| Halid Abdallah, | — | Daïs el-Bint Abdallah, | — |
| Faradj Sid Hamed, | — | Saïd Ibrahim, | — |
| Moursal Soudan, | — | Housseïn Mohammed, | capitaine, |
| Mourdjan Ndin, | — | Mourdjan Idris, | — |
| Sabah el-Hami, | — | Moustapha el-Adjemi, | — |
| Bakhit Mohammed, | — | Kher Youssouf es-Saïd, | — |
| Adin Ahmed, | — | Mardjan Bakhit, | — |
| Ismaïl Housseïn, | — | Sourour Soudan, | — |
| Mohammed Abdou, | — | Abdallah Mauzal, | — |
| Halid Madjib, | — | Fadl el-Mulla el-Emin, | — |
| Ahmed Idris, | — | Ahmed el-Dinkani, | — |
| Rehan Réchid, | — | Kadi Ahmed, | — |
| Rikas Hamed en-Nil, | — | Saïd Abd es-Sid, | — |
| Halil Sid Ahmed, | — | Bakhit Bergout, | adjudant-major, |
| Feradj Mohammed, | — | Bilal Dinkani, | — |

« J'ai écouté attentivement vos paroles, répondis-je. Je vous donnerai une réponse écrite, comme quoi il vous sera accordé un temps suffisant pour aller d'ici à Ouadelaï prendre vos troupes et les embarquer, ainsi que vos familles, sur les vapeurs. Il faut cinq jours au *Khédive* pour aller à Ouadelaï, cinq jours pour en retourner. Pour cette affaire, je vous donnerai un délai raisonnable, et si je vois que vous êtes fermes dans vos intentions, je vous accorderai volontiers un sursis, pour que vous soyez rapatriés sans trop d'embarras. »

Sélim Bey et ses officiers répondirent en même temps : « Nous sommes fermes dans nos intentions. Nous n'avons besoin d'aucun autre délai ! »

A quoi je donnai mon assentiment avec une entière conviction. L'entretien fut clos.

Un bœuf leur fut envoyé pour le repas de la soirée, plus 45 litres de bière, des charges entières de patates douces et de bananes.

A midi, la colonne Stairs fit irruption dans notre camp, chargée de trésors : remingtons, cartouches pour le maxim et les winchesters; poudre à canon, capsules à percussion, ballots de mouchoirs, cotonnades blanches, cotonnades bleues, robes lamées presque royales, verroterie multicolore, rouleaux de brillant fil de laiton, etc. Nous avions maintenant 312 porteurs : Zanzibari, Lado, Soudanais, Manyouema, Baregga, Bandoussouma, des nains et aussi des géants.

Le séjour sur l'Itouri a fait le plus grand bien à nos hommes. Quand entra le chirurgien Parke, je le bénis, à part moi, pour le beau groupe de convalescents que nous devions à ses soins dévoués.

On compte présentement au camp plus de cinq cents personnes, et nos huttes se rangent sur les côtés d'un grand parallélogramme de 200 mètres sur 60. En prévision des incendies, un large espace a été ménagé entre chaque hutte.

19 février. — J'ai envoyé M. William Bonny au Nyanza, avec 30 carabines et 64 Bavira, pour prendre le bagage du capitaine Casati, du signor Marco, le Grec, et du Dʳ Vita Hassan. Je me propose d'envoyer par intervalles des compagnies, qui, de notre plateau, à 1 464 mètres au-dessus du niveau de la mer, descendront au lac, lequel est encore à 732 mètres d'altitude. Le montage des colis coûte une longue et pénible marche; on va et l'on revient en trois jours. La pente est pierreuse et très raide. J'ai promis de ne la descendre que pour affaire d'importance. L'ayant faite quatre fois déjà, l'entreprendre une cinquième me plairait autant que l'exercice

du *treadmill*, ou l'école du fusil. Mais Bonny sera curieux de voir l'Albert-Nyanza, c'est sa première visite.

Je mande Sélim Bey et ses officiers au Barzah, et leur remets mon message aux officiers révoltés en garnison à Ouadelaï.

Salut. — Sélim Bey et autres officiers l'ayant prié d'attendre l'arrivée de leurs amis qui sont encore à Ouadelaï, M. Stanley couche sa réponse par écrit, afin de prévenir tout malentendu.

Ayant été envoyé spécialement par le Khédive pour montrer la route à ceux qui voudraient se rendre de la Province Équatoriale au Caire, M. Stanley ne peut faire autrement que laisser un temps raisonnable à ceux qui veulent s'en aller avec lui.

Néanmoins, il doit être compris nettement que tous individus qui voudront partir avec M. Stanley devront pourvoir eux-mêmes au transport de leur famille et de leur bagage. Exception ne sera faite que pour le Pacha, le capitaine Casati et le marchand grec Marco, les deux derniers étant étrangers et en dehors du service de l'Égypte.

C'est pourquoi tous soldats et officiers ayant l'intention de quitter le pays à la suite de M. Stanley auront à se procurer les animaux et les porteurs nécessaires au transport des enfants et des colis.

Ils auront la précaution de ne pas s'encombrer de bagage inutile. Les armes et munitions, les marmites et vivres sont les seuls objets nécessaires.

Il est entendu que les munitions de réserve apportées d'Égypte pour le service du Pacha et de ses troupes restent à la disposition du Pacha, mais du Pacha seulement, ainsi qu'il en a été ordonné par Sa Hautesse le Khédive.

M. Stanley désire qu'on comprenne sans faute qu'il n'a d'autre responsabilité que celle de trouver la bonne route, et des provisions suffisantes pour le convoi, telles que le pays traversé peut en fournir.

Néanmoins M. Stanley se croit engagé d'honneur à faire son possible pour aider au bien-être, à la sûreté et au confort d'Emin Pacha, de ses gens et de ses amis.

Quand le présent avis aura été lu à Ouadelaï, les officiers tiendront conseil et prendront des dispositions conformes. Tous individus se rendant le témoignage qu'ils ont le courage et les moyens de quitter la Province Équatoriale se prépareront à partir pour le camp, ainsi qu'il a été indiqué par le Pacha. Mais ceux qui hésitent, ceux qui doutent de leur force et de leurs moyens feront comme il leur sera commandé par leurs supérieurs.

Entre temps, M. Stanley préparera un camp avancé pour y recevoir ceux qui partent avec lui.

Henry-M. Stanley,
commandant l'expédition de secours, à Kavalli.

21 février. — Katonza, un des chefs riverains, a informé par messagers le capitaine Casati, au camp du lac, que Kabba

Réga, le roi de l'Ounyoro, lui a saisi son bétail et tombera prochainement sur le capitaine. Voici la note que m'adresse M. W. Bonny :

19 février 1889.

Le signor Casati me prie de vous mander l'avis ci-après, dont il s'ouvre aussi au Pacha : Le général de Kabba Réga a massé des forces dans le voisinage. Casati désire que je reste un jour de plus ; il vous demande des renforts. J'ai consenti à vous envoyer un exprès, mais non pas à rester. S'il y a danger, je ne puis risquer mes hommes sans qu'il y ait nécessité. Ils partiront ce matin avec leurs charges. J'ai essayé de persuader à Casati que, s'il désire éviter le péril, il n'a qu'à se rendre au plateau sous notre escorte. Et, si je rencontre les gens de Kabba Réga sur ma route, j'espère leur montrer qu'ils ont affaire à des hommes de Stanley.

Votre, etc.

W. BONNY.

Le courrier indigène avait apporté les nouvelles à 2 heures de l'après-midi. Immédiatement le Pacha et ses officiers descendirent du plateau avec 60 carabines et 60 indigènes. Je ne pense pas que les Ouanyoro osent envahir un territoire que nous protégeons, mais il est bon de prendre ses mesures.

22 février. — Signor Marco, le mercanti grec, un homme d'apparence virile, très bruni par le soleil des tropiques, nous est arrivé aujourd'hui, escorté par M. Bonny. Marco ne me paraît pas négliger ses aises. Ses domestiques portent des perroquets et des pigeons, des couvertures de lit, tant pour son usage personnel que pour celui de son harem, de lourds tapis persans, des peaux de buffle et d'énormes corbeilles,... horreur ! il a même 140 kilos de pierres à moudre le grain — comme si les indigènes ne pouvaient pas en prêter autant qu'il faudra. Il s'est encombré de dames-jeannes jaugeant 45 litres pour fabriquer sa bière ou mettre sa provision d'eau. Si tous les réfugiés en font autant, nous serons retenus ici pendant des mois. C'est une promesse inconsidérée que j'ai faite de charrier tout leur bagage. J'attendrai un peu pour voir si tous les officiers, employés et soldats s'imaginent que je prends des pierres pour des colis.

23 février. — Mrima, un de nos Zanzibari, impatienté de guérir trop lentement d'un gros ulcère très douloureux, s'est tiré un coup de remington aujourd'hui. Pauvre garçon ! il était bon, gai, futé, docile.

Le Pacha m'écrit que tout va bien au camp du lac.

24 février. — Envoyé 25 carabines sous les ordres de notre capitaine Ouadi Khamis, pour escorter 50 porteurs enrôlés parmi les Mpinga.

J'ai notifié, aux chefs des diverses tribus sur le plateau, qu'ils aient à me fournir de porteurs, chacun de cinquante à cent, suivant qu'ils ont plus ou moins de monde. Onze ont consenti à se rendre au lac, les uns après les autres, pourvu que je protège leur monde contre la brutalité des étrangers, qui les frappent cruellement, et qui leur font porter des « pierres », disent-ils, trop lourdes pour un homme. C'est la première fois que j'entends parler de ce fait, et je vais m'en enquérir immédiatement.

25 février. — Le capitaine Nelson, qui revient d'escorter le Pacha au lac, apporte 60 charges de colis pour Emin. Il y a là quantité d'objets à jeter. Il fallait deux hommes pour porter une malle qui a dû voir le jour à Saratoga. J'essayai de la soulever par un bout; au poids, elle contenait des cailloux, ou un trésor. Qeulle histoire que celle de cette malle depuis qu'on l'emporta du Caire! Combien a-t-elle déjà tué de pauvres indigènes? Que d'angoisses elle a dû causer! Les Zanzibari rient jaune à la vue de tous ces ballots à dimensions vraiment absurdes. Ils disent qu'il y a des milliers d'objets non moins encombrants, et qu'on en aura pour dix ans. Le quartier est jonché de caisses marines, de coffres qu'on prendrait pour des cercueils; les cruches à bière foisonnent, et les corbeilles augmentent toujours en nombre, poids et volume.

Achmet Effendi, un Egyptien de cinquante-cinq ans qui nous arrive, est maigre, débile, malade et tout courbé; il ne pouvait se tenir sur son âne.

Je prévois une terrible mortalité, s'il n'y a que des femmes et des impotents pour entreprendre ce voyage de 2 253 kilomètres jusqu'à la mer.

Et la marmaille d'un à huit ans! Il faudra les porter. Mais comment?

Une Soudanaise est accouchée sur la route. Un autre enfant est trop malade pour vivre encore longtemps.

Le lieutenant Stairs, envoyé chez Mouité, a stimulé la tribu mal en train qui, pendant les derniers quatre jours, ne nous avait pas envoyé de vivres.

Nous avons groupé en confédération les tribus du plateau, disséminées de l'Itouri au Nyanza. En retour de notre protection contre les Balegga, maraudeurs de la montagne, et les Ouarassoura de Kabba Réga, les chefs s'engagent à nous fournir de grain et de bétail, à remettre le gouvernement du pays entre mes mains, à faire les levées d'hommes que j'ordonnerai, à envahir avec moi l'Ounyoro, s'il faut en venir aux représailles contre les invasions des Ouarassoura.

26 février. — On a ce matin attaqué un allié de Kabba Réga, et on lui a pris 125 têtes de bétail. Cet homme fait beaucoup de mal et nous coupe de la Province Équatoriale. Kabba Réga comptait sur lui pour la grande lutte qu'il prépare contre Emin. Le potentat de l'Ounyoro est mis, par canots, au courant de tous nos mouvements. Quand nous quitterons la place, nous aurons des comptes à régler avec le sire, qui dispose de 1 500 fusils, carabines pour la plupart, dont quelques-unes à canon double : des Jocelyn et Starr, des Snider et des Henry-Martini. Ayant accepté la sérieuse responsabilité de protéger ces quelques centaines de réfugiés, j'entrerai dans l'affaire avec la conscience nette. Nous ne cherchons querelle à personne, mais il n'y a qu'une route, et elle passe à travers partie de l'Ounyoro.

27 février. — Notre bétail a été envoyé ce matin à la prairie ; les veaux réfractaires nous ont donné du divertissement et quelque embarras. Nos malades ont du lait et aussi de la viande.

On m'apprend que Sélim Bey et les officiers égyptiens sont partis le 26 courant, par les vapeurs *Khédive* et *Nyanza*, qui avaient amené, de Msoua au camp du lac, tout un chargement de bagage et quelques vingtaines de réfugiés.

Ce matin Emin nous arrive, accompagné d'une fillette de six ans, appelée Férida, qu'il a eue d'une Abyssine. Elle est tout à fait jolie, avec de grands beaux yeux noirs.

104 porteurs ont convoyé le bagage du Pacha, ses provisions de farine, millet, sésame, miel et sel.

Le chef Ouadi Khamis, qui escortait cette caravane, raconte qu'un officier de Sélim Bey a détourné une de nos carabines remington. Singulière histoire. Ces gens qui veulent frayer avec nous devraient savoir que je ne ménage pas les voleurs.

Le Pacha m'informe qu'un autre courrier est arrivé de Ouadelaï le 25, et qu'une lettre officielle lui a été remise par

Sélim Bey au nom des officiers rebelles menés par Fadl el-Moulla ; ceux-ci lui font savoir qu'il a été dépossédé de son commandement en chef des troupes, et qu'une cour martiale l'a condamné à mort ainsi que Casati. En prenant la direction des affaires, le capitaine Fadl el-Moulla s'est promu Bey, c'est-à-dire colonel. Jack Cade n'eût pas fait mieux. Il nous faut maintenant l'appeler Fadl el-Moulla Bey.

28 février. — Envoyé 50 carabines et 72 Ouabiaassi et Rougoudji, commandés par Stairs, au camp du lac pour nous amener un autre convoi de réfugiés et bagages.

1$^{er}$ mars. — De son consentement et même sur sa proposition, le Pacha a été nommé naturaliste et météorologiste de l'expédition. En conséquence, on lui a fourni un anéroïde, un thermomètre à maxima et à minima, un thermomètre Fahrenheit, un thermomètre étalon, deux thermomètres à point d'ébullition, lesquels, ajoutés à ses propres instruments, l'équipent au complet. Aucune mission ne peut, de ce chef, être mieux outillée que la nôtre. Je ne connais pas d'observateur plus exact et plus ingénieux[1].

Comme naturaliste et comme météorologiste, le Pacha nage dans son élément. Il est de l'école de Schweinfurth et Holub. Son amour de la science touche au fanatisme. Dans nos causeries familières, je m'essayais à découvrir s'il était chrétien ou musulman, juif ou païen, et j'ai mes raisons de croire que c'est tout simplement un matérialiste. Qui nous expliquera pourquoi les adeptes de la science, pour bienveillants qu'ils soient dans leurs relations sociales, ont le caractère si anguleux? Quand j'analyse le tempérament scientifique et le compare à celui des chrétiens, je me vois obligé de constater chez les savants une certaine âpreté, je dirai même quelque indélicatesse de sentiments. Ils me frappent comme étant dépourvus de sympathie et capables seulement d'une amitié assez froide ; ils se montrent indifférents aux affections humaines. M'est avis qu'ils s'intéressent davantage à un crâne blanchi et à des os de squelette qu'à l'élément divin qu'il y a dans l'homme. Si on leur parle de la beauté psychique qui, pour quelques-uns d'entre nous, est la seule qui compte, ils se prennent à bâiller, et répondent par un sourire dédaigneux ou protecteur ; ils ont

---

1. Mais le Pacha s'est absolument refusé à communiquer une seule de ses observations.

## INSPECTION DU CAMP.

déjà exploré le corps sur toutes les coutures : ils gaspilleraient leur temps à discuter sur des imaginations.

Envoyé 72 Mpigoué au lac, sous la surveillance de 12 Zanzibari, pour y prendre des bagages. A ce jour, 514 charges ont été montées au plateau.

2 mars. — Le D$^r$ Vita Hassan, Tunisien, nous arrive, sous la conduite de Stairs, avec 122 porteurs.

3 mars. — M. Bonny descend au Nyanza, avec 52 Zanzibari et 42 Malaï et Mabissé.

Visite d'inspection. Notre camp montre des nationaux de l'Allemagne, de la Grèce, de Tunis, de l'Angleterre, de l'Irlande, de l'Italie, des États-Unis, de l'Égypte, de la Nubie, du Madi, du Monbouttou, du Langgo, du Bari, du Chouli, de Zanzibar, de l'Oussagara, de l'Oussegouhha, de l'Oudoé, de l'Ounyamouézi, de l'Ouganda, de l'Ounyoro, du Bavira, de l'Ouahouma, du Maroungou, du Manyouema, du Bassoko, de l'Oussongora, du Congo, de l'Arabie, de Johanna, de Comore, de Madagascar, du Somal, de la Circassie, de la Turquie !!! Sans compter les nains de la Grande Forêt et les géants natifs du Nil Bleu.

Le camp se transforme rapidement en ville. L'ordre y est maintenu sans difficulté. 364 litres de lait servis quotidiennement aux malades; 2,7 kilos de viande par homme et par semaine; large distribution de farine, ignames, pois, fèves, bananes.

Nos Soudanais mangent énormément, à en juger par la farine qu'ils moulent. Depuis le grand matin jusque tard dans l'après-midi, on entend les pierres meulières et les douces voix des broyeuses.

Les Mpigoué arrivent avec 70 charges et le propriétaire de tous ces colis, capitaine Casati.

5 mars. — Ce matin, M. Bonny nous apporte 94 charges. Aouach Effendi, le major du deuxième bataillon, l'accompagnait. On me dit que cette monstrueuse pile lui appartient en propre; 94 charges pèsent 2340 kilos.

M. Jephson part pour le Nyanza avec 42 Zanzibari et Manyouema.

Depuis six semaines, nous avons perdu trois hommes et un enfant.

L'expédition possède un docteur unique et comme l'Europe n'a pas son pareil. Il en est de plus savants peut-être, de plus adroits, de plus vieux ou de plus jeunes, mais au meilleur de tous il en remontrerait encore par une rare combinaison de douceur et de simplicité. Ni pose, ni besoin de se faire valoir. Nous l'avons vu à l'œuvre, et il nous a tous liés à lui par les « cordeaux de la charité ». Son affection désintéressée pour ses « cas » est une gemme qui fait honneur à notre espèce. Parke est la tendresse même. Ses soins dévoués ont sauvé nombre de vies. Chaque jour, à huit heures du matin et à cinq heures du soir, il va, il vient dans le cercle privilégié de ses « malades ». Un estomac délicat n'oserait en approcher, mais il aspire, lui, de suaves parfums. Les ulcères bourbeux, horribles, effrayants, il sourit en les voyant, respire doucement l'air empesté, manie les membres enflés, les déterge de leurs impuretés, verse la lotion lénitive, panse les blessures cuisantes, égaie les dolents et les renvoie avec un regard d'espérance et de satisfaction. Puissent les anges de bonté inscrire au Grand Livre ces actes de dévouement et effacer tout le reste! J'ai le plus grand respect pour ce qui dans l'homme est divin. Cette exquise sensibilité, ce don de la douceur, les natures, même grossières, en sont touchées. Sur le champ d'Abou-Klea notre docteur fut grand, et les blessés le bénirent; mais sur le vert gazon de Kavalli il montrait plus de dévouement encore et se prodiguait envers de malheureux noirs sans penser si personne faisait attention à lui.

6 mars. — On a découvert quelques chimpanzés dans un bosquet qui remplit un ravin profond des collines des Baregga. Le Pacha m'a montré le crâne soigneusement préparé d'un de ces simiens, qu'il s'est procuré près de Msoua, et qui ressemble exactement à un crâne que j'ai ramassé à Addigouhha, village au confluent des deux Ihourou. Le « soko » de Livingstone n'est autre chose que le chimpanzé, qui, au Congo, atteint une taille plus qu'ordinaire.

Pendant ces quelques jours, le Pacha n'a pas cessé d'augmenter sa collection ornithologique : alouettes, merles, pinsons, apivores, plantanophages, oiseaux-soleil, etc. Le Pacha se complaît à « collectionner »; nulle vermine ne lui répugne. J'ai donné l'ordre aux Zanzibari de lui remettre tout ce qu'ils remarqueront de singulier en fait d'insecte, de reptile ou de volatile. Le spectacle de son bonheur sera notre récompense.

Chaque matin, Radjab, son secrétaire, furette de droite et de gauche, assassine tout citoyen des airs qu'il peut surprendre,

Les pygmées, comparés avec Okili, domestique de Casati (d'après une photographie).

apporte ses victimes au maître, qui caresse amoureusement la bête morte, puis ordonne avec flegme de l'écorcher. La nuit venue, l'objet a été bourré de coton, et, dans un jour ou deux, on l'emballera pour augmenter les trésors du British Museum.

Ces collectionneurs me frappent comme appartenant eux-mêmes à une espèce rare. Schweinfurth faisait bouillir les têtes des Monbouttou égorgés pour en orner un musée à Berlin. Emin se propose d'en faire autant si nous nous colletons avec les Ounyoro. Je hasardai l'observation que l'idée est répugnante et déplairait peut-être aux Zanzibari. Il sourit : tout pour la science !

Cette particularité du savant projette quelque lueur sur un problème qui me préoccupait. Je me demandais pourquoi nos jugements, le sien et le mien, ne s'accordaient pas sur les hommes. Nous avions quelques nains au camp. Le Pacha mesurait leurs crânes[1], moi j'observais leur nature intime. Avec son centimètre il leur ceinturait le corps ; c'était la figure qui m'intéressait. Le Pacha s'étonnait de la sensation que leur peau donnait au toucher, et moi j'admirais la succession rapide des sentiments que révélaient les mouvements des muscles faciaux, mobiles comme l'éclair. Le Pacha s'émerveillait de la

[1]. MENSURATIONS PRISES SUR DES OUAMBOUTTI APPARTENANT A L'EXPÉDITION DE M. STANLEY.

| Individus | TOKBALI. | JEUNE FILLE. | FEMME. | GARÇON. |
|---|---|---|---|---|
| | 20 ans. | 15 ans. | 55 ans. | 15 ans. |
| Hauteur du sol à l'occiput | 1.560 m. | 1.240 m. | 1.365 m. | 1.280 m. |
| — de l'épaule | 1.116 — | 1.021 — | 1.110 — | 1.090 — |
| — de l'ombilic | 0.835 — | 0.725 — | 0.785 — | 0.970 — |
| Longueur du bras, de l'épaule à l'extrémité du doigt médian | 0.707 — | 0.571 — | 0.580 — | 0.540 — |
| Largeur d'épaule à épaule | 0.320 — | 0.504 — | 0.295 — | 0.260 — |
| Circonférence au-dessous des mamelons | 0.710 — | 0.660 — | 0.710 — | 0.640 — |
| Circonférence au-dessous des aisselles | 0.720 — | 0.660 — | 0.710 — | 0.630 — |
| Le plus grand diamètre longitudinal de la tête | 200 mm. | 176 mm. | 180 mm. | 175 mm. |
| Le plus petit diamètre transversal | 147 — | 150 — | 145 — | 140 — |
| Largeur du nez | 60 — | 60.5 — | 65 — | 65 — |
| Circonférence du crâne | 530 — | 535 — | 510 — | 510 — |
| Longueur du pied | 220.5 — | 190 — | 212 — | 190 — |

Un poil rude, court et grisâtre recouvre le corps.

largeur de l'os frontal, moi, j'étudiais l'accent de la voix, et constatais avec quelle précision le plus léger éclair du regard coïncidait avec le plus léger froncement de lèvre. Le Pacha pouvait savoir, à un centigramme près, ce que pesait le corps du pygmée, moi je ne me souciais que de la capacité mentale.

Et voilà pourquoi le Pacha et moi nous apprécions différemment les caractères des hommes. Il connaît leurs noms, familles, tribus et coutumes; mais pour peu que j'aie fréquenté des individus, je crois connaître leur nature. Le Pacha dit les officiers fidèles, — et moi je les déclare fourbes. Il assure que tous le suivront quand il quittera Kavalli, — je m'imagine qu'il se trompe lourdement. — Il répond les avoir pratiqués pendant treize années, et par conséquent les connaître mieux que moi qui ne les ai pas vus depuis autant de semaines.... Bien! l'avenir en décidera. Quoi qu'il en soit, ces discussions abrègent les longues journées, car le Pacha est un causeur accompli.

7 mars. — M. Mounteney Jephson arrive avec Mohammed Emin et sa famille — avec une veuve égyptienne et ses quatre orphelins.

Le chirurgien Parke a obtenu un jour de congé et va conduire au Nyanza 52 Zanzibari, 30 indigènes et 19 Manyouema, pour le transport du bagage.

8 mars. — Oulédi, le héros des jours anciens, a été dépêché au lac avec 21 pagazi pour monter des charges.

9 mars. — Le D$^r$ Parke est rentré avec sa caravane : « Eh! docteur, vous êtes-vous bien amusé, ces vacances? » Il sourit : « Comme changement, cela pouvait être agréable, mais c'est une épouvantable besogne. Les plus robustes sont écrasés par cette longue et rude montée. J'entends beaucoup grogner. »

Je m'aperçois bien de ce qui en retourne. Mais qu'y puis-je? Ces gens sont nos hôtes. Nous sommes tenus de les aider dans la mesure de nos forces. C'est même pour cela que nous sommes venus. Cependant, ils pourraient se dispenser d'apporter leur caillasse; les pagazi se gaussent de l'idée absurde qu'on a de leur faire monter si haut une pierraille de 40 kilogrammes. Après tout, quand les Zanzibari en auront assez, ils me le feront savoir d'une manière ou d'autre. En attendant, voyons jusqu'où peut aller notre patience.

10 mars. — Ce matin, comme on passait en revue les Zanzibari, pour former la caravane allant au Nyanza, ils ont de-

mandé à me parler. Leur orateur fut vivement applaudi à plusieurs reprises.

« Maître, dit-il, nous sommes fatigués de monter cette rocaille, et ces grandes caisses, double poids, et ces châssis de lit. Si nous ne pensions pas que c'est un gaspillage de travail, nous ne dirions mot. Mais où porteront-ils tout ce bric-à-brac qu'ils nous font charrier? Qui pourrait jamais transporter un de ces grands cercueils pendant une journée seulement à travers la brousse? La charge tuerait l'homme le plus robuste. Et pour qui toute cette peine? Pour un ramassis d'ingrats et de sans-cœur, qui, invoquant Dieu des lèvres, ne savent rien de lui, ni du prophète Mohammed — que son nom soit béni! — Et comme ils nous traitent! ils nous appellent *abid* — des esclaves! Ils se vantent qu'un seul d'entre eux ferait leur affaire à dix des nôtres, qu'un jour ou l'autre ils prendront nos carabines et nous feront leurs esclaves. Nous savons assez d'arabe pour comprendre ce qu'ils veulent dire par là, quelque mauvais que soit leur argot. Nous venons te demander combien de temps cela durera. Veux-tu nous tuer, parce que nous avons échappé à la mort dans la forêt? Nous sommes tes serviteurs et devons obéir à tes commandements.

— C'est bien, répondis-je, j'ai entendu votre parole. Je savais qu'on en arriverait là. Mais ayez confiance en moi. Aujourd'hui retournez au Nyanza, et quand vous serez rentrés, vous aurez de mes nouvelles. »

Le capitaine Nelson fut désigné comme conducteur de la caravane, composée de 81 Zanzibari, Soudanais et Manyouema.

Je vis que les hommes refusaient leurs rations pour le voyage, marque de méchante humeur. Craignant du gâchis, je fis dire à Nelson de m'envoyer sous garde les deux meneurs principaux. Au reçu de l'ordre, le capitaine commanda aux Soudanais de saisir ces deux hommes; sur quoi les 50 Zanzibari rugirent de colère, et quelques-uns poussèrent le cri : « Tuons-les tous, et allons chez Mazamboni! »

Mais le capitaine tint bon, insista pour me renvoyer les deux porteurs; sur quoi ils répondirent qu'ils retourneraient tous au camp et protégeraient leurs amis.

Voyant la caravane revenir sur ses pas, je donnai l'ordre de prendre les armes, et les compagnies se mirent en position.

Les mécontents furent rangés en ligne au centre de la place, et, en les regardant, je vis qu'il n'en faudrait pas beaucoup pour tout gâter. Ils avaient mes sympathies secrètes, mais je ne pouvais laisser passer cet acte d'insubordination.

« Maintenant, soldats, obéissez vite et bien! Qui hésite est perdu! Ouvrez l'œil et le bon : baïonnette au canon ! Reposez armes! Formez les faisceaux ! Quatre pas en arrière! » Ils obéirent rapidement. « Avancez, capitaine Stairs, et que vos hommes prennent possession des fusils. »

Le capitaine Nelson reçut l'ordre de faire son rapport sur les motifs du retour de la caravane. Il désigna les meneurs et ceux qui avaient crié : « Tuons-les tous et allons chez Mazamboni! » Ces coupables furent saisis et punis immédiatement. Les instigateurs furent arrimés au mât de pavillon. La caravane fut de nouveau confiée au capitaine Nelson, mais désarmée et renvoyée au travail.

Vers le soleil couchant, Hassan Bakari, qui s'était absenté sans permission, fut quelque peu frappé avec une canne par son chef de compagnie. Sitôt relâché, il se précipita tout furieux vers sa hutte, jurant qu'il se ferait sauter la cervelle. On le surprit chargeant son arme. Cinq hommes s'employèrent à l'en empêcher. Je me rendis sur les lieux, et demandai, fort tranquille, pourquoi ce vacarme. Il se mit à déclamer contre l'affront qui lui avait été fait, à lui, homme libre, de bonne famille, et qui n'était pas accoutumé à être frappé comme un esclave ! Je lui parlai de manière à l'apaiser, et, très reconnaissant de ma démarche, il se calma peu à peu. Je lui rendis son fusil avec un sourire, mais il ne jugea pas à propos de s'en servir.

11 mars. — 41 indigènes descendent au Nyanza pour de nouveaux colis. Cela nous fait 928 hommes employés à cette ingrate besogne.

12 mars. — Le chasseur Trois-Heures mène au Nyanza une caravane, composée de 54 Zanzibari et 25 natifs.

13 mars. — Stairs, lieutenant du génie, descend avec 65 Zanzibari et Manyouema.

Les 41 natifs qui nous avaient quittés le 11 reviennent aujourd'hui, ne rapportant que du fatras : bois de lits, vases en cuivre de 90 litres, et ces pierres plates que les Soudanais s'obstinent à qualifier de pierres meulières. Nos alliés se plaignent d'être cruellement battus lorsqu'ils se refusent à charger ces fardeaux lourds autant qu'inutiles.

J'ai prévenu le Pacha plusieurs fois que je ne saurais tolérer qu'on nous mette semblable capharnaüm sur le dos. Emin a écrit à ce sujet à Osman Latif Effendi, commandant le camp du lac; mais ses ordres n'ont pas été obéis. Il faudra que je m'en mêle pour abolir cette cruelle corvée.

14 mars. — 21 Balegga ont offert leurs services, et ont été envoyés au lac prendre des colis. Total des charges à ce jour : 1 037.

Je considère cette fonction de porteurs, à laquelle j'astreins mes hommes, mes officiers et moi-même, comme partie essentielle du devoir qu'il me faut remplir envers mes hôtes. Ils ne méritent pas peut-être le mal qu'on se donne pour eux. Un si pénible labeur dépensé en pure perte ! Encore si l'un ou l'autre nous en exprimait quelque regret ! Mais aucune attention de leur part n'a encore montré qu'ils ne prennent pas toute notre peine pour chose due.

Je vois les officiers égyptiens se grouper aristocratiquement à part. Assis sur des nattes et fumant la cigarette, ils semblent nous prendre pour leurs domestiques et croire qu'un des leurs vaut dix de nos Zanzibari; mais, dans la séquelle, je n'en vois pas dix aussi utiles qu'un seul de mes porteurs.

15 mars. — Le lieutenant Stairs est de retour avec sa caravane, venant de Msoua. Il annonce qu'une autre centaine d'hommes empile déjà son bagage de bricole au camp du Nyanza.

Choukri Agha, le commandant de Msoua, est aussi arrivé. En présence du Pacha je lui ai signifié que, s'il entendait aller à la côte, il eût à se presser. Je lui dis n'avoir pas tout compris à ce qui se passait, depuis mon troisième retour au lac, mais que je ne pouvais trop admirer l'indifférence d'un chacun quant aux ordres et directions; il y a dix mois déjà, ils savaient tous le motif de notre venue; ils promettaient de se tenir prêts, et voici qu'aujourd'hui Choukri Agha demandait des instructions, comme s'il ne savait rien encore. Si un commandant de station et chef de troupe avait la judiciaire si lente, comment faire entrer la moindre idée dans une tête soudanaise? Tout ce que j'avais à dire pour l'instant, était que si lui, Choukri Agha, ne prêtait pas meilleure attention à ce que je disais, il serait laissé en arrière, à ses risques et périls.

« Ah! fit Choukri, je retournerai à Msoua, et dès le lendemain j'embarquerai les femmes et les enfants, et je conduirai notre bétail par Mélindoué, et nous serons tous ici dans sept jours.

— Je vous attends dans dix, avec vos familles, vos soldats et vos bêtes. »

Le Pacha me dit dans la soirée :

« Choukri Agha m'a fait la promesse solennelle qu'il exécutera mon ordre de quitter Msoua sans plus tarder.

— Lui avez-vous donné ordre par écrit, ordre clair et net, Pacha? Il ne pourra arguer du moindre doute?

— Certainement.

— Donc, ils obéiront?

— J'en suis convaincu. — Choukri Agha? Comment donc! il sera ici en dix jours, sans faute, et tous ses soldats avec lui. »

16 mars. — Choukri Agha descend au camp, avec 108 pagazi.

17 mars. — 29 Malaï et 16 Bougombi ont été envoyés au Nyanza. Total, 1190 charges à ce jour.

Ce matin, le Pacha est parti pour les collines des Baregga, dans l'intention d'augmenter ses collections ornithologiques et entomologiques. On emmenait une chèvre pour faire les frais de la collation. Le lieutenant Stairs, M. Jephson, le capitaine Nelson, le D$^r$ Parke et M. Bonny l'accompagnaient avec toute une suite pour le maintenir et l'encourager dans ses bonnes dispositions.

Hier, Jephson et moi, en explorant les sommets des collines, nous avons, dans un ravin, découvert des fougères arborescentes hautes de 5 m. 50, avec des tiges de 20 centimètres de diamètre. Nous avons apporté à Emin des héliotropes à fleurs violettes, des aloès, des fougères de roche. Ces trouvailles l'ont invité à investiguer cette flore par lui-même.

Les collines ont de 1675 à 1700 mètres de hauteur au-dessus de la mer. Les pentes et les creux sont d'un aspect pittoresque, bien que l'incendie des herbes ait nui à leur beauté. Chacune a son ru d'eau claire, sautillant entre les bambous, de hautes fougères, de petits palmiers et de nombreux buissons plus ou moins fleuris. Le bruyant gazouillis que nous avons entendu m'a fait supposer que notre insatiable collectionneur se pourvoirait ici d'alouettes géantes, d'apivores, d'oiseaux-soleil, de grands pigeons. Mais le Pacha se désole de n'avoir trouvé que quatre spécimens à empailler.

Dans une combe bordée de rocs nus et escarpés, j'ai trouvé un pâtis, long de 3 kilomètres sur 5, vert comme un lawn-tennis. Un joli ruisselet, courant sur un lit profond, en fait presque le tour, traversant d'épais bosquets; les sommets des arbres

Choukri Agha, commandant de Msoua.

atteignent le niveau de la terrasse. Depuis longtemps je n'avais vu site mieux approprié pour une station missionnaire ou quelque communauté d'hommes blancs. Altitude, 1677 mètres. De la crête des collines rocheuses qui l'entourent, le regard embrasse 7 700 kilomètres carrés du plus superbe pays qu'on puisse voir. Le Pisgah, à 110 kilomètres à l'ouest, domine les tuques, turons et saillies dans la direction du monde sylvain; le Rouvenzori, haut de 5 500 à 5 800 mètres, blanc de sa neige éternelle, à 130 kilomètres d'ici, limite la vue au sud ; à l'est, elle s'étend jusqu'à l'Ounyoro ; l'Albert-Nyanza s'étale au nord-est. Nous faisons notre pique-nique sur la terrasse.

18 mars. — Le redoutable Roudimi, chef de l'Oussiri, s'est enfin rallié à notre confédération. Outre 7 bovins, 7 chèvres, des ignames et du millet en ample provision, il m'amène 51 pagazi, qu'on expédie d'emblée au lac.

Maintenant nos indigènes respectent la propriété; on n'a plus besoin de surveiller leurs porteurs. Quinze chefs ont accepté de ne pas guerroyer les uns contre les autres, de soumettre leurs griefs à notre juridiction et d'accepter nos arrêts. Résultat : les Ouavira fraternisent avec les Ouassiri, les Balegga et les Ouahouma. Jusqu'à présent les cas qu'on nous a fournis n'étaient guère épineux, et nos décisions ont donné satisfaction.

Le camp se compose de 339 huttes et de 5 tentes, non compris le village de Kavalli, à l'extrémité méridionale duquel a surgi notre ville, qui compte parfois jusqu'à 2 000 habitants.

Les Mélindoué ayant razzié 40 têtes de bétail, Rougoudji, un de nos alliés ouahouma, le lieutenant Stairs et M. Jephson ont été dépêchés avec les compagnies 1 et 2. Ils sont revenus avec 310 bœufs. Rougoudji a reconnu son aumaille et l'a récupérée. Tous les Ouahouma sont pasteurs et bergers, mais les Ouavira se consacrent à l'agriculture.

22 mars. — Le Pacha et M. Marco ont fait visite à Mpigoué, chef des Nyamsassi, qui les a reçus fort bien et les a gratifiés de provisions en quantité considérable.

23 mars. — Plusieurs chefs nous ont envoyé des contributions en vivres pour nous remercier de représailles sur les Mélindoué.

26 mars. — Hier, dans l'après-midi, le vapeur *Nyanza* apporte le courrier de Ouadelaï, que des messagers nous transmettent ce matin.

Sélim Bey mande au Pacha qu'à son avis tous les rebelles voudront le suivre et qu'on peut les attendre au camp. Rayonnant de joie, le Pacha m'apostrophe :

« Ne vous l'avais-je pas dit? N'avais-je pas raison ? J'étais sûr qu'ils viendraient tous !

— Nous verrons la suite de ces bonnes nouvelles. Sélim Bey

Le transport des bagages sur le plateau.

quitte notre camp le 26 février en demandant qu'on l'attende « un temps raisonnable ». La distance n'est que de cinq jours, nous lui en accordons huit. Il arrive à Ouadelaï le 4 mars. Il avait promis solennellement de s'embarquer le plus tôt possible. Pour cette opération, nous lui donnons cinq jours, parce que ces gens n'ont aucune idée du temps, et nous en ajoutons huit pour le voyage de Ouadelaï au lac. A ce compte Sélim eût dû arriver le 17 courant. Voilà que, dans ses lettres au Pacha, il annonce qu'il persiste dans ses intentions du 26 février : partir.

« Le 14 mars, Choukri Agha, commandant de Msoua, vint conférer avec vous. Le 17 il s'en retournait avec l'ordre d'abandonner la station et de nous rallier le 27.... Aujourd'hui Choukri n'a pas plus vidé Msoua que Sélim Ouadelaï. — Toutes les promesses qu'on nous a faites, violées! tous nos ordres, enfreints! Je vois combien nous avons été insensés en ajoutant quelque foi aux promesses de gens pareils; Choukri Agha, pas plus que Sélim Bey, n'a l'intention de nous suivre. Les jours s'allongent en semaines, les semaines en mois, il n'y a pas de raison pour que nous ne restions en Afrique pendant des années encore.

« Je demande encore la permission de vous faire observer, Pacha, que si j'ai des devoirs envers vous et vos gens, j'en ai d'autres envers mon Comité. Chaque mois de séjour en Afrique lui coûte dix mille francs. Des devoirs, j'en ai aussi envers mes officiers. Ils font leur carrière dans l'armée, et leur congé a expiré depuis longtemps. Il ne faut pas non plus oublier nos Zanzibari. Ils voudraient retourner dans leurs familles, et s'impatientent déjà. Et si nous avions seulement quelque preuve que Sélim Bey a vraiment l'intention de quitter l'Afrique — et je considérerais comme une preuve suffisante qu'il nous envoyât au moins deux compagnies de soldats disciplinés, — nous pourrions attendre quelques mois encore! Mais réfléchissez à ceci : du 1$^{er}$ mai 1888 à la fin mars 1889, onze mois se sont écoulés et nous n'avons pu rassembler encore que 40 officiers et employés avec leurs familles, et il a fallu tous les porteurs disponibles du plateau pour charrier tout leur bagage à deux jours de marche. Pensez-vous que j'aie lieu de partager votre satisfaction?

« Veuillez croire que je me suis donné beaucoup de mal pour

savoir les dispositions qui animent Ouadelaï. — J'en ai appris de curieuses. Le major Aouach Effendi du 2ᵉ bataillon, Osman Latif Effendi, Mohammed, le mécanicien, m'ont dit en confidence que ni Sélim Bey ni Fadl el-Moulla Bey ne rentreront en Égypte. Peut-être que le premier voudra s'établir dans ce district. Mais, quelles que soient leurs protestations d'amitié, je suis averti de me tenir sur mes gardes. Il n'y a que vous pour donner créance à leurs promesses. J'admets qu'après tout, votre confiance peut ne pas être trompée, mais reconnaissez que j'ai d'excellentes raisons pour suspecter les intentions de ces messieurs. Trois fois ils se sont rebellés contre vous. Ils ont capturé Jephson, ils m'ont insulté en me menaçant de leurs carabines, ils ont proclamé assez haut qu'ils avaient l'intention de s'emparer de ma personne, sitôt que je serais de retour. Mais, Pacha, laissez-moi vous dire au moins ceci : toutes les troupes de la province n'arriveraient pas à me faire prisonnier, aucun de leurs officiers ne se risquerait à portée de carabine du camp sans tomber entre mes mains !

— Mais que devrai-je leur répondre? fit le Pacha.

— Mes officiers vous le diront eux-mêmes. Allons! laissez-moi faire! Je les manderai et je les interrogerai en votre présence : ils sont, tout autant que moi, impliqués dans cette affaire.

— Fort bien. »

Un messager requit en conseil les officiers Stairs, Nelson, Jephson et Parke. Quand ils eurent pris des sièges, je leur tins ce discours :

« Messieurs, avant de vous demander la faveur de votre avis dans cette sérieuse conjoncture, laissez-moi vous résumer les faits, tels qu'ils sont parvenus à ma connaissance :

Emin Pacha a reçu un courrier de Ouadelaï. Sélim Bey, au 26 février, quittait le poste d'en bas en promettant qu'il presserait les gens désireux d'aller en Égypte. Il écrit de Ouadelaï que les vapeurs s'occupent à faire les transports de Doufilé à Ouadelaï et que, la chose faite, on pourra s'occuper aux transports de Ouadelaï à Toungourou. Après son départ toutefois, nous apprîmes qu'il avait été déposé, qu'Emin Pacha et lui avaient été condamnés à mort par les officiers rebelles. Mais on nous dit aujourd'hui que ces rebelles, au nombre de dix, et que les factieux à leur suite désirent rentrer en Égypte, ce qui nous fait supposer que le parti de Sélim Bey a repris l'ascendant.

Choukri Agha, le chef de Msoua, la station la plus rapprochée de la nôtre, est venu nous voir vers la mi-mars. Le 16, jour de son départ, il apprenait que nous partirions d'ici pour Zanzibar le 10 avril au plus tard. Il s'est chargé pour Sélim Bey de lettres urgentes annonçant le fait en termes d'une clarté parfaite.

Huit jours après, nous apprenons que Choukri Agha est encore à Msoua; il n'a encore envoyé au camp du Nyanza que des femmes et des enfants, et, cependant, lui et ses gens devraient être ici déjà, s'ils avaient réellement l'intention de nous accompagner.

Il y a un mois que Sélim Bey nous a quittés avec la promesse d'un « délai raisonnable ». Le Pacha était alors d'avis que 20 jours étaient un délai raisonnable. Cependant, nous l'avons étendu jusqu'à 44 jours avec celui que Sélim Bey a déjà dépensé. Il n'y a que la seizième partie du nombre attendu qui soit arrivée à Toungourou. Je suis tout prêt à communiquer à Emin Pacha ma décision, car vous devez savoir, messieurs, que le Pacha, après avoir reçu de Sélim Bey une « aussi encourageante nouvelle », désire connaître ma volonté; mais j'ai préféré vous convoquer pour vous prier de répondre à ma place.

Vous n'ignorez pas que nos instructions portaient de secourir le Pacha, et de faire escorte à ceux qui voudraient nous accompagner en Égypte. Nous arrivâmes au Nyanza, et nous vîmes Emin, vers la fin d'avril 1888, il y a juste un an. Nous lui remîmes les dépêches du Khédive et de son gouvernement, ainsi que la première fourniture, et nous lui demandâmes si nous aurions le plaisir de l'accompagner à Zanzibar. Il répondit que sa décision dépendrait de son personnel.

Ce fut notre premier échec. Au lieu de trouver de nombreux individus trop heureux de quitter le pays, on pouvait se demander si, en dehors de quelques rares employés, quelqu'un profiterait de l'occasion. Avec le major Barttelot si loin en arrière, nous ne pouvions attendre la réponse sur le Nyanza. Comme la chose pouvait demander des mois, il valait mieux aller à la recherche et au secours de la seconde colonne. Jusqu'à notre retour, pensions-nous, ceux qui désirent retourner en Égypte gagneront l'impatience du départ. Laissant donc à M. Jephson le soin de transmettre notre message aux troupes du Pacha, nous retournâmes à la région des forêts chercher l'arrière-garde, et, neuf mois après, nous étions de nouveau sur les bords du Nyanza. Mais, au lieu de trouver un camp prêt au départ, nous ne voyons personne. Nous apprenons que le Pacha et M. Jephson ont été arrêtés, que la vie d'Emin est menacée par les rebelles; on nous dit ensuite qu'il court grand risque d'être garrotté sur son lit, et transporté au fond du Makkaraka. On a fait courir le bruit, dans la province, que nous n'étions qu'une bande d'aventuriers et conspirateurs, que les dépêches du Khédive et de Nubar Pacha n'étaient autre chose que des faux perpétrés par d'ignobles chrétiens, portant les noms de Stanley et Casati, avec la complicité de Mohammed Emin Pacha. Si fiers étaient les rebelles de leur facile victoire sur le Pacha et M. Jephson, qu'ils se sont vantés de m'abuser par leurs cajoleries, de piller ensuite l'expédition, après l'avoir dépouillée de tout ce qu'elle apportait, de la chasser au désert pour qu'elle y pérît. Il n'y a pas lieu d'insister sur l'ingratitude de ces gens, sur leur épaisse ignorance et mauvaise nature, mais il s'agit d'avoir ces faits présents à l'esprit pour prendre une résolution bien arrêtée.

Quand nous offrîmes tous nos bons services, nous pensions être accueillis à bras ouverts. On nous reçut avec indifférence, et même nous nous demandions si l'on ne désirait pas notre départ. Mon représentant fut retenu prisonnier, menacé du fusil, largement injurié. Le Pacha fut déposé et gardé en captivité pendant trois mois. On me dit que cette révolte est la troisième dans la province. Dans cette situation, nous avons attendu près d'une année les quelques centaines d'hommes, les enfants et les femmes qui sont enfin venus au camp. Lorsque je fis à Sélim Bey et à ses officiers la promesse que j'attendrais pendant un temps raisonnable, Sélim et ses officiers répétèrent à plusieurs reprises qu'il n'y aurait pas de retard. Déjà le Pacha a fixé la date au 10 avril, ce qui a étendu le délai à 44 jours, qui eussent dû suffire à trois voyages par vapeur, aller et retour. Les nouvelles d'aujourd'hui sont que le Bey est près de venir, mais qu'il n'est pas encore parti de Ouadelaï.

En sus de ses propres amis, qu'on dit être loyaux et lui obéir, il amène, dit-on, les 10 officiers rebelles et leur faction de 600 à 700 soldats.

Nous rappelant les trois révoltes que ces mêmes officiers ont inspirées, leurs mauvais vouloirs hautement déclarés, leurs menées et complots, la conspiration et la trahison déguisées sous les dehors de la jovialité, nous avons bien droit à demander quelle intention les anime et pourquoi, après avoir été obstinément rebelles à toute autorité constituée, ils sont devenus tout d'un coup les fidèles et obéissants serviteurs du Khédive et de son « grand gouvernement » ! Vous n'ignorez pas qu'en dehors des 31 caisses de munitions par nous livrées au Pacha en mai 1888, les rebelles possèdent 20 de ces caisses appartenant à l'administration provinciale. Nous devons leur attribuer assez d'intelligence pour se douter que cet approvisionnement, distribué entre tant de fusils, se dépenserait en une heure de combat et qu'ils ne pourront espérer en recevoir de nous qu'en faisant montre de soumission et de loyauté apparente. Bien que le Pacha s'épanouisse à chaque lettre passable qu'il reçoit de ces gens, on permettra à des étrangers comme nous de ne pas se fier facilement à des individus contre lesquels ils ont tant de raisons de se mettre en garde. Si nous avions quelque garantie de leur sincérité, nous n'aurions objection à leur livrer tout ce dont ils auraient besoin, avec la permission du Pacha, bien entendu. Mais qui nous dit qu'une fois admis chez nous, à titre de bons amis et soldats loyaux de l'Égypte, ils ne se mutineront pas quelque nuit, ne s'empareront pas de toutes nos munitions, et ne nous ôteront pas ainsi tout moyen de rentrer à Zanzibar? Cela leur serait assez facile, une fois familiarisés avec les règles du camp. L'esprit plein des révélations extraordinaires que nous a faites M. Jephson sur ce qui s'est passé dans la province depuis qu'a été fermée la route du Nil ; en voyant ici de nos propres yeux le Pacha que, tout dernièrement encore, nous supposions avoir quelques milliers d'hommes sous ses ordres, n'amener derrière lui qu'une suite peu importante; en nous remémorant « les tricheries et cajoleries » par lesquelles on pensait nous faire tomber dans le filet, serions-nous sages, je vous le demande, de proroger le délai au delà du jour fixé, à savoir le 10 avril?

Les officiers répondirent l'un après l'autre par la négative.

« Hé bien, Pacha, dis-je, vous avez votre réponse. Nous nous mettons en marche le 10 avril. »

Alors le Pacha demanda « si nos consciences l'absolvaient d'abandonner ses gens, en supposant qu'ils ne fussent pas arrivés au 10 avril ». Nous répondîmes : « Très certainement ».

27 mars. — Les courriers nous quittent, portant à Ouadelaï les dépêches ci-après :

### AVIS A SÉLIM BEY ET AUX OFFICIERS REBELLES

Camp de Kavalli, 26 mars 1889.

Salut! Ayant accordé un laps de temps raisonnable pour que tous individus désireux de quitter ce pays arrivent à notre camp, le chef de l'expédition de secours fait savoir à Sélim Bey et à ses compagnons que ce jour est le trentième depuis qu'ils ont quitté le camp du Nyanza à la fin de querir leurs gens à Ouadelaï.

Le « temps raisonnable » expire aujourd'hui.

Néanmoins, sur la représentation du Pacha, qui a sollicité une extension du délai, il est, par la présente, notifié à tous intéressés que l'expédition prolongera son séjour à Kavalli pendant deux semaines encore, à partir du présent jour. En conséquence, l'expédition se mettra en route pour Zanzibar dans la matinée du 10 PROCHAIN MOIS D'AVRIL. Tous individus qui ne seront pas arrivés à la date indiquée s'en prendront à eux-mêmes s'ils ne peuvent nous accompagner.

HENRY-M. STANLEY.

Et cet autre message :

### A CHOUKRI AGHA, COMMANDANT LA STATION DE MSOUA.

Au probe et loyal officier Choukri Agha, le chef de l'expédition de secours mande par la présente que, pour lui donner un répit qui lui assure le moyen d'arriver à notre camp, nous attendrons deux semaines encore, à partir d'aujourd'hui. LE 10 AVRIL AU MATIN, il sera procédé au départ, sans qu'il soit enquis pourquoi ou comment tel ou tel n'est pas présent.

C'est par sincère amitié pour Choukri Agha que le chef de l'expédition le prie de prendre ce dernier avis en sérieuse considération et d'agir en conséquence.

HENRY-M. STANLEY.

# CHAPITRE XXVI

### DÉPART POUR ZANZIBAR

(Du 27 mars au 8 mai 1889.)

Fausses nouvelles venant de chez Mazamboni. — Un peu de l'ivoire du Pacha. — Opinion d'Osman Latif Effendi sur les officiers du Pacha. — Séli espion du camp. — Jugement du capitaine Casati sur la retraite d'Emin. — Le poids de mes officiers. — Le Rouvenzori. — La fillette élevée par Casati. — J'interviens entre Mohammed Effendi, sa femme et Emin. — Bilal et Sirour. — Tentative de voler des carabines. — Bruits de désordres à Ouadelaï, à Msoua. — Alternative posée à Emin Pacha. — On sonne pour la revue générale. — Les Zanzibari pourchassent les Arabes d'Emin. — Ma harangue aux Égyptiens et Soudanais. — Stairs pousse les domestiques du Pacha dans le carré. — Sirour et trois autres des meneurs principaux, mis sous garde. — Les suivants d'Emin Pacha. — Osman Latif Effendi et sa mère. — Emin et Casati ne se parlent plus. — Préparatifs de marche. — Passe d'armes entre Omar, le Nubien et les Zanzibari. — Je prononce la sentence. — Nous partons de Kavalli pour Zanzibar. — Notre effectif. — Halte sur le territoire de Mazamboni. — Je tombe malade. — Les habiles soins du D$^r$ Parke. — Mes plans pour la marche du retour. — Bruits de nombreux complots. — Stairs et 40 hommes capturent Rehan et 22 déserteurs. — La cour martiale condamne Rehan. — Maladie de Parke et de Jephson. — Un paquet de lettres tombe entre nos mains. — Découverte d'un complot. — Conversation avec Emin sur cette affaire. — Choukri Agha nous arrive avec deux hommes. — Stairs cache des munitions. — Nous continuons la marche sur Bounyambiri. — Les services rendus par Mazamboni. — Trois soldats arrivent avec des lettres de Sélim Bey. — Contenu des messages. — Entretien avec les soldats. — Ils emportent une lettre d'Emin. — Ali Effendi et ses gens repartent avec eux.

27 mars. — J'ai appris aujourd'hui que des étrangers, qu'on croit être des Zanzibari, sont arrivés chez Mazamboni, et me suis empressé d'envoyer Jephson avec 43 hommes pour s'assurer du fait. Serait-ce Jameson accompagné de Sélim bin Mohammed et de ses gens?

29 mars. — M. Jephson est revenu d'Oundoussouma, ramenant 56 porteurs indigènes. Il n'y avait pas d'étrangers La nouvelle était fausse. Hélas, pauvre Jameson!

Je me demande quel parti il aura pris en recevant mes lettres !

31 mars. — Le capitaine Nelson est arrivé avec 132 charges, ce qui fixe à 1 355 le nombre total de celles que nous avons montées des rives du Nyanza. Il ne reste plus, me dit-on, que de grands morceaux d'ivoire pesant, en moyenne, 70 kilogrammes chacun. Le Pacha avait 65 défenses dans ses bagages, et j'en ai proposé 45 aux Manyouema en échange de leurs services ; ils ont refusé, préférant être rétribués en marchandises livrables dès leur arrivée à la station des missions anglicanes de Msalala.

Osman Latif Effendi, sous-gouverneur de la Province Équatoriale, est venu me trouver cet après-midi, et m'a fait part de ses impressions sur les officiers de Ouadelaï. « Sélim Bey, m'a-t-il dit, pourra se joindre à vous. Ce n'est pas un mauvais homme, mais il est paresseux et aime la bière. Avec ses gens, il formerait un appoint de 350 officiers et soldats. Fadl el-Moulla Bey, le chef du parti opposé, et son lieutenant sont mahdistes. Depuis qu'ils ont appris la chute de Khartoum, il y a trente-sept mois, juste au moment où partait le D$^r$ Junker, ils refusent toute obéissance au Pacha. Dans l'espoir que ton arrivée leur ferait changer d'idée, Emin s'était rendu à Ouadelaï avec M. Jephson, mais Fadl el-Moulla, voulant se rendre agréable au Khalife et en obtenir de hautes distinctions en lui livrant le Pacha, le fit immédiatement arrêter. Ils ont eu aussi le projet de t'attirer par de belles promesses et de t'envoyer à Khartoum. Si tu reçois leur visite, je te conseille d'être très prudent. Quant à moi, j'en ai assez de ce pays et tiens à rentrer au Caire. Je ne veux avoir rien à faire avec eux !

— Que penses-tu des gens d'ici, Osman Latif ?

— Aouach Effendi n'oserait pas rester après ton départ. Comme major du 2$^e$ bataillon, il passait pour être très sévère, on le déteste ; on en veut à sa vie. Presque tous les autres demeureraient volontiers si Sélim Bey le leur conseillait. Aouach Effendi et moi te suivrons. Nous mourrons en route peut-être, mais si nous restons ici, nous mourrons pour sûr.

— Pourquoi n'aime-t-on pas le Pacha ?

— Je l'ignore ; c'est peut-être Satan qui les pousse ! Il a été très juste et très bon pour tout le monde, mais plus il leur en permet, plus leurs cœurs s'éloignent de lui. Ils disent : « Qu'il « s'en aille ramasser ses insectes et ses oiseaux; nous n'a- « vons que faire de lui! » Le Pacha aime à voyager et à observer toute sorte de choses, mais là il ne se soucie guère des hommes!

— Penses-tu qu'ils l'aimeraient davantage s'il en avait pendu deux ou trois?

— Peut-être, Dieu le sait!

— Et toi, l'aurais-tu aimé davantage s'il avait été plus sévère pour toi?

— Non, mais je l'aurais craint davantage.

— Naturellement!

— Mais, je t'en prie, ne dis pas au Pacha que je t'ai parlé de lui : il ne me le pardonnerait jamais!

— Ne crains rien! mais si tu apprends que quelque chose se trame dans le camp, viens m'en avertir.

— Mon fils et moi sommes à ton service. Nous saurons tout ce qui se passe et te le dirons. »

Je vis bientôt Osman Latif se diriger vers les quartiers d'Emin, lui baiser les mains et lui faire de profondes révérences. Je me hâtai de le suivre, curieux de l'observer. Le Pacha était assis gravement dans son fauteuil et donnait ses ordres à Osman Latif d'un air de dignité. Celui-ci s'inclinait obséquieusement chaque fois. Un étranger naïf aurait pu s'imaginer que le premier personnifiait le pouvoir royal, tandis que l'autre représentait l'obéissance servile. Je les quittai plongé dans mes réflexions.

Séli, mon ordonnance, est l'espion le mieux renseigné de tout le camp. Comment? Je l'ignore, mais il paraît en savoir beaucoup plus qu'Osman Latif, Aouach Effendi et tous les jeunes Égyptiens. Il assiste aux conseils des capitaines, il est intime avec Mohammed, le mécanicien; Ibrahim Effendi Elham et son beau-père Ali Effendi semblent l'adorer. Mais il ne manque pas d'informateurs en sous-ordre. Les Zanzibari sont des trafiquants jusque dans la moelle des os; ils ont toujours quelque chose à vendre, et pendant que le marché se débat, on s'enquiert adroitement des affaires courantes; un morceau par-ci, un autre par-là, ils accommodent le tout et le servent à Séli, qui me le rapporte. Il y a, toujours beaucoup de commérages, mais aussi des détails précis et très bons à connaître.

Les mécontents ont tramé un complot pour se soustraire à l'autorité du Pacha. Neuf des siens seulement lui restent fidèles. Et il est si confiant qu'il suffit à ces coquins de lui

Séli, mon ordonnance.

baiser les mains et de lui demander pardon pour qu'il se mette à leur merci. Quand le maître devient le jouet de pareils chenapans, son autorité ne compte plus.

Le Dr Vita Hassan et le mécanicien Mohammed assurent que le Pacha attache beaucoup de prix à l'opinion du capitaine Casati. Il est bien naturel qu'il ait des égards pour le seul Européen qui lui soit resté depuis le départ du Dr Junker jusqu'à notre arrivée; toutefois M. Jephson assure que si Casati paraît abuser de la bonté du Pacha, celui-ci sait très bien le remettre à sa place.

Emin est entré ce matin dans ma tente. D'après lui, Casati ne semble pas satisfait de quitter la Province Équatoriale. Il lui dit que mon devoir est de rester.

« Rester où, Pacha ?

— Avec mon peuple.

— Quel peuple, dites-moi ?

— Mes soldats.

— Pourtant il me semble que vous m'écriviez il y a quelque temps de votre propre main — vous aviez lu aussi la lettre de Jephson — que vous étiez prisonnier de vos soldats, qui, non contents de vous avoir déposé, menaçaient de vous mettre aux fers et de vous envoyer à Khartoum lié sur votre couchette, et je pense que vous savez mieux que moi ce qu'après on aurait fait de vous !

— C'est vrai ; ne croyez pas que je veuille changer d'avis. Je vous l'ai dit, nous partirons ensemble le 10 avril, c'est entendu ; mais si vous voyiez Casati à ce sujet, si vous lui en parliez ?

— Je serais enchanté de le faire, mais je parle un si mauvais français ! Le sien est encore pire.

— Vous n'avez qu'à m'envoyer chercher, je vous servirai d'interprète. »

Casati paraît par le caractère une seconde édition du Pacha. Il ne cache pas qu'il préfère l'Afrique à l'Europe. Certes il a le droit d'avoir ses goûts, mais je me demande ce qui peut le retenir ici. Emin, on le comprend jusqu'à un certain point. Quand il avait encore quelque ombre de pouvoir, il a refusé 37 300 francs de traitement et une provision annuelle de 300 000 francs pour le gouvernement de sa province. Il n'a voulu accepter, sous les auspices d'une société anglaise, un poste analogue que quand il a été trop tard. La proposition de nous suivre lui a été si désagréable qu'il s'est abstenu d'y répondre avant de consulter ses troupes, et c'est en voulant provoquer leur avis qu'il a été déposé, emprisonné et, pour nommer les choses par leur nom, réduit à prendre la fuite. Mais quand ces deux hommes ont causé ensemble, Emin ne revient jamais sans être découragé et sans crainte d'être accusé par ses troupes rebelles de les avoir abandonnées.

Casati au contraire semble tout enorgueilli d'avoir éveillé ses doutes. Son but, en dehors de celui d'avoir un compagnon d'infortune, ne m'apparaît pas nettement.

Je me rendis au quartier du capitaine Casati et je fus obligé, après d'inutiles efforts pour me rendre intelligible, d'avoir recours aux bons offices du Pacha. Incontinent, Casati se mit à le sermonner au nom de l'honneur et du devoir: le Pacha était moralement coupable d'abandonner ses troupes;... le capitaine faisait évidemment allusion à l'intention formellement énoncée par Emin de partir avec nous le 10 avril.

« Mais le Pacha n'a jamais eu l'intention d'abandonner ses troupes, vous le savez mieux que personne ! Ce sont ses soldats qui l'ont déposé, qui se sont révoltés par trois fois, et par trois fois lui ont fait savoir qu'ils n'avaient pas besoin de lui et ne voulaient plus obéir; ils l'ont emprisonné et gardé pendant près de six mois, du 18 août au 6 février; ils l'ont menacé de mort et l'auraient probablement envoyé à Khartoum, si les barbares Donagla ne leur avaient laissé voir le sort qui les attendrait eux-mêmes là-bas.

— Le gouverneur d'un fort ne doit jamais abandonner son poste! fit Casati.

— Je suis absolument de votre avis, si ses troupes restent fidèles. Mais si elles l'emprisonnent, si elles foulent aux pieds le drapeau et ouvrent les portes, que peut faire le malheureux gouverneur !

— Le capitaine d'un vaisseau de guerre doit tirer jusqu'à son dernier boulet.

— Oui, mais si l'équipage s'empare du capitaine, le met aux fers et abat le drapeau?

— Non! Je ne suis pas de votre avis! dit énergiquement l'Italien. Le Pacha devrait rester avec son peuple.

— Mais qui est son peuple? Les rebelles se refusent à voir en lui autre chose qu'un prisonnier! Voulez-vous dire que le Pacha doive retourner là-bas en qualité de captif et se contenter de cette humiliante position ?

— Non certainement.

— Peut-être pensez-vous qu'ils pourraient changer d'idée et l'élever de nouveau au poste de gouverneur?

— Qui sait!

— Pensez-vous que ce soit possible?

— Pourquoi pas?

— Conseillez-vous au Pacha de se remettre entre les mains de Fadl el-Moulla Bey et de ses officiers?

— Non.

— Supposons maintenant que vos serviteurs s'emparent de vous pendant votre sommeil et vous menacent de mort, mais qu'on arrive à temps pour vous sauver, leur confieriez-vous de nouveau votre vie?

— Non.

— Supposons qu'ils viennent vous trouver cette nuit et vous disent qu'ils n'ont plus l'intention de vous obéir. Vous les rappelez au devoir, et ils cherchent à vous tirer dessus,... vous croirez-vous moralement obligé de rester leur maître?

— Non.

— Alors, mon cher Casati, vous répondez pour le Pacha. Il n'est pas obligé de faire ce que vous ne feriez pas vous-même. Emin a deux devoirs à accomplir, l'un envers le Khédive, l'autre envers ses soldats. C'est parce qu'il a accompli patiemment et dignement le premier que mes jeunes amis et moi sommes ici. Le Khédive lui commande d'abandonner la province et lui envoie aide et protection à cet effet. Le Pacha en appelle à ses soldats et demande leur opinion. Là-dessus ils se saisissent de lui, le menacent de mort et le retiennent prisonnier pendant six mois. Voilà leur réponse : « Encore une « fois nous ne voulons plus avoir affaire à lui. »

Casati n'était pas convaincu, et je vois le Pacha fort perplexe. Ils se retrouveront ce soir et rediscuteront l'aspect moral de la question. Dieu sait ce que leurs intentions seront demain! Ils ne comprennent ni l'un ni l'autre l'état des choses. Je suis persuadé que leur esprit est aussi trouble que leur position serait désespérée si on les laissait livrés pendant quelques jours à leurs seules ressources.

Avant de se retirer pour la nuit, le Pacha vient dans ma tente me donner l'assurance qu'il partira le 10 avril, et que tous les Égyptiens qui se trouvent dans le camp, au nombre de six cents, l'accompagneront. Mais d'autres informations me prouvent qu'il se trompe grossièrement. Comment ses hommes le détromperont-ils? je l'ignore. Jusqu'à présent je n'ai guère causé avec qui que ce soit et ne prétends certainement pas imposer ici mon autorité. Je regarde le Pacha comme mon hôte et les Égyptiens comme ses gens; je les fournis de viande et de grain. Tous les matins et tous les soirs, le docteur Parke visite leurs malades.

1ᵉʳ avril. — Les premières dispositions sérieuses en vue du retour ont été prises aujourd'hui. Le lieutenant Stairs avec sa compagnie, composée de 71 hommes armés de carabines, est parti ce matin; il va préparer un camp chez Mazamboni et faire provision de vivres pour les besoins de l'immense caravane qui doit se mettre en route le 10.

Le major Aouach Effendi et Rouchdi Effendi les accompagnaient; puis deux ou trois Égyptiens et leur suite; 57 porteurs indigènes de chez Mazamboni, 29 d'Oussiri et 30 des sujets de Mpinga. En plus des bagages de la 2ᵉ compagnie, ils ont 88 charges de poudre et de munitions remington et winchester.

Je me permets de copier ici une statistique qui peut intéresser les médecins :

POIDS DES OFFICIERS DE L'EXPÉDITION A DIVERSES ÉPOQUES

|  | POINTE BANANA. | FORT BODO dans la forêt. | KAVALLI. | Après la maladie[1]. |
|---|---|---|---|---|
|  | 1887 | 1888 | 1889 | 1889 |
| Stanley | 76 kilog. | 61 kilog. | 66 kilog. | 60 kilog. |
| Jephson | 76 — | 60 — | 68 — | 60 — |
| Docteur Parke | 73 — | 67 — | 77 — | » |
| Major Barttelot | 65 — | » | » | » |
| Lieutenant Stairs | 74 — | 64,5 — | » | » |
| Capitaine Nelson | 77 — | 65 — | 64,5 — | » |
| Emin Pacha | » | » | 59 — | » |

1. Ceci pour compléter la statistique.

2 avril. — Le Rouvenzori est visible depuis trois jours. Cette chaîne neigeuse, pure, éblouissante, noyée dans les profondeurs infinies d'un ciel d'opale, changeant de couleur suivant les heures, est un merveilleux spectacle jusqu'au soleil couché et à la nuit noire. Les indigènes soutenaient que le pic méridional des Balegga devait nous la cacher, mais par nos relèvements et triangulations nous étions certains du contraire, et quand elle apparut, superbe, ils se retournèrent pour me demander : « Mais comment as-tu pu savoir qu'on la verrait d'ici? »

3 avril. — Le Pacha commence à ouvrir les yeux. Il a réuni les gens de sa maison, 54 domestiques, gardes, officiers d'ordonnance, etc., qui lui étaient restés fort attachés jusqu'à présent, et leur a demandé s'ils consentiraient à l'accompagner le 10 avril. Tous ont refusé, à l'exception de 4; ils attendent leurs « frères », disent-ils.

L'un de ces quatre « fidèles » a crûment déclaré d'ailleurs qu'il suivrait son maître uniquement pour s'emparer d'une petite fille que Casati lui refusait ; aussitôt qu'elle serait en sa possession, il rejoindrait ses frères à Kavalli.

Je demandai à Emin quels droits Casati avait sur cette enfant, d'un noir très intense et âgée d'environ cinq ans. Il me raconta que, quelques années auparavant, en partant pour l'Ounyoro, où il allait représenter le Pacha, Casati l'avait prié de lui trouver une cuisinière. Pendant son séjour chez lui, celle-ci mit au monde cette fillette, qu'elle avait eue d'un soldat soudanais. Casati garda l'enfant et s'y attacha. Elle l'amusait par son joli babil et égayait sa solitude. Quand l'Italien fut expulsé de l'Ounyoro par Kabba Réga, le mari réclama sa femme et aussi la fillette, qu'il désavouait pourtant pour sienne. Casati ne voulut pas lui livrer la petite et s'y est toujours obstinément refusé.

Le Pacha craint que le soldat ne nourrisse quelque sinistre dessein contre Casati et déplore l'attachement presque morbide de ce dernier pour tous ses domestiques mâles et femelles. Mais il a de la répugnance à user de son autorité vis-à-vis de Casati, son ami fidèle et si longtemps son hôte, et regrette qu'il ne veuille pas suivre ses conseils. — Cette conversation avait lieu entre 5 heures 30 et 6 heures 30 du soir.

Une heure plus tard, flânant devant ma tente au clair de lune, j'entendis une voix furieuse lancer en arabe toutes sortes d'imprécations gutturales, parmi lesquelles je distinguai mon nom et celui du Pacha fréquemment répétés. Ces bordées d'injures se terminaient par des exclamations comme celles-ci : « Assez ! — Assez ! » Et d'autres répondaient d'un ton caressant : « Au nom du Prophète ! — Aie patience ! — Calme-toi ! » etc. Puis enfin la voix du Pacha, s'élevant haute et ferme : « Qu'y a-t-il donc ? Paix ! te dis-je. Je t'ordonne de te taire ! Va trouver M. Stanley ; sa tente n'est pas loin. Va ! »

## J'INTERVIENS DANS UNE AFFAIRE DÉLICATE.

Alors Mohammed Effendi, mécanicien, un Égyptien à la peau claire, et qui ne manquait pas d'une certaine beauté, se précipita vers moi, suivi par une foule compacte, et versa à mon oreille, c'est bien le mot, des flots de paroles inspirées par la jalousie et entremêlées d'accusations malveillantes. Sa femme, me dit-il, sa femme légitime, épousée à Khartoum, était entrée treize mois auparavant, et avec sa permission, au service du Pacha. Emin l'avait prise comme bonne de la petite Férida, sa fille, après la mort de sa mère, une Abyssine. D'abord sa femme trouvait le temps de soigner l'enfant et de s'occuper de son mari; mais, depuis six mois, elle lui était devenue complètement étrangère et le traitait fort mal chaque fois qu'ils se rencontraient. Ces dernières vingt-quatre heures, il lui avait envoyé force messages, qu'elle avait tous rejetés avec dédain.

En avait-elle le droit? Ne lui ferait-on pas justice?

« Vraiment, mon ami, ce n'est pas à moi de régler affaire aussi délicate. As-tu prié le Pacha d'intervenir? Ta femme faisant partie de sa maison, c'est à lui qu'il faut s'adresser et non à moi.

— M'adresser à lui? Si tu ne veux pas me faire justice, je vais le tuer; je vais tuer ma femme ou bien je vais me tuer. Certainement, je ferai quelque malheur! »

Il partit bruyamment, proférant des menaces, braillant si haut que tout le camp l'entendait.

Je me demandais ce que tout cela voulait dire, quand une forme blanche se glissa vers ma tente, une femme, on le voyait à ses vêtements.

« Qui va là?

— La femme de Mohammed Effendi.

— Au nom de Dieu! qu'as-tu à faire chez moi?

— Je veux que tu m'entendes. Mohammed t'a raconté son histoire, tu dois écouter la mienne.

— Le Pacha t'a-t-il permis de venir? »

Le Pacha donna la permission; M. Jephson et le D$^r$ Parke introduisirent la suppliante : « Parle, je t'écoute! »

La belle s'était accroupie, une masse blanche, dans le coin le plus obscur de ma tente, où brûlait une seule chandelle. Un parfum subtil d'essence de roses de Chiraz ou de Stamboul se répandit dans l'air et j'entendis une voix pure et délicieuse, articulant si nettement chaque syllabe d'arabe, qu'il me semblait comprendre tout son discours. En quinze jours une pareille voix aurait fait de moi un parfait arabisant.

Son histoire était à l'effet d'établir qu'elle détestait cordialement son mari, une brute païenne indigne de l'approcher : il avait déchiré sa robe; il l'avait pillée, battue, lui avait même à demi fendu la tête un certain jour. Elle n'aurait plus jamais, non jamais! rien à faire avec lui!

— C'est tout?
— Oui.
— Serour, ramène-la chez le Pacha. »

Quelques secondes après, le Pacha vint me demander un moment d'entretien. Autorisée par son mari, cette femme était devenue la bonne de sa petite fille; il la payait largement en étoffes, que le mari lui arrachait aussitôt; il la battait sans pitié, et plusieurs fois elle avait prié Emin d'intervenir. Le mari avait accepté ses observations en silence, et lui n'avait pas la moindre idée que cet homme fût jaloux, jusqu'au moment où il avait entendu la voix furieuse du Soudanais menaçant de la tuer; donc il se voyait obligé de recourir à ma protection, car, dans un accès de folie, ce forcené pourrait bien égorger quelqu'un.

« Me remettez-vous cette affaire dans les mains?
— Certainement.
— Alors, je vous prie de rentrer dans votre logis. Des gardes seront placés à chacune de vos portes, et je garantis la sûreté de tous ceux qui l'habitent. Je verrai Mohammed et vous ferai connaître avant ce soir les mesures que j'aurai prises. »

Le Pacha sortit et Mohammed fut appelé.

Il m'affirma n'avoir pas l'intention de priver la petite Férida des soins de sa femme; il demandait simplement qu'elle vînt le voir de temps à autre, et se conduisît avec lui comme doit le faire toute épouse fidèle.

« Si tu veux prendre certains engagements, je ferai mon possible pour ramener ta femme à la raison; mais, avant tout, il faut te présenter demain matin chez le Pacha et lui faire des excuses pour ta honteuse conduite de ce soir. Ne m'interromps pas, je sais que tu as été poussé à cette inconvenance par les amis, le D$^r$ Vita Hassan, Bassili Effendi, et autres. Mais que je n'entende plus un mot cette nuit! Rentre tranquillement chez toi. Demain, nous nous reverrons. »

Ce soir un courrier est arrivé de Ouadelaï. Tout va au plus mal et un grand désordre règne dans cette station.

4 avril. — A 8 heures du matin, j'allai chez le Pacha avec le mécanicien. Emin voulut bien agréer les humbles excuses de cet homme, dont la physionomie démentait les paroles de soumission. Mohammed, d'après ma demande, autorisait sa femme à se rendre chez le Pacha depuis la première heure du jour jusqu'à celle où l'enfant était mise au lit; le Pacha consentit.

« Mohammed, voici maintenant ce à quoi tu dois t'engager :

« Ta femme restera au service de Férida toute la journée. Elle ne rentrera chez toi que le soleil couché.

« Tu ne la battras jamais.

« Ses effets personnels resteront chez le Pacha; tu lui devras secours et protection pendant la marche; au camp, elle reprendra son service auprès de Férida; tu ne pourras, à moins de maladie, la déranger sous aucun prétexte.

« En considération de ses services, le Pacha devra nourrir, vêtir et faire porter ta femme pendant les marches. »

Le Pacha et Mohammed acquiescèrent.

La femme fut appelée; le Pacha lui traduisit mot pour mot chacune des conditions. De colère, en les entendant, elle rejeta son voile et, en l'absence de toute attraction d'une nature plus relevée, elle me parut extrêmement belle avec ses grands yeux noirs splendides. Sa physionomie offrait le cachet des femmes du Caire. La chambre était emplie du parfum que dégageait la robe de mousseline d'un blanc immaculé sous laquelle en transparaissait une autre rouge écarlate. Dans toute l'Afrique sauvage je n'avais rien vu qui pût lui être comparé.

La traduction une fois terminée, elle cria un énergique « Jamais! » et se mit à apostropher son mari, qui attendait dans une attitude ridicule de fureur et de jalousie.

« Emmène-la, Mohammed! »

Il lui ordonna de le suivre, mais elle s'y refusa dédaigneusement.

« Emmène-la, te dis-je! »

Mohammed étendit la main pour la saisir, mais elle le repoussa en criant : « Jamais ! » et lançant des éclairs de ses beaux yeux de gazelle.

« Pacha, veuillez donc lui commander de partir ! »

De sa voix de baryton le Pacha lui intima l'ordre de suivre son mari. Elle ne bougea.

« Vous voyez qu'elle s'y refuse ! fit le Pacha. Que faire ?

— Mon cher Pacha, la scène était prévue. Malgré son entêtement, il faut..., il faut qu'elle suive son mari, et nous patienterons, quoi qu'il arrive, pourvu que son mari ne la maltraite pas. Veuillez, Pacha, lui commander une fois encore de suivre son époux, à moins qu'elle ne préfère être emmenée de force. »

Le Pacha réitéra son ordre. Après une seconde d'hésitation — on voyait qu'elle jaugeait la force de nos volontés — elle quitta la tente, emportant avec elle le parfum délicieux de sa personne et le charme de sa présence.

« Cours après elle, Mohammed ! Mais si tu la frappes, ne serait-ce qu'avec une plume d'oiseau, elle te restera étrangère jusqu'en Égypte. Bonhomme, laisse-la criailler, dût-elle choir pâmée. Un homme comme toi craindrait-il un peu de vent ? Traite-la avec égards pendant trois ou quatre jours. Elle désarmera, je te le garantis ! »

Voilà qu'après dix minutes, Mohammed reparaît ; piteusement il s'écrie : « Elle est possédée par le diable. On n'en peut plus rien faire, elle déchire ses robes, se griffe la figure, comme si elle voulait détruire sa beauté pour toujours !

— C'est tout à fait ça, Mohammed, tout à fait ça. Va, ligotte-lui les poignets, les mains derrière le dos. Mais attache-la avec un sourire de confiance et des paroles d'apaisement, Mohammed. Aucune loi ne te le défend, Mohammed. Elle est ta légitime épouse, Mohammed. Mais ne la bats pas, ou tu serais une brute. »

Le mari s'en va, garrotte sans trop de cérémonie la belle récalcitrante. Elle, alors, de rugir et de se lamenter pendant une demi-heure. Les voisines accoururent pour la consoler, et lui conseiller de céder au mari ; il redeviendrait bon et tendre pourvu qu'elle lui rendît l'obéissance. « C'est pour t'aimer trop qu'il s'est mis en cet état. Va, si tu sais t'y prendre, il deviendra ton docile esclave ! » Sont-elles avisées, ces femmes !

Mais tous leurs conseils combinés et leurs rusées suggestions valaient moins pour mater sa colère que la cordelette qui réduisait cette femme orgueilleuse à la plus complète impuissance en face du mari, gouailleur maintenant.

A trois heures, elle m'adressa un dolent message pour implorer sa mise en liberté ; il lui fut répondu sèchement que sur moi sa voix n'avait aucun pouvoir, ni sa beauté aucune séduction, et qu'elle eût à s'adresser à son mari. Effectivement, elle se retourna vers Mohammed. Traitable enfin, elle supplia son seigneur et maître de plaider en sa faveur, car les liens lui faisaient mal ; elle promettait d'être à l'avenir femme obéissante et soumise.

Et Mohammed de se représenter, la figure rayonnante de triomphe, n'ayant plus les rides jalouses qui la défiguraient naguère ; il intercède pour sa libération, qui lui est accordée, mais accompagnée de sages avis : ne pas laisser son amour dégénérer en faiblesse, garder le ton du commandement, et la tenir pendant quelques jours à distance austère. Sinon elle aurait bientôt regagné l'avantage.

La pénitente fut autorisée à reprendre son service accoutumé dans le ménage du Pacha. Le soir, elle retournait, tranquille et modeste, au logis conjugal. Que la paix abrite sous son aile ce ménage si troublé naguère. Amen !

5 avril. — Ce matin, j'apprends par Serour, un garçon monbouttou de la maisonnée du Pacha, que deux seulement des domestiques veulent le suivre. Emin les ayant tous questionnés l'avant-veille, ils se sont consultés ; en fin de compte ils ont décidé qu'ils le laisseraient partir. Tous, tant qu'ils étaient, ont été de cet avis, ordonnances, gardes, employés et domestiques, à l'exception de Bilal et de lui, Serour.

« Et vous deux, êtes-vous vraiment décidés à l'accompagner ?

— Je ne sais pas au juste. Si tous les amis restent, que ferai-je tout seul ?

— Il n'y a donc que Bilal qui soit bien résolu ?

— Que lui. »

A 10 h. 30, à l'appel, j'appris par Séli que les Zanzibari se racontaient qu'en divers endroits on avait tenté de voler leurs carabines, mais que leur vigilance avait frustré ces tentatives. Je fus bien aise d'apprendre que les Zanzibari avaient enfin compris qu'il importe de tenir le fusil à proximité, même pendant la nuit. Le camp a le pressentiment que bientôt il y aura quelque chose. On chuchote dans les coins, on ne laisse pas surprendre certaines conversations. On sait que les domestiques du Pacha lui ont déclaré net qu'ils ne le suivraient point ; on s'est aperçu que les Égyptiens d'ici adressent des paquets de correspondance aux Égyptiens de Ouadelaï, qui ont toujours leurs raisons pour ne pas partir, et que ceux de Ouadelaï répondent par des missives non moins volumineuses. Certains vous avisent d'être sur vos gardes avec les Egyptiens ; on se rappelle la carabine volée par un officier, les hardies tentatives faites récemment pour en dérober d'autres. Tout cela prouve qu'un grand coup se prépare avant le départ.

Jusqu'à présent j'avais considéré le Pacha et sa suite comme des hôtes qu'il fallait traiter avec politesse et courtoisie ; j'étais leur intendant, sauf en ce qui concernait le service d'intérieur et nos propres affaires. Nul jour ne s'est passé sans que mes officiers et moi n'ayons témoigné à l'ancien gouverneur les sentiments de respect et de sympathie qu'il nous inspirait ; mais, il faut le reconnaître, Emin ne sait pas se faire obéir. Il n'a donné aucun ordre tant soit peu important qu'on ait suivi, il n'a fait aucune requête à laquelle on ait obtempéré. Nous nous désolions et nous nous impatientions de le constater ; quand nous prenions la hardiesse d'en faire l'observation, il répondait du haut de son expérience, expérience de treize années, qui semblait le rendre infaillible. Mais, nos procédés courtois ayant fait penser que les autres blancs sont de même étoffe que leur Pacha, et ces Égyptiens s'attaquant à nos droits et libertés, il se faisait temps d'intervenir.

J'allai chez Emin. Le Pacha, qui mettait la dernière touche à des oiseaux qu'avait empaillés son secrétaire, se remonta dans sa dignité habituelle, et se prépara gravement à m'entendre.

« Emin Pacha, débutai-je, des courriers sont arrivés hier soir de Ouadelaï et Msoua. Ils ont apporté un gros paquet de missives écrites par Sélim Bey, des employés égyptiens et autres. Chaque lettre reçue raconte quelque désordre et quelque confusion nouvelle. Une demi-douzaine de factions s'entre-choquent. Un plumitif copte rapporte que tout le monde s'y perd, que personne ne semble savoir où l'on en est. — On a forcé les magasins du gouvernement ; on y a puisé chacun suivant sa convenance ; les officiers n'ont pu rien empêcher ; Ouadelaï ressemble à une maison de fous; Sélim Bey n'a pas encore commencé à embarquer sa propre famille; il a peu d'adhérents, et encore sont-ils indociles.

« Vos gens d'ici ont reçu plusieurs lettres de là-bas, et, par une concordance singulière, on a tenté cette nuit de voler nos armes. Trois fois on a pénétré dans les tentes des Zanzibari, essayant de subtiliser les carabines. Mais les Zanzibari avaient attaché leurs fusils à la ceinture: on ne pouvait y toucher sans les réveiller; les larrons ont détalé. Tandis que vous étiez à vos études et collections, j'avais l'œil au grain.

« Cinq nuits sont encore à passer avant le 10 avril. Une première tentative pour dérober nos armes n'a pas abouti, mais on essayera à nouveau et peut-être réussira-t-on; car ces gens sont des malins, je le reconnais, et il y a anguille sous roche. Certes, s'ils parviennent à me prendre seulement un fusil, le châtiment sera sommaire, j'oublierai que vous me les avez amenés comme des hôtes. Cette extrémité, je voudrais l'éviter. Il m'en coûterait de verser le sang et de recourir à la violence; je voudrais, sauvegardant nos armes et munitions, effectuer notre départ tranquillement et paisiblement.

« Voici l'alternative que je propose :

« Vous sonnerez l'appel de vos Arabes et Soudanais, et vous les interrogerez en douceur pour savoir qui vous accompagne. Je renverrai les autres. Et s'ils n'obéissaient, j'emploierais la force. Mais comme ils méprisent nos Zanzibari, ils voudront peut-être résister. Dans un pays où il n'y a d'autre recours que l'appel aux armes, il faudra en venir aux mains, et nous en serions aux regrets.

« L'autre moyen me paraît plus pratique et serait plus pacifique. Donnez l'ordre d'empaqueter tranquillement votre bagage. A l'aube mes gens vous escorteront jusqu'à votre futur camp, que nous placerons à 5 kilomètres de mon quartier.

« Vous convoquerez par message ceux qui veulent vous accompagner. Ceux-là seront les bienvenus; mais nul autre n'approchera sous peine de mort.

— Hum! puis-je en référer à Casati?

— Non, monsieur! Casati n'a rien à redouter, ils ne lui en veulent pas. Il n'exerce pas les fonctions de gouverneur ou d'officier. Casati n'est qu'un voyageur. Il peut vous suivre le lendemain ou après, quand il lui plaira. Si on le retenait, j'attaquerais les rebelles et le délivrerais sur l'heure, n'ayez crainte! »

Tandis que je parlais, le Pacha branlait la tête, de la façon mélancolique et résignée qui lui est propre, et qui m'a toujours semblé témoigner de la plus pitoyable irrésolution.

« Pacha, il me semble que vous ne vous souciez ni du premier expédient ni du second. Suggérez donc une combinaison qui prévienne le conflit, immanquable autrement, avec ces gens si misérablement conseillés. Mais il ne sera pas dit que je laisserai le désordre et l'indiscipline prévaloir chez moi! »

Après quelque réflexion : « Votre plan n'est pas mauvais, fit Emin, mais vous me prenez de court.

— Comment, Pacha, ne disiez-vous pas faire vos paquets il y a déjà quinze jours? Et d'ici à demain matin vous n'auriez pas le temps de ficeler votre dernier colis? Mon expédition appareille en trente minutes. Si le danger du sang répandu ne vous ramène pas au sentiment de la réalité, et si vous ne voulez ni accepter mon plan ni en trouver un autre, je prendrai moi-même les mesures nécessaires à la sûreté générale. Et s'il se verse une seule goutte de sang, elle vous retombera sur la tête! Adieu. »

Sans plus attendre, je fis sonner la prise d'armes. Je m'emparai de mon revolver; les officiers s'armèrent; les Zanzibari, les Manyouema, les Soudanais et les natifs comprirent qu'il y avait urgence et coururent au camp avec une admirable célérité; l'alarme se communiqua à tout Kavalli. Quelques centaines d'individus se précipitèrent pour prendre part au branle-bas qu'ils croyaient se préparer.

Avant cinq minutes les compagnies étaient en ligne et se tenaient attentives sur les trois côtés du grand carré. Voyant la chose sérieuse, le Pacha me demanda la permission de dire un mot.

« Certes. Quel est-il?

— Que me faut-il faire?

— Pacha, il est trop tard pour agir pacifiquement, ainsi que je vous le proposais. Maintenant que l'alarme est générale, il me faut voir au danger moi-même et lui tenir tête ici. Veuillez sonner le signal : il me faut passer vos Arabes en revue.

— Fort bien! » Et le Pacha donna l'ordre à son trompette.

Nous attendîmes en silence pendant dix minutes. M'apercevant qu'on ne tenait pas grand compte du signal, je priai M. Jephson de prendre la compagnie n° 1, d'armer ses hommes avec des bâtons et matraques, de pousser tout Arabe, Égyptien ou Soudanais dans le carré, puis de fouiller chaque hutte, sans se soucier du rang de l'occupant, et de mettre tout mâle dehors.

Les Zanzibari se déployèrent à travers le camp et, avançant par le chemin de ronde, firent pleuvoir les coups sur tout lambin ou traînard; les plus sceptiques furent obligés de constater que, une fois commandés, mes hommes pouvaient autre chose que travailler comme des chameaux pour de paresseux Égyptiens qui les traitaient en esclaves. Enfin on vit les Égyptiens et Soudanais se ranger en une ligne à peu près régulière. Pas un mot ne fut prononcé jusqu'à ce qu'ils l'eussent formée avec une exactitude et une précision militaires. Il m'amusait de voir un simple porteur zanzibari redressant, de son bâton qu'il brandissait avec la mine d'un compère rabat-joie, et le major et le vékil, et les capitaines et les lieutenants, et les employés et magasiniers.

Quand la ligne me parut satisfaisante, je m'avançai : « Il m'est revenu que vous tenez à vous battre, et ne demandez rien mieux que d'apprendre quelles gens sont nos Zanzibari! Vous avez vu comment ils savent travailler; il serait vraiment dommage que vous ne vissiez pas aussi comment ils savent se battre!

— Mais nous n'avons pas envie d'en venir aux mains! fit le vékil, lieutenant-gouverneur.

— S'il en est ainsi, qu'ai-je entendu? Un seul d'entre vous vaut dix des miens! On vole mes fusils! Chaque jour des conspirations et des complots! Et la résolution de ne pas suivre le Pacha, après nous avoir fait, pour vous, bâtir des maisons et, pour vous, amasser des provisions, et, pour vous, pendant ces deux mois charroyer vos nippes du lac au haut de la montagne! Et tout cela pour que, la nuit dernière, on entre dans trois de nos maisons et qu'on mette la main sur nos armes! Parlez, et dites ce que cela signifie!

— Ah! Pacha, personne de nous ne veut aller aux coups, et quant aux voleurs, qu'ils meurent, si on les trouve!

— Si on les trouve! Un voleur voudra bien confesser son vol, et se livrera pour qu'on le fusille? Vous, qui êtes tous d'un même cœur et d'une même pensée, vous vous trahirez les uns les autres pour subir le châtiment? Entendez-vous suivre votre Pacha?

— Tous!

— Bien! Que ceux qui entendent suivre le Pacha se rangent de l'autre côté! comme des soldats, tous en rang! »

Aussitôt il y eut un mouvement général, rapide et régulier. Puis ils firent demi-tour et se mirent en face.

« Tiens! Personne ne veut donc rester avec Sélim Bey en ce beau pays où les natifs travaillent pour votre compte, cuisinent pour vous et vous font manger?

— Non! personne! *Lâ ilah illâ-'llah!*

— Comment donc, Pacha! mais j'ai été mal renseigné, il faut croire. Il paraît que tous ces gens vous sont fidèles? Pas un traître dans leur nombre!

— Mais je ne vois ici ni mes domestiques ni mes employés, répliqua le Pacha.

— Lieutenant Stairs, veuillez donc prendre un peloton et vider toutes les cases. A la moindre résistance vous savez ce qu'il faudra faire.

— Bien, mon commandant! »

Stairs donna ses ordres, et, au bout de quelques minutes, les gens d'Emin furent amenés au carré. On leur prit les fusils, on les dépouilla de leurs insignes.

« Maintenant, Pacha, veuillez demander à chacun ce qu'il compte faire. »

Eux? Mais ils étaient prêts à suivre leur maître jusqu'au bout du monde. Un seul excepté, Sirour. Emin me le montra du doigt : « Voici le maître conspirateur.

— Très bien! une balle fera son affaire.

— Mais, pour l'amour de Dieu, vous le jugerez d'abord, et il ne suffira pas que j'aie dit un mot pour l'expédier!

— Nul doute, mon cher Pacha. Nous y mettrons les formes. »

Sirour fut remis à des gardes, ainsi que trois autres désignés par Emin.

« A présent que l'affaire est menée à bien, Pacha, veuillez dire à ces officiers que les manèges de Ouadelaï devront cesser et qu'ils aient à m'obéir désormais. Un tour de leur gibecière et je les extermine! Ni mahdiste, ni arabiste, ni rebelle n'usera ses chaussures dans mon camp. Ceux qui se conduiront bien et obéiront à mes ordres n'auront rien à souffrir, ni de nous, ni de leurs futurs camarades. J'ai pour mission de les conduire en Égypte, et jusqu'à ce qu'ils arrivent au Caire, je ne les quitterai pas. Tout ce que je pourrai pour les mettre à leur aise, je le ferai. Mais quant aux séditieux, quant aux voleurs d'armes, la mort! »

Le Pacha traduisit ma harangue. Les Arabes s'inclinèrent en signe d'acquiescement, et, par l'intermédiaire du vékil et de deux capitaines, affirmèrent qu'ils obéiraient à leur nouveau père avec fidélité.

« Bien! Je vous prends sous mon commandement. Il me faut à présent la liste de vos noms et le nombre exact de vos familles. On vous donnera des porteurs en proportion. Nous partons dans cinq jours. »

Pauvre Pacha! On voyait, clair comme le jour, pourquoi les dix mille qui devaient le suivre avaient fondu jusqu'à n'être plus qu'un seul, Bilal, l'unique. Après la patiente et scrupuleuse analyse du pourquoi et du comment de cette histoire, on touche du doigt l'absolue incapacité du cœur innocent et pur, l'impuissance du savant en face de ces coquins émérites, qui font de la fraude et de la perfidie leur métier. En même temps, on ne saurait dire que, si le Pacha, pénétrant leur fallace, eût lutté résolument avec ces mauvais drôles, écrasé les têtes de ces artistes en ruse et en trahison, sa position eût été mieux assurée. Chaque homme suit sa pente; il lui faut accepter la conséquence de ses actes et de ses jugements. Quoi qu'il en soit, personne ne niera que tout ce que nous avons dit d'Emin jusqu'ici, ne fasse le plus bel éloge de ses intentions.

SUITE D'EMIN PACHA AU 5 AVRIL 1889.

|  | CHARGES. | FEMMES. | ENFANTS. | DOMESTIQUES MALES. | SERVANTES. | LEURS ENFANTS. | TOTAL DES PERSONNES. |
|---|---|---|---|---|---|---|---|
| Emin Pacha, gouverneur. . . . . . . . . | 51 | » | 1 | 16 | 15 | 9 | 42 |
| Le capitaine Casati, voyageur . . . . . . | 10 | » | » | 3 | 8 | 1 | 13 |
| Signor Marco, marchand . . . . . . . . | 13 | 5 | 4 | 5 | 5 | 3 | 23 |
| Vita Hassan, pharmacien . . . . . . . . | 11 | » | 2 | 7 | 7 | 2 | 19 |
| Osman Effendi Latif, lieutenant-gouverneur | | | | | | | |
| Sa mère. . . . . . . . . . . . . . . . | | | | | | | |
| Osman Abdoul-Rahman, son fils, 17 ans . | 11 | 2 | 4 | 3 | 5 | 1 | 17 |
| — Achmed, — 10 ans. | | | | | | | |
| — Redjab, — 5 ans. | | | | | | | |
| — Sadi eddin, — 4 ans. | | | | | | | |
| Ayoub Effendi (absent), employé. . . . . | 4 | » | » | 1 | » | » | 1 |
| Achmet Effendi Ibrahim, capitaine. . . . | 9 | 5 | » | 3 | 5 | 2 | 14 |
| Abdoul-Wahid Effendi, capitaine . . . . . | 8 | 1 | » | 4 | 3 | 1 | 10 |
| Ibrahim Effendi. . . . . . . . . . . . . | » | » | » | » | » | » | 1 |
| Assinaka, employé. . . . . . . . . . . . | 7 | » | » | 3 | 7 | » | 11 |
| Ali Agha Chamrouk, capitaine. . . . . . | 6 | 1 | » | 2 | 1 | » | 5 |
| Rouchdi Effendi, employé. . . . . . . . | 5 | 2 | 1 | 3 | 4 | » | 11 |
| Ibrahim Effendi Telbass, lieutenant . . . | 9 | 2 | » | » | 4 | » | 7 |
| Abou Zehr Achmed. . . . . . . . . . . | 5 | » | » | » | 2 | 1 | 4 |
| Ali Effendi, capitaine . . . . . . . . . . | | | | | | | |
| Mohammed, son fils, 14 ans. . . . . . . | | | | | | | |
| Ibrahim, — 11 ans. . . . . . . | 20 | 1 | 3 | 9 | 9 | » | 23 |
| Abdoul Hamid, — 6 ans. . . . . . . | | | | | | | |
| Mohammed Moutlouk, soldat. . . . . . . | 3 | » | » | » | 1 | » | 2 |
| Aouach Effendi, major. . . . . . . . . . | 17 | » | » | 4 | 9 | 1 | 15 |
| Hamdam, soldat. . . . . . . . . . . . . | 2 | » | 1 | » | » | » | 2 |
| Mohammed el-Arabi, soldat. . . . . . . | 4 | » | » | » | 3 | » | 4 |
| Souliman Effendi, premier lieutenant. . . | 12 | » | 3 | 5 | 5 | 2 | 16 |
| Faratch Agha, lieutenant. . . . . . . . . | 20 | 4 | 5 | 5 | 12 | » | 27 |
| Mohammed Souliman, soldat . . . . . . | 3 | 1 | » | » | » | » | 2 |
| Bakhit, soldat. . . . . . . . . . . . . . | 2 | 1 | 1 | » | » | » | 3 |
| Azra Effendi, employé . . . . . . . . . ) | 8 | 3 | 2 | 2 | 4 | » | 13 |
| Sa mère. . . . . . . . . . . . . . . . ) | | | | | | | |
| Rafael Effendi, employé . . . . . . . . | 5 | 2 | 1 | » | 1 | » | 5 |
| Ouassouf Effendi, employé. . . . . . . . | 6 | 2 | » | 1 | 2 | 2 | 8 |
| Michael Effendi (décédé). . . . . . . . . | | | | | | | |
| Ses enfants : | | | | | | | |
| Aouab, garçon, 6 ans . . . . . . . . . | | | | | | | |
| Bouchara, — 4 ans . . . . . . . . | | | | | | | |
| Girghis, — 2 ans . . . . . . . . | 10 | » | 8 | 4 | 8 | » | 20 |
| Foullah, fille, 7 ans . . . . . . . . | | | | | | | |
| Moustafia, — 10 ans . . . . . . . | | | | | | | |
| Mouchtara, — 4 ans . . . . . . . . | | | | | | | |
| Hamma, — 2 ans . . . . . . . . | | | | | | | |
| Beheri, — 4 ans . . . . . . . . | | | | | | | |
| Abrian Effendi, employé . . . . . . . . | 9 | 3 | 2 | 7 | 8 | 1 | 22 |
| Aouad Effendi, employé . . . . . . . . | 10 | 4 | 5 | 2 | 3 | » | 15 |
| Abdoul-Fettah (décédé). . . . . . . . . | 5 | 1 | 3 | » | 1 | » | 6 |
| Mohammed Kher, employé . . . . . . . | 5 | 6 | 3 | 2 | 5 | » | 17 |
| Ibrahim Effendi, lieutenant. . . . . . . . | 5 | 1 | 1 | » | » | » | 3 |
| Mohammed Effendi Emin, soldat. . . . . | 8 | 4 | » | » | » | 3 | 8 |
| Hamid Mohammed, soldat . . . . . . . | 3 | 1 | » | » | 1 | 2 | 5 |
| A reporter. . . . | 306 | 50 | 50 | 91 | 138 | 31 | 394 |

## SUITE D'EMIN PACHA.

| | CHARGES. | FEMMES. | ENFANTS. | DOMESTIQUES MÂLES. | SERVANTES. | LEURS ENFANTS. | TOTAL DES PERSONNES. |
|---|---|---|---|---|---|---|---|
| Report..... | 306 | 50 | 50 | 91 | 138 | 31 | 394 |
| Youssouf Effendi............ | | | | | | | |
| Mohammed, son fils, 12 ans...... | 12 | 4 | 4 | 10 | 12 | » | 32 |
| Khalil, — 11 ans....... | | | | | | | |
| Ibrahim, son frère............ | | | | | | | |
| Radjab Effendi, secrétaire du Pacha... | 7 | 2 | 2 | 2 | 3 | » | 10 |
| Arif Effendi, employé du Pacha..... | 5 | 2 | » | 2 | 3 | » | 8 |
| Mabou, soldat.............. | 2 | 1 | 1 | » | » | » | 3 |
| Merdjan, soldat............. | 1 | » | » | » | » | » | 1 |
| Enfants de Mohammed Osman : | | | | | | | |
| Ismaïl, fils, 12 ans............ | | | | | | | |
| Boukra, fille, 13 ans........... | 4 | 3 | 3 | 2 | 2 | » | 10 |
| Fatima, — 10 ans........... | | | | | | | |
| Kour, sergent............. | 2 | » | » | 2 | 2 | » | 5 |
| Feroudji, trompette........... | 2 | 1 | » | » | » | » | 2 |
| Sirour, soldat.............. | 3 | 3 | 2 | 3 | 3 | » | 12 |
| Ahmed Effendi Reif............ | 3 | » | » | 1 | 1 | » | 3 |
| Ahmed Effendi Ibrahim, employé.... | 4 | 1 | 1 | » | 1 | » | 4 |
| Abou Cherag, soldat........... | 4 | 1 | » | 1 | » | » | 3 |
| Basili Effendi, 3 frères coptes, employés. | | | | | | | |
| Toma Effendi, — — | 11 | » | » | 7 | 10 | » | 22 |
| Daoud Effendi, — — | | | | | | | |
| Et deux sœurs............. | | | | | | | |
| Farag Hachin, soldat·.......... | 3 | 1 | 1 | » | » | » | 3 |
| Aouari, soldat............. | 3 | 2 | » | » | » | 2 | 5 |
| Fathel Moullah, soldat.......... | 2 | 1 | » | » | » | » | 2 |
| Ibrahim, soldat.............. | 3 | » | » | » | » | » | 1 |
| Choukri Agha (absent), capitaine.... | | | | | | | |
| Ses enfants : | | | | | | | |
| Achmed, son fils, 13 ans........ | 15 | 6 | 4 | 4 | 7 | 3 | 24 |
| Djouma, — 12 ans......... | | | | | | | |
| Adam, — 14 ans......... | | | | | | | |
| Matyera, interprète........... | 3 | 4 | 1 | 1 | » | » | 7 |
| TOTAL..... | 397 | 82 | 69 | 126 | 182 | 36 | 551[1] |

Cette troupe, composée de 81 hommes, 264 femmes et 105 enfants, était armée de 54 fusils.

6 avril. — 65 natifs nous arrivent, envoyés comme porteurs par Mazamboni, et devront prendre charge le 10 courant.

Osman Latif Effendi, le lieutenant-gouverneur de la province, s'adonnait jadis à l'ivrognerie, mais dans ces dernières années il s'est fait abstentionniste, et s'absorbe si fort dans la lecture du Koran, qu'il lui est arrivé de ne pas s'apercevoir que ses vêtements brûlaient sur lui.

Pendant la revue inopinée d'avant-hier, à m'entendre déclarer mes intentions avec une netteté qui ne laissait rien à dési-

---

[1]. Cette liste n'est pas complète, les musulmans cachant leurs femmes et affectant de ne pas comprendre l'utilité d'un dénombrement.

rer, il se prit d'énergie, lui aussi, et s'élança après nous. La résolution est, comme la scarlatine, contagieuse. Sa mère, une dame vieille de 75 ans, avec un millier de rides sur sa figure, pâle à faire peur, manqua son introduction auprès de ma personne. Par une chaleur incandescente, elle se jeta à mes pieds, tout au milieu du carré, baragouinant je ne sais quoi en arabe. Et moi de lui crier, avec un geste impatient : « Tire-toi d'ici : ce n'est pas un endroit pour les vieilles femmes! » Elle leva au ciel les yeux et les bras, éjacula un petit cri : « O Allah! » avec un accent si tragique, qu'elle faillit me faire perdre tout sérieux. Et le carré de rire à gorge déployée, tandis que la pauvre créature, boiteuse et ratatinée, battait précipitamment en retraite.

Tout en arrangeant ses 11 charges, — corbeilles de provisions, tapis, marmites et literie, — Osman Latif Effendi tenait le Koran entre le pouce et l'index, alternait son verset arabe avec la liste des lares et pénates que renfermaient ses paniers.

Hier à la revue, je comptai 49 jeunes gens qui n'avaient pas d'armes. Quand ils furent en ligne, ils demandèrent des fusils. Ne les connaissant pas assez, je fis prier le Pacha qu'il voulût désigner les mieux méritants, afin de les faire contribuer à la défense commune. Mais il s'excusa, disant n'être pas tout à fait bien. Ce pauvre Casati s'est brouillé avec le Pacha, l'autre jour, parce qu'il ne lui a pas donné raison dans l'affaire de la petite moricaude, et je présume qu'Emin ne se commettra pas davantage à me parler, depuis l'émotion d'hier.

La marche fera du bien à tout le monde. Le Pacha rentrera dans son assiette quand il se verra en présence du Rouvenzori, les Monts de la Lune.

7 avril. — Enfin, les Égyptiens se préparent sérieusement à partir. J'ai ordonné que chaque famille eût constamment une réserve en provisions pour six jours au moins, quelle que fût l'abondance du moment. Les Zanzibari ont fini par reconnaître la nécessité de cette précaution ; ce secret des voyages en Afrique, il a fallu, pour qu'ils l'apprennent, dix-huit mois de recommandations instantes et de douloureuses expériences.

8 avril. — Les gens de Mazamboni, qui veulent assister à notre départ, ont dansé presque toute la journée. Les Bavirotes sont venues en masse nous donner une représentation. Ma vanité a été flattée d'entendre que les chants improvisés

en mon honneur me louent « d'avoir établi l'ordre dans le pays ».

Cet après-midi, Omar, sergent des Soudanais, a excité une bagarre, à propos de quelque insulte qu'il accusait des Zanzibari d'avoir faite à sa femme. Comme l'affaire prenait de sérieuses proportions, les antagonistes furent amenés au carré, et on leur demanda s'il leur conviendrait de me prendre pour arbitre. Omar, un superbe échantillon d'homme, excellent soldat et officier, avait, comme ces rageurs de Zanzibari,

La mère du vékil.

la tête échauffée par la bière; tous clamèrent la bataille. « A coups de poing ou de bâton? — Aux hommes les gourdins ! » crièrent les Zanzibari. Il devait leur en cuire.

L'athlète Omar attendait, la manche retroussée. Un Zanzibari s'élança : « Je m'appelle Asmani, de Mascate. Regardez comme je tomberai ce Nubien ! » Mais au bout de deux passes, Asmani gisait sans connaissance. On le porta au D$^r$ Parke.

« Qu'il paraisse, celui qui en veut à Omar! » Hadji, un grand Zanzibari, s'avança, fit le moulinet, pensa l'atteindre au côté, mais Omar para la botte, et, d'un revers, étendit son adversaire sur le gazon. Le coup fut salué par les applaudissements frénétiques de neuf cents personnes, et Hadji fut emporté comme le cheval éventré par le taureau des arènes. Le docteur se mit en devoir de panser son crâne plus ou moins fracturé.

« A qui le tour ? » Un petit gaillard actif et hardi se présente : Oulaya, l'Angleterre. « Ho, les enfants, je suis l'Angleterre ! Ce sera la fin de ce turco ! » Et pour montrer sa confiance, il jette en l'air son turban et reste nu-tête. Un, deux, trois et tant pis pour Oulaya ! sur son crâne sans défense tomba le bâton d'Omar, raide à tuer un blanc : Oulaya ne fit que chanceler ; mais, ses idées brouillées, il n'était plus à son affaire. Ses camarades, enragés à la vue du sang ruisselant sur sa figure, se ruèrent sur Omar, qui, avant d'être secouru, fut endommagé par les coups pleuvant dru sur son dos. Vainqueur et vaincus, tous blessés, déclarèrent leur honneur satisfait, et ils reçurent au poste les premiers soins.

9 avril. — A la revue du matin, on m'amena les combattants de la veille. Le sergent Omar reçut la notification que, s'étant permis, malgré son grade, de se montrer en état d'ébriété, il aurait à marcher, portant une caisse de munitions, aussi longtemps que les têtes des Zanzibari ne seraient pas raccommodées. Jusque-là son nom serait rayé de la liste des actifs. Trois autres Soudanais sont condamnés à la même peine, pour avoir mis les armes au clair dans l'intention de faire blessure mortelle. Un autre Soudanais eut douze coups de baguette pour avoir chargé un fusil qu'il allait tirer. Sirour, le Monbouttou, domestique du Pacha, en reçut le double pour avoir donné de la pelle contre les lutteurs : il avait la rancune de son aventure le jour de la fameuse revue.

Avis fut publié que le lendemain on se mettrait en marche pour Zanzibar, nouvelle qui fut reçue avec des « applaudissements enthousiastes ».

Les Mpinga, Msiri, Mouvité, Malaï, Ouabiassi, Mazamboni et Balegga ont fourni 350 porteurs. Ce soir on a banqueté, chanté et dansé.

Choukri Agha, le commandant de Msoua, n'est pas encore arrivé, bien qu'il ait envoyé ses femmes et ses enfants.

10 avril. — Marche de Kavalli à Mpinga. Quatre heures.

A 7 h. 30, la première colonne ouvrit la marche. Le Pacha et ses gens suivaient, avec les porteurs qu'on leur avait alloués. La troupe était ainsi composée, *grosso modo* :

| L'expédition . . . . . . . . . . . . . . | 230 |
|---|---|
| Manyouema . . . . . . . . . . . . . . . | 130 |
| Indigènes du plateau . . . . . . . . . . . | 349 |
| Les hommes de Kavalli . . . . . . . . . . | 200 |
| Le Pacha et ses gens . . . . . . . . . . . | 600 |
| | 1 509 |

Ni confusion ni désordre. La colonne tenait les files. On eût dit autant de vétérans. Sur les saillies et les hauteurs voisines s'alignaient des femmes et des enfants qui nous chantaient leurs adieux. Partout régnaient l'entrain et la gaîté.

Le capitaine Nelson, commandant l'arrière-garde, mit le feu à la ville de paille qui nous avait abrités pendant des semaines si anxieuses. L'incendie fut superbe : des flammes effrayantes jaillirent jusqu'à la voûte du ciel, et un gros nuage de fumée annonça aux entours, et jusqu'au mont Pisgah, que l'expédition s'acheminait enfin vers Zanzibar.

11 avril. — Repos.

12 avril. — Marché pendant quatre heures et demie. Nous traversons le territoire de l'ami Mazamboni. Mais nous avons perdu notre bel ordre. Les gens du Pacha s'égrènent sur plusieurs kilomètres. Il faudra corriger ça, ou nous aurons des accidents ; non pas ici, car le pays nous appartient et les indigènes sont en bonne voie de se civiliser.

Le lieutenant Stairs nous revient, ayant fait de larges approvisionnements et ne nous apportant que de bonnes nouvelles.

13 avril. — Halte. J'écris de mon lit et souffre beaucoup. Le D$^r$ Parke diagnostique une gastrite sous-aiguë ; je traduis, inflammation de l'estomac. On m'a administré de la morphine. J'ai ressenti les premiers symptômes à deux heures du matin. J'ai peur que notre halte ne se prolonge. Ce retard forcé donnera du temps à ces gens mal conseillés de la Province Équatoriale, qui pourront profiter de cette halte comme d'un sursis.

Jour après jour suivis de douleurs excessives et de dégoût de la vie. La lutte se prolongeait et le corps n'était pas nourri. L'estomac excorié rejetant tout aliment, je ne pouvais prendre que du lait coupé d'eau ; le supplice de la digestion n'était atténué que par des injections de morphine. D'abord, l'habile médecin me fit espérer un rétablissement rapide. Mon esprit s'affairait aux plans de marche, à prévoir les accidents, à prendre des précautions. Je supposais que Kabba Réga, instruit de la retraite du Pacha et de ses gens, ferait son possible pour s'opposer à notre marche. En imagination, je lui concédais plusieurs centaines de carabines, quelques milliers de porte-zagaie et des sagittaires maniant l'arc allongé des Ouahouma. Après lui nous avions affaire aux braves et belliqueux Ouassongora, que je connaissais depuis 1875. Ensuite venaient les Ounyankori, avec leur roi, dénommé « le Lion ». Nuit et jour il poursuivait la colonne, expédiait victime après victime. Puis c'était la traversée du Nil Alexandra sous une grêle de flèches. Après quoi on se rencontrait avec les ennemis du Karagoué, qu'accompagnaient ceux de l'Ouganda. Et jour après jour la colonne diminuait en vigueur et en nombre. Enfin, après des efforts inouïs, quelques survivants abordaient à Msalala et racontaient au missionnaire Mackay l'épouvantable malechance qui nous avait poursuivis et finalement détruits....

Gisant inerte sur mon lit, avec le murmure du vaste camp dans l'oreille, il me fallait lutter contre tous ces dangers que suscitait mon imagination surchauffée; et je me perdais dans les tumultes de batailles incessantes, dans des combinaisons stratégiques qu'il fallait prendre le long de la chaîne neigeuse.... Je tirais parti des accidents de terrain favorables; j'assaillais un village palissadé; à chaque coup de flèche je répondais par deux balles bien dirigées; je grimpais les flancs d'un coteau, je débusquais l'ennemi avec une telle vigueur qu'il était trop heureux de nous laisser tranquilles. A la traversée de larges rivières, que d'embarras! il fallait protéger le bac par une embuscade, élever une zéribe avec une énergie furieuse, tout homme et toute femme y mettant la main; les tirailleurs y allaient de leurs décharges incessantes et portant la mort. Stairs, Nelson, Jephson, Parke hélaient leurs hommes et les animaient; ils avaient des accents enflammés pour défendre nos vies. Changement de paysage. Je revenais à nos anciens combats dans la forêt tropicale, où nous ne pensions pas à la beauté divine des fleurs éclatantes, aux ombres fraîches, aux ruisselets joyeux, mais aux nécessités sanguinaires. Par moments, la fièvre venait tout enténébrer; je ne faisais plus que balbutier confusément, et le docteur, hochant doucement la tête, m'administrait quelque opiacé.

Et si je n'avais pas eu d'autres cauchemars, bien reéls, ceux-là ! Chaque matin m'arrivaient rapport après rapport sur les complots accoutumés, des complots ourdis dans l'ombre par des hommes cruels qui, pour gagner je ne sais quoi, s'affairaient à nous envelopper dans leurs filets de malheur; en attendant, ils se plaisaient à nous prédire d'affreux désastres. Il circulait mainte rumeur d'une soldatesque rebelle qui allait tout détruire. Chaque nuit décampaient de nouveaux déserteurs: nous en comptions maintenant 80. Quelqu'un s'employait à répandre de fausses nouvelles : nous étions menacés de terribles famines, bientôt il n'y aurait plus à manger que de l'herbe. Ces bruits avaient démoralisé nos gens; il fallait un effort désespéré pour les arracher à la panique.

Or le Pacha, découvrant qu'un de ses hommes était engagé très avant dans cette œuvre funeste, le fit juger et condamner; puis il me demanda un peloton pour le coller au mur, en manière d'exemple. « N'envoyez pas nos Zanzibari, trouvai-je le moyen de chuchoter à Stairs. Que le Pacha dépêche son criminel avec ses propres soldats! S'il a besoin de protection, nous lui donnerons une garde ; nous sommes ici, non pour détruire mais pour sauver des vies! » Or, comme on ne pouvait se fier aux gens d'Emin pour exécuter l'ordre, le coupable fut épargné.

Nouvelles plaintes : un homme du lieutenant-gouverneur avait cassé la tête d'un allié, parce que le pauvre diable n'avait pas ramassé du bois assez vite. « Mettez-le aux fers! mais ne le tuez pas! Donnez-lui à manger et engraissez-le pour la marche. Il portera sa charge de munitions. »

Nelson vint : « Ces officiers d'Emin disparaissent les uns après les autres. Quel mal nous aurons pris pour rien! — Eh bien, qu'ils s'en aillent! S'ils ne se soucient pas de suivre leur Pacha, à leur aise! »

Autre nouvelle : Rehan s'était éclipsé avec 22 des nôtres et quelques fusils.

« Ah! cette fois, Stairs, mon cher camarade, triez-moi 40 hommes, des meilleurs, et marchez au Nyanza. Vous verrez que ces misérables ont pris rendez-vous au camp du rivage. Mettez-y de la prudence, tombez sur eux quand ils ne s'y attendent pas, et ramenez-les. En volant nos fusils, ils se sont mis dans leur tort. » Et le lieutenant revenait au quatrième jour avec des prisonniers garrottés, parmi lesquels Rehan, le meneur. Les officiers furent convoqués en cour martiale, ainsi que les témoins. Par les débats il fut mis hors de doute que cette fuite devait précéder de deux jours l'exode de tous les Soudanais, hommes, femmes et enfants. Il y avait un plan très étudié de s'armer à nos dépens, si bien que, Sélim Bey arrivant — on l'attendait de jour en jour, — nous étions dans l'impossibilité de faire une longue résistance. Ce Rehan avait engagé ses menées séditieuses dès qu'on eut ébruité la gravité de ma maladie ; il avait débuté par forger d'abominables cruautés que nous aurions perpétrées pendant la marche. Et maintenant les officiers auraient à porter d'écrasants fardeaux sur leurs têtes, comme autant de Zanzibari ; on leur refuserait à manger : « L'herbe était bien assez bonne pour eux ! » Bref, la chute définitive du gouvernement dans l'Equatoria avait pour cause les menteries d'un mi-civil, mi-soldat. Des officiers et des gens du Pacha furent cités comme témoins, et d'une accumulation de preuves il résulta que Rehan s'était rendu coupable de manœuvres criminelles, destructrices de la discipline, et dangereuses pour l'expédition. Il fut établi, en second lieu, que Rehan s'était approprié plusieurs de nos fusils, avec l'intention de rejoindre Sélim Bey, d'employer nos armes et munitions contre des gens qui n'avaient fait que du bien à lui et à ses amis. En troisième lieu, il avait déguerpi avec plusieurs femmes appartenant aux harems d'officiers égyptiens. En quatrième lieu, il avait déserté. En cinquième lieu, après sa fuite, il avait tué quelques indigènes de nos alliés sur la route du Nyanza. La Cour délibéra et prononça la sentence de mort contre Rehan, sur chacun des chefs d'accusation.

J'eus beau dire qu'il suffirait peut-être d'une sentence moins sévère : lui placer le cou à la fourche d'une branche, une caisse de munitions sur la tête,... la Cour fut inflexible. Après avoir reçu les charges une à une, j'approuvai l'arrêt, et j'ordonnai que tous les soldats fussent assemblés pour entendre l'accusation, les considérants, la sentence.

De mon lit je me fis porter en front de bandière, et, bien que, à l'estime de tous les spectateurs, je fusse sur le point de glisser rapidement dans ce lieu sombre et inconnu où va tout le monde et d'où personne ne revient, je trouvai assez de force pour haranguer le condamné :

« Rehan, nous sommes tous les deux en présence de Dieu. Mais il est écrit au livre des Destins que tu descendras au tombeau avant moi. Tu es un méchant, indigne de respirer le même air que les autres hommes. Je te savais l'esclave d'Auach Effendi; néanmoins, je fis de toi un homme libre et l'égal de tout autre soldat. Dans la forêt, quand nos amis mouraient de faim et d'épuisement, je te demandai de porter des munitions à votre Pacha, et tu y consentis moyennant salaire. Et quand les hommes recouvrèrent leurs forces, on te débarrassa du ballot. Quand tu tombas malade, je veillai à tes besoins et fournis les remèdes qui te guérirent. Tout ce que nous souffrions était pour rendre service à toi et à tes amis. Mais quand l'œuvre fut accomplie, ton cœur devint noir d'ingratitude. Chaque jour tu cherchas les moyens de nous nuire. Tu voulus nous empêcher de retourner chez nous; dans la malice de ton cœur, tu fis de ton mieux pour nous porter tort. Et tu es entré chez les Égyptiens pour dérober leurs femmes. Et tu as assassiné les amis qui, ces trois derniers mois, nous ont nourris gratuitement. Pour tous ces crimes, tu mérites la mort, et tu seras pendu à cet arbre-ci. Plusieurs hommes qui furent jadis de tes amis ont examiné ton cas patiemment et équitablement: ils sont unanimes à dire qu'il faut que tu meures!

« Toutefois je veux encore te donner une chance de sauver ta vie. Regarde autour de nous tous ces hommes qui ont mangé, qui ont bu avec toi. S'il en est un qui demande ta grâce, je l'accorde!

« Soudanais et Zanzibari, que dites-vous? Cet homme vivra-t-il? mourra-t-il?

— Qu'il meure! firent toutes les voix.

— Eh bien, *Yallah Rabouna!* Va vers Dieu! »

Alors avancèrent brusquement les Soudanais, avec lesquels il avait vécu la fraternelle vie de la forêt; ils le saisirent, et les Zanzibari lui jetèrent le fatal nœud coulant autour du cou. Un homme grimpa à l'arbre et jeta la corde, dont s'emparèrent une centaine de mains. Sur l'ordre qu'on donna, ils la laissèrent retomber, et bientôt Rehan se balançait entre le ciel et la terre.

« Monsieur Stairs, faites circuler le mot d'ordre dans le camp du Pacha. Qu'on vienne regarder Rehan mort. Que tous réfléchissent en contemplant cette scène lugubre, et qu'il plaise à Dieu de les amender ! »

Cette nuit-là j'eus une rechute, et pendant plusieurs jours je semblai n'avoir plus grand'chance de salut. Et mon bon Parke fut à son tour attaqué par une fièvre pernicieuse, laquelle pardonne rarement sur la côte africaine de l'Atlantique. Durant plusieurs jours il excita, lui aussi, de vives inquiétudes. Le Pacha, qui avait autrefois pratiqué la médecine, s'employa très affectueusement à soigner notre ami. Puis ce fut le tour de M. Mounteney Jephson, qui fut si dangereusement malade, qu'une nuit on désespéra de sa vie. Comme on le disait dans le coma, notre incomparable docteur quitta précipitamment son lit de souffrance, et, soutenu par ses garde-malades, alla au pauvre compagnon, parvint à le réveiller, calma notre intense anxiété, et trouva encore le temps de soulager mes crises. Ainsi passèrent de tristes semaines.

Le 29 avril, je fus capable de m'asseoir sur ma couchette. A partir de ce moment jusqu'au 7 mai, l'amélioration fut lente, mais sûre, bien que la langue indiquât toujours l'inflammation de la muqueuse stomacale.

5 mai. — Les riverains du lac m'apportent deux paquets de lettres, et comme elles sont en arabe, je les transmets au Pacha.

Voici que le Pacha demande une entrevue. Il m'informe qu'il y a eu erreur : un des paquets renfermait une correspondance pour Ouadelaï, dépêchée il y a déjà quelques jours, et l'autre avait été expédié de cette station.

« Mais je n'ai eu connaissance d'aucun courrier parti d'ici depuis que nous sommes chez Mazamboni. Il a donc été envoyé secrètement, et sans doute avec des intentions perfides. Puisque nous sommes en état de guerre avec vos gens, si mal intentionnés à notre endroit, je vous prie, Pacha, de vouloir bien ouvrir cette correspondance et me la lire. Avec l'ennemi, la discrétion n'est pas de mise. »

La première lettre, de Choukri Agha à son ami Sélim Bey, ne contenait pas un mot qui ne respirât l'honnêteté et le désir légitime de le revoir bientôt.

La seconde venait d'Ibrahim Effendi Elham, un capitaine dans notre camp. « J'espère, disait-il, qu'au reçu de ce billet tu nous enverras 50 soldats. Nous sommes déjà partis, mais nous restons ici pendant quelques jours encore. *Au nom de Dieu, qu'ils arrivent sans délai ! Quand nous les aurons, on arrêtera l'expédition d'une manière ou d'une autre; mais si tu arrives toi-même avec* 200 *soldats, nous avons victoire gagnée.* Nos amis attendent de tes nouvelles avec anxiété. Il y a urgence. »

« En voilà une découverte, Pacha ! Reconnaissez-vous maintenant que ces gens sont d'incorrigibles traîtres?

— Certes je ne me fusse pas attendu à cela d'Ibrahim Effendi Elham, pour lequel j'ai toujours eu beaucoup de complaisance. Quant à Sélim Bey, je ne vois vraiment pas ce qu'il peut vouloir?

— Ce qu'ils veulent les uns et les autres ? je vous le dirai, Pacha. En réalité, ils ne sont guère, ceux qui veulent du retour en Egypte. Ils vous eussent accompagné volontiers jusqu'à ce qu'ils fussent entrés dans quelque Terre de Promission, riche en grain et en bétail, loin du terrible Mahdi. Alors ils vous conteraient que la marche les fatigue, qu'ils mourraient s'il leur fallait aller plus loin. Et après en avoir conféré avec moi, vous leur accorderiez des munitions, et promettriez de leur en envoyer d'autres. Mais autant que vous leur en donneriez, vous ne leur en donneriez jamais assez. Leurs fusils ne suffiraient pas : il leur faudrait encore les nôtres, et nos munitions et le reste. Un moment encore, Pacha, et je vous dévoile tout le complot :

« Dès que M. Jephson reçut ma missive, il fut bientôt connu, jusqu'au plus extrême de vos établissements, que j'étais arrivé avec une troupe et de la poudre. Ils savaient, bien qu'ils affectassent ne pas le croire, que le Khédive vous avait envoyé des munitions. Ils étaient assez malins pour deviner que de moi ils n'auraient rien sans un ordre de vous. Mais quand Jephson eut fui et m'eut raconté votre emprisonnement et votre déposition, cet ordre aurait à peine suffi. Connaissant donc votre facilité à pardonner, ils envoient une députation vous exprimer leurs regrets et leur repentir, ils vous baisent la main, vous font les plus belles promesses, et vous les acceptez. En signe de pardon et d'amitié, vous les menez chez moi, vous me les présentez, vous demandez un temps raisonnable pour qu'ils fassent leurs préparatifs, et la chose est accordée. Mais ils ne peuvent résister à la tentation de voler un fusil. Or, s'ils avaient l'idée de nous accompagner, qu'était-il besoin d'un fusil sur le bateau à vapeur? M'est avis que les vicissitudes des factions, les hauts et les bas les ont retenus plus longtemps qu'ils ne pensaient, et que leurs dissensions nous ont épargné la peine de recourir aux mesures extrêmes.

« Après avoir entendu le récit de M. Jephson et le vôtre, qui n'en diffère que peu, puis les versions d'Aouach Effendi, d'Osman Latif Effendi, et des Zanzibari, j'avais arrêté une ligne de conduite. Ces gens ne sont pas tels que vous les puissiez prêcher et raisonner : ils ont la tête trop dure, et le cœur avili par le mensonge. Ils ne comprennent que ce qu'ils sentent, et ils ne sentent que les coups rudement assenés. Quand j'eus jaugé mes gens, je vis comment je me tirerais d'affaire. On pouvait s'y prendre d'une demi-douzaine de manières, mais je me butais toujours à un certain obstacle. Le devinez-vous, mon cher Pacha?

— Je ne saurais.

— Cet obstacle que je rencontrais toujours au bout du plan le mieux arrêté, c'était vous-même.

— Moi! Et comment?

— A partir du 5 avril il n'en fut plus ainsi, mais jusqu'à cette date je ne pouvais rien faire en dehors de vous. A nos yeux, vous étiez le Pacha, toujours. Je ne pouvais vous proposer de livrer bataille à vos protégés : vous les preniez pour des honnêtes gens. Chaque jour vous disiez : ils viendront. Mais jamais vous n'avez pensé : Et si, une fois arrivés, ils découvrent qu'ils sont trois contre un? — S'ils fussent venus avant le 5 avril, mon plan était de faire bande à part, vous laissant avec eux, et m'établissant dans un camp où tout aurait été prévu pour la défense, à 12 ou 15 kilomètres du vôtre. Entre nous, il n'y aurait eu communication que par lettres. Marchant en avance d'une journée, nous aurions fourni des guides qui vous auraient conduit au camp que nous venions de lever. Aucune troupe n'eût approché la nôtre sans combat.

« Mais après le 5 avril je me serais mis dans mon tort en m'isolant, parce que la preuve était faite que vous n'aviez personne derrière vous. Ce que je proposais alors, je le propose encore : Si Sélim Bey nous rejoint, on ne permettra à Sélim, ni à aucun sien soldat, d'approcher en armes de notre camp.

Longtemps avant qu'ils se présentent, nous les attendons sur le chemin et leur commandons de mettre bas les armes. Et s'ils n'obéissent, ce sera leur affaire. Aussi, depuis le 5 avril, ai-je plutôt désiré qu'ils vinssent. Rien ne me plairait mieux que de ramener cette tourbe de mutins à l'ordre et à la discipline qu'elle observait avant de s'être affolée d'Arabi, du Mahdi et de rébellion. S'ils nous arrivent, on commence par les désarmer, on met leurs fusils en paquets et nous nous en chargeons. Ils campent à 500 mètres, distance minimum. Chaque journée qui les éloigne de Ouadelaï les rapproche de la saine appréciation des choses; avec le temps nous leur rendrons des armes, qui alors seront utiles à tout le monde. »

Le lendemain de notre arrivée chez Mazamboni, Choukri Agha, le commandant de Msoua, fit enfin son apparition. Parti avec trente soldats, et passant par Kavalli, il arriva à notre camp, suivi de son trompette et de son porte-drapeau seulement. Pas de commentaire.

Nous voici au 7 mai. J'apprends qu'il y a toute une troupe au camp du lac. On s'est préparé à quitter pendant les quatre derniers jours. Quoi qu'il en soit, nous partirons demain, après avoir séjourné dans ce pays depuis le 18 janvier, près de quatre mois. Si ladite troupe entend nous suivre, elle nous rattrapera facilement, et si elle me donne l'impression de la sincérité, je pourrai lui accorder quelque répit.

Au dernier moment je priai le lieutenant Stairs d'enfouir dans le sous-sol de sa case vingt-cinq caisses de munitions, afin que si les officiers rebelles font leur apparition, s'ils montrent un vrai repentir et demandent la permission de rester chez Mazamboni, ils aient les moyens de se défendre. M. Stairs exécute l'ordre en secret et avec intelligence.

8 mai. — Trop faible encore pour marcher plus de cinquante pas, on me porte en hamac sur le front, d'où je guide la colonne. Nous cheminons ouest pendant quelques kilomètres, puis, quittant la vieille route qui menait à la forêt, nous tournons au sud, par une sente bien battue, et longeons le versant occidental des collines de l'Oundoussouma. Nous traversons les riches bananeraies et plantations de maïs appartenant au village de Boundegounda. Les fèves avançaient au loin dans les combes; c'était merveille que cette fertilité. Les Égyptiens et leur suite en furent étonnés, et nous ne pûmes

que l'admirer avec eux. Il faut dire que ces champs sont à l'abri des vents froids qui soufflent du lac.

A une heure de marche au delà de ces cultures et dans d'autres guérets non moins riches, nous nous logeons dans le village de Bounyambiri, que Mazamboni avait fait évacuer à notre intention.

Comme le grand chef nous accompagnait en personne, avec trois cents des siens, libre permission fut donnée à chacun d'errer par les champs et plantations. Nos gens se régalaient à cœur joie de bananes mûres, de fèves fraîches, ignames, patates douces et colocasie. Pour son hospitalité et ses services, Mazamboni reçut 40 têtes de bétail et 16 défenses d'ivoire pesant en moyenne 24 kilos. A ma grande honte, il eut à se plaindre qu'on lui retenait ses gens comme esclaves. Pour les recouvrer, Stairs et les autres officiers furent obligés de fouiller le village. Du pur « égyptien » que les procédés de ces Cairiotes : on ne pouvait leur rendre de services qui ne fussent dus à leurs grâces et vertus innées, mais invisibles à l'œil nu.

Dans l'après-midi, trois soldats, accompagnés par Ayoub Effendi, un scribe égyptien, nous remettent des lettres de Sélim Bey. Les mirifiques nouvelles qu'ils apportent valent la peine d'être racontées. Elles montrent combien ces officiers de l'Equatoria étaient dénués de raison et de bon sens, et combien indignes de leur ancien Pacha et gouverneur!

Tout d'abord Fadl el-Moulla Bey et son parti affectèrent d'accepter tous ordres qu'ils recevaient d'Emin Pacha et de moi par l'intermédiaire de Sélim Bey Mator; ils semblaient ne s'occuper qu'à préparer leur départ. Sélim avait transporté à Ouadelaï l'entière garnison de Doufilé par les vapeurs *Khédive* et *Nyanza*. En quoi il violait la promesse qu'il nous avait faite, et désobéissait aux instructions qu'il avait juré d'exécuter à la lettre. On se rappelle qu'il avait reçu l'ordre de faire les transports de Ouadelaï à notre camp du lac pendant que nous monterions les bagages au plateau. En même temps les garnisons les plus au nord devaient, avec leurs familles, se rassembler à Ouadelaï. Et nous les attendîmes inutilement pendant 92 jours, soit du 25 février au 8 mai!

Mais tandis que Sélim voiturait à Ouadelaï ses troupes et

leurs familles, il augmentait, à son insu, la force de la faction opposée. Fadl el-Moulla n'eut pas plus tôt réuni ses forces aux siennes, qu'il lui joua un tour de sa façon. A la faveur des ténèbres, ils marchèrent aux magasins, s'emparèrent des munitions, et, quittant Ouadelaï, se retirèrent au nord-ouest chez les Makkaraka. Au matin, quand Sélim se réveilla, il se trouva à la tête de 200 soldats, officiers et employés : mais les dépôts étaient vides, et ils n'avaient que les 40 cartouches par fusil qu'on leur avait distribuées quelques jours auparavant. Maudissant amèrement sa malaventure, il fit monter ses gens sur les steamers, et les débarqua le 22 avril à Msoua, au sud, au plus loin des Mahdistes. Il aurait eu encore tout le temps de nous rejoindre, si son esprit n'avait été si obtus. Au bout d'une heure il eût pu ramasser assez de combustible dans la station abandonnée, et neuf heures de vapeur le portaient à notre camp du lac. Le 7 mai, il pense tout à coup à son Pacha et à notre expédition, et dicte une lettre qui excite notre hilarité :

« Nous désirons savoir comment vous avez osé traiter en bêtes de somme des officiers et soldats égyptiens. Il nous a été rapporté que vous les avez tous cruellement chargés de bagages, et que vous avez transformé nos soldats en portefaix ! C'est une conduite indigne, sur laquelle nous instituerons une enquête rigoureuse. »

Mais une seconde lettre, de teneur tout autre, racontait la trahison de Fadl el-Moulla, cet homme perfide, et nous priait de l'attendre encore, lui et ses gens, car la ruine était imminente. N'ayant chacun que 40 cartouches, si Kabba Réga les attaquait, ils ne pourraient se défendre....

Les messagers nous racontèrent les détails de l'affaire. Vingt soldats étaient arrivés chez Mazamboni, mais trois seulement déclarèrent vouloir nous suivre; encore implorèrent-ils bassement qu'on leur accordât un autre délai. Des regards furent échangés entre le Pacha et moi.

« Mais, les amis, demandai-je, qui m'assure que Sélim Bey ait la moindre intention de venir?

— Pour sûr, il viendra cette fois-ci.

— Mais pourquoi attendre à Msoua? Pourquoi n'est-il pas venu lui-même avec son vapeur jusqu'au camp du lac? il n'en aurait eu que pour neuf heures.

— Des déserteurs lui avaient rapporté que vous poussiez de l'avant.

— Mais aux quelques gens qu'il mène, il eût été facile de rattraper notre grosse caravane.

— Tout allait de travers. Sélim Bey a trop de conseillers, et les écrivains coptes lui emplissent les oreilles de toutes sortes d'histoires. Il voudrait bien quitter le pays, mais les autres l'embrouillent de leurs menteries.

— Que voulez-vous, nous ne pouvons pas nous éterniser ici pour Sélim Bey! Nous irons d'abord lentement, deux à trois heures par jour. Il me faut tenir les gens en marche: autrement le Pacha resterait seul. La Semliki traversée, nous nous arrêterons à quelque bon endroit, puis nous nous remettrons lentement en marche et ferons halte bientôt après. Pour peu que Sélim le veuille, il nous aura bientôt rejoints. De plus, après la rivière, nous lui enverrons un guide qui lui fera faire en quatre jours le chemin qui nous en prendra douze. Une lettre du Pacha lui expliquera ce que je viens de dire. Mais prenez garde à ne pas tracasser les natifs, si vous désirez qu'ils vous rendent service. »

Parmi nos Égyptiens se trouvait un capitaine, Ali Effendi, qui se plaignait d'une cardite depuis plusieurs mois. Il avait 18 domestiques, 9 hommes et 9 femmes, une cargaison de 20 charges, et on lui avait alloué 12 porteurs; il ne pouvait faire une centaine de pas; de plus, il avait un enfant de six ans, trop petit pour marcher. Il lui aurait fallu 6 autres porteurs, que je n'aurais pu obtenir qu'en les réquisitionnant de force: acte qu'il eût fallu renouveler tous les jours. Nous remontrâmes à ce malheureux qu'il lui valait mieux rester, car quelques jours de marche l'achèveraient. Et comme il ne voulait pas s'en retourner sans sa famille, cinq personnes et dix-huit domestiques, nous consignâmes le tout aux messagers de Sélim Bey, qui promirent de les escorter jusque chez leur chef.

Les guides qu'on avait promis à ce colonel soudanais, si peu actif et si peu intelligent, lui furent envoyés, en même temps qu'une lettre du Pacha. Pendant un mois encore, nous baguenaudions sur la route, nous faisions des journées d'une à trois heures; les haltes se succédaient, mais nous ne reçûmes aucune autre communication de Sélim Bey. Qu'est-il devenu? C'est ce que nous n'avons jamais su. Les conjectures

Les Égyptiens d'Emin avec leurs familles.

seraient inutiles. Il était de ces hommes imperméables à la raison et au bon sens. Pas plus méchant ou plus fourbe que n'importe lequel de ses camarades, il était trop stupide pour comprendre autre chose qu'un ordre accompagné de la menace d'un châtiment immédiat, chose qui n'eût pas été de mise avec un personnage de son rang et de son courage physique. Avec lui, il n'y avait rien à faire, puisque l'on ne pouvait le persuader et encore moins le contraindre.

# CHAPITRE XXVII

### EMIN PACHA — UNE ÉTUDE DE PSYCHOLOGIE

David Livingstone comparé à Emin Pacha. — Esquisse du voyage de l'expédition jusqu'à la première rencontre avec Emin. — Quelques détails relatifs à Emin. — La haute idée que nous nous faisions d'Emin Pacha. — La fidélité de ses troupes. — L'irrésolution d'Emin. — Notre surprise en trouvant Emin prisonnier à notre troisième visite au Nyanza. — Ce qu'on eût pu faire si Emin avait eu plus de franchise et moins de secrétivité. — La vertu d'Emin et ses nobles désirs. — Emin à notre point de vue. — Le rang et la position d'Emin à Khartoum. — Comment il est nommé gouverneur de l'Equatoria. — Les difficultés de Gordon dans le Soudan. — Les égards d'Emin et sa patience. — Après 1883, Emin est abandonné à lui-même. — Les petites explorations d'Emin. — Exactitude de l'appréciation de l'empereur Hadrien sur les Égyptiens. — L'histoire de la lutte d'Emin contre les troupes du Mahdi de 1883 à 1885. — Junker porte les dépêches d'Emin à Zanzibar en 1886. — Kabba Réga, un ennemi déclaré d'Emin. — Ce qu'était l'exacte position d'Emin avant notre entrée en matière. — Un bon gouvernement était impossible. — Deux documents mahdistes remis par le Sirdar Sir Francis Grenfell (lettres d'Osman Digna et d'Omar Saleh).

Aujourd'hui que nous tournons définitivement le dos à l'Equatoria, et qu'en compagnie d'Emin Pacha, du capitaine Casati et de quelques centaines de fugitifs, nous nous dirigeons vers Zanzibar, jetons un coup d'œil rétrospectif sur les derniers événements; essayons d'en étudier les causes et de voir sous quel jour il faut considérer l'ancien gouverneur.

Lorsque, tout jeune encore, on m'envoya vers David Livingstone, je ne m'étais fait aucune idée précise sur le célèbre missionnaire. Les journaux le représentaient comme étant digne de la plus haute estime du monde chrétien. Mais, tout bas, on racontait des choses étranges. Les uns le disaient marié à une princesse africaine et s'être arrangé une vie très agréable en Afrique; pour d'autres, Livingstone était un misanthrope qui saurait tenir à distance les Européens tentés de lui rendre visite. Ne sachant que croire, j'allai à lui, indifférent, armé pour la défensive, si besoin était. Mais je pleurai en le quittant. Les journaux avaient eu raison.

Informés par des voyageurs qui étaient censés le connaître, ces mêmes journaux faisaient d'Emin Pacha un héros, un homme de haute taille, de mœurs austères, versé dans plusieurs sciences, un second Gordon à l'aspect martial, et qui, malgré les calamités planant au-dessus du nord de l'Afrique centrale, conservait tout son calme d'esprit et sa tranquillité d'âme. Si bien gouvernait-il les hommes et les choses, qu'il maintenait en respect le Mahdi et ses terribles hordes ; à diverses reprises, il avait défait leurs généraux ; mais, en se défendant opiniâtrément et désespérément, il épuisait peu à peu ses ressources. Ces détails excitèrent vivement mon intérêt et celui de mes amis personnels, qui réunirent généreusement les fonds pour une expédition ; ils touchèrent le cœur d'hommes tels que Stairs, Jephson, Nelson, Parke, Barttelot, Jameson et autres, par centaines, qui demandaient instamment à nous être associés. Junker décrivait le péril comme imminent ; le Pacha allait succomber. Arriverions-nous trop tard ? Cette idée ne cessa de nous poursuivre. En mer, et pendant que nous remontions le Congo, au camp de Yambouya et quand nous pressions notre marche sous les ombres impénétrables de la forêt sans fin, à la marge même du plateau, bien plus, jusque sur les rives du Nyanza, nous restâmes sous cette obsession.

Je commençai à soupçonner le véritable état des choses lorsque les naturels, répondant à nos questions instantes et réitérées, assurèrent n'avoir pas vu d'homme blanc sur les rives du lac ni de vapeur sur ses eaux. Mais alors il était trop tôt pour reculer : peut-être Emin n'avait-il pas reçu nos dépêches expédiées par voie de Zanzibar ; peut-être le bateau avait-il coulé depuis le départ du D$^r$ Junker, peut-être Emin n'avait-il pu se rendre à la pointe où je lui avais donné rendez-vous.

Après une absence forcée qui dura quatre mois, nous retournons au Nyanza ; cette fois, nous trouvons des lettres ; le Pacha avait appris accidentellement notre première visite, et, prenant un de ses navires, il était venu se renseigner. La pointe méridionale du lac est à neuf heures de vapeur d'une des stations d'Emin, et jamais il n'avait eu l'idée d'aller jusque-là. L'effet de ce voyage fut excellent, mais c'est grand'pitié que le Pacha ne se soit pas conformé à mes requêtes, envoyées à si grands frais de Zanzibar. Combien de vies eussent été épargnées, pour ne rien dire des fatigues excessives par nous endurées pendant ces quatre mois! Nous ne nous en plaignons pas ; nous y étions préparés, notre mission étant de faire le possible et même l'impossible pour porter secours.

Nous sommes restés vingt-six jours ensemble. Il n'était pas difficile de voir que, sur plusieurs points, nous avions été mal renseignés. Le Pacha n'est pas de haute taille, il n'a pas l'allure militaire ; ce n'était point un autre Gordon, mais le véritable Emin avec sa grandeur propre, et non celle que nous avions forgée. Il ne ressemblait à personne que nous eussions encore rencontré, et il nous rappelait certains types qu'on trouve dans les livres.

Rien, au surplus, qui fût positivement contraire à la haute opinion que nous nous étions faite de sa personne. Tout ce que nous voyions parlait en sa faveur. Au premier abord, ses troupes semblèrent admirablement disciplinées, ses vapeurs en parfait état ; il paraissait exercer autour de lui une action puissante et civilisatrice. On montrait des étoffes qu'il faisait tisser avec du coton qu'il cultivait ; on nous servait des liqueurs qu'il obtenait par la fermentation du millet. D'une propreté méticuleuse, Emin est soigneux de sa personne, exact, courtois et prévenant, très bon, très affable, un littérateur instruit, un causeur agréable, un médecin expérimenté ; au total, un homme bien élevé ; le connaître, c'était l'admirer. Il nous avait charmés, et si je ne l'eusse pas revu, il m'eût laissé une excellente impression. Non, décidément, ce n'était pas un Gordon, mais à maints égards il l'emportait sur lui par son dévouement à la science, par l'attention scrupuleuse qu'il donnait aux moindres détails, par le jugement charitable des hommes et des choses, son grand désir d'améliorer ses sujets et de leur inculquer maintes notions pratiques, sa noble confiance en l'avenir du pays qu'il gouvernait. Ni original ni mystique non plus, Emin n'était ni excentrique ni visionnaire.

Mais, tout en l'admirant, un vague soupçon de quelque

chose d'inexplicable nous obsédait. Il m'avait envoyé un scribe et un lieutenant égyptien qui, à ma grande surprise, s'exprimèrent sur leur gouverneur en termes fort inconvenants. Leurs paroles respiraient la haine et un indicible mépris.

Puis, un capitaine soudanais me raconta que, peu après le départ du D$^r$ Junker, le 1$^{er}$ bataillon s'était révolté. Emin avait pris la route du sud, n'était plus reparu dans leur voisinage. Mais le 2$^e$ bataillon, soit 650 carabines, plus les irréguliers, au nombre de 3 000, lui composaient encore une armée suffisante tant qu'ils lui seraient fidèles : sa position restait encore très passable. Le Pacha me présenta le major et plusieurs capitaines du 2$^e$ bataillon; puis, en réponse à une demande très sérieuse de ma part, il trouva opportun de dire au major : « Promettez-moi, devant M. Stanley, que vous mettrez quarante hommes à construire la petite station qu'il conseille de créer ». « Voilà qui est étrangement parler pour un gouverneur », pensai-je. Je voulais considérer cet incident comme une bagatelle, et, néanmoins, ma pensée y revenait souvent. Manquant de toute information précise, je pressentais quelque mystère.

En outre, nous étions tous frappés de l'extrême indécision que décelait la conduite du Pacha. Tant que nous en ignorions la cause, nos sympathies l'accompagnaient. Puisque, d'après Emin, le 2$^e$ bataillon et les irréguliers restés fidèles étaient résolus à ne pas quitter le pays, il eût fallu un cœur de pierre pour les abandonner. Si quelques Égyptiens, toujours occupés à leurs intrigues, désiraient s'en retourner au Caire, on ne s'en préoccupait pas autrement. Le Pacha nous donnait même à entendre que leur départ le débarrasserait. Mais si la majorité des troupes, restant dans le devoir, préférait l'Equatoria à l'Égypte ; si le Pacha aimait son œuvre, pourquoi donc ces incertitudes?

Et si l'Égypte lui retirait son commandement pour cause de désobéissance, que lui importait le Khédive, puisque j'avais à lui offrir un subside annuel de 300 000 francs et un salaire de 37 500 francs?

Et s'il préférait à cette province une autre partie des régions équatoriales, sous les auspices d'une compagnie anglaise, il pourrait compter sur des communications régulières et sur une protection assurée.

En me parlant du 2ᵉ bataillon et des irréguliers, Emin Pacha assurait compter sur leur fidélité, se portait garant que ces troupes passeraient avec lui au service de l'Association anglaise. Il m'a dit plusieurs fois n'avoir jamais reçu proposition plus avantageuse. Mais, puisque ses soldats lui étaient dévoués et demandaient à le suivre partout, puisque ma troisième proposition lui était agréable, pourquoi cette indécision ?

Donc, il nous fallait recommencer nos marches fatigantes, regagner Banalya, puis retourner au fort Bodo et repasser l'Ituri. En arrivant au Nyanza pour la troisième fois, après une absence de huit mois et demi, voici que l'objet de notre sollicitude est prisonnier et que ces troupes si fidèles et dans lesquelles il avait une foi si profonde se sont révoltées et l'ont déposé. Cette nouvelle nous causa un choc pénible. Mais le Pacha, cette rébellion, le surprenait-elle?

Quand nous parcourons ses lettres et les étudions au jour de notre expérience actuelle, nous comprenons que plusieurs faisaient allusion à des troubles et à des dissensions dans son entourage. Sous l'influence de son optimisme communicatif, nous ne le remarquions pas alors; en Europe on n'y voyait que des ébullitions momentanées de mécontentement; on ignorait la défection du 1ᵉʳ bataillon. Le Dʳ Junker n'avait pas jugé qu'il valût la peine d'en parler. Même il exprimait le doute qu'Emin consentît à abandonner sa mission civilisatrice pour traîner en Égypte la vie oisive et sans but d'un pacha retiré des affaires. De là cette clause de la lettre khédiviale : « Tu peux accepter ou refuser l'escorte de Stanley, mais si tu refuses, ce sera sous ta propre responsabilité ». Cependant M. Jephson, resté avec Emin pendant notre absence, n'a pas plus tôt pénétré dans les cercles militaires, qu'il constate que le Pacha nous a laissé ignorer le véritable état des choses, et son désappointement se donne carrière quand, fait prisonnier à son tour, il a pour perspective peu séduisante d'être promené par les rues de Khartoum en qualité de *saïce* ou esclave du Khalife. Ma mauvaise humeur n'était pas moindre et on me la pardonnera, car tout cela ne fût pas arrivé si Emin avait agi avec plus de franchise.

Car s'il nous avait déclaré qu'il ne pouvait conduire son armée en Égypte, ni accepter les subsides et le salaire qu'on lui offrait, ni travailler sous les auspices d'une société anglaise, parce que ses troupes ne lui fourniraient pas seulement une compagnie, la révolte étant chez elles à l'état chronique, on aurait pu lui proposer autre chose. S'il avait eu la résolution et quelque fermeté, il n'eût pas été difficile d'attaquer les stations l'une après l'autre, et de leur inculquer un respect salutaire pour le gouvernement. A commencer par Msoua, nous y aurions trouvé soixante soldats, sous les ordres de Choukri Agha, qui n'a été compromis dans aucun acte d'indiscipline. Nous embarquions les trois cents hommes sur le vapeur, et mettions le cap sur Toungourou. En trente minutes, l'affaire aurait été réglée, on aurait passé les récalcitrants par les armes, et nous marchions sur Ouadelaï : le prestige de la victoire et de l'autorité nous assurait cette station sans coup férir et sans autre sang versé que celui des meneurs. Sous la terreur des mesures énergiques, les autres postes auraient capitulé — le Mahdi d'un côté, nous de l'autre; — soit à lui, soit à nous, ils devaient infailliblement se rendre.

Mais, en supposant que cette ligne de conduite eût été adoptée, qu'y aurait-on gagné? Le Pacha une fois réintégré dans son commandement, nous n'avions qu'à nous retirer. Au bout de quelques mois, ses ressources étant de nouveau épuisées, ferait-il appel à une nouvelle souscription de 750 000 francs? Faudrait-il, tous les ans, envoyer une autre mission à son secours, au prix des plus grandes pertes en hommes et en argent? Un pays aussi éloigné de la mer, environné de peuplades guerrières et défavorablement partagé sous plusieurs rapports, vaudrait-il de si énormes sacrifices, la poussière de ces plaines fût-elle de l'argent? Cependant, si Emin, fermement résolu à dompter la rebellion, nous eût demandé notre concours, nous le lui aurions accordé sans hésitation, ayant pour devoir de lui prêter main-forte et montrer bonne volonté.

Le Pacha se trompait-il, ou voulait-il nous tromper? Je crois que son optimisme vraiment exceptionnel l'égarait : il accueillait sans examen toute protestation sincère ou simulée de soumission.

Je m'exprime trop durement? — Eh bien, je dirai net qu'Emin n'était que trop disposé à pardonner dès que sa propre estime à l'excès développée avait reçu satisfaction. Les astucieux compères savaient qu'ils n'avaient qu'à jouer la contrition et le repentir pour calmer son ressentiment; et que, pour faire passer l'éponge sur toute offense, il suffisait de lui baiser les mains. Emin ne punissait pas assez. Il avait la grâce facile et l'amnistie tendre; les Égyptiens exploitaient sa faiblesse, le vékil autant qu'un autre. Aouach Effendi, le major du 2ᵉ bataillon, proposa aux rebelles, dans une lettre que le Pacha détient encore, à ce que je crois, de le substituer à Emin comme moudir: et le Pacha ne lui en a pas gardé rancune. Azra Effendi déclara fausse la lettre du Khédive: le Pacha ne lui en adressa jamais le moindre reproche, et il nous fallut escorter Azra jusqu'à la mer.

Les vertus, les nobles aspirations que nous constations chez Emin balancent celles qui lui manquent. L'homme qui tient à ses devoirs et à l'approbation de sa conscience s'inquiète peu du reste. C'est ce qui faisait le mérite du Pacha et nous rendait sa société si agréable. La fréquentation, beaucoup mieux que les paroles, nous révéla le caractère de l'homme. Cette tête branlant mélancoliquement, cette main étendue, ce regard calme et grave, ce léger haussement d'épaules semblaient dire : « A quoi bon! Vous le voyez, je me résigne! Je n'aime pas à contraindre les gens. Ils ont eu le temps de voir que je ne veux que leur bien. S'ils ne se soucient plus de moi, pourquoi m'imposer? » Ce ne sont pas ses propres paroles, mais il nous est permis d'expliquer ainsi le jeu de sa physionomie.

Sa constante application à diverses études, son extrême myopie, le rendaient incapable de remplir les sérieux devoirs que comportait sa haute position. Faudra-t-il le blâmer parce qu'il faisait passer les travaux scientifiques avant les exigences administratives, ou parce qu'il préférait le titre de Docteur en médecine à celui de Pacha, ou bien encore parce qu'une cataracte l'exposait à perdre la vue? Si, pour lire, il était obligé de tenir le livre à cinq ou six centimètres de ses yeux, comment aurait-il deviné les sentiments d'un homme par la physionomie, ou démêlé si le regard déversait le mépris ou s'illuminait d'enthousiasme?

Quelles que fussent nos opinions sur ce qu'aurait dû faire le Pacha, il nous inspirait toujours le plus profond respect. Quand son propre sort oscillait dans la balance, comment ne pas l'admirer augmentant ses collections de coquilles lacustres, se passionnant pour la capture d'un oiseau, indépendamment de sa couleur et de sa beauté et simplement pour la rareté, examinant un nouveau rat avec l'intérêt qu'il apportait aux mensurations d'un crâne. Lui remettait-on un sphinx tête de mort, un longicorne non encore classé, un python ou un typhlops, il oubliait aussitôt la cour martiale rassemblée pour le juger, les menaces des soldats qui comptaient le fusiller ou le garrotter sur son *angarep*, l'envoyer à Khartoum en offrande au Khalife. Plus on nous racontait de ces détails, plus nous fréquentions Emin, mieux nous le comprenions, et nous sentions que cet homme méritait tous les dévouements, tout en admirant les étranges caprices de l'humaine nature.

Nous ne pouvions le sauver de lui-même par force, ni le réveiller brutalement de son rêve. Sa position s'y opposait, notre mandat ne le comportait pas. Il était l'hôte honoré auquel nous ne devions que la courtoisie. S'il ne réclamait pas notre assistance, ce n'était point à nous de l'imposer.

Pour le moment, il nous suffisait de l'observer. Toujours serein et tranquille au milieu des rebelles qui s'entre-détestaient, résigné plutôt que résistant, il se mouvait dans cette atmosphère d'intrigues et de perfidies dont il n'avait même pas l'air de se douter. A sa place, nous eussions immédiatement réprimé la révolte; une lutte courte, mais énergique, nous eût rendu le pouvoir et la liberté. Mais Emin, absorbé dans l'illusion que la grossière obséquiosité de ses officiers et de ses troupes était inspirée par le dévouement, semblait ignorer qu'on eût jamais contesté son omnipotence. En voyant, de nos yeux, les mailles du réseau de traîtrise et de fraude qui enserrait cet homme, toujours crédule et confiant, nous ne pouvions que nous taire et nous entreregarder, étonnés, presque émerveillés. Mais voici le malheur: en dépit de nos avertissements, nous ne pouvions lui montrer que le cas était sans remède et que ses gens l'avaient jeté par-dessus bord. Pouvions-nous lui dire que ses hommes méprisaient ce « collectionneur d'oiseaux » et l'accusaient de s'intéresser plus aux hannetons qu'à ses soldats? Cela, nous le gardions pour nous; mais Nelson, qui détestait la duplicité, lui disait crûment qu'il avait tort, Parke le raisonnait en vain, Jephson discutait, Stairs offrait de fournir des preuves; mais quand mes énergiques camarades, par bon cœur et pure amitié, essayaient de l'avertir, le Pacha s'empressait d'atténuer les offenses de ses serviteurs, d'excuser la malice de ses officiers, décourageant ainsi les efforts de ses véritables amis. Inutile de dire combien nous vexaient ces entrevues inutiles.

« Depuis treize ans que je suis avec mon peuple, je le connais mieux que vous, qui n'êtes ici que depuis le même nombre de semaines », disait-il.

Nous nous contentions de pester intérieurement; pour nous, il était encore le Pacha, mais j'eusse pu lui répondre :

« Emin, mon ami, les insectes vous occupent plus que les hommes! Un homme ne vous intéresse que par le squelette : nous voulons en connaître l'âme; vous savez quelque chose sur son crâne : moi, je veux sentir le pouls. Je suis certain que votre foi en ces gens vous portera malheur et que votre excès de confiance vous perdra. »

Et pourtant, dans sa fervente foi en la fidélité de son peuple et dans la chaleur de ses manières, il y avait une généreuse noblesse qui arrêtait nos critiques. Nous ne pouvions partager son inébranlable assurance, mais elle augmentait notre considération pour lui, et peut-être, à notre insu, se cachait-il dans nos esprits quelque faible espoir qu'il eût raison.

Nous n'osions traiter avec une légèreté qui eût été blessante une nature affectueuse et confiante comme celle d'Emin Pacha. En dehors du plaisir qu'il y avait à le fréquenter, le but élevé, quoique irréalisable, de ses efforts incessants, ses hautes mais chimériques espérances inspiraient le respect.

Si nous nous reportons aux événements qui conduisirent Emin à Khartoum et firent du médecin et magasinier à Lado le gouverneur de la Province Equatoriale, nous ne nous étonnerons pas que sa nature et ses goûts aient persisté. L'histoire des malheurs de Gordon au Soudan n'a pas été faite et ne le sera jamais, le cas de Gordon étant un de ceux que les Anglais ne veulent pas examiner de trop près. Pourquoi avait-il auprès de lui si peu d'officiers de sa nation? pourquoi n'a-t-il gardé qu'un si petit nombre de coopérateurs? Je suis porté à croire, d'après mes souvenirs du Congo, que ses ennuis devaient être grands, peut-être plus grands que les miens.

Et l'un des plus sérieux fut sans doute la difficulté de se procurer des hommes de bonne volonté, capables, propres au service. Emin Pacha fut un de ces hommes, bien qu'Allemand et docteur en médecine. Il est actif, courtois, toujours prêt à obliger. Si j'avais découvert un Emin au Congo, j'eusse, autant que Gordon, apprécié ses précieuses qualités, plus rares que les journalistes ne se le figurent. Sur trois cents officiers que j'ai rencontrés au Congo, j'en pourrais compter dix qui, à simple requête, se mettaient à une besogne et l'accomplissaient jusqu'au bout. Combien Gordon en a-t-il trouvé? Emin en tout cas était l'un des meilleurs et des plus fidèles.

Emin se passionnait pour la botanique, l'ornithologie, l'entomologie; il étudiait la géologie, l'ethnologie, faisait des observations météorologiques dont il remplissait carnet après carnet, sans négliger sa correspondance. Je puis facilement me représenter en quels termes courtois il écrivait au Gouverneur général, et le plaisir que devaient faire ces lettres soignées, polies, précises, écrites avec élégance et méthode. Aussi marchait-il à grands pas. Chef de magasin, directeur de station, envoyé dans l'Ouganda, secrétaire, ambassadeur du Vice-Roi auprès de l'astucieux Kabba Réga, enfin gouverneur de l'Equatoria.

Au cours de ses promotions, Emin sait se conduire. Il demande des semences pour les champs, et Gordon lui répond : « Ce n'est pas jardinier que je vous ai nommé, mais gouverneur! Si ça ne vous convient pas, faites-moi le plaisir de filer. » Un Anglais jeune et fier ne se le serait pas laissé dire deux fois; il eût redescendu le Nil, pris de Gordon un congé plus ou moins maussade et se serait retiré. Emin présente ses excuses : « Très bien, monsieur! » Plus tard il réclame un appareil photographique : « Ce n'est pas comme photographe que je vous ai envoyé, mais comme administrateur de la Province Equatoriale ». Et Emin écrit : « Très bien, monsieur, je vous remercie et je ferai mon devoir ». Il ne fatigue pas le Gouverneur général de plaintes sur l'irrégularité des courriers, qu'il ne recevait jamais en temps voulu, pas plus que ses émoluments. Quel homme rare! Il était patient et de bonne composition; Gordon appréciait tout cela.

Puis, les affaires vont mal. Après 1883, Emin est abandonné à ses propres ressources; il fonde des stations qui, d'abord, semblent prospérer. Son peuple lui obéit tant bien que mal; le Cromwell de Khartoum peut remonter le Nil et venir à Lado, voir ce qui s'y passe. Le Gouverneur Emin est très accommodant; mais celui de Khartoum a pour habitude de fusiller les mutins. Aussi, quoiqu'il y ait autour d'Emin beaucoup d'Arabistes et pas mal d'adhérents du Mahdi, le nouveau prophète, l'armée reste tranquille. Mais la rumeur se propage que Khartoum est tombée, que Gordon a été tué, que son autorité sévère, sa puissance gisent maintenant dans la poudre. Le 1er bataillon se révolte, Emin s'enfuit auprès du 2e et des irréguliers. Le gouvernement s'effondre, tout est bouleversé, sauf les goûts et la nature d'Emin.

Certaines choses cependant me surprenaient. J'ai déjà dit qu'il avait la passion de l'histoire naturelle, qu'il passait de longues heures à ses collections, à des recherches scientifiques. Il semble que, plus que personne, il devait être équipé pour des explorations géographiques. Aussi fus-je abasourdi d'apprendre qu'il n'avait pas encore reconnu le lac Albert. Il possédait deux vapeurs, deux bateaux de sauvetage, et deux stations riveraines, dont l'une, Toungourou, au nord-ouest, et l'autre, Msoua, au centre, sur la plage occidentale, et il ne connaissait pas encore la partie sud du lac, ni son affluent. Il n'en avait pas sondé les eaux du nord au sud et de l'est à l'ouest, il n'avait jamais eu la curiosité de visiter l'Itouri, à deux journées de marche seulement de Msoua. Aussi n'avait-il pas vu encore la grande chaîne neigeuse et me laissa-t-il l'honneur de découvrir les Monts de la Lune. Il était bien allé à Monbouttou pour les affaires de sa province et y avait de grands entrepôts pleins d'ivoire. Il avait envoyé ses soldats jusqu'à la frontière du Tourkan; il était allé deux fois dans l'Ouganda, une fois dans l'Ounyoro, mais jamais il n'était monté sur son vapeur pour explorer la pointe méridionale du Nyanza, avant la fin du mois de mars 1888, où il vint s'enquérir de notre arrivée et repartir tout de suite.

L'empereur Hadrien considérait les Égyptiens comme « frivoles, indignes de confiance, flottant à toutes vagues de rumeurs, la race la plus fâcheuse, excitable, criminelle qui existe ». S'il eût partagé notre désagréable séjour au camp de Kavalli, se fût-il exprimé autrement? Frivoles! nous le savons à nos dépens. — Indignes de confiance? Y en a-t-il de plus perfides? — Flottant à toutes vagues de rumeurs? Notre camp en produisait comme la terre produit des mouches! On eût dit le ramage d'une volière; la moindre bagatelle, et les voilà s'agitant comme une couvée de poussins qui s'échappent de dessous les ailes de la mère. Un courrier arrivait-il de Ouadelaï, tous de se précipiter d'une hutte à la hutte voisine, d'un quartier à l'autre, se hélant, s'appelant; aussi bien les chefs que le dernier des serviteurs, ils caquettent comme poules. — Factieux! « Hourra pour Arabi! Vive le Mahdi! Vive Fadl el-Moullah Bey! Qu'Allah renforce le coude de Sélim Bey Mator! A bas tous les gouvernements! » Oui certes, c'étaient des hommes excitables, frivoles, criminels et indignes de confiance, qu'il fallait gouverner par la force brutale et non par le sentiment et les bons procédés.

Ne craignant plus d'être châtiés suivant leurs mérites, depuis la mort du Gouverneur général, et s'apercevant qu'en l'absence de toute autorité fortement constituée, l'éloigner de l'Égypte donnerait libre carrière à leurs plus viles imaginations, ils ne tardèrent pas à s'insurger contre tout semblant de direction. Par bonheur pour le Pacha, le souvenir de ses bontés lui avait acquis une certaine reconnaissance des soldats et contre-balançait les nombreux excès auxquels se livraient leurs exécrables chefs, et tous les abus qui accompagnent la chute d'un gouvernement.

Tels étaient les hommes, exercés à la dissimulation, maîtres en perfidie, perdus de vices, que cet être aux mœurs paisibles, cet adepte de la science, gouverna pendant plusieurs années sans donner lieu à aucune manifestation hostile. D'abord tout alla bien; ses troupes n'étaient pas encore sujettes à cette maladie qui prévaut au Soudan : la haine de toute autorité.

Au nord, à l'ouest et à l'est se rassemblaient les Mahdistes, barrant la voie du Nil et coupant toute communication avec Khartoum. Le 7 mai 1883, soixante-dix soldats envoyés au secours de la garnison d'El-Del sont massacrés et la station complètement détruite. Le 27 février 1884, Lupton, le gouverneur du Bahr-el-Ghazal, informe Emin que ce qui lui reste de sa province s'est révolté, et le 28 du mois suivant on apprend la destruction de l'armée du général Hicks. Le 8 avril, les tribus de Ouaddi-Afen, Elyat, Eofen, Euknah, Kanel et Fakam sont en pleine rébellion. Le 30 mai, Lupton Bey écrit à Emin que le Mahdi n'est qu'à six heures de son quartier général et lui a fait sommation de déposer son autorité et de lui livrer sa province; Lupton conseille à son collègue de pourvoir immédiatement à sa sûreté. Quatre jours plus tard, Karamalla, nommé gouverneur de l'Equatoria par le Mahdi, invite Emin à lui céder la place. Un conseil de six officiers débat la question et décide qu'Emin n'a qu'à se rendre. Pour gagner du temps il déclare y consentir et envoie le juge de la province avec quelques officiers pour annoncer cette détermination au lieutenant du prophète[1].

Mais, après leur départ, il se met en état de défense contre Karamalla tout fier de sa victoire sur Lupton Bey et de la conquête du Bahr-el-Ghazal. Il fortifie la station d'Amadi, la met en état de soutenir l'assaut du chef orgueilleux, y concentre les troupes des stations moins importantes d'Arbik, Ayak et Ouafi, et réunit à son quartier général des forces imposantes. A cet instant critique, il sévit contre les partisans du Mahdi, et lance plusieurs ordres du jour, menaçant de passer par les armes les traîtres qui communiqueraient avec l'ennemi. Le mois suivant on était en pleine lutte.

Quelques-unes des principales stations furent si bien défendues que, malgré la défection de nombreux officiers qui lâchement abandonnèrent leur poste et passèrent à Karamalla, les Mahdistes subirent des pertes considérables en soldats et en officiers. Le 27 février, un mois après la chute de Khartoum, l'ennemi assiège Amadi, qui, à la suite d'une défense acharnée, succomba le 1$^{er}$ avril, occasionnant d'énormes pertes en hommes, munitions, canons, bombes et fusées. A la nouvelle du désastre, Emin prit ses mesures pour réunir le long du Nil toutes les forces de la province et assurer les communications avec l'Égypte, vià Zanzibar; à cet effet, il mit des garnisons à Birri, Kirri, Bedden et Redjaf. Puis, avec les soldats qui avaient survécu aux luttes meurtrières, il forma un bataillon,

---

[1]. Plusieurs officiers du Pacha me dirent qu'Emin seul était responsable de l'offre faite au Mahdi de lui livrer la province. Il est certain qu'il a signé le document, mais il l'a fait, je crois, pour tromper Karamalla, comme le prouve sa conduite subséquente.

divisé en huit compagnies de 80 hommes chacune, sous le commandement du major Rehan Agha Ibrahim, Le 1ᵉʳ juin 1885, il fit évacuer quelques postes excentriques, forma un second bataillon, sous le commandement du major Aouach Effendi Montazir, qui devait surveiller les stations méridionales.

C'est dans une dépêche d'Emin au gouvernement égyptien, 1ᵉʳ septembre 1885, que nous remarquons pour la première fois une allusion à la conduite de ce major du 1ᵉʳ bataillon. En voici les termes :

> C'est contre ma permission que le major avait envoyé 200 soldats quand il était trop tard et que tout était fini. C'est par manque de décision et pour n'avoir pas demandé mes ordres; car, si déjà les rebelles étaient forts avant de nous avoir enlevé tant de fusils et de munitions, combien le sont-ils plus maintenant? *Ces habitudes de désobéissance sont devenues une seconde nature pour ces gens-là*, etc. etc. Mais par l'aide de notre Dieu miséricordieux et tout-puissant, par l'action de notre gouvernement, et au nom de notre honorable souverain, Sa Hautesse le Khédive, nous avons pu jusqu'à présent sauvegarder l'honneur du drapeau.

Oui, l'honneur du drapeau égyptien était sauf, mais des « fleuves de sang » avaient coulé ; mais il avait fallu au gouverneur une noble fermeté, un courage à toute épreuve et une prudence digne de Fabius pour démoraliser l'ennemi et stimuler ses propres troupes. En les cantonnant dans des stations bien situées et bien palissadées, il a pu prolonger la lutte et attendre les ordres de Sa Hautesse le Khédive; ses doléances ont eu le temps de parvenir en Europe par la voie de Zanzibar.

C'est l'histoire de cette lutte héroïque qui nous avait émus, mes amis et moi, et décidés à entrer en Afrique par une arrière-porte pour assister Emin et lui prêter une main secourable.

En avril 1885, il apprend par une lettre de « l'esclave de Dieu, Mohammed el-Mahdi, le fils d'Abdallah », écrivant à son ami le gouverneur Karamalla, le fils du cheikh Mohammed, auquel le Seigneur puisse accorder, etc., la mort de « Gordon, cet ennemi de Dieu », l'assaut et la prise de Khartoum, que, depuis Lado jusqu'à la cataracte d'Abou-Hamad, le Soudan entier appartient aux Mahdistes, et qu'aucun secours ne lui viendra plus du nord. Emin se rend compte de la situation et de ce qu'il peut attendre. A l'est, il y a Kabba Réga, le roi de l'Ounyoro, et les chefs qui lui sont tributaires. Il lui envoie Casati comme négociateur. Kabba Réga juge politique d'affecter de l'amitié pour le gouverneur, qui, n'étant encore qu'officier du vice-roi, à Khartoum, l'avait traité avec égards et prévenances. Il ignore encore les énormes changements qui ont bouleversé cette région de l'Afrique, les désastres subis par ce fier gouvernement que naguère il redoutait si fort. Son intelligence africaine est trop obtuse pour saisir l'importance du mouvement qui va gagner son territoire. Craignant de déplaire au gouverneur, il reçoit Casati en faisant grand montre de générosité et d'hospitalité. Mais peu à peu il est renseigné par des déserteurs, astucieux Égyptiens et traîtres Soudanais, qui arrivent avec armes et munitions, lui expliquent la signification de la terrible lutte, et il comprend enfin que ce pouvoir qu'il redoutait si fort n'est plus qu'une épave.

Le D$^r$ Junker nous avait appris la détresse d'Emin. Le 2 janvier 1886, ce voyageur partait de Kibero, sur la rive orientale du lac Albert, où l'avait porté un vapeur du gouverneur. Il s'en retournait en Europe après un séjour de plusieurs années dans le Monbouttou et le bassin du Ouellé. Il réussit à atteindre l'Ouganda, où, vu son dénuement, on lui permit de s'embarquer sur un navire de la mission en partance pour Oussambiro, à l'extrémité méridionale du lac Victoria ; de là il se rendit à Zanzibar, avec les dépêches d'Emin. C'est par elles que nous connûmes la position difficile du gouverneur et les désastres qui se préparaient.

Kabba Réga attendait patiemment, comme un héritier présomptif. Il savait que, quoi qu'il en fût, il serait le dernier gagnant. Il affectait même d'être généreux vis-à-vis d'Emin, laissant passer et repasser ses courriers entre Zanzibar et l'Equatoria, continuant à traiter Casati avec tous les égards dus à un hôte; aussi, dans ses rapports au Pacha, celui-ci n'a-t-il que des « louanges cordiales » à donner à Kabba Réga. Mais, à la mi-février 1888, le potentat se réveille. Il apprend qu'une expédition arrive au Nyanza : l'exagération naturelle aux indigènes en amplifie l'importance. Vers la même époque où notre mission de secours explorait du regard les eaux du Nyanza et cherchait à trouver sur ses rives quelques traces d'un homme blanc, le roi fait saisir le capitaine Casati, pille sa maison, et l'expulse de son territoire, nu ou à peu près. La rupture était consommée. Kabba Réga la scellait du sang de Mohammed Biri, le fidèle messager d'Emin entre l'Equatoria et la station des Missions anglicanes de l'Ouganda.

À l'ouest de l'Equatoria existe sur la carte un « blanc » immense qui s'étend jusqu'au Congo et dont on ne sait absolument rien. Vers le sud se trouve une région non moins vaste et ignorée. Qu'il tourne, qu'il vire, avec ses gens incapables de se frayer une route au dehors et redoutant l'inconnu, Emin Pacha ne peut qu'attendre la réponse aux dires de Junker et à ses propres dépêches.

Entre temps, il ne demeurait pas inactif. Par la défaite des rebelles et des Mahdistes à Makkaraka, il avait imposé un armistice et n'était plus inquiété par Karamalla. Au delà de Ouadelaï il avait fondé les stations de Toungourou et de Msoua, et, quoique le 1$^{er}$ bataillon se fût depuis longtemps mutiné, le 2$^e$ bataillon et les irréguliers reconnaissaient encore son autorité. Il dirige l'agriculture, les plantations, les récoltes, les manufactures de coton, visite les stations, maintient de bons rapports avec les tribus environnantes et, à force de tact, donne à l'ensemble de son activité une apparence officielle.

Certaines choses cependant, il lui est impossible de les faire. Il ne peut remédier au mal déjà accompli; il ne peut changer les dispositions hostiles de ses hommes, et, par le seul exercice d'un pouvoir modéré, apaiser les mauvaises passions qu'a soulevées la révolution du Soudan. Il ne peut que retarder l'heure de la révolte.

Contre son influence se ligue celle de tous les officiers du 1$^{er}$ bataillon et de centaines d'employés égyptiens dont les conseils perfides annihilent chaque nouvelle mesure et paralysent tous les efforts. Le seul désir du Pacha ne suffit pas à faire prévaloir une ligne de conduite plus juste vis-à-vis des indigènes. Le système en vigueur au Soudan consiste à réquisitionner, par contributions volontaires ou par la force, tout ce dont on a besoin en fait de vivres, grains, bestiaux, troupeaux et serviteurs. Or les exigences sont illimitées : chaque officier égyptien se donne trois ou quatre femmes légitimes, sans préjudice des concubines ; à toutes il faut des servantes.

La maison de Fadl el-Moulla Bey, par exemple, se compose d'une centaine d'esclaves, hommes, femmes, garçons et filles. Les femmes des soldats ont aussi leurs suivantes ; les garçons, à mesure qu'ils grandissent et deviennent des hommes, font surgir de nouveaux besoins, auxquels les indigènes doivent satisfaire.

Or il y avait 650 hommes et officiers dans le 1$^{er}$ bataillon, autant dans le 2$^e$ et 3 000 irréguliers, plus une petite armée de scribes, d'employés de tout genre, préposés au matériel, ouvriers, mécaniciens, capitaines et matelots. Tout cela devait être marié, « concubiné », servi, nourri par les naturels, qui, en retour, ne recevaient que de mauvais traitements. Nous avons entendu parler d'une razzia de 8 000 têtes de bétail ; Emin Pacha assure que, de son temps, la plus forte battue n'en a fourni que 1 600 ; mais elles étaient fréquentes. Chaque station pouvait se constituer ainsi de nombreux troupeaux, et il y en avait quatorze. Choukri Agha, commandant de Msoua, était un des fauteurs les plus infatigables de ces fructueuses incursions. Ce système, depuis longtemps pratiqué dans la province, est une vieille coutume qui pèse sur les indigènes dans toute son odieuse rigueur. Emin, gêné par le voisinage de l'armée de Karamalla et par l'épidémie de rébellion qui faisait rage parmi ses sujets, ne pouvait la combattre ; mais les naturels, qui subissaient ces exactions depuis tant d'années, acclamèrent le Mahdi et exterminèrent les malheureux fugitifs des stations envahies. Et nous pouvons hardiment prédire que si, à son tour, l'État du Congo oublie ses devoirs envers ses sujets et tolère les pilleries et la maraude, sa chute sera inévitable et soudaine comme celle du gouvernement du haut Nil.

Mon intention n'est pas d'écrire l'histoire de cette malheureuse région, depuis si longtemps exploitée par les plus viles passions. Mais, par ce rapide aperçu, le lecteur comprendra la situation. Le Pacha était engagé dans une tâche aussi impossible que celle de Gordon entreprenant, en 1884, d'aller délivrer les garnisons du Soudan. A mon avis, la plus haute preuve de courage qu'ait donnée Emin a été d'assister, sans mot dire, aux continuelles scènes de brigandage, de voir dépouiller son misérable peuple chaque fois qu'il prenait fantaisie à un officier égyptien d'entreprendre quelque razzia pour ramener l'abondance dans son harem. Il savait exactement comment se passaient les choses, il n'ignorait pas les décharges à l'aveugle des carabines et mousquets, le gaspillage insensé des munitions, les villages détruits, leurs habitants décimés, les troupeaux enlevés, les longues files de femmes et d'enfants captifs, le partage des dépouilles. Comment empêcherait-il ces déprédations? Il n'a ni argent, ni étoffes pour acheter des vivres. Que peut-il répondre à cette tourbe de pillards? Sans doute, le sol est fertile et suffirait largement à leur existence. Ils cultivent le coton pour se vêtir, se procurent des légumes; à cela les indigènes n'entendent goutte. Mais le millet pour le pain, le bétail pour la viande, c'est affaire aux païens de les fournir à plus nobles qu'eux.

Seul parmi ses gens, Emin a conscience qu'il est injuste et barbare d'agir ainsi, mais, n'ayant pas la force de rien imposer, il endure ce mal comme il en a supporté bien d'autres. Le crime et la spoliation sont la base même de ce gouvernement, qui tombera comme tous ceux qui l'avaient précédé et qui étaient fondés sur le même principe.

Comme conclusion, je crois devoir ajouter à ce chapitre des pièces qui m'ont été communiquées par Sir Francis Grenfell, le sirdar d'Égypte. Ceux qui aiment à remonter des effets aux causes y trouveront les preuves de la connivence des rebelles avec l'ennemi. Ces documents confirment mes dires et démontrent qu'en allant trouver le Pacha à Toungourou, alors qu'ils lui promettaient de le rétablir au pouvoir, le priant de leur pardonner et de me les présenter, les officiers égyptiens manigançaient le complot de nous livrer aux Mahdistes. Grâce à Jephson, un de « ces gars qui prennent des notes », et à leur maladresse, Omar Saleh n'eut pas la satisfaction d'escorter cet « autre voyageur qui était venu vers Emin » et dont il désirait tant s'emparer pour l'exhiber à Khartoum, ce qu'il peut regretter plus que moi.

### LETTRE D'OSMAN DIGNA AU GOUVERNEUR GÉNÉRAL, A SOUAKIM.

Au nom du Dieu tout-puissant, etc.

D'Osman Digna au chrétien qui est gouverneur à Souakim. J'ai à t'apprendre qu'il y a quelque temps, Rundle m'a écrit une lettre au sujet du gouverneur de la Province Équatoriale. A l'arrivée de ladite lettre dans mes mains, je l'ai tout de suite envoyée au Khalife. — Que la paix soit avec Lui, etc., etc. — Le Khalife m'a répondu. Il m'informe que ledit gouverneur de l'Équateur est tombé entre ses mains et qu'il est maintenant un des suivants du Mahdi. Le Khalife avait envoyé des vapeurs à l'Équateur, commandés par un de nos chefs, nommé Omar Saleh. Ayant débarqué à Lado, ils ont appris que les soldats et officiers s'étaient emparés de leurdit gouverneur, ainsi que d'un voyageur son compagnon; ils les ont mis aux fers, puis livrés aux mains de notre chef. Maintenant toute la province nous appartient et ses habitants ont fait leur soumission au Mahdi. Nous avons pris les armes et les munitions. Nous avons aussi conduit les officiers et le scribe principal au Khalife, qui les a bien reçus, et depuis ils demeurent avec lui. Ils lui ont remis leurs drapeaux.

C'est pourquoi, Rundle désirant savoir ce qu'est devenu ce gouverneur, je te prie de lui transmettre ce message.

Je t'envoie une copie de la lettre que notre chef a envoyée de l'Équateur au Khalife, et aussi une copie de celle qui a été écrite par Tewfik audit gouverneur.

Je t'envoie aussi une douzaine de paquets de cartouches apportées de l'Équateur. Je loue Dieu de la défaite des incrédules et de la défaite des infidèles.

(Scellée.)

Ces cartouches étaient pour snider à la marque 1869, et en très bon état. Deux lettres étaient incluses. Son Excellence le sirdar a reconnu la première comme étant celle qui avait été remise à M. Stanley par Sa Hautesse le Khédive au départ du Caire.

La seconde est une copie de la lettre d'Omar Saleh au Khalife, datée du 15 octobre 1888.

Nous nous sommes embarqués sur les vapeurs avec l'armée, et, le 5ᵉ safar 1306 (10 octobre 1888), nous sommes arrivés à Lado où demeure Emin, le moudir de l'Équateur. Nous avons à remercier les officiers et les soldats de son armée qui nous ont rendu la conquête facile : ne voulant pas retourner en Égypte vers les Turcs, ils ont saisi Emin et un autre voyageur qui se trouvait avec lui, et les ont enchaînés.

Tewfik avait envoyé à Emin un des voyageurs. Il s'appelle M. Stanley. Ce M. Stanley apportait une lettre de Tewfik à Emin datée du 8ᵉ gamad aoual (date de la lettre du Khédive), lui commandant de revenir avec M. Stanley, et de laisser à ses troupes le choix de rentrer ou de rester.

Les troupes ont refusé d'obéir à ces ordres et nous ont reçus avec joie. J'ai trouvé ici beaucoup d'ivoire et de plumes. Je t'envoie, par le *Bordein*, commandé par Mohammed Kheir, les officiers d'Emin et son scribe principal. Je t'envoie aussi la lettre de Tewfik à Emin et les drapeaux que nous avons pris aux Turcs.

J'ai appris qu'un autre voyageur est venu vers Emin. Je m'occupe de le faire rechercher; et, s'il vient, je suis sûr de m'en emparer.

Tous les chefs de la province et ses habitants sont heureux de nous voir. J'ai saisi les armes et les munitions. Quand tu auras vu les officiers et le scribe principal et que tu leur auras donné les instructions nécessaires, veuille me les renvoyer, attendu qu'ils me seront fort utiles.

Pour copie conforme,<br>T.-R. WINGATE.

W. O. 15, 1, 90.

# CHAPITRE XXVIII

## DE BOUNDEGOUNDA A L'ALBERT-ÉDOUARD-NYANZA

(Du 9 mai au 16 juin 1889.)

Description de la route depuis Boundegounda. — Les pics jumeaux. — La marche vers Outinda. — Les officiers du Pacha injurient l'officier de service. — Sévère ordre du jour. — Kaïbouga se met en hostilité contre Ouhobo. — On se rencontre avec l'ennemi. — Okili, le domestique de Casati, est tué. — Description de la chaîne du Rouvenzori vue de Nboga. — M. Jephson toujours débile. — Toukabi, le petit fugitif. — Nelson examine la Semliki. — Arrivée à la Semliki. — Description de la rivière. — Oulédi et Saat-Tato la traversent à la nage pour avoir un canot. — Attaqués par une bande de Ouara-Soura. — Tous débarquent heureusement. — Dans la forêt d'Aouamba. — Vers Baki-Koundi. — Hamdan. — Nous rencontrons quelques aborigènes sylvains. — Les Egyptiens et leur suite. — Conversation avec Émin Pacha. — Les parties de l'Afrique encore inexplorées. — Abondance de vivres. — Le Rouvenzori vu de l'éperon de l'Ougarama. — Informations locales. — Le vieux Batouma. — Nous rencontrons des Manyouema à Boukoko. — Mtaréga, au pied de la chaîne du Rouvenzori. — Stairs explore les Montagnes de la Lune. — Son rapport. — La vallée de la Semliki. — La vallée du Rami-Loulou. — La plus belle des forêts tropicales. — Villages dans l'essart d'Oulegga. — Soumission du chef des Ouakondjou. — Renseignements que nous donnent les Ouakondjou. — La tribu Ouakondjou. — Encore la Semliki. — La vue du Rouvenzori depuis Mtsora. — A Mouhamba et à Karimi. — Capture de gros bétail chez Roukara. — La zéribe de Roussessé. — Notre première vue du lac Albert-Edouard-Nyanza.

Le 9 mai, nous quittions Boundegounda, et, continuant notre marche vers le sud, nous suivions la base occidentale du massif montagneux habité par les Balegga et les Bandoussouma de Mazamboni. Notre route traverse de vastes champs de fèves, de patates douces, d'ignames, de colocasie, de cannes à sucre; elle se déroule entre les allées de magnifiques plantains, longe d'humbles villages aux toits coniques, descend vers les ruisselets clairs et limpides, à peine échappés du sein des monts dont les cimes escaladent le firmament; elle serpente au-dessus des riches prairies, court au flanc des talus escarpés pour s'infléchir mollement aux pentes adoucies. Sur notre droite, à neuf kilomètres au moins de distance, la masse, noire comme la nuit, de la forêt éternelle projette des caps, s'entaille de baies. A notre gauche, et tout près de nous, les puissants contreforts rivalisent de hauteur dans le bleu grisâtre d'un ciel incertain, et, bien loin, colossale armée rangée en lignes solennelles, se profilent les sommets coupés de brèches profondes, de gorges étroites, de cagnons creusés par les eaux à l'incessant murmure.

Au matin, la chaîne du Rouvenzori, se dégageant de son manteau de nuées, dressa dans le ciel sa ligne de pics et d'arêtes étincelantes de neige. Pur et transparent comme le flot marin, s'étendait l'azur profond du ciel. Bien loin vers l'ouest, se découpaient les deux sommets jumeaux que j'avais déjà vus en décembre 1887 ; de l'arête abaissée vers l'extrême orient jaillissaient d'un seul élan les cimes impérieuses du Rouvenzori sans rival, assemblée de géants à tête chenue, à brillante chape de neige ; à l'est, la rangée des monts allongeait comme une gigantesque épine dorsale l'âpre ligne de cols, de pointes et de brèches profondes. C'est en l'étudiant des yeux, assis dans le hamac de cuir porté par deux hommes, que je dressai notre plan de voyage. A l'ouest de la double cime, la chaîne du Rouvenzori tombe à pic dans la plaine, ou bien fuit vers le sud-sud-ouest. Ce que j'en voyais était un angle du massif ou son extrémité occidentale. Il nous fallait viser le pied des jumeaux et, de là, en suivant cette ligne de base, diriger notre course vers le sud et les terres inconnues.

Nos guides, car nous en avions maintenant plusieurs, pointaient de leur lance dans l'espace en criant : « Oukondjou ! » puis, projetant l'arme un peu plus loin : « Oussongora ! » voulant faire entendre que nous voyions l'Oukondjou, et que l'Oussongora, encore invisible, se trouvait au delà.

Après repos à Oudjoungoua, nous partons le lendemain pour Outinda, distante de onze kilomètres. Entre la forêt et les monts, la vallée se resserre, le sentier menace de se perdre dans les fonds marécageux recouverts de hautes graminées, de fougeraies et de roselières fangeuses. Par bonheur, après le passage du Tchaï, de l'Atouro et de quelques ruisseaux à l'eau vive et preste, il escalade un long éperon des monts

Balegga et nous conduit à 150 mètres au-dessus de la coulière.

De cette hauteur, nous constatons que nous venons d'échapper à un nouvel ensevelissement dans la forêt ; car, derrière notre éperon, elle gagne pied et traverse la vallée, dont pas un mètre carré ne reste libre. Dans ses sombres profondeurs, le Tchaï, l'Atouro et des ruisselets sans nombre unissent leurs eaux pour former un important tributaire de la rivière Itouri.

Un peu à gauche, en regardant vers le sud, s'étend un profond bassin divisé en une multitude de petits terrains cultivés, appartenant au district d'Outinda. Chaque ravin, chaque plissure du sol disparaît sous les éparpillements des bananeraies. Le maïs, les fèves, très en retard, n'avaient pas plus de 12 centimètres de haut, tandis qu'à Bondegounda ils atteignaient 1 m. 20, et se trouvaient en pleine floraison.

Les Égyptiens arrivèrent au campement quatre heures après la première colonne. J'eus à écouter les plaintes amères du commandant de l'arrière-garde au sujet des officiers du Pacha, qui ne lui épargnaient ni railleries ni grimaces. Je me vis forcé de lancer l'ordre suivant :

> Considérant que l'expédition doit, de toute nécessité, marcher lentement et par courtes étapes, en suite de notre promesse à Sélim Bey, du fait que les Egyptiens, les Soudanais et leurs gens ne sont pas encore habitués aux fatigues d'un rude voyage, et que moi, leur guide, je suis trop faible pour supporter plus de deux ou trois heures d'efforts quels qu'ils soient, les officiers sont priés de montrer du support et de la patience ; mais ils ne doivent, sous aucun prétexte, oublier les devoirs particuliers à l'arrière-garde. Ils ne permettront ni vagabondage le long du chemin, ni fugues dans les villages, ni maraude, ni pillage aveugle des plantations. S'il se produit un acte d'insolence, et quel que soit le coupable, officier égyptien, soldat ou porteur, l'officier de service appellera la garde, fera saisir le délinquant et me l'amènera. Je me charge de le punir. Il faut que la violence soit à l'instant même châtiée par la violence.

Longeant quelques sommets élevés, nous quittons le bassin d'Outinda en franchissant une arête qui le borne au sud et au sud-est. Nous escaladons ensuite deux autres aigue-verse, séparées par des vallées bien arrosées, pour arriver au plateau herbeux et aéré d'Ouhobo, à 1 500 mètres au-dessus de la mer. Peu après, Kaïbouga entrait au camp. Ce chef était un

Le Rouvenzori, vu de Kavalli.

de ces Ouahouma établis chez les Balegga, dont les pâturages dominent les plaines de Kavalli et l'extrémité méridionale du Nyanza et dont le territoire s'étend jusqu'au débouché de la Semliki. Il nous engagea vivement à prendre l'offensive, Ouhobo étant une possession de Kabba Réga. Ce conseil nous fit sourire, car nous n'avions pas entrevu la moindre silhouette d'ennemi, les natifs s'étant tous éclipsés à notre approche. Mais au même instant une de nos sentinelles signalait la marche d'une colonne armée de fusils. Deux compagnies de Zanzibari furent immédiatement réunies par le lieutenant Stairs et le capitaine Nelson. Si bien avait profité à ce dernier l'hospitalité de Kavalli et de Mazamboni, qu'il était aujourd'hui apte à tout entreprendre. Sa petite troupe n'avait pas fait 3 kilomètres qu'elle rencontrait un détachement des gens du Pacha rapportant le corps d'Okili, le fidèle serviteur et l'ami de Casati. Il venait d'être tué d'une balle dans la tête.

Pendant que les Soudanais se baignaient dans un ruisseau, au sud d'Ouhobo, ils avaient aperçu une colonne d'Ouara-Soura marchant en bon ordre, précédés de deux drapeaux. Quelques minutes plus tard c'en était fait d'eux tous ; mais nos hommes se jettent hors de l'eau, sautent dans leur harnachement, saisissent leurs fusils, ouvrent incontinent le feu. Trois des ennemis tombèrent, mais Okili fut tué dans la riposte. A l'approche de nos troupes, les Ouarassoura s'enfuirent en désordre ; on les poursuivit l'espace de 5 kilomètres, sans nouvelle escarmouche, d'ailleurs.

Toute la nuit une pluie diluvienne tomba, ne nous faisant pas grâce d'une minute. A la première aube, nous étions en marche pour Mboga, enveloppés comme d'un vêtement de brumes et de nuées. Quelques heures plus tard l'énorme stature du Rouvenzori émergeait des vapeurs qui s'élèvent de la vallée basse de la Semliki. Par moments, les sommets géants rappelaient autour d'eux, comme pour en voiler leurs têtes, les traînées de nuages éparses dans l'azur.

A mesure que notre marche nous rapprochait de la chaîne, nous nous étonnions de lui voir moins de neige qu'il ne lui en paraissait à Kavalli. Je compris, réflexion faite, que la ligne inférieure nous était cachée par une arête intermédiaire, obstruant d'autant plus le champ de vision, que nous nous rapprochions davantage. D'ici, la fière rangée des monts affectait la forme d'un croissant, dont la montagne d'Adjif était le point septentrional et les pics jumeaux la borne du côté de l'ouest. Au delà de l'Adjif, estimé par moi à 1850 mètres environ au-dessus de la mer, on voyait s'élever régulièrement la crête dentelée qui, d'un bond, se dresse brusquement de 600 à 1500 mètres au-dessus de presque tous les sommets ensevelis sous la neige.

En toute autre contrée que dans ces humides régions équatoriales du centre africain, notre observatoire de Mboga offrirait la vue la plus splendide sur le plus admirable des horizons montagneux. De l'angle des pics jumeaux jusqu'à 50 kilomètres nord-nord-est de l'Adjif, le regard pourrait embrasser des perspectives presque infinies, n'étaient les buées incessantes montant sans trêve de la vallée et flottant en masses changeantes si nombreuses que, d'une minute à l'autre, elles ont voilé la ligne entière des sommets.

Entre Mboga et la chaîne s'étend la profonde vallée de la Semliki, large de vingt à quarante-cinq kilomètres. D'un éperon non loin de nous, on la prendrait à première vue pour un lac. Nos hommes s'y sont trompés et les femmes soudanaises, transportées de joie à l'aspect de ce qu'elles confondaient, elles aussi, avec l'Albert-Nyanza, poussaient en son honneur leurs plus assourdissants louloulous. Mais une observation plus attentive et la lunette d'approche nous montrèrent une plaine parsemée de petits buissons et couverte d'herbe déjà jaune et sèche. Sur notre droite, à 850 mètres au-dessus de nous, une large traînée d'acacias, profonde et sombre comme la forêt assise aux rives du Tchaï, barrait toute la largeur de la vallée.

M. Jephson était encore malade. Depuis le 23, la fièvre ne l'avait pas quitté; sa température variait de 39 à 40 degrés. Son état d'esprit me causait de vives préoccupations. Comme moi, d'ailleurs, il avait fort maigri, et nous semblions aussi malades l'un que l'autre. Nous fîmes halte le 13 pour donner quelque repos aux impotents et aux petits enfants.

Le lendemain, nous descendions les pentes allongées qui nous amenèrent à Kiryama, village construit à l'entrée d'une vallée étroite et profonde. Aux temps reculés où le Nyanza couvrait la plaine herbeuse, ce repli de terrain fut sans doute le plus pittoresque des goulets. Le sol est de la plus grande richesse; un ruisseau y coule à pleins bords vers la Semliki; par échappées rapides, le Rouvenzori émergeait du nuage. Sans ce malencontreux brouillard, renouvelant sans cesse pour nous le supplice de Tantale, quel incomparable spectacle nous eût offert l'imposant et superbe sommet dressé à 4 600 mètres environ au-dessus de nos têtes !

Nous retrouvons au milieu de notre immense caravane ce que je pourrais appeler une épave. C'est un jeune garçon nommé Toukabi, qui avait suivi nos porteurs et que son père, un des sujets de Kavalli, était venu relancer chez nous pendant notre séjour au pays de Mazamboni. On lui rendit l'enfant : il n'avait qu'à prévenir une seconde escapade; mais il s'y était mal pris, sans doute, car c'est bien mon Toukabi que je vois aujourd'hui passer devant une tente; je le reconnais malgré les chiffons dont il s'est couvert la figure en manière de déguisement. Je l'appelle : « Pourquoi as-tu quitté ton père pour suivre des étrangers? — Parce que je préfère mes amis à mon père. — Il te battait donc? — Non, mais je veux aller au pays d'où viennent les carabines, le pays où l'on fabrique la poudre de tonnerre. » C'était bien la première fois que je voyais un petit Africain abandonner si délibérément sa famille. Il était d'ailleurs singulièrement éveillé, ce gamin ouahouma, et ses yeux pétillaient d'intelligence.

Escorté de quatre-vingts carabines, le capitaine Nelson fut dépêché à la Semliki pour étudier les moyens de la traverser. La marche fut brillante et rapide. La rivière coulait profonde entre des berges élevées de 4 à 7 mètres, érodées par places et minées par le courant, large ici de 72 à 80 mètres de rive à rive. Pas de traces de canots, disparus sur l'ordre de Ravidongo, général de Kabba Réga, lequel, disait-on, avait réuni de très grandes forces pour s'opposer à notre passage. Tous les indigènes d'Ouhobo, de Mboga, de Kiryama étaient assemblés, gardant soigneusement la berge opposée et prêts à en venir aux mains. Nos éclaireurs avaient même essuyé le feu de leurs armes, heureusement sans résultats fâcheux.

Après un repos de deux jours à Kiryama, nous continuons notre marche dans la plaine sous la conduite de Kaïbouga. Cette vaste étendue, que plusieurs d'entre nous avaient prise pour un lac, est en réalité un immense dépôt d'alluvions lacustres couvertes d'une herbe maigre et clairsemée; la qualité s'en améliorait à mesure qu'on approchait la rivière. Trois heures après notre départ de Kiryama, nous apercevons un acacia; un peu plus loin, nous en comptons cinq, puis douze, rabougris et isolés; un peu plus tard, nous tombons en pleine forêt. Chétive sur la rive gauche, sur la rive droite elle se faisait impénétrable et luxuriante comme les forêts tropicales.

Soudain la Semliki nous apparaît, large de plus de 50 mètres et filant de quatre à cinq nœuds. Un peu plus bas, belle et profonde, elle élargit ses rives jusqu'à 90 mètres. Ainsi que le capitaine Nelson l'avait rapporté, elle ronge incessamment ses bords. Ici et là, de larges brèches, faites par de récents éboulis, entaillent les bancs de sédiment et de gravier dont se forment les berges, proie facile pour le rapide courant qui en longe la base. Minées en dessous par le flot, tantôt en fins débris, tantôt par larges blocs, les masses surplombantes se détachent sans cesse. Tortueuse, s'arrondissant presque à chaque deux kilomètres en un large demi-cercle et revenant sur elle-même pour décrire de nouveaux méandres, la Semliki roule son eau blanc-brunâtre, tellement chargée de matières, qu'une verrée de liquide a laissé un dépôt d'un demi-centimètre.

L'anéroïde indiquait, pour notre berge, élevée de 6 mètres sur l'eau, une altitude de 783 mètres. Le même instrument mettait le lac Albert à 770 mètres, ce qui donnait une différence de 13 mètres entre ces points distants de 48 kilomètres, selon mon estimation.

Au moment où nous atteignions la Semliki, un canot s'en allait en dérive au fil de l'eau. Nos voix avaient sans doute trahi notre approche, l'alarme avait été donnée par quelque indigène, et, dans leur hâte de fuir, ils avaient à dessein repoussé la pirogue dans le courant, ou l'avaient abandonnée pour ne pas s'attarder au sauvetage. Le village aouamba où le flot l'avait prise était tout près. Nos gens se mirent en chasse le long de la rive, et Oulédi — toujours lui! — nous envoya bientôt la bonne nouvelle qu'il avait trouvé un autre canot. Vite nous courons dans cette direction. On s'installe dans une vaste bananeraie, en vue du précieux bateau, amarré dans une anse de la rive opposée. Il faut l'avoir, à tout prix! Nos sapeurs nettoient

18 mètres de brousse en laissant un étroit écran de taillis entre nos tirailleurs et la rivière. Trois ou quatre décharges balayent la position autour du canot; en même temps, le brave Oulédi et Saat-Tato se jettent à la nage, cinglent vers la proie désirée, l'atteignent, coupent en deux secondes le lien qui l'attache au rivage, et, sautant dans la pirogue, ils pagayent avec énergie. A moitié route, une flèche frappe notre chasseur, une grêle de balles lui succède, mais le canot nous reste, et Saat-Tato, ruisselant de sang, est confié aux soins du D$^r$ Parke. Heureusement, la flèche a butté contre l'omoplate, les organes sont épargnés; 100 francs d'étoffe récompensent à l'heure même le dévouement de nos deux braves.

A 5 heures de l'après-midi, M. Bonny nous rend l'immense service de passer cinq Soudanais sur la rive opposée comme avant-garde de l'expédition. Au coucher du soleil, nous avions là-bas une cinquantaine de carabines.

Le 18, au point du jour, nous commencions la traversée. La veille, nos éclaireurs avaient mis la main sur deux nouveaux canots. Stairs et Jephson étaient en plein accès de fièvre; mes forces avaient tellement décliné que l'on m'eût pris pour un vieillard de quatre-vingt-dix ans, capable tout au plus de faire deux cents pas. Le capitaine et le docteur voulurent bien se charger de diriger la rude opération du passage. A deux heures on était en pleine traversée; tout à coup un parti de cinquante Ouara-Soura, se glissant à près de 225 mètres du bac, fit pleuvoir une volée de balles sur nos pirogues, alors au milieu du courant. Des morceaux de fer et de plomb sifflèrent par-dessus la tête de nos passagers et s'enfoncèrent dans les flots; heureusement, il y eut plus de peur que de mal. Certes, tant d'audace était faite pour exciter notre admiration; mais une seconde décharge pouvait être moins anodine; sans l'attendre, Nelson s'élance, appelle une centaine de carabines et se met en chasse. Nous entendons le bruit répété de la fusillade, mais l'attaque est si lestement menée que pas un projectile de l'ennemi n'arrive à son adresse. Les Ouara-Soura s'avisent que nous sommes les plus forts; de notre côté, nous reconnaissons qu'ils peuvent nous causer de sérieux dommages. Dans leur fuite précipitée ils avaient perdu quelques cartouches d'aussi bonne fabrication que si elles fussent venues en droite ligne de Woolwich. Quel repaire de traîtres que cette

Province Équatoriale! Des déserteurs seuls ont pu livrer aux ennemis pareilles munitions de guerre.

Dans la nuit du 18 mai, 669 personnes avaient passé la rivière; le 19, à 3 heures, 1168 hommes, femmes et enfants, 610 charges de colis, trois batelées de moutons et de chèvres, 235 têtes de bétail étaient sur l'autre bord. Seul, un veau fut noyé. Combien je fus satisfait du zèle et de l'activité déployés par le capitaine et le docteur!

Quelques heures plus tard, un des hommes du Pacha fut porté au docteur pour une blessure de flèche qui devint mortelle. Ce malheur me remit en mémoire les dix-huit premiers mois de nos expériences au milieu des insouciants Zanzibari.

Le 20, notre expédition reprit sa marche à travers l'épaisse forêt, et, par un sentier boueux, elle atteignit un petit village construit à une heure et demie de la rivière. Nous y entrions justement à l'heure où l'innombrable, l'intolérable armée de moustiques se donne ample carrière, s'insinuant partout, dans les yeux, le nez, les oreilles : c'était à nous faire regretter la forêt! Par bonheur, à neuf heures du soir, nos minuscules ennemis disparaissent et nous trouvons enfin le repos. L'odeur du vin de banane éventé et des fruits de rebut avait sans doute attiré la gent moucheronne. Nous découvrons dans le village deux de ces grandes auges, semblables à de petits canots, dans lesquelles les indigènes pressent les bananes mûres dont ils fabriquent leur boisson.

Pour la première fois je constatai que les Ouamba, dont nous foulions le territoire, possèdent aussi l'art de sécher sur des treillis de bois les bananes pour les moudre. Bien souvent, pendant mon voyage dans les régions forestières, j'avais été surpris que nombre d'indigènes parussent ignorer la valeur de l'aliment si nutritif et si sain que fournissent le plantain et la banane. Tous les pays qui produisent ces végétaux, Cuba, le Brésil, les Indes Occidentales, m'ont semblé d'une singulière insouciance à cet endroit. Si l'Europe connaissait les propriétés bienfaisantes de cette farine, elle en userait largement. Les enfants, les personnes délicates, les dyspeptiques en tireraient grand profit, et la demande en deviendrait rapidement générale. Pendant mes deux gastrites, un léger gruau de banane cuit dans le lait était le seul aliment que digérât mon estomac.

Le 22, il nous fallut patauger six heures dans les boues infectes et les fondrières avant de découvrir un endroit propice au repos. Je ne sais s'il fut jamais forêt tropicale de plus superbe magnificence, mais combien dure aussi pour la pauvre caravane, avec sa chaleur de fournaise et son éternelle moiteur! Tandis que nous avancions, enfouis sous la masse feutrée du sombre et noir feuillage, l'humidité planait en vapeur opaque et légère, devenant brume au sommet des arbres ; plus haut, c'était un nuage épais de plusieurs kilomètres interposé entre nous et le soleil. Nous marchions, à travers les bas-fonds

Attaque des Ouanyoro au passage de la Semliki.

marécageux et la fange gluante et noire, percés jusqu'aux os par la pluie de vapeurs condensées tombant en larges gouttes, sous une lourde lumière de plomb, faite pour donner des idées de suicide ; la sueur coulant en ruisseaux attestait la fatigue de nos pauvres corps. Enfin, à l'entrée d'un village en ruines, preuve trop certaine de quelque récent exploit des Ouara-Soura, nous espérions revoir le Rouvenzori, mais le vieux mont restait invisible derrière les nuages d'un bleu sombre, messagers de tempêtes prochaines. Nous distinguions vaguement les hauteurs de Mboga, plus éloignées cependant que l'énorme masse, derrière laquelle grondait déjà l'orage et d'où la pluie allait tomber à flots. Nous étions au centre de l'immense cuve à fermentation dont les exhalaisons incessantes, concentrées en nuées toujours plus denses et nombreuses, atteignent le Rouvenzori, montent lentement le long des flancs et s'accrochent aux cimes jusqu'à ce qu'un coup de vent, balayant soudain les crêtes neigeuses, nous les montre en plein azur.

Le jour suivant, deux heures et demie de marche à travers un district peuplé nous portaient à Baki-Koundi, par un sentier le long duquel nous reconnaissions les silhouettes familières des campements de nains, nommés ici les Ouatoua.

Vingt-cinq kilomètres nous séparent de la Semliki. Il a fallu trois jours de marche et deux jours de repos pour les franchir. Mais, si lentement que nous ayons avancé, si bien fournie que fût notre caravane de bonne eau courante, de viande, de grain, de patates douces, de plantains, de fruits, elle connaissait déjà quelques-unes des misères d'un voyage en Afrique. Des mères avaient abandonné leurs petits enfants sur le chemin : Hamdan, un soldat égyptien, se couchant sur le sentier, refusa obstinément de se relever, aimant mieux mourir que de continuer sa route. Cet homme n'avait rien à porter; il n'était pas malade; mais, voilà! il appartenait à la race des ânes; il ne voulait plus marcher, mais il pouvait mourir, et il fut impossible de le contraindre à suivre. Le bruit courut au bivouac que le commandant l'avait expédié sans façon.

Le 24 mai était un jour de repos et nous en profitâmes pour envoyer deux escouades tracer des sentiers. Je voulais être à même de me faire dès à présent une idée générale de la meilleure ligne à suivre. La première troupe prit une direction légèrement infléchie vers le sud-est et tomba sur quelques Baoundoui, véritables aborigènes de la forêt. C'était là une découverte importante, car nous croyions être encore dans l'Outoukou, nom porté par la partie de la rive est de la Semliki qui dépend du roi Kabba Réga. L'idiome des Baoundoui était nouveau pour nous, mais ils comprenaient un peu le kinyoro et nous apprirent que le Rouvenzori s'appelle chez eux Bougomboua, que les Ouara-Soura et les pygmées ouatoua sont leurs pires ennemis, et que ces derniers sont éparpillés dans les bois vers l'ouest-sud-ouest.

La seconde compagnie prit l'orientation sud-ouest et atteignit l'étroite terrasse herbeuse et découverte qui sépare de la forêt la base du Rouvenzori. Ils nous décrivirent avec enthousiasme la richesse du pays, mais ils avaient aussi constaté l'hostilité et les dispositions belliqueuses de sa population. Les armes ne diffèrent pas de celles des peuplades sylvestres. Les femmes portent un collier de fer orné de pendeloques creuses en forme de fioles et terminées par deux jolies spirales.

Deux heures et demie plus tard, nous entrions dans un village de 39 huttes rondes, à toit conique, fermées d'une porte bien travaillée, décorée ici et là de dessins triangulaires rouges

Huttes sur la lisière de la forêt.

et bleus. Le palmier *Elais guineensis* croît en masses touffues près des habitations.

Le jour suivant, longeant les crêtes d'un étroit éperon boisé, entre des ravines profondes de 60 mètres ensevelies sous l'ombre d'arbres gigantesques, nous sortions de la forêt pour camper sur la terrasse herbeuse dans le village d'Ougarama, par 0° 45′ 49″ de latitude nord et 32° 34′ 45″ de longitude est. La terrasse n'offre pas ici ce gazon court et dru qui fait le charme de Kavalli. Seul, un gramen coriace y dresse ses stipes jusqu'à la hauteur de quatre ou cinq mètres.

Nous voyons tout à coup reparaître au camp l'Égyptien Hamdan. Abandonné à lui-même, il avait dû réfléchir qu'il est dur de mourir seul dans les bois déserts. Quant à moi, je me rendais mieux compte des difficultés renaissantes que suscitait le ramassis dont nous étions chargés. Pour aussi bas que je l'eusse naguère tenu, il était descendu à plusieurs degrés au-dessous, de zéro. Avec eux, les paroles n'avaient aucune valeur ; la raison ne pouvait pénétrer ces cerveaux épais. Au départ, ils se précipitaient comme un torrent ; une heure après, on les voyait muser, s'asseoir, allumer du feu et cuisiner, fumer, bavarder à oreille que veux-tu. Une fois l'arrière-garde sur le dos, c'étaient des regards aigres et mécontents, des murmures sans fin sur la cruauté des Infidèles. Presque chaque jour il fallait entendre leurs plaintes au sujet du capitaine Nelson et du lieutenant Stairs : l'un trop impérieux, l'autre trop exigeant. Ces gens-là ne pouvaient comprendre qu'il s'agissait d'ordres auxquels mes officiers devaient obéir ; que ces ordres avaient pour unique but de les empêcher, eux, de s'égarer et d'être égorgés par les natifs ; que plus tôt ils ralliaient le camp, mieux cela valait pour tous ; que nos étapes de deux ou trois heures étaient à la portée des enfants eux-mêmes ; que si notre devoir était de veiller sur leur vie, le leur était d'avoir quelques égards pour les Zanzibari marchant dix heures par jour, la tête courbée sous de lourds fardeaux ; et qu'enfin je ne voulais pas que mes officiers blancs fissent le pied de grue sous l'humidité glacée, dans la fange puante des marécages, afin d'attendre des gens assez peu raisonnables pour ne pas cheminer régulièrement une heure ou deux et se reposer ensuite le reste des vingt-quatre heures. Ces pleurnicheurs, incapables de marcher les mains vides pendant deux ou trois heures d'affilée, étaient des Égyptiens au teint jaune. L'homme dont la peau recouvre un peu de pigment noir se plaint rarement ; l'extrême noir et l'extrême blanc, jamais.

Les Égyptiens et leurs gens emmenaient une quantité inouïe d'enfants et de nourrissons. Lorsque l'espace était limité pour le campement, sur un étroit éperon, par exemple, dormir devenait presque impossible. Ces marmots étaient sans doute de nature irascible, car je n'entendis jamais pareils cris et vagissements. Négrillons et poupons jaunes rivalisaient à qui mieux mieux jusqu'après minuit. A trois ou quatre heures du matin, la musique reprenait de plus belle, éveillant toute la caravane, et les grognements de colère provoqués par ces bambins augmentaient encore le charivari.

Nos Zanzibari pensaient que si les peuples de l'Équateur sont d'excellents pères nourriciers, ils sont de fort pauvres soldats. Jusqu'à ce jour, le nombre, joint à la supériorité des armes, avait habitué les Égyptiens à imposer le respect aux natifs. Maintenant vaincus, découragés, réduits en nombre, il leur semblait impossible d'atteindre jamais un pays tranquille et calme. Mais n'était-ce point précisément leur indiscipline, leur insolence qui avait fait du plus paisible indigène le plus vindicatif des ennemis?

A cette date, j'eus avec le Pacha un entretien d'où je tirai la conclusion que, malgré sa politesse, il n'avait pas oublié la

Femmes et enfants égyptiens.

scène du 5 avril. Pourtant, elle avait été nécessaire autant qu'inévitable. Nos natures étaient diamétralement opposées. Tant que l'action ne s'imposait pas, nous nous entendions tous deux parfaitement; Emin est un gentleman; il est instruit, laborieux; j'admirais, j'appréciais ses qualités. Mais les circonstances interdisaient de nous attarder aux bagatelles. Nous n'avions pas été envoyés au centre de l'Afrique pour passer nos jours en conversations scientifiques ou en longues causeries sur le lac Albert. Le temps était venu de marcher en avant; jamais nous ne nous serions mis en route si je n'avais pris en main l'autorité. Nous étions partis,... mais j'entrevoyais avec chagrin d'autres causes de malentendus. Le Pacha était possédé du désir d'augmenter ses collections ornithologiques. Étant venus si loin exprès pour le secourir, nous pouvions, pensait-il, faire maintenant la route à notre aise. « Mais nous la faisons à notre aise, et pour une multitude de raisons : les petits enfants, le grand nombre de femmes chargées de nourrissons, nos traînards d'Égyptiens, l'espérance de nous voir rejoindre par Sélim Bey, la débilité de Jephson et de moi-même, sans compter que Stairs est loin d'être solide. — Eh bien! plus à l'aise encore. — Avancer par étapes de deux kilomètres et demi par jour, cela s'appelle sûrement aller à l'aise. — Bien! Mais ne serait-ce pas assez d'un kilomètre! — Au nom du ciel, Pacha, vous voulez donc vous éterniser ici! Alors, faisons notre testament et résignons-nous à mourir sans avoir accompli notre mission! » Comme derrière les sombres nuages du Rouvenzori, je sentais l'orage monter sourdement et une nouvelle explosion semblait imminente.

Je savais sa passion de collectionneur, mais j'ignorais qu'elle fût passée à l'état de manie. S'il eût trouvé des porteurs, il aurait massacré tous les oiseaux de l'Afrique, ramassé les plus horribles reptiles, les insectes les plus hideux, cueilli tous les crânes jusqu'à faire de notre camp un musée et un cimetière ambulants. Mais déjà les ulcères rongeants se développaient sur les hommes du Pacha; la syphilis avait miné leur constitution; une piqûre d'épine au visage devenait rapidement une plaie horrible et bourbillonneuse. Ils avaient semé le vice; ils en récoltaient les fruits. En proie à la saleté la plus horrible, nos campements étaient un terrain d'élection pour la peste, un spectacle à apitoyer les dieux et les hommes. Les porteurs, maltraités, se mouraient — eh bien! alors, nous ne pourrons plus marcher du tout! Mais le Pacha était aux anges quand son secrétaire Radjab Effendi lui apportait de nouveaux spécimens. Il semblait pénétré de reconnaissance quand nous parlions d'un repos de deux jours, triste lorsqu'il fallait reprendre le harnais; mais quand nous aurions atteint, près du Rouvenzori, l'étape où nous comptions séjourner une semaine... oh! splendide!!

Tout cela me laissait l'impression que nous étions attelés

à une tâche ingrate. Tant que je vivrai, je le sens, il m'aura en aversion, et ses amis les Felkin, les Junker, les Schweinfurth écouteront ses jérémiades sans se dire, peut-être, qu'en ce bas monde agir n'est pas seulement collectionner des crânes, des oiseaux et des insectes, et que le continent africain ne fut pas destiné par le tout bienfaisant Créateur à devenir simplement un colossal herbier ou un musée d'entomologie. Géant ou nain, tout homme rencontré dans ces solitudes a toujours affermi en moi la foi que je porte au fond de l'âme : l'Afrique a d'autres droits sur l'humanité. Chaque particularité de cette terre glorieuse m'émeut comme si j'entendais le cri d'appel de tout son peuple vers la civilisation et le relèvement. Il lui faut des chemins de fer, donnons-les ! Le feu et l'eau, voilà les agents de transport par excellence et plus que partout ailleurs dans ces contrées si longtemps la proie des luttes fratricides.

Hélas ! hélas ! être séparé à peine par un jet de pierre de la grande chaîne de montagnes — non encore reportée sur mes cartes, — savoir là-bas ce lac dont nous a si souvent entretenus Kaïbouga, notre chef mhouma ; être déjà dans la vallée de la Semliki avec ses trésors d'arbres et de plantes ! cette Semliki qu'on nous dit relier le lac supérieur au lac inférieur et que nous avons entrevue, mais non encore suivie ! Entendre parler de ces merveilleux Lacs Salés qui pourraient approvisionner le monde entier, de ces Ouazongora aux formes d'hercule, de tant de peuplades intéressantes, de ces mystérieux Ouanyavingui que l'on croit descendus d'hommes blancs ! Se sentir tout près de ces colosses aux têtes blanches que je devine être les Monts de la Lune si longtemps perdus ! Être dans la région des fabuleuses Fontaines du Nil, le pays des merveilles et des mystères, des pygmées et des géants dont parlent les vieilles légendes, et ne pas ressentir l'ardente passion de connaître le vrai de tous ces récits ! Celui qui dressa ces monts éternels et qui tapissa leurs pentes de mousses, de lichen et d'herbe moelleuse, qui les sillonna de mille ruisseaux joyeux portant la neige des sommets dans la fertile vallée, qui jeta sur elle le vert manteau de la forêt puissante et sans limites, au feuillage brillant d'un impérissable éclat, Il veut, Lui, le Créateur, qu'elle soit réservée à de plus hautes destinées qu'à celle de couver des oiseaux rares et de produire des reptiles plus ou moins curieux !

La richesse de cette région la caractérise. Dix bataillons y trouveraient leur subsistance sans le moindre fourrier. Nous n'avons qu'à ramasser et manger. Nos éclaireurs trouvent partout des plantations en plein rapport, les greniers des indigènes regorgent de millet rouge, les huttes sont bondées de maïs, et, dans les jardins, des ignames, des patates douces, des colocasies, du tabac.

Du contrefort d'Ougarama nous suivions des yeux, jusqu'à plus de 2 400 mètres d'altitude, les pentes parsemées de cultures ; les ravines tortueuses sont dessinées par les verts bananiers ; le haut et le bas pays semblent regorger de population, de produits comestibles et autres. La lunette d'approche permet de constater que la forêt revêt les sommets jusqu'à la hauteur de 2 700 à 3 600 mètres, et que, sans les plantations, elle serait descendue partout jusqu'au pied même de la montagne. Les bananiers sauvages montent à l'assaut des hautes crêtes, prêtant leur grâce élégante aux pentes déboisées, et dépassant de leurs bouquets verts les herbes les plus vigoureuses. Les cimes du Rouvenzori apparaissaient à demi voilées par des nuages plombés. Les monts dont il est le roi semblaient jouer à cache-cache sous les volutes capricieuses de blanches et changeantes vapeurs. D'après l'anéroïde, Ougarama est à 913 mètres ; le point d'ébullition le met à 897 mètres. La triangulation nous donne, pour la crête au-dessous de laquelle s'allonge notre contrefort, une altitude de 2 790 mètres.

Dans les bois avoisinant le village, nous trouvons deux femmes au teint clair, fort jolies, qui parlent l'idiome de Kinyoro. C'est d'elles que nous tenons ce nom d'Ougarama porté par le village aouamba ; elles disent aussi qu'Outoukou est l'appellation donnée au pays découvert jusqu'à la rivière Mississi et au lac ; que nous allons entrer dans le district de Boukoko, résidence de Sibaliki, principal chef des Aouamba ; qu'au delà nous trouverons Boutama ; que d'Ougarama à l'extrémité nord du Boukondjou ou Oukondjou, il y a une journée de marche ; que deux autres nous amèneront ensuite à Toro, par la montagne ; que le roi de l'Oukondjou septentrional s'appelle Rouhandika ; que les Ouakondjou possédaient autrefois de grands troupeaux de bétail, mais que les Ouara-Soura les leur avaient volés. Elles nous apprennent enfin qu'en suivant la ligne de base des grands monts, il suffira de trois jours pour atteindre un pays d'herbe courte où paissent nombre de chèvres et de moutons, voire même des bovins; mais que les Ouara-Soura pillaient si souvent les campagnes qu'on pouvait à peine conserver quelque bétail. Les pires ennemis des Aouamba, bûcherons et laboureurs, sont les nains ouatoua, qui ruinent les plantations et détruisent les cultures, tandis que les Ouara-Soura au service de Kabba Réga dévastent en grand le pays.

Quand je demandai à ces femmes si elles avaient des jours de beau soleil, si la neige des montagnes se voyait claire et brillante pendant deux ou trois jours, une semaine, un mois, elles affirmèrent n'avoir jamais eu tant de pluie que ces derniers temps; aussi ne doutaient-elles pas que nous l'eussions à dessein conjurée afin de découvrir plus aisément les traces de nos ennemis. Elles nous avaient d'abord pris pour des Ouara-Soura, mais nous emmenions beaucoup de bétail, or les Aouamba n'en ont plus; donc nous n'étions pas ceux qui les avaient pillés. Quand j'eus répondu que nous avions enlevé ces troupeaux à des peuplades soumises à Kabba Réga, elles s'écrièrent : « Oh! si les nôtres savaient cela, ils vous apporteraient tout ce qu'ils possèdent! — Eh bien! allez, et dites-leur que nous sommes des amis pour tous ceux qui ne nous ferment pas la route. Nous allons dans un pays éloigné, et comme nous n'avons pas d'ailes, il nous faut user de vos sentiers. Mais nous ne faisons aucun mal à qui ne lève pas la lance ou ne pointe pas la flèche contre nous. »

Les neuf kilomètres de marche du 28 traversèrent une série d'éperons séparés par des ravins profonds de 60 mètres où la route descendait pour remonter la pente opposée. Si rapide était-elle et si glissante, noyée d'une pluie fine et sans trêve, qu'il fallait nous accrocher aux arbres et aux lianes. Un âcre relent de tiges pourries et de bananes décomposées errait autour de nous et nous soulevait le cœur.

Une étape de sept kilomètres nous amène le lendemain à Boutama, non plus par les fondrières, la boue, les dégringolades et les escalades de la veille, mais par une route aussi belle, aussi large que pied européen puisse désirer en Afrique. Le sol, marne et silice, absorbait instantanément la pluie; presque partout, les touffes de roseaux s'écartaient assez pour nous livrer passage, et la terre était suffisamment battue par la foulée des éléphants.

Trop vieux pour essayer de fuir, un homme à cheveux blancs était resté seul à Boutama, attendant sa destinée. Il nous dit que le nom des montagnes de neige qui pyramident au-dessus de nous à une effrayante hauteur est Avirika, Avirouka, Avrika, Avrouka, Avirika et Avourouka, se rectifiant ainsi lui-même sous la hâte de nos questions répétées. Il se plaignait beaucoup des nains, « mauvais » et « traîtres ». Lorsque, par leur astuce, leurs ruses, leurs professions d'amitié, ils avaient gagné l'amitié des puissants chefs et mis ceux-ci en leur pouvoir, ils se retournaient soudain, et, en dépit de la foi jurée, de la « fraternité du sang », ils achevaient leur ruine.

Le 30, nous arrivions à Boukoko après quatre heures de marche facile sur une terrasse en pente douce, formée par les débris écroulés des escarpements et peu à peu changés, sous l'action répétée des pluies, en une terre fertile ne produisant aujourd'hui que des gramens, mais que la culture ferait féconde en récoltes utiles. Çà et là, émergeant à demi des hautes herbes, se dresse quelque immense bloc, détaché jadis des sommets par un glissement du sol ou par une pluie diluvienne, et tombé avec un bruit de tonnerre à la place où il gît encore.

Boukoko est un vaste et important groupe de villages. Nous fûmes frappés, dès l'entrée, par son air d'abandon ; il semblait vide depuis des semaines, un mois peut-être. Les vergers étaient immenses et prospères, les arbres pliaient sous le poids des fruits, les tomates foisonnaient dans les jardins.

Comme à l'ordinaire, après avoir installé le camp et fait empiler les charges, nos éclaireurs partirent en reconnaissance. Il étaient encore tout près lorsqu'ils rencontrèrent des natifs vêtus d'étoffe de coton et armés de fusils, qui firent feu sans autre explication. Nous entendons le bruit sourd des mousquets et le crépitement sec des carabines. Puis le silence se fait et nos pionniers reviennent, rapportant une carabine Enfield laissée par les vaincus, dont deux étaient morts, paraît-il. Ils ramènent aussi une femme et un jeune garçon, dont nous ne pouvons rien tirer.

Je dépêche immédiatement 70 de nos gens vers le lieu du combat, et dix minutes ne se sont pas écoulées que nous entendons une fusillade nourrie, le bruit du mousquet auquel répond le pétillement des remingtons et des winchesters, puis on nous apporte deux des nôtres, blessés. Ce sont les Ouara-

Soura, nous disent-ils. Mais les carabines semblent avoir le dessus, le feu s'éloigne. Pourtant, au bout d'une heure, deux autres blessés étant revenus avec la nouvelle qu'un jeune Zanzibari et un Manyouema étaient restés sur le champ de bataille, j'allais envoyer du renfort, quand Oulédi et nos carabiniers font leur entrée, amenant les chefs ennemis, qui se trouvent être des Manyouema au service de Kilonga Longa!

Voici ce qu'ils racontèrent :

Au nombre de cinquante fusils et cent lances, ils avaient traversé l'Itouri et, poursuivant vers l'est, ils étaient arrivés, il y avait une vingtaine de jours, aux limites de la forêt. Ils

Le Rouvenzori, vue prise de la forêt d'Aouamba.

avaient ensuite passé la Semliki, maraudant par-ci par-là, lorsqu'ils aperçurent des hommes armés de fusils, et, les prenant pour des Ouara-Soura, ils tirèrent dessus. Les indigènes avaient riposté, tué l'un des leurs, blessé mortellement un second et quatre autres grièvement. Le reste avait fui en criant : « Nous sommes perdus! » et les Manyouema s'étaient réfugiés dans leur campement, qu'ils mettaient en état de défense, non sans avoir placé des hommes en embuscade le long de la route. Ceux-ci, voyant l'ennemi revenir en force, avaient tiré ; mais, reconnaissant leur erreur à l'aspect des balles qu'on leur renvoya, ils crièrent de toutes leurs forces : « Qui êtes-vous? » Sur la réponse : « Hommes de Stanley! » ils cessèrent immédiatement le feu.... C'est ainsi que nous renouvelâmes des relations qui jusqu'à présent avaient toujours été si désastreuses pour nous! Certes, du fond du cœur, j'eusse souhaité une raison légitime de détruire ces incorrigibles pillards, mais il était impossible de refuser leurs excuses en cette affaire, évidemment accidentelle, et nous échangeâmes des présents.

Ils nous dirent avoir rencontré une troupe de Ouara-Soura, avec lesquels, d'ailleurs, ils avaient eu « mauvaise chance »; ils en avaient tiré un « méchant morceau » d'ivoire seulement. D'après eux, Ipoto serait à vingt journées de marche de Boukoko par la forêt.

Les Aouamba de cette région connaissent le Rouvenzori sous le nom de Virika.

Depuis notre sortie de la contrée boisée des Aouamba, près d'Ougarama, nous avions marché le long de l'étroite terrasse couverte d'une prodigieuse quantité de graminées. Vue de haut, elle nous parut avoir une largeur de 5 à 12 kilomètres entre la sombre ligne de la sylve et le pied de la chaîne montagneuse. L'herbe y atteint la taille et l'épaisseur du bambou, la route est bonne, nous franchissions tout au plus un ou deux ravins par étape. Le pays est caractérisé par l'acacia en forme de parachute, seul arbre visible dans les parages du Nyanza. Il disparaît aux approches de la forêt, et la végétation luxuriante des tropiques occupe le reste de la vallée.

Les torrents franchis ces derniers jours roulent leur eau froide en d'assez vastes lits sur les graviers, les sables, les blocs arrachés aux sommets : gneiss, porphyres, hornblendes, grès, stéatites, hématites, granits, pierres ponces. Les trois plus considérables de ces cours d'eau sont le Rami, le Rouboutou et le Singuiri, dont la température est de 20, 17 et 19°C.

Après une halte de deux jours à Boukoko, une étape de 13 kilomètres nous amenait à Banzombé, sur un étroit contrefort entre deux profonds ravins, et sur la limite de la forêt, qui monte ici jusqu'à la base des « montagnes aux neiges ». Selon son habitude, le Rouvenzori reste invisible, et nous aurons, je le crains, peu de chances pour le photographier ou pour user de ses sommets comme points de repère dans nos triangulations. A juger par le temps que les brouillards nés de la vallée de la Semliki mettaient à parvenir jusqu'aux cimes, la pression surincombante doit être énorme. Pour un peu plus, les fumées du camp, réunies en masses immobiles au-dessus de nos têtes, nous asphyxiaient après nous avoir aveuglés. Notre troupeau donnait des signes de fatigue. Il se composait de 104 bovins et de 50 moutons ou chèvres.

Le 3 juin, un Copte, frère de trois autres membres de notre

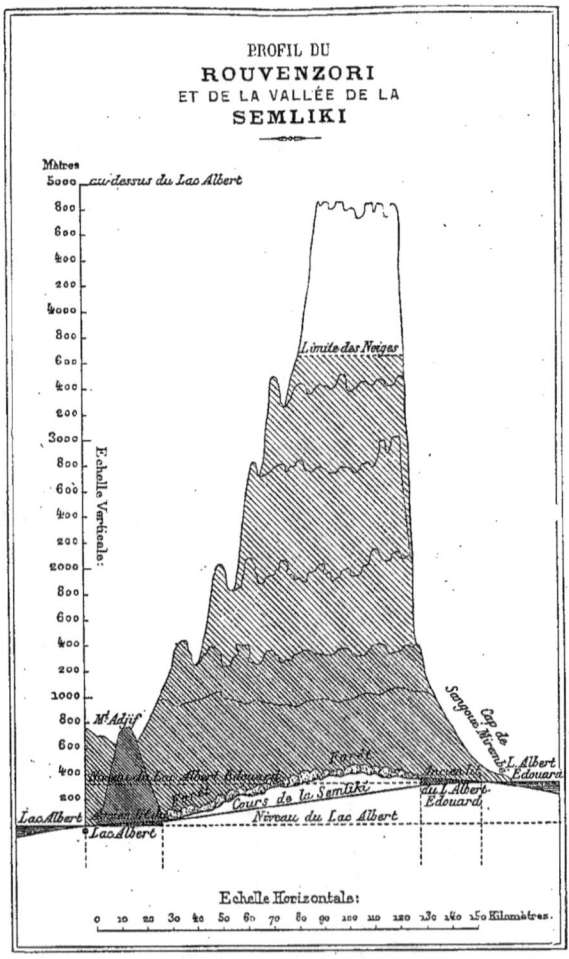

caravane, rendait le dernier soupir dans le petit village de Bakokoro, où nous campions par 0°37' de latitude nord. Nous avions traversé trois gros torrents pendant cette courte étape de cinq kilomètres; la température de l'un d'eux était de 17 degrés centigrades.

Dans l'impossibilité de tracer au delà de Bakokoro un sentier dans la direction voulue, nous passons la journée du 4 dans le village. Jephson a la fièvre avec 40,5 degrés de température ; Bonny est souffrant ; par contre, Stairs est guéri. Quant au capitaine Nelson, redevenu fort et robuste, il fait double tâche comme pour s'indemniser de sa longue maladie d'octobre 1887 au même mois de 1888.

Nous mesurons des plantains de 44 centimètres, épais comme le bras d'un homme.

Une étape de deux heures et demie nous amène à Mtaréga, situé à l'endroit où la Rami-Loulou débouche d'une cluse de la montagne. Le lieu nous offrait à profusion tout ce que nous pouvions désirer. Nous n'étions qu'à 180 mètres du Rouvenzori, sur lequel nous distinguions les sentiers grimpant le long des pentes. Un gaudré roulait à 60 mètres plus bas que nous ; son onde fraîche (16° centigrades) descendait bruissante des sommets neigeux. Les bananeraies, les plantations d'ignames, de maïs, de cannes à sucre, s'étendaient sur un rayon de 200 mètres. Voici l'heure venue d'explorer le pays, d'enrichir les collections. En conséquence, le public est prévenu qu'un concours est ouvert pour l'escalade du Rouvenzori : Qui veut immortaliser son nom? — Pour moi, j'étais déjà si solide que je pouvais bien faire deux cents pas ; M. Jephson avait regret à dire que la fièvre avait amorti ses dispositions belliqueuses ; le capitaine Nelson était désolé, mais, je vous le demande, quel résultat pratique attendre d'une semblable grimpade? Il dirigeait vers la montagne un regard solennel en ajoutant : « Grand merci ! » Les sueurs du Dʳ Parke appartenaient à l'humanité souffrante ; M. Bonny était mal en point ; la fièvre s'obstinait après lui ; ses jambes n'étaient plus que des bâtons ; le capitaine Casati souriait mélancoliquement et semblait dire : « Regardez-moi et dites si j'irais loin ». Mais le Pacha ! son honneur était en jeu ! La seule pensée de cette escalade avait toujours excité son ravissement ; c'était le moment glorieux de notre expédition ! Stairs, examinant à la sourdine ces sommets sourcilleux, encore vierges de pas humains, murmurait : « J'irai, droit comme un boulet ». Il ne me restait plus qu'à le munir d'instruments, à comparer ses anéroïdes avec l'anéroïde étalon de notre camp et à donner aux hommes les conseils d'éviter le froid, se garder des vents glacés après une ascension, etc.

La nuit fut délicieuse. Nous étions campés à une altitude de 1 178 mètres. Un vent frais et léger soufflait du cagnon de la Roumi-Loulou. Au matin Stairs partait en compagnie du Pacha. Mais hélas! après avoir grimpé un peu plus de 380 mètres, Emin rentrait au camp, laissant Stairs poursuivre seul la route vers les sommets.

Voici du reste le rapport de notre camarade :

Camp de l'expédition, 8 juin 1889.

Le 6 juin, de bon matin, accompagné d'une quarantaine de Zanzibari, je quitte l'expédition, campée au pied d'un éperon ; nous traversons la rivière et commençons l'escalade.

J'avais deux anéroïdes, qu'ensemble nous avions notés et comparés avec un anéroïde modèle restant au camp sous votre observation immédiate ; j'avais aussi un thermomètre. La montée des 270 premiers mètres au-dessus du camp fut relativement aisée et grandement facilitée par un sentier qui menait à quelques huttes sur la colline. Ces cabanes appartiennent au type circulaire, si commun dans les plaines, mais avec la différence que le bambou entre largement dans la construction de l'intérieur. La nourriture des indigènes se compose de maïs, de bananes et de racines de colocasie. Au sortir de ces huttes, nous ne fûmes pas longtemps à traverser une herbe haute et abondante, et nous entrâmes dans un fourré broussailleux, entremêlé d'épines et de bruyères.

A 8 h. 30, nous rencontrons des cabanes semblables aux premières ; mais les habitants en avaient décampé depuis quelques jours. Ici le baromètre marquait 23$^p$,58 et 22$^p$,85, et le thermomètre 23°,88 centigrades. De tous côtés on voyait des dracænas, et çà et là une fougère arborescente ou quelque palmier mouab ; des masses d'une fougère allongée s'enchevêtraient confusément sur les côtés du sentier. Sur différents points et quelques sommets de collines parurent des indigènes criant et sonnant du cor, faisant de leur mieux pour nous effrayer et nous faire rebrousser chemin, mais nous continuâmes à gravir la pente ; ces gens disparurent alors et ne nous inquiétèrent plus.

Des forêts de la plaine nous ne pouvions rien voir, à cause d'un épais brouillard qui obscurcissait le paysage et nous empêchait de distinguer les collines à l'est et au nord-ouest.

A 10 h. 30, après une montée assez pénible, nous atteignîmes le dernier hameau des natifs, qui cultivaient encore des fèves et des colocasies, mais non plus de bananes. Là le baromètre marquait 22$^p$,36 et le thermomètre 28°,88 centigrades. Un raidillon conduisait à la forêt, nous en profitâmes, mais, en maints endroits, les pentes étaient telles que nous devions monter à l'aide des mains et des genoux.

A 11 heures du matin nous entrâmes dans la bambousaie, qui se faisait de plus en plus épaisse. Nous constatâmes dans l'air un changement complet et soudain ; il se fit beaucoup plus frais et plus pur ; aussi avancions-nous rapidement et gaiement. Maintenant que les Zanzibari avaient été si loin, ils paraissaient tous désireux de monter aussi haut que possible, et commençaient à se taquiner et parier à qui rapporterait la plus grosse charge de la « chose blanche » tout au haut de la montagne. A 12 h. 40 nous émergeons des bambous et nous nous asseyons sur l'herbe pour faire collation. Baromètres 24ᵖ,10 et 27ᵖ,95/100. Thermomètre 24°,11. En face, montant par une pente unie, s'élève un pic nous dominant de 300 mètres. Nous l'attaquons, et à quelque distance nous entrons dans les bruyères arborescentes, dont quelques-unes ont six mètres de haut. Comme nous avions à nous ouvrir la route, chaque pas, au couteau, nous n'avancions que lentement, et ceux de l'avant fatiguaient beaucoup.

A 3 h. 15 nous fîmes halte dans la bruyère pour souffler un peu. Çà et là se voyaient des fourrés de bambous, rendus inutiles par quelque insecte qui les avait percés de trous. Sous nos pieds s'étendait un tapis épais et spongieux de mousse humide ; les bruyères disparaissaient sous l'*Usnea*, « barbe de vieux ». Nous trouvâmes force lichens et violettes bleues, et ramassâmes quelques plantes à donner au Pacha pour les classer. Un froid humide nous gagnait peu à peu ; et malgré l'effort de la grimpée, le brouillard impressionnait désagréablement. Ces vapeurs continuelles, attachées aux sommets, chargent la végétation d'humidité et rendent le sol glissant.

Peu après 4 heures, nous nous arrêtons sous de hautes bruyères pour y établir la campée. Abattant les plus hautes broussailles, nous érigeons des abris rudimentaires, nous ramassons des fagots ; nous nous arrangeons pour passer la nuit. Malheureusement, le bois, trop humide, brûlait à peine ; nos Zanzibari, légèrement vêtus, étaient transis, bien que nous ne fussions encore qu'à 2 500 mètres d'altitude. Le thermomètre marquait 15°,55. Du camp, j'eus la vue des pics sur nos têtes, et je commençai à craindre de ne pas arriver jusqu'à la neige. Plus haut, trois ravines nous coupaient le chemin ; deux au moins étaient couvertes d'immenses broussailles : il nous faudrait les traverser, et nous tailler un chemin à travers le fourré. Aurions-nous le temps d'atteindre le sommet ? Je pris la résolution d'aller, si c'est possible, encore de l'avant. Le matin, je me rendrais compte des difficultés, et s'il n'était pas impossible d'aller jusqu'au bout, nous monterions aussi haut que faire se pourrait.

Dans la matinée du 7, choisissant les hommes les plus vigoureux et renvoyant les autres, nous nous mîmes en route. La montée ressemblait à la précédente. Il avait fait pendant la nuit un froid cruel, et plusieurs de nos hommes tremblaient la fièvre ; cependant tous y allaient de bon cœur. A 10 heures, nous fûmes arrêtés par le premier des précipices. Je constatai qu'il faudrait un long temps pour le franchir, et que plus haut il y en avait deux autres. Alors nous eûmes la première vision d'un pic neigeux à 4 kilomètres de distance. C'était la plus basse neige et encore à une journée et demie. La tentative n'eût abouti qu'à un désastre, non approvisionnés de vivres que nous étions, et il eût fallu meilleure vêture à deux de nos hommes. En conséquence, j'ordonnai le retour, espérant trouver à quelque halte nouvelle une meilleure ascension. De l'autre côté du ravin se dressait un pic rocheux, très clairement défini, que nous connaissions déjà comme le côté sud-ouest des « Jumeaux ». La partie supérieure se montrait dénudée, la forte déclivité interdisant toute végétation, sauf à quelques rares mousses et bruyères.

Le plus haut point que nous ayons atteint, tous calculs faits et après corrections, s'élève à 3 260 mètres au-dessus de la mer. L'altitude du pic neigeux peut être estimée à 1 800 mètres, ce qui donnerait à la montagne une hauteur de 5 060 mètres. Ce piton, cependant, ne me paraît pas le plus élevé du groupe Rouvenzori. Grâce à une lunette d'approche, je pus distinguer très exactement la forme du dernier sommet. Le pic suprême, terminé par une crête irrégulière en dent de scie, est distinctement cratéri-

Pics sud-ouest du Rouvenzori.

forme. Par la brèche la plus rapprochée, je distinguai, de l'autre côté, une saillie de même formation et de même altitude. De cette couronne de rochers, la crête s'inclinait à l'est par une pente d'environ 25° jusqu'à ce que la vue nous fût cachée par un pic intermédiaire ; à l'ouest, la descente était encore plus déclive. La neige s'accumulait sur le talus directement en face ; son plus large champ mesurait 90 mètres sur 180 ; le rocher noir ne faisait saillie qu'en deux endroits.

De moindres plaques blanches se montraient encore assez bas. La distance de la première neige au pic terminal pouvait être évaluée à 300 ou 360 mètres. A l'E.-N.-E. notre horizon était fermé par une crête qui, partant de l'endroit où nous avions fait halte et montant abruptement, formait ensuite une courbe à plan horizontal et s'arc-boutait au piton neigeux. L'éperon que nous avions au S. aboutissait également aux deux pics les plus élevés. Cette configuration de la montagne à l'ouest oblige les ruisseaux à sortir du centre, allant droit devant eux, et s'éloignant peu à peu les uns des autres, jusqu'à ce qu'ils atteignent la plaine, puis ils tournent à l'O.-N.-O. ou longent les saillies inférieures et vont se perdre dans la rivière Semliki ou dans l'Albert-Nyanza. Le second pic neigeux que nous avions vu précédemment, et qui nous était caché par les Jumeaux, est l'aboutissant, me semble-t-il, de la chaîne neigeuse que nous distinguions de Kavalli; il serait donc plus élevé que le piton dont nous eussions voulu tenter l'ascension. Plusieurs raisons nous font croire que cette configuration est l'œuvre de forces ignées. Nous en voyons la preuve dans les nombreux cônes secondaires qui s'étagent autour de la masse médiane. Ils ont été produits, sans doute, par le volcan central, dont la cheminée se combla peu à peu, la force d'expansion ne suffisant plus à jeter dehors les blocs et les laves; les gaz, s'échappant par les points faibles, fissurèrent l'enveloppe et formèrent les saillies sur le côté ouest.

En fait de vie animale, nous ne vîmes presque rien. Cependant, le gibier ne doit pas manquer, à en juger par les trappes nombreuses que nous aperçûmes de la route, et par les petits collets que nous trouvâmes dans les buttes. Nous entendîmes un singe crier dans un ravin et nous vîmes plusieurs oiseaux à plumage sombre gris brun, ressemblant au babillard à gorge noire. Rien de plus.

Nous trouvâmes des mûres et des airelles jusqu'à 3 000 mètres et plus haut encore. J'ai pu remettre au Pacha quelques échantillons, dont il a déterminé les espèces. J'ai fort regretté de n'avoir pu atteindre la neige; mais continuer l'ascension dans les conditions qui nous étaient faites, eût été pire qu'inutile, et malgré la bonne volonté générale j'ordonnai le retour. A ce moment je regardai le grand anéroïde : il marquait 19,90. Je fixai l'index juste à l'opposé du chiffre. De 3 à 7 heures, je vous avais rejoint; il y avait quatre heures et demie que nous avions quitté les Jumeaux.

J'ai l'honneur d'être, etc.

W.-G. STAIRS,
lieutenant du génie.

P.-S. Voici les noms des plantes que j'ai rapportées :

1. Clematis.
2. Viola.
3. Hibiscus.
4. Impatiens.
5. Euphrasia.
6. Elycina ?
7. Rubus.
8. Vaccinium.
9. Begonia.
10. Peucedanum.
11. Gnaphalium.
12. Helichrysum.
13. Senecio.
14. Sonchus.
15. Erica arborea.
16. Landolphia.
17. Heliotropium.
18. Lantana.
19. Moschosma.
20. Lissochilus.
21. Luzula.
22. Carex.
23. Anthistiria.
24. Adiantum.
25. Pellia.
26. Pteris aquilina.
27. Asplenium.
28. Aspidium.
29. Polypodium.
30. Lycopodium.
31. Selaginella.
32. Marchantia.
33. Parmelia.
34. Dracæna.
35. Usnea.
36. Inconnu.
37. Fougère arborescente.
38. Une fougère.
39. Polypodium.

Il eût été très intéressant d'avoir une vue complète de la vallée de la Semliki ; mais l'épaisseur des nuées ne nous permit qu'une observation : des forêts la couvrent sur toute la superficie. Le brouillard flottait en strates indolentes et longues traînées de brume, image inversée d'un ciel où se promènent les nuages. Parfois, pendant la durée d'un éclair, une déchirure se produisait, la forêt sans fin se déroulait sous les regards, et, pareilles à de gigantesques geysers, les masses feuillues semblaient lancer aux cieux des jets bouillants de vapeurs. Tout près de nous, il était possible de reconnaître les inflexions du sol et les dépressions arrondies où les bananiers mettent la teinte claire de leur feuillage.

Un des Jumeaux était visible à quelques cents mètres du camp. Une mensuration minutieuse lui donna 3 681 mètres d'altitude.

Après un repos de trois jours, nous levions le camp, et, tout en dévalant les parois escarpées de l'étroite gorge de la Rami-Loulou pour escalader la pente opposée, je faisais la découverte que cette profonde cluse avait dû autrefois être emplie jusqu'aux bords par les terres, les roches, les galets, les graviers tombés des hauteurs et des glissements de sol d'une telle importance que le lit de la rivière en avait été barré ; ces matériaux continuèrent à s'accumuler tant que la Rami-Loulou ne réussit pas à s'y frayer route ; aujourd'hui l'immense banc est coupé à une profondeur de 50 mètres et ces murailles de débris nous disent leur histoire.

Vers l'aube, un audacieux indigène zagaïa un de nos chefs madi.

A 1,5 kilomètre de Mtaréga prenait fin la terrasse herbeuse sur laquelle nous avions si longtemps marché ; la forêt avait enjambé la vallée de Semliki et gagné les pentes du Rouvenzori jusqu'à 2 150 mètres de hauteur. Que nous le voulussions ou non, il fallait rentrer sous son ombre lugubre. Mais elle était ici l'idéal de la forêt tropicale. Une telle variété d'essences, une telle débauche de sève ! La région de l'Itouri était distancée. Palmiers élaïs et arbres analogues, hautes fougères arborescentes, bananiers sauvages, majestueux colosses vêtus de fine mousse verte, fourrés impénétrables à feuilles larges, charmants ruisselets d'eau pure fuyant dans le mystère de l'humide sous-bois et l'ombre verte des plantes emmêlées. Jamais jardin des tropiques n'égala cette magnificence; impossible de rien imaginer de plus beau. L'art venant en aide à la nature ne l'aurait pas faite plus superbe. A chaque fourche des rameaux, sur chaque branche horizontale, un jaillissement de fougères aux fines dentelles; les oreilles d'éléphant, les orchidées fleurissaient par groupes, reposant leurs fleurs sur le coussin délicat des mousses au vert intense, tandis qu'à chaque feuille brillait suspendue une claire et pure gouttelette. Une humide et chaude moiteur provenant de trois sources chaudes à la température de 39 degrés enveloppait la forêt; blottie, d'ailleurs, dans un des replis les mieux abrités des montagnes neigeuses et protégée par les pentes, elle garde la chaleur que lui verse le soleil.

Nous campons sur une place sèche, et, le lendemain, après une traite de 10 kilomètres, nous quittons l'ombre des bois pour entrer dans la superbe clairière d'Oulegga, où nous cherchons abri dans les cases éparpillées d'un village à une flèchée de la montagne. Champs de tabac ou de fèves, haricots, maïs, ignames et colocasie. Bananes sur les pentes et dans les ravins, bananes au pied des monts, bosquets de bananes aux larges frondaisons en travers des vallées, bananes partout.

Ce n'est pas d'un cœur léger que nous entrons dans l'Oulegga. La mort du chef madi nous a mis en veine de soupçons; nous savons aujourd'hui le danger d'une trop grande confiance et le prix d'une vigilance incessante. Dès le premier village, notre avant-garde rencontre des indigènes dont l'attitude trahit les sentiments. L'impression générale est que ces gens vont tenter un sérieux effort contre les étrangers. Le pays est très peuplé, et si le courage vient en aide au nombre, il faut s'attendre à une résistance opiniâtre. Aussi avons-nous hâte d'occuper les hauteurs. Il n'était que temps, car déjà les naturels accouraient en troupes armées; les escarmouches sont déjà très vives de part et d'autre, lorsque, vers quatre heures, Matyera, interprète bari de la suite du Pacha, trouve le moyen de s'aboucher avec les indigènes. Il réussit à décider leur chef à demander la paix. Celui-ci se présente : « il vient se prosterner pour être ou frappé, ou sauvé ». Les trompettes sonnent le rappel, les éclaireurs rentrent au camp, et en deux minutes le silence succède à l'agitation des combats.

Ce chef et ses amis étaient les premiers indigènes de l'Oukondjou que nous eussions vus, et cet acte de dévouement leur avait gagné dès l'abord notre sympathie. Du fait que ces braves gens étaient des montagnards, familiers des hautes altitudes, je m'attendais à leur voir un teint plus clair que celui des indigènes riverains de la Semliki et de l'Itouri. Mais ils ont la peau plus foncée que nos Zanzibari. Supposons un peuple de la Suisse alpestre menacé par une invasion de Scandinaves. Ne cherchera-t-il pas un refuge dans la montagne? Ainsi fit cette peuplade à face noire, du vrai type négroïde, quand, incapable de résister aux tribus cuivrées de la forêt et aux incursions des Ouatchouezi indo-africains, elle demanda abri aux roches escarpées, aux retraites perdues dans les Alpes équatoriales. Au milieu du flux et du reflux de tribus au teint clair, les nègres ouakondjou trouvèrent une retraite dans le haut pays.

Le lendemain, avant d'entrer à Mtsora, nous avions passé cinq torrents descendus des sommets pour se perdre dans la Semliki; l'un d'eux, le Boutahou, est considérable et sa température de 16° C. Les Ouakondjou de Mtsora, aujourd'hui nos amis, nous donnent force détails sur la localité. A peu de distance au nord du village se trouve une expansion du lac supérieur, dont nous entendions tant parler et que j'avais découverte en janvier 1876. Ces « larges », ils les nomment Inguezi, ce qui, en kinyoro, signifie rivière, lagune, petit lac. Le Rouourou (lac) est à deux journées vers le sud.

Ils l'appellent aussi Nyanza, et si l'on insiste pour un nom moins générique, ils répondent Mvouta Nzigé. Quelques-uns d'entre eux connaissent même trois Mvouta Nzigé: celui d'Ounyoro, celui d'Oussongora et celui d'Ouganda. Quant aux Nyanza, leur nombre est légion. J'ajoute à ceux que j'ai déjà nommés ceux d'Ounyampaka, de Toro, de Semliki, d'Ounyavingui, de Karagoué. Dès qu'une rivière est assez importante pour s'épancher en large bassin, on la dit un Nyanza; Nyanza, une grande baie; un petit lac, un grand, tout est Nyanza, à moins que ce ne soit Rououérou.

Ces peuplades sémito-éthiopiennes que nous connaissions à Kavalli sous le nom de Ouahouma, Ouaïma, Ouaouitou, Ouatchouezi sont ici appelées Ouaiyana, Ouanyavingui, Ouassongora et Ouanyankori.

Le Rouvenzori, appelé déjà Bougomboua, Avirika et Virouka par les tribus forestières, devient le Rouvenzou-rourou ou le Rououendjoura, selon le mode de pronouciation particulière à chaque natif.

La rivière de Boutahou sépare l'Oulegga de l'Ouringa.

Les Ouara-Soura sont réunis autour de Roukara, un des généraux de Kabba Réga, roi de l'Ounyoro. Quelques-uns de ces féroces pillards sont établis près du gué de Ouaiyana, à quelques kilomètres au nord de notre camp. Les Ouakondjou nous offrent leur aide pour les déloger. Le quartier général de ce Roukara est Katoué, ville située près des Lacs Salés, dans la direction du sud.

Sur la rive occidentale de la Semliki habitent les Ouakovi et Ouassoki; il y a aussi des nains ouatoua.

L'Oussongora et le Toro se sont soumis à Kabba Réga. Mais les insulaires du lac ont refusé obéissance, et leur chef Kakouri a réclamé le secours des Ouanyavingui et des Ouanyankori contre le tyran de la région. Un traité d'alliance pour chasser des Ouanyoro me soumettrait, disait-on, tous les Ouakondjou et les Ouassongora. J'accepte.

Les Ouakondjou ont la tête ronde, le visage large, une stature moyenne. Ils portent aux chevilles et aux bras des centaines d'anneaux très minces en fibres de palmier calamus. Les chefs se distinguent par de lourds bracelets cuivre et laiton. Les femmes portent une torque en fer terminée par deux pendeloques en spirale. Les pentes de leurs montagnes renferment des géodes d'un beau cristal de roche. A l'entrée des villages se trouve une tente en miniature fermée d'une toute petite porte, devant laquelle les indigènes déposent un œuf ou une banane. La tradition rapporte que Mikondjou, fondateur de la tribu qui défricha la forêt et planta la banane, introduisit cette coutume pour prévenir les vols. Cette dîme offerte au fétiche lui rappelle que son devoir est de protéger les plantations et les poulaillers.

Désireux de lever toutes mes incertitudes au sujet de la Semliki, j'y envoyai le lieutenant Stairs avec 60 carabines et quelques guides ouakondjou. Il revenait le lendemain, 15 juin, enchanté des indigènes, qui avaient fait à notre officier leur soumission et les honneurs de la rivière en lui expliquant tout ce qui l'intéressait. En cet endroit, la Semliki a 59 mètres de large, 3 mètres de profondeur, des berges élevées de 18 à

Le Rouvenzori vu de Mtsora.

20 mètres, et un courant de 5 kilomètres à l'heure. Toutes questions élucidées, l'eau étant goûtée et dûment considérée, Stairs arriva aux conclusions suivantes. Étant donnés :

1° La non-interruption de la chaîne occidentale qui fait face au Rouvenzori;

2° La couleur grise et fangeuse particulière à la Semliki;

3° Sa saveur, légèrement saline et pas plus désaltérante que celle du lac Albert;

4° Le dire unanime des indigènes qu'elle coule d'abord un peu vers le nord-ouest, puis au nord, puis au nord-est vers le lac Ounyoro, qui est le lac Albert;

5° L'assurance positive d'un voyageur indigène qui, après avoir suivi le cours entier de la rivière, dit qu'elle sort d'un lac pour entrer dans un autre :

La Semliki sort du lac supérieur, suit une ligne tortueuse en biaisant fortement vers la chaîne occidentale; puis, s'infléchissant vers le nord-est, se rapproche graduellement du Rouvenzori, coule dans la forêt d'Aouamba et de l'Outoukou, puis se jette dans l'Albert-Nyanza.

Du haut d'une termitière, à 1 kilomètre environ de Mtsora, je vois s'étendre une plaine en tout semblable à celle que naguère nos Égyptiens ont prise pour un lac. Allongée vers le sud, elle a toute l'apparence d'un ancien lac à peine abandonné par les eaux. Après l'avoir asséché, la Semkili s'est creusé, dans les couches marne et sable du dépôt, évidemment lacustre, un profond sillon dont les berges, hautes de 18 à 20 mètres, n'offrent qu'une faible résistance au courant rapide, filant trois nœuds à l'heure; et sans les récifs formés par le lit rocheux sous les couches de sédiment, l'impétueuse rivière aurait bientôt drainé le lac supérieur. La forêt court d'un bord à l'autre de la vallée, sombre barrière en parfait contraste avec l'herbe blanchie par le nitre qui croît sur les alluvions lacustres.

Notre halte à Mtsora nous réservait une heureuse surprise. Une heure avant le coucher du soleil, le Rouvenzori nous apparut enfin, dressant ses pics neigeux au-dessus des champs glacés de la chaîne avancée. Toute la journée, nos yeux s'étaient reposés sur les lignes sombres et solennelles des bastions dont l'extrémité se perdait dans le brouillard. A cinq heures, la nuée s'écarte, découvrant l'une après l'autre les massives et puissantes épaules des contreforts. De l'ombre, noire comme la nuit, un pic se dégage, puis un autre, un autre encore; ils y sont tous enfin ces hauts sommets, vêtus de neige; elle est là tout entière devant nous, la chaîne immense et superbe, magnifique et désolée dont nos yeux ne peuvent se lasser, dont la majesté nous saisit d'une terreur sacrée. Nous l'avons vu dans toute sa gloire, le Rouvenzori, « le Roi des Nuages », le « Faiseur de Pluie », comme disent les indigènes.

Le 14, escortés d'une longue suite de Ouakondjou, nous marchons quatre heures et demie avant d'entrer à Mouhamba, dans l'Oussongora. De Mtsora nous étions descendus dans les plaines herbeuses autrefois recouvertes par les flots de ce lac dont nous approchions. Nous traversons un important tributaire de la Semliki, la Rouimi, qui sépare l'Oukondjou de l'Oussongora, puis un ruisseau issu d'une source chaude.

Le jour suivant, à une heure de Mouhamba, nous quittions la plaine pour gravir le promontoire en pente douce qui s'allonge vers le sud et coupe l'Oussongora en deux parties jadis couvertes par les eaux lacustres. Une ascension de 500 mètres en face de toutes ces hauteurs et de tant de sommets nous eût laissé un souvenir à jamais mémorable, sans l'éternel brouillard qui couvre les pointes maîtresses. Telle qu'elle se présentait, c'était une vue admirable que nombre d'artistes futurs s'essaieront à peindre ou à décrire. Elle me remémora la chaîne des Alpes vue de Berne, avec cette différence que les lignes successives des Alpes africaines sont beaucoup plus élevées. Que dire alors des géants à tête blanche qui règnent au-dessus d'elles!

Descendus de cent mètres sur la déclivité opposée du promontoire, nous traversons une vallée étroite et profonde, et nous entrons à Karimi.

A 5 h. 15, un souffle balaye les brumes. La couronne du Rouvenzori se montre, brillante et sereine, plus belle que nous ne l'avions jamais vue. Notre appareil photographique, mis au point en deux minutes, perpétue un des plus splendides paysages de l'Afrique et du monde entier.

De Karimi, une descente de 225 mètres nous amenait dans la plaine de l'Oussongora oriental, où nous traversions l'eau pure et glacée de la Rouverahi, large de 15 mètres et profonde

Le Rouvenzori vu de Karimi.

de 60 centimètres seulement. Visible pendant toute la matinée, superbe dans sa splendeur glorieuse, le Rouvenzori nous fit supporter bravement les fatigues d'une marche de quatre heures, de Karimi à la zéribe de Roussessé. Nous en étions tout près lorsqu'un pâtre msongora, serviteur de Roukara, général des Ouara-Soura, vint offrir de nous livrer un troupeau de son maître. Nous acceptâmes les bons offices de ce patriotique fils d'une terre pressurée et dévastée par les tyrans; 50 carabines l'accompagnèrent, et, un quart d'heure plus tard, nous étions en possession de 25 bêtes grasses, que, réunissant aux nôtres, nous amenâmes sans accident à la zéribe de Roussessé. D'un tas de fumier assez élevé pour servir de terrassement, nous jetâmes notre premier regard sur un lac éloigné de 5 kilomètres au plus : c'était l'Albert-Édouard-Nyanza.

# CHAPITRE XXIX

## LES SOURCES DU NIL — LES MONTAGNES DE LA LUNE ET LES FONTAINES DU NIL

Le père Jérôme Lobo sur le Nil. — La cartographie au temps d'Homère. — L'idée qu'Hékatée se faisait de l'Afrique. — L'Afrique d'après Hipparque. — La grande carte de Ptolémée. — La carte d'Edrissi. — La carte de la *Margarita Philosophica*. — La carte de John Ruysch. — La carte de Sylvannus. — La carte de Sébastien Cabot. — L'arbitraire des cartographes modernes. — La carte de Constable, Édimbourg. — Ce que dit Hugh Murray en son livre publié en 1818. — Une belle dissertation sur le Nil par le prieur de Neuville. — Extraits d'un manuscrit en la possession de S. E. Ali Pacha Moubarek. — Plan du mont Goumr. — Une bonne description de l'Afrique par Cheab ed-Din. — Le Nil d'après Abdoul Hassan Ali Massoudi. — Abou Abd Allah Mohammed ed-Dimachgué au sujet du Nil.

Tous les lecteurs de ce chapitre s'accorderont avec le père Jérôme Lobo, de la Compagnie de Jésus, qui écrivait au XVIIe siècle : « Quand on aura découvert les sources du Nil et des rivières qui s'y jettent, il ne sera pas difficile de résoudre la question de son origine — question qui a causé tant d'inquiétude aux auteurs anciens et modernes, parce qu'ils cherchaient dans leur cervelle ce qui n'y était pas. Ce que faisant, ils se perdaient en vains pensers et raisonnements. »

Pour la satisfaction de ceux qui préfèrent à de périlleux voyages dans la région des sources du Nil un livre lu au coin du feu, sous la paisible clarté de la lampe, je présenterai une série de cartes dont les premières datent des temps homériques et qui nous ont, siècle après siècle, appris tout ce que nous savons de la géographie africaine. Nous n'avons pas à faire les fiers, on le verra, puisque les anciens voyageurs, géographes et écrivains, avaient déjà des idées très nettes sur l'origine du Nil, et avaient entendu parler des Montagnes de la Lune, des trois lacs et des fontaines qui donnent naissance au grand fleuve égyptien. Notre ambition serait seulement d'avoir arrêté, pour quelques années, les fugues périodiques de cette partie du continent qui va de l'est à l'ouest et d'un océan jusqu'à l'autre, du 10° degré de latitude nord au 20° degré de latitude sud ; nous voudrions avoir localisé avec précision les grandioses Montagnes de la Lune et ces immenses réservoirs du Nil qu'on appelle Albert et Victoria. J'ai dit : pour quelque temps. En effet, « quel avantage a l'homme de tout son travail auquel il s'occupe sous le soleil ? une génération passe et l'autre génération vient, mais la terre demeure toujours ferme. Ce qui a été, c'est ce qui sera. Ce qui a été fait est ce qui se fera, et il n'y a rien de nouveau sous le soleil. Y a-t-il quelque chose dont on puisse dire : regarde cela, et il est nouveau ? Cela fut dans les siècles qui ont été avant nous. On ne se souvient point des choses qui ont précédé, on ne se souviendra point des choses qui seront à l'avenir, et ceux qui viendront n'en auront aucun souvenir[1]. »

Ce que les géographes du temps d'Homère avaient fixé sur leurs cartes, de nouveaux cartographes l'ont effacé, et ce que ceux-ci ont enseigné à leur génération, les générations suivantes l'ont honni. En vain les explorateurs répandirent leurs sueurs sous le soleil des tropiques, endurèrent les fatigues et les privations de toutes sortes ; en vain essayèrent-ils de donner une forme durable à leurs découvertes. Quelques années à peine, et l'inexorable crayon d'un géographe traçait des lignes nouvelles à la place de l'image qu'ils avaient cru fixer. Jetez les yeux sur cette série de petites cartes, et voyez ce que cette engeance a fait pour détruire chaque conquête, pour annihiler les travaux et la science de ses devanciers. Il est certain cartographe que je tiens pour le plus grand pêcheur du siècle. En 1875 je découvre une baie à l'extrémité nord-est du lac Victoria. Une île grande et montagneuse, vaste et riche à nourrir 20 000 hommes, occupe à peu près toute l'étendue de cette baie ; il reste entre elle et les rives des chenaux tortueux assez larges et profonds pour permettre à un transatlantique d'y naviguer à l'aise. La baie a été effacée, la grande île casée je ne sais où, les détroits pittoresques n'existent plus, et, pour leur refaire un état civil, il faudra qu'un futur voyageur les replace où je les avais mis en 1875. Je sais de jeunes explo-

---

1. Livre de l'*Ecclésiaste*, chap. I.

rateurs qui se gaussent malignement des mésaventures du prochain. Ils ont oublié la parole du vieux Koheleth : « On ne se souvient point des choses qui ont précédé, on ne se souviendra point des choses qui seront plus tard, et ceux qui viendront n'en auront aucun souvenir ».

A la suite des cartes anciennes, j'en publie une autre donnant corps aux constatations géographiques recueillies dans nos derniers voyages. Je le fais avec la douloureuse certitude que, d'ici à dix ans, quelque stupide cartographe anglais ou allemand fourrera mon lac à 500 ou 600 kilomètres plus à l'est ou à l'ouest, au nord ou au sud, et passera l'éponge sur

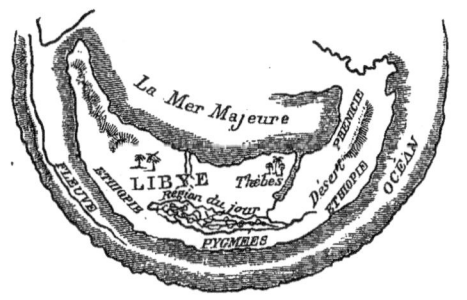

Carte d'Afrique dans le *Monde d'Homère*.

tous mes travaux. Mais une pensée me console : sur un rayon quelconque du British Museum, un exemplaire les conservera, et quelque jour on me citera comme un témoin véridique, tout comme je cite les géographes des temps jadis, à la grande confusion des topographes du xixe siècle.

Dans la petite esquisse du *Monde d'Homère* que j'ai pris la liberté de copier, avec quelques autres, sur la remarquable *Contribution à la géographie antique* par le juge Daly[1], on voit le Nil tracé jusqu'à une grande chaîne de montagnes au delà de laquelle sont logés les Pygmées.

Cinq siècles plus tard, le célèbre voyageur Hékatée expose ses idées sur l'Afrique par la carte ci-après. Il avait visité l'Égypte, mais il est clair que les découvertes n'étaient pas encore nombreuses. D'après lui, le grand fleuve égyptien prend

---

1. Charles-P. Daly, juge, président de la Société américaine de géographie, New York.

sa source à l'extrémité méridionale de l'Afrique, au pays des Pygmées.

La troisième carte est due au plus grand astronome de l'an-

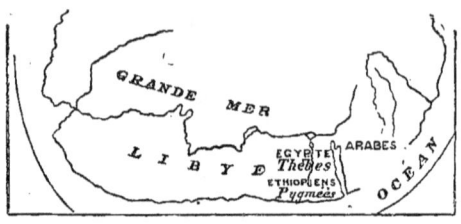

Carte d'Hékatée, 500 av. J.-C.

tiquité, Hipparque (un siècle avant l'ère vulgaire). Il indique

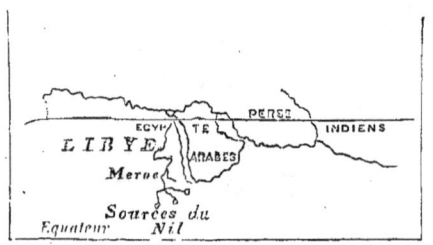

Le Nil et ses fontaines, par Hipparque, 100 av. J.-C.

trois lacs distincts, mais il les place beaucoup trop au nord de l'Équateur.

Vient ensuite le grand Ptolémée, le Ravenstein ou le Justus

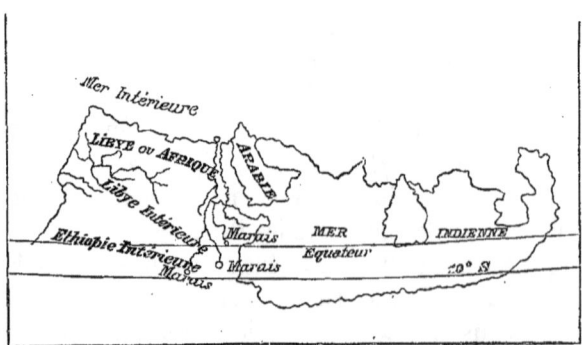

Carte de Ptolémée, 150 ans ap. J.-C.

Perthes de son temps. Ses devanciers ont fait quelque lumière sur la question ; il a révisé et embelli ce que l'on savait déjà.

Une intuition scientifique lui a fait reculer les sources du Nil au sud de l'Équateur.

Un intervalle de mille ans nous amène à 1154, au géographe arabe Edrissi. Durant cette période, quelques faits nouveaux ont été recueillis au sujet du Continent Noir. Les

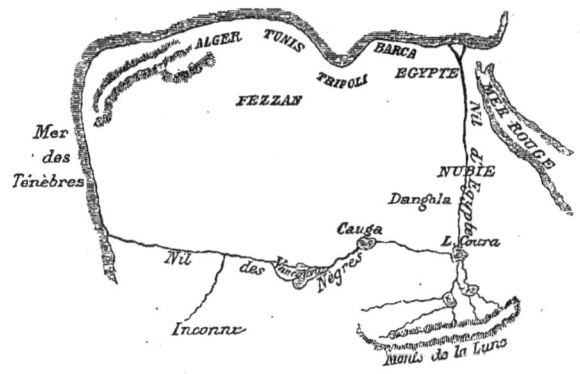

Carte d'Edrissi, 1154 ap J.-C.

Montagnes de la Lune font leur apparition, mais placées à quelques degrés au sud de l'Équateur. Deux lacs déversent le trop-plein de leurs eaux dans un troisième, d'où le Nil s'échappe en coulant directement au nord vers l'Égypte. Cette carte est le résultat de conversations géographiques et de recherches entreprises pour le commerce de l'ivoire.

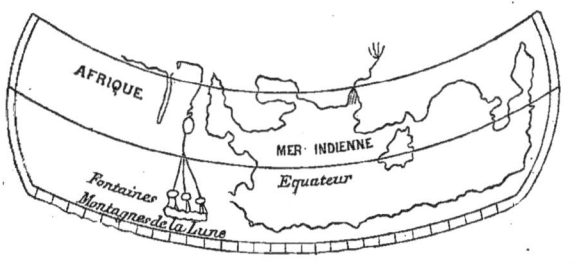

Carte de la *Margarita Philosophica*, 1503 ap. J.-C.

Quatre cents ans se sont écoulés ; la carte suivante a changé la position des lacs. Trompés par les informations d'un récent explorateur, les cartographes ne semblent plus connaître les lointaines régions des sources aussi bien que les anciens prédécesseurs d'Edrissi. Le dernier venu n'a-t-il pas toujours raison?

Est-ce la simple fantaisie d'un cartographe, ou la lumière

Carte de John Ruysch, 1508 ap. J.-C.

s'est-elle faite pendant ce court espace de cinq ans? Voyez! les Monts de la Lune sont reportés bien plus au midi. Il ne reste plus que deux lacs au sud de l'Équateur; le troisième a fait au nord de la ligne un immense voyage.

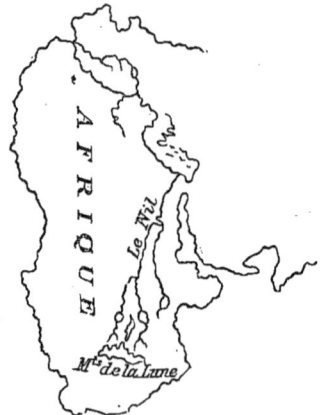

Carte de Sylvannus, 1511 ap. J.-C.

Puis, en moins de trois années, le contour de l'Afrique semble s'être modifié. Les trois lacs se sont rapprochés l'un de l'autre. Entre deux de ces lacs, les Montagnes de la Lune commencent à prendre forme et rang; hauteur et étendue. La petite Topsy pourrait dire : « Toi, vois com'ça pousse! »

Vient ensuite celle de Verrazano :

Carte de Verrazano, 1529 ap. J.-C.

La suivante est une reproduction de celle de Sébastien

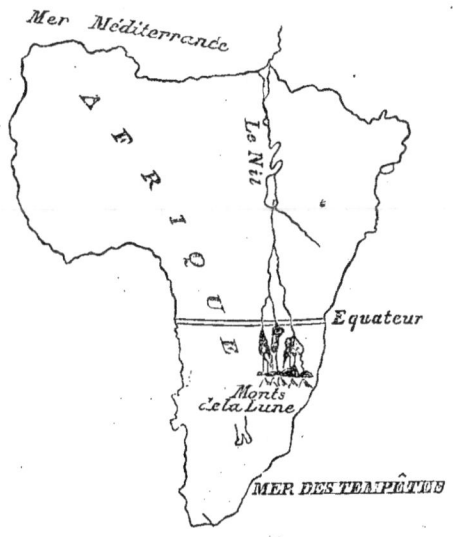

Carte de Sébastien Cabot, xvi° siècle.

Cabot. J'ai omis les éléphants et les crocodiles, les grands empereurs et les nains, semés sur la carte dans un goût quelque peu bizarre. Les trois lacs se sont remis en ligne et les Montagnes de la Lune se groupent pittoresquement à la source de chaque cours d'eau. La forme du continent montre d'ailleurs l'indécision du géographe.

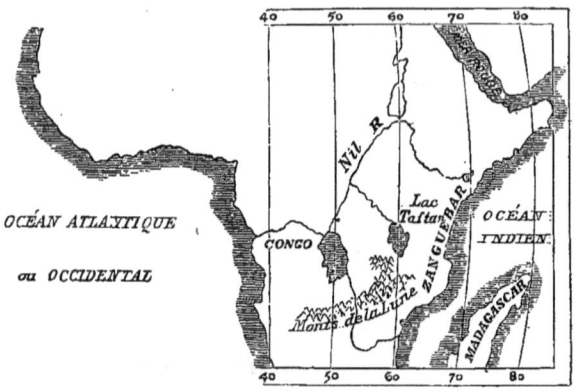

D'après les géographes des xvi° et xvii° siècles.

La carte qui suit (p. 278) servait aux écoliers de mon temps. Elle prouve le peu de lumières acquises depuis le xvi° siècle sur cette région africaine. Elle est même un véritable recul, dû sans conteste à la stupidité voulue des cartographes. Tout ce que nous avions appris depuis les jours du vieil Homère jusqu'au xvii° siècle, tout, y compris les lacs, a été balayé. Les Montagnes de la Lune courent du 5° au 10° degré au nord de l'Équateur et s'étendent du 20° degré de longitude au golfe d'Aden.

Cette carte, qui malmène de la belle façon Homère, Hipparque et Ptolémée, fut sans doute dressée dans une crise de maladie bilieuse. Elle a été publiée par Constable, en 1819.

Vrai, notre ignorance est due aux faiseurs de cartes. On n'a pas plus tôt découvert quelque grand trait du continent qu'ils le biffent.

L'arbitraire des faiseurs d'atlas contemporains ne le cède en rien à celui de leurs prédécesseurs. Par exemple, dans une récente carte, tenue en Allemagne pour une des plus parfaites, ils ont effacé une grande baie du Victoria-Nyanza, et une ligne droite, tirée au hasard, représente une côte très intéressante par ses multiples indentations et que j'avais explorée en 1875. Le lac Ourigui de Speke est bousculé vers l'est, poussé vers le nord ; l'Oukéréoué est lamentablement malmené, et une baie du Tanganyka porte le nom d'un explorateur qui l'a visitée lui septième. Le lac Léopold II a échappé à grand'peine au danger d'être effacé de la carte parce que deux Allemands, Kund (?) et Tappenbeck, en avaient perdu la route et ne pouvaient la

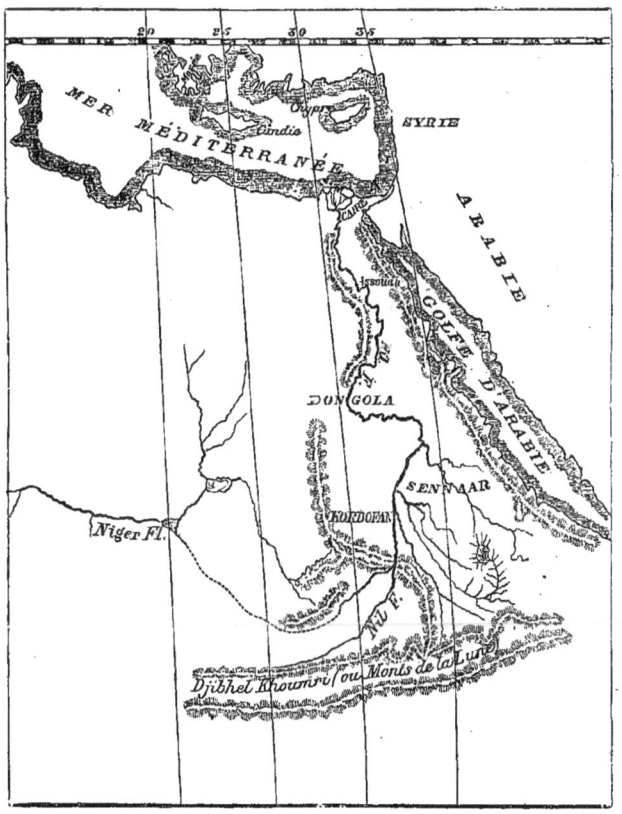

Carte de Constable, Edimburg, 1819.

retrouver. Par bonheur, un missionnaire anglais l'ayant reconnu à ce moment, on voulut bien le laisser en place. Les cartographes anglais ne sont pas moins capricieux. Pourtant, en 1818, déjà Hugh Murray publiait à Londres un livre intitulé *Historique des découvertes et voyages en Afrique*, et ils auraient pu le consulter avec profit. Comme Murray est un habile compilateur des meilleurs géographes de ces vingt derniers siècles, on me permettra de l'appeler à mon aide :

> Hérodote savait que le Nil s'étend au delà des limites que lui ont assignées les modernes. D'Éléphantine à l'extrémité méridionale de l'Égypte (Assouan) jusqu'à Méroé, capitale de l'Éthiopie, on comptait 52 journées de marche, et de Méroé une distance égale jusqu'au pays des *Automoloi*, Déserteurs ou Exilés[1] ; ce qui faisait 104 jours en tout. Il ne connaissait les régions plus reculées de l'intérieur que par le très court récit du voyage des Nasamons.
>
> Le fleuve coulant à l'est que virent les cinq jeunes gens est sans doute le Niger ; Hérodote l'a pris pour le Nil, mais comme sur cette partie de son cours il arrivait de l'ouest, il est tout naturel que l'historien géographe en ait fait une des branches maîtresses du fleuve.
>
> Ératosthène compare l'Afrique à un trapèze dont les rives méditerranéennes forment un côté ; le Nil, un autre ; la côte méridionale, le plus long, et la côte occidentale, le plus court. Les anciens en connaissaient si peu l'étendue, que Pline la tenait pour le moindre des continents, inférieur à l'Europe en superficie. Pour eux, l'Afrique, c'était le Nil, et où s'arrêtait la connaissance du haut fleuve, ils traçaient aussi la limite du monde habitable. Cette limite est placée à trois mille stades environ (500 à 600 kilomètres) au delà de Méroé. Ils savaient, cependant, que deux grandes rivières sortent de lacs, appelées Astaboras et Astapus ; la dernière (le Nil blanc) descend du lac méridional et est tellement gonflée par les pluies de l'été, qu'elle fournit à elle seule la plus grande partie des eaux du Nil. Égale en renom à celle d'Ératosthène, l'école de Ptolémée déploie une ardeur scientifique que n'accompagnent pas toujours de saines notions sur les régions inexplorées. Ptolémée semble avoir été le premier à se former une idée correcte du cours entier du Nil ; il assigne à ses sources une place dans la vaste chaîne des Monts de la Lune. Mais il recule l'Éthiopie intérieure bien au delà de l'Équateur, vers la latitude de Raptoum (Kiloua?).

Le prieur de Neuville-les-Dames et de Prevessin, qui publia des extraits du jésuite portugais Lobo, se lance dans une belle dissertation sur le Nil ; nous y trouvons les lignes suivantes :

> Les plus grands hommes de l'antiquité ont passionnément cherché les sources du Nil, s'imaginant que cette découverte mettrait le sceau à leur gloire. C'est ainsi que Cambyse perdit tant d'hommes et d'années.
>
> Quand Alexandre le Grand consulta l'oracle de Jupiter Ammon, la première chose qu'il voulut connaître était l'origine du Nil, et il crut y avoir enfin réussi quand il campa sur l'Indus.

---

1. On aurait pu lui donner le même nom jusque sous le gouvernement d'Emin Pacha.

Ptolémée Philadelphe porta la guerre en Éthiopie avec la pensée de remonter le Nil. Il prit la ville d'Axoum, ainsi qu'il ressort des inscriptions conservées par Cosmas Indicopleustes et copiées sous le règne de l'empereur Justin I$^{er}$.

Lucain fait dire à César dans sa *Pharsale* qu'il abandonnerait volontiers le dessein de guerroyer contre sa patrie s'il avait le bonheur de voir les premières fontaines du Nil :

« Nihil est quod noscere malim
Quam fluvii causas, per sæcula tanta latentis,
Ignotumque caput : spes sit mihi certa videndi
Niliacos fontes; bellum civile relinquam! »

Néron était animé par la même soif de gloire quand il chargea ses armées de faire cette découverte ; mais le rapport qu'on lui soumit lui enleva toute espérance de succès.

Toutefois, voulant cacher sous le mystère leur ignorance, les chercheurs des anciens âges eurent recours aux fables, et les interprètes des Saintes Écritures eux-mêmes ne furent pas exempts de cette faute. Pour eux, le Gihon mentionné dans la Genèse était le Nil ; et, ne voulant pas s'élever contre les Écritures, qui disent qu'il naît dans le paradis terrestre, puis arrose la terre de Chus, ils n'avaient imaginé rien de mieux que de le faire passer au-dessous des terres et des mers pour reparaître en Éthiopie. Combien de savants se sont efforcés d'éclaircir ces fables ! Combien de systèmes n'a-t-on point établis ? Dans son « Traité sur le paradis terrestre », l'évêque d'Avranches essaye d'expliquer comme quoi le Gihon, branche orientale de l'Euphrate, et né au pays d'Éden, passe à travers la terre de Chus, aujourd'hui Chiz Eslam. Il ajoute qu'Homère le fait descendre de Jupiter et l'appelle « don divin », ce qui conduit Plaute à dire, en parlant d'un fleuve que, d'ailleurs, il ne nomme pas, qu'il a sa source dans le ciel, sous le trône de Jupiter. Les gymnosophistes égyptiens, éthiopiens et abyssins, après avoir essayé de faire de cette rivière une divinité, se sont vus obligés de maintenir les vieilles erreurs, même les plus absurdes. Serions-nous donc étonnés de voir les Égyptiens, qui lui devaient la fertilité de leur pays, élever au Nil des autels et des temples, instituer en son honneur des fêtes sacrées et l'adorer sous le nom d'Osiris?

Les juifs et les mahométans, bien éloignés pourtant de l'idolâtrie, tiennent les eaux du Nil pour sacrées ; et les Agaus, voisins de ses sources, bien qu'instruits dans la religion chrétienne, lui offrent encore des sacrifices. C'est ainsi que, nées de l'ignorance, les superstitions sont maintenues par l'entêtement et la vanité.

Selon les temps et les lieux, le Nil a souvent changé de nom. « Nec ante Nilus, quam se totum aquis concordibus rursus junxit, sic quoque etiamnum Syris, ut ante, nominatus per aliquos in totum Homero Ægyptus, aliisque Triton? » Pline ne dit pas, comme d'autres l'ont fait, que le nom d' « Égypte » appartient au Nil : il le donne aux contrées baignées par le fleuve avant son débouché dans la mer, ou, s'il le lui concède parfois, c'est en l'empruntant aux pays qu'il arrose. Pareille chose n'arrive-t-elle pas journellement aux cours d'eau ? D'après Hesychius, le Nil aurait d'abord porté le nom d'Égypte, et c'est de lui que la contrée l'aurait gardé : Αἴγυπτος, ὁ Νεῖλος, ὁ ποταμός.

ἀφ' οὗ καὶ ἡ χώρα ὑπὸ τῶν νεωτέρων Αἴγυπτος ἐκλήθη. « Ægyptus, Nilus fluvius, a quo regio a recentioribus Ægyptus est appellata. » Cependant Égypte n'était point la première appellation du Nil. Il avait d'abord porté celle d'Oceanus, de Ætus ou Aquila, d'Ægyptus, puis celle de Triton en souvenir des trois autres. Finalement, les Grecs et les Latins l'ont connu sous le nom de Nil. Selon Pline, il devient le Syris en passant à Syène. Les Égyptiens, qui lui doivent la fertilité de leur contrée, l'appellent le Sauveur, le Soleil, le Dieu, quelquefois le Père. Dans la langue savante de l'Éthiopie, il est connu sous le nom de Gejon, d'après le Gihon dont parle Moïse : « Et nomen fluvii fecundi Gihon ; ipse qui circumit omnem terram Æthiopiæ. » Vatable, expliquant le mot Kusah ou Æthiopie, dit qu'il faut entendre par là l'Éthiopie orientale, « de Æthiopia Orientali intelligit ». Le Nil ou Gejon est loin d'entourer toute l'Éthiopie ou toute l'Abyssinie, mais une portion seulement du royaume de Goyam.

On voit aisément quelle multitude de fausses hypothèses ont été bâties sur ce sujet. Et cependant des gens s'obstinent aux vieilles légendes plutôt que de croire ceux qui, ayant été sur les lieux, ayant vu de leurs yeux, sont à même de rétablir la vérité. Il était impossible de remonter le fleuve jusqu'à ses sources. Arrêtés par les cataractes et doutant que l'entreprise fût jamais menée à bonne fin, ceux qui l'avaient tentée ont inventé mille histoires. Jamais les seuls qui nous aient enseigné quelque chose à ce sujet, jamais les Grecs et les Romains n'ont porté leurs armes de ce côté ; jamais ils n'avaient entendu parler des peuples barbares établis le long du fleuve, ni des nations sauvages qui vivent près de ses sources ; ils ne savaient pas que, pour les atteindre, il faut traverser de terribles montagnes, des forêts impénétrables, des déserts emplis de bêtes fauves, pays de la soif et de la faim. Si les chercheurs des sources du Nil avaient suivi la mer Rouge, ils auraient, avec moins de dépense et de peine, trouvé ce qu'ils voulaient voir.

Nous savons ce que les anciens pensaient des sources du Nil ; nous verrons maintenant ce qu'en disent les Arabes. Les lignes suivantes sont extraites du manuscrit d'un compilateur inconnu, — daté 1098 de l'Hégire (1686), — appartenant à S. E. Ali Pacha Moubarek, ministre de l'instruction publique en Égypte, et traduites par M. Vandyck, professeur d'anglais dans les écoles du gouvernement, au Caire :

Le nombre total des rivières connues, dans le monde habitable, est de 228, écrit Abou el-Fadel, fils de Kadama. Plusieurs coulent du sud au nord comme le Nil, d'autres de l'est à l'ouest, d'autres du nord au sud, et d'autres dans plus d'une de ces directions, comme l'Euphrate et le Gihon. Le Nil sort des monts de Goumr (Kamar), au delà de l'Équateur. De sa source jaillissent avec lui neuf rivières ; ces cours d'eau se dirigent, par cinq, vers deux lacs différents ; de chacun de ces lacs sortent deux rivières, et toutes les quatre vont se jeter dans un grand lac de la première zone, et de ce grand lac sort le Nil.

L'auteur du livre appelé *le Désir du voyageur* appelle ce lac Likouri, du nom d'une tribu de Soudanais cannibales et barbares qui habitent ces rives. De ses flots sortent le Garna et le fleuve d'Abyssinie. Après avoir quitté ce lac, le Nil traverse le territoire des Likouri[1], puis celui de Mennan — autre tribu soudanaise — entre Khartoum et la Nubie.

Arrivé à Dongola, capitale de la Nubie, il se dirige à l'ouest, entrant ainsi dans la seconde zone.

Ici ses rives sont peuplées, des cités et des villages couvrent ses îles nombreuses et cultivées ; les bateaux des Nubiens descendent jusque-là ; ceux de la Haute-Égypte y peuvent remonter. Mais là sont aussi les roches qui empêchent les navires de passer, sauf à l'époque des grandes eaux. Puis, le Nil coule au nord, passe à l'orient d'Assouan, métropole de la Haute-Égypte, puis entre deux chaînes de montagnes, bornant à l'est et à l'ouest le territoire égyptien : il atteint Fostat, il coule encore une journée de marche et se sépare en deux branches, dont l'une, appelée rivière orientale, se jette dans la mer près de Damiette, tandis que la seconde, plus considérable, appelée rivière occidentale, continue sa course et débouche dans la Méditerranée près de Rosette.

La longueur totale du Nil serait de 3748 parasanges[2]. On dit qu'il coule quatre mois de marche dans les contrées désertes, deux mois dans le Soudan, un mois en terre musulmane. Le Nil est le seul à monter pendant que les autres rivières baissent, car il enfle dans la saison sèche, pendant que le soleil est dans les constellations du Cancer, du Lion et de la Vierge.

On dit que le Nil a des tributaires ; que ses crues ont pour cause la fonte des neiges dont le plus ou moins d'abondance détermine la hauteur de l'inondation. D'autres pensent que les crues sont causées par la direction différente des vents ; ils disent que lorsque le vent souffle du nord, il soulève la Méditerranée, en fait refluer les eaux dans le fleuve, qui couvre alors le pays, et, quand viennent les vents du midi, la mer cesse ses tempêtes et le Nil alors recommence à couler.

D'autres disent qu'elles sont causées par des fontaines jaillissant le long de ses rives, et des voyageurs arrivés au point le plus élevé de son cours les ont vues. Et d'autres, que le Nil descend des montagnes neigeuses, et ces montagnes s'appellent Kaf ; puis il passe à travers la mer Verte, par-dessus des mines d'or, d'argent, d'émeraudes et de rubis, et coule indéfiniment jusqu'au lac du Zingh (Zanzibar), où il se confond pour un temps avec la mer ; et si ses eaux ne se mêlaient pas avec l'eau salée, elles seraient trop douces pour qu'on pût les boire.

On diffère d'opinion au sujet du mot « Goumr ». Les uns le prononcent « Kamar », ce qui veut dire *Lune* ; mais le voyageur Ti-Tarshi dit qu'on leur a donné ce nom parce que les yeux sont éblouis par un grand éclat. Cette chaîne de Goumr s'étend de l'est à l'ouest au milieu de pays déserts et vides d'habitants. Elle a des pics qui montent très haut dans les airs, et d'autres plus bas. On dit que certaines personnes les ont gravis, et, de l'autre côté,

---

1. Victoria-Nyanza ou Likouri, du nom de la tribu Ouakouri qui habite encore le rivage au nord du lac. Voir *la Vie de l'évêque Hannington*. Ces Ouakouri ou Ouakori sont probablement le reste d'un peuple autrefois considérable.

2. La parasange représente de 5 à 7 kilomètres.

elles ont vu une mer aux vagues troublées, noire comme la nuit, traversée par un fleuve aux eaux blanches, brillant comme le jour, qui entre dans les monts par le nord et passe près du tombeau du grand Hermès, et cet Hermès est le prophète Idrissi (Enoch).

On dit qu'Idrissi a bâti un temple en ce lieu. D'autres rapportent que des gens ayant gravi la montagne, l'un d'eux se mit à rire et à battre des mains[1], puis il se précipita du haut en bas. Ses compagnons, épouvantés et craignant d'être saisis du même mal, revinrent incontinent sur leurs pas. La montagne est recouverte de neige brillante comme l'argent et étincelante de lumière[2]. Ceux qui la voient n'en peuvent plus détacher le regard ; ils la contemplent jusqu'à ce qu'ils meurent. Et c'est ce qu'on appelle le « magnétisme humain ».

Un certain roi envoya une expédition à la recherche des sources du Nil. Elle arriva en face de montagnes de cuivre, d'autres disent de cristal, et lorsque le soleil se leva, ses rayons réfléchis par le cuivre ou par le cristal devinrent si ardents que toute la troupe fut brûlée. On dit aussi que la montagne de Goumr, d'où vient l'oiseau appelé *Guimré*, s'élève dans une île vis-à-vis de laquelle s'étend le pays de Serendib[3], long de quatre journées de marche et large de vingt.

Un livre qui s'appelle le *Miroir des Ages* nous apprend que Hamid, fils de Biktiari, a vu la fontaine qui est la première de toutes. Elle se trouve dans la montagne de Goumr, d'où sortent dix rivières, dont l'une est le Nil. Le Nil traverse la première zone, passe dans la seconde, et depuis sa source jusqu'à la Méditerranée il y a 3000 parasanges. Les uns disent que ces fontaines causent les inondations du Nil. D'autres, et je pense qu'ils ont raison, les attribuent à la grande abondance de pluie et de torrents en Abyssinie et en Nubie, et disent que les crues viennent tard en Égypte, par suite de la grande distance. Toutes les rivières du monde coulent vers le sud, à l'exception du Nil et de l'Oronte, dans la Syrie septentrionale, près de Hamath.

Ti-Farshi dit : « Quelques astronomes écrivent que le Nil prend sa source à 11,5 degrés au sud de l'Équateur, puis coule vers Damiette et Alexandrie, à 30 degrés de latitude nord. De sa source à son embouchure, en comptant tous ses méandres, il a 14° 40' ou 8 614 milles 1/2. Il fait de grands détours dans la direction de l'est et de l'ouest. »

Achmed, fils de Ti-Farshi, dans son livre sur le Nil, dit : « Les historiens racontent qu'Adam a légué le Nil à son fils Seth ; que le Nil est demeuré en possession des fils de la Prophétie et de la Religion ; ils descendirent en Égypte, appelée dès lors Loul, et demeurèrent dans les montagnes. Après eux vint Kinaan, puis Mahaléel, son fils, puis Yaoud, Hamou, puis Hermès qui est Idrissi[4] le prophète. Celui-ci introduisit l'ordre et les lois dans le pays.

---

1. Je n'ai pas appris que, lors de son ascension, le lieutenant Stairs se soit rendu coupable d'une pareille extravagance.
2. Les termes mêmes dont se sont servis les bergers ouahouma en parlant du Rouvenzori.
3. Madagascar.
4. Je voudrais bien savoir si cet Idrissi est le même que le patriarche Kintou de la légende des Ouaganda. Voir *A travers le Continent Noir*.

Pendant les inondations du Nil les habitants fuyaient aux montagnes, et quand le fleuve avait repris son lit, ils cultivaient le sol. Idrissi réunit les peuples de l'Égypte et vint avec eux jusqu'au premier courant du Nil. Là, il nivela le pays, abaissant les hautes terres, élevant les basses, d'après les lois de l'arpentage et de l'astronomie. — Il fut le premier qui parlât et écrivit sur ces sciences. — Puis il monta vers l'Abyssinie et la Nubie, réunit le peuple et il élargit ou réduisit le lit du fleuve, selon la rapidité ou la lenteur de ses eaux. Il calcula même le volume de l'eau et la vitesse du courant. Mais dans les jours d'Am-Kaam, un des rois de l'Égypte, Idrissi fut enlevé au ciel. Ayant prophétisé la venue du déluge, il était resté de l'autre côté de l'Équateur et y avait bâti un palais sur les pentes du mont Goumr[1]. Il le construisit en airain et l'orna de 85 statues d'airain aussi, de la bouche desquelles les eaux du Nil s'échappaient pour se réunir dans un lac et de là couler en Égypte. »

Idyar el-Ouadi a dit : « La longueur du Nil est de deux mois de marche en terre musulmane et de quatre en pays désert. Sa source est au mont Goumr, au delà de l'Équateur, d'où il sort de la rivière des Ténèbres pour couler à la lumière en longeant la base de la montagne. »

Mohammed, le prophète de Dieu, dit : « Le Nil vient du jardin d'Eden, et si vous pouviez le voir quand il en sort, vous y trouveriez des feuilles du Paradis. Le roi Am-Kaam, dont j'ai parlé ci-dessus, est Hermès I$^{er}$. Les démons l'emportèrent dans la montagne, il vit le Nil sortir de la mer Noire et entrer dans la montagne de Goumr. Il y bâtit un palais orné de 85 statues, puis, réunissant toute l'eau de la montagne, il la dirigea par un endroit voûté jusqu'aux statues, et de leurs bouches elle tombe en quantité mesurée et calculée suivant leur cube. Elle forme de nombreuses rivières, qui vont ensuite dans le grand lac central[2]. Autour de ce lac s'étend le pays des Soudanais, dont la capitale est Garma. Une montagne traverse le lac et en sort vers le nord-ouest. De cette montagne[3] le Nil coule un mois de marche, et, arrivé en Nubie, il se divise. Une branche se dirige vers l'ouest, arrosant la plus grande partie du Soudan, tandis que l'autre est la branche qui descend en Égypte, où elle se partage, au delà d'Assouan, en quatre bras, dont trois vont directement à la Méditerranée ; le quatrième entre dans le lac Salé et de là coule jusqu'à la mer d'Alexandrie. On dit que les rivières Sihon, Gihon, Euphrate et Nil jaillissent d'un dôme de jaspe vert caché dans une montagne près de la Noire Mer[4]. Elles sont alors plus douces que le miel et plus parfumées que le musc, mais elles changent ensuite. »

« La source du Nil, dit le cheikh Izz Edin, fils d'Ibn Gamar, dans son Livre sur la Médecine (j'ai copié ces extraits sur le manuscrit même), se trouve au mont Goumr, au delà de l'Équateur, par 11° 20′. De cette montagne dix rivières jaillissent de sources différentes, coulant par deux groupes de cinq, chacun dans un vaste lac arrondi, distant de 57° du désert occidental, et de

---

1. Toujours comme la légende de Kintou, mais avec plus de détails.
2. Le lac Albert.
3. Mont Adjif (?). Si l'eau du lac avait seulement 16 mètres de plus, la description lui conviendrait entièrement.
4. Lac Albert-Édouard (?).

7° 31' au sud. Ces deux lacs sont égaux et ont 5 degrés de diamètre. Ils donnent naissance chacun à deux rivières qui se vident séparément dans un lac unique situé dans la première zone. De celui-ci, éloigné du désert par 55°30' et par 2 degrés de l'Équateur, sort une seule rivière, et cette rivière est le Nil. Le Nil traverse le pays, puis arrive en Nubie et y rejoint un autre fleuve, dont la source est aussi, près de l'Équateur, un grand lac de forme ronde de 3 degrés en diamètre et qui est séparé des confins de la terre inhabitée par 71 degrés.

« Après avoir baigné la ville du Caire, le Nil atteint celle de Chatanouf, où il se divise en deux branches, dont l'une s'appelle la branche de Rosette et se jette dans la mer salée. L'autre passe à Mansourah, se subdivise encore et forme la rivière Ashmoun, qui se vide dans un lac, tandis que le restant des eaux continue vers la mer, où il se perd près de Damiette, et je donne ici le plan du mont Goumr. »

L'historien El-Gahez, dans sa description des pays, suppose que le fleuve Sindh[1] et le Nil ont une source commune, parce que « les deux cours d'eau enflent à la même époque, qu'ils nourrissent tous deux des crocodiles et que les procédés de culture sont les mêmes dans les deux pays ». Quant à Machi, dans son *Histoire de l'Égypte*, il dit exister dans le pays de Tegala une tribu soudanaise du même nom chez laquelle l'or fait saillie hors du terrain, et où le Nil se divise en deux rivières, l'une coulant vers l'Égypte tandis que la seconde a des eaux vertes et se dirige vers l'est; elle traverse la mer salée jusqu'aux rivages de Sindh, et le nom de cette rivière est Meharaam.

Le lac dans lequel coulent les eaux s'appelle Biliha[2]. Une portion du Nil coule vers le Soudan, passe à l'est de Koussed, longe une chaîne de montagnes et arrive à l'Équateur. Là il traverse un lac et continue toujours vers l'ouest dans le pays de Laknour et de là vers le nord, jusqu'à ce qu'il entre dans le grand Océan; puis il revient vers l'Abyssinie, de là vers le Soudan, puis à l'est de Dongola, et, après les cataractes d'Assouan, il coule jusqu'à la Méditerranée.

Makrissi dit : « Il n'y a pas deux opinions sur l'origine du Nil. Le Nil sort du mont Goumr.... Merka-Il, fils de Doubar-Il, fils de Garabat, fils d'Asfoussan, fils d'Adam, vint en Égypte avec des gens de la tribu d'Arabat. Ils s'y établirent, élevèrent Assous et autres cités, puis creusèrent le Nil pour amener jusqu'à elles les eaux qui coulaient irrégulièrement et inondaient la contrée jusqu'aux pays du roi nubien Mékronsé. Ils réglèrent le cours du Nil et, quand ils eurent creusé un canal pour leur ville de Sousan, la terre sortit des eaux du déluge. Et le temps marcha jusqu'au jour de Berdachir, fils de Bzar, fils de Ham, fils de Noé, et il régularisa une seconde fois le cours du Nil, entièrement détruit par le déluge. »

« Quand Berdachir régnait, dit l'historien Ibn Ouasifcha, — ce Berdachir qui fut le premier roi pontife, qui pratiqua la magie et connut le moyen de se rendre invisible — il envoya le prince Hermès au grand lac d'où sortent les

---

1. Il entend peut-être par là le Zing, ou le littoral oriental appelé Zinghiber, Zandjibar, Zanzibar.
2. Batoua(?), du nom des Pygmées.

eaux du Nil. Il régla aussi le cours du fleuve, parce que parfois il inondait certains lieux et non autres. »

Quant à l'endroit où sont les statues d'airain, il en renferme 58, et Hermès conduisit à ces statues les eaux qui viennent du Nil, par des aqueducs et des canaux voûtés, de sorte que l'eau sortant du mont Goumr passait sous la muraille et par les bouches des statues. Il régla et mesura la quantité d'eau et lui permit de couler comme il fallait pour les terres d'Égypte, c'est-à-dire de monter seulement de 18 coudées, chacune de 32 doigts. Sans cela le Nil changerait en marécages toutes les terres par lesquelles il passe.

El-Ouélid, fils de Romah l'Amalécite, put aller à la recherche des sources. Il mit trois années à préparer son expédition, partit avec une armée innombrable, détruisant tous les peuples sur sa route. Il traversa le Soudan et le pays où l'or pousse en barres dans les champs ; marchant toujours, il arriva au grand lac[1] dans lequel se jettent le Nil et les rivières issues du mont Goumr. Il marcha encore et atteignit le temple du Soleil ; il marcha jusqu'à la haute montagne de Goumr ou Kamar, ainsi appelée parce que la lune ne l'éclaire pas, par la raison qu'il est au delà de l'Équateur[2]. Il vit le Nil jaillir de sous le Goumr, et descendre des rivières du mont Kaf. Quand il a traversé l'Équateur, il est rejoint par une rivière venue de la région de Tekraan[3], dans l'Inde, issue elle aussi de Goumr, d'où elle a coulé d'abord dans la direction de l'est. Cette rivière ressemble au Nil ; elle gonfle et s'abaisse comme lui, et ses crocodiles et ses poissons sont les mêmes que ceux du fleuve égyptien.

Des voyageurs ont dit qu'étant là, ils n'avaient vu ni soleil, ni lune, la seule lumière étant celle de Dieu miséricordieux, qui resplendit comme le soleil.

D'autres ont aussi parlé du Dôme de Jaspe au centre du Pays de l'Or, par delà la Noire Mer. De ce pays qui est une partie de l'Éden, jaillissent le Nil et les quatre fleuves du Paradis. El-Makrissi raconte que Hyad, un des enfants d'Is, pria Dieu de lui faire voir la source du Nil. Dieu le lui permit, et il traversa la Rivière Noire, marchant sur les eaux sans se mouiller jusqu'à ce qu'il fût entré sous le Dôme.

La meilleure description que j'aie lue est celle de Cheab ed-Din, géographe arabe qui vivait au commencement du xv° siècle :

L'île de Moghreb (Afrique) est située au milieu des mers qui la baignent de tous côtés. Elle est bornée à l'est par la mer de Koultzoum (mer Rouge) ; au sud et à l'ouest par l'océan, dont Dieu seul connaît les limites et l'étendue ; au nord, par la mer de Kharz, d'où les Francs vinrent jusqu'à la Terre Sainte et débarquèrent sur les côtes syriennes.

Au milieu de l'île de Moghreb sont les déserts que parcourent les nègres,

1. Lac Albert.
2. A cause du brouillard.
3. Tourkan(?).

et qui séparent le pays des nègres de celui des Berbers. Dans cette île est la source du grand fleuve, sans égal sur la terre. Il descend de la Montagne de la Lune, située au delà de l'Équateur. Plusieurs rivières jaillissent de cette montagne et se réunissent dans un grand lac. De ce lac sort le Nil, le plus grand et le plus beau des fleuves du monde. Beaucoup de rivières dérivent de celui-ci, arrosant la Nubie et le pays des Djenaoué. Le Nil coupe horizontalement l'Équateur, traverse l'Abyssinie, le pays de Kou-Kou, vient à Syène,

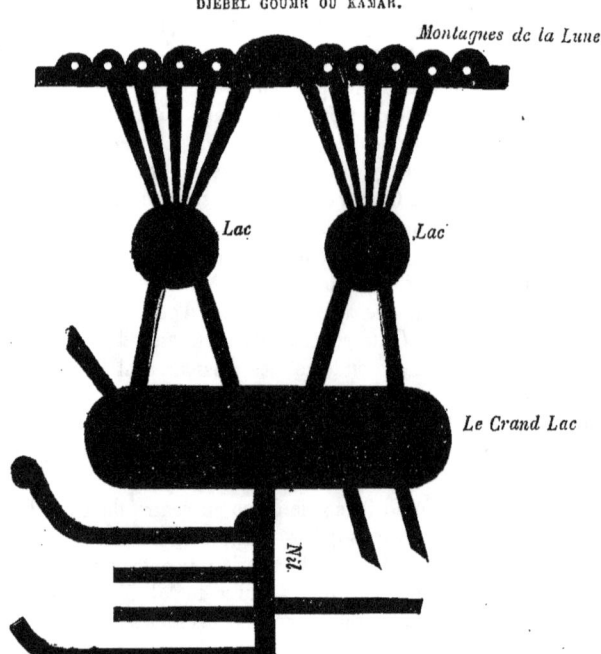

Montagnes de la Lune. — Massoudi, xie siècle.

partage en deux l'Égypte dans toute sa longueur et se jette dans la mer entre Tunis et Damiette.

Abdoul Hassan Ali ibn el-Husseyn ibn Ali el-Massoudi, né à Bagdad, qui mourut en Égypte en 955, après de nombreux voyages, écrit :

J'ai vu dans un livre de géographie une carte où le Nil sort de la Montagne de la Lune (Djebel Koumr). Les eaux jaillissent de 10 fontaines et coulent dans deux lacs, qui ressemblent aux étangs de Bassora. Après les avoir quittés, elles se réunissent pour descendre à travers un pays sablonneux et montagneux qui est cette partie du Soudan voisine du pays de Zendj (le Zanzibar).

Tout en achevant la transcription de ces vieilles et intéressantes légendes, je me disais : « Il en sera de moi comme des anciens. Et à quoi me servira-t-il d'avoir été plus sage? Et qu'est-ce que l'homme a de tout son travail et du rongement de son cœur dont il se travaille sous le soleil ; « car tout est « vanité et rongement d'esprit[1]. »

Ce qui suit est une traduction gracieusement faite pour moi par le comte de Landburg, consul général de Suède et de Norvège au Caire ; elle est tirée de la géographie de Chams ed-Din Abou Abd Allah Mohammed ed-Dimachgué (né en 1256, mort en 1336). Voici le chapitre de ce livre : *Moukhbat ed-dahr fê Adjaîb al-barr oualbahr*, édité par le professeur Mehren (St-Pétersbourg, 1866), où il parle (p. 88) des quatre rivières du Paradis :

Les savants disent que la rivière égyptienne appelée Nil est la rivière de Nubie. Ses fontaines sont dans les Monts de la Lune, qui séparent les pays habités de l'Équateur des terres inconnues du sud. Les dix rivières sortant de ces fontaines coulent avec rapidité entre de grands arbres et sur des sables compacts, dans dix vallées, dont la plus occidentale est à quinze journées de marche ; elles se jettent dans deux grands lacs éloignés l'un de l'autre de quatre journées de marche. Pareil nombre de journées suffirait pour faire le tour du lac oriental, avec toutes ses îles et toutes ses montagnes ; il en faudrait cinq pour le lac de l'Occident. Dans leurs îles et dans le pays de rivières qui les séparent, demeurent des nègres soudanais, dont la nature diffère peu de celle des bêtes. Ils dévorent qui les attaque. Celui qui surprend une personne d'une autre tribu la tue et la mange comme du gibier. La position de ces lacs est à 50°-56° longitude, vers les sources, et à 6°-7° de latitude au sud de l'Équateur. Le lac oriental porte le nom de *Koukou* et de *Tamim es-Soudan* ; celui de l'autre est *Damâdim* et *Galdjour* et *Hadjami*. De chacun d'eux sortent quatre rivières courant à travers des vallées habitées par les Soudanais. Elles se jettent toutes vers le 7° de latitude en un grand et vaste lac appelé *Djaouas* et *el-Djamia* (en arabe, « le Collecteur ») et aussi *Kouri*[2] *des Soudanais*. Son circuit est d'environ six journées ; il renferme les îles de *Djaouas* et de *Kouri*, peuplées de Soudanais. Trois grosses rivières sortent du lac : l'une court à l'ouest, c'est la *Rhâna* ; une autre coule vers le sud et se replie vers l'est, c'est la rivière *ed-Damadim* ou le *Maguid Chou des Nègres*, et la troisième est la rivière de Nubie, c'est-à-dire le *Nil*. Il court vers le nord jusqu'à la Méditerranée ; la rivière Damadim coule vers la mer du Sud, et la Rhâna vers l'océan Occidental.

1. Livre de l'*Ecclésiaste*, chap. ii.
2. De la tribu Ouakouri ou Bakouri, sur la rive nord du lac Victoria, où elle existe encore aujourd'hui.

# CHAPITRE XXX

### LE ROUVENZORI. « ROI DES NUAGES »

Voyageurs récents qui ont manqué la vue de la chaîne. — Les Monts de la Lune d'après les classiques. — La chaîne aperçue par nous du Pisgah en 1887. — La Montagne Neigeuse et les Pics Jumeaux ; premières constatations en 1888 et en janvier 1889. — Description de la chaîne. — La vallée de la Semliki. — Description du Rouvenzori. — L'écoulement principal dó la chaîne montagneuse. — La forêt d'Aouamba, dans la vallée de la Semliki. — La vallée est abritée des vents. — Nouveautés curieuses en botanique dans la forêt d'Aouamba. — Les plaines entre Mtsora et Mouhamba. — Changement de climat et de végétation à mesure qu'on approche du flanc méridional du Rouvenzori. — Sentiments qu'inspire le Rouvenzori. — Pourquoi le Rouvenzori garde tant de neige. — Les champs de neige et de débris. — Autres aspects du Faiseur de Pluies, dit aussi Roi des Nuages. — Impression faite par les pics sublimes et les gorges blanches.

Nous venons d'entendre les récits des anciens âges sur la chaîne de montagnes que les géographes européens appelaient *Mons* ou *Montes Lunæ*, et les compilateurs arabes, Djebel Koumr, Goumr ou Kamar : Monts de la Lune, aussi. Il nous reste à décrire le Rouvenzori des tribus lacustres, tel que nous l'avons vu nous-même.

Des siècles de silence avaient passé sur lui et nombre d'années s'écouleront peut-être avant que le pied d'un explorateur, anglais ou autre, vienne en fouler les pentes. La route du Nil est fermée pour longtemps. Comme un flot dévastateur, les Manyouema, les « pillards de l'ouest », avancent vers les hautes régions du nord-est, ravageant tout sur leur chemin, faisant le désert devant eux. Les vivres manqueront aux expéditions venues de l'ouest ; le nombre et la férocité des Ouara-Soura et l'astuce des Ouanyoro ne permettront désormais le passage par le Toro qu'à des forces considérables.

Si la route de l'est présente de sérieuses difficultés, on se demande, en présence des événements dont l'Ouganda est le théâtre et dont l'influence se fait sentir jusqu'à Ouddou et l'Ankori, si celle du sud-est restera longtemps possible. Ajoutons-y ce fait étrange que nombre de voyageurs modernes, Sir Samuel et lady Baker, Gessi Pacha, Mason Bey, en 1877, notre propre expédition en 1887 et Emin Pacha en 1888, ont presque frôlé ce géant sans se douter de sa présence; et l'on comprendra qu'il soit bon de décrire en détail la chaîne des Montagnes de la Lune.

Ce Rouvenzori, en effet, peut être visible des régions explorées par Sir Samuel Baker, comme le dôme de Saint-Paul l'est du pont de Westminster. Ce Rouvenzori, Gessi et Mason, circumnaviguant le lac Albert, auraient pu en signaler les crêtes neigeuses; sans doute furent-elles alors enveloppées de ces brumes profondes, de ces nuages épais sous lesquels, trois cents jours dans l'année, la chaîne cache sa colossale couronne.

Et puis, cette histoire qui remonte si haut, les fables tissées autour de lui, sa relation avec le vieux Nil consacré par les siècles, le Nil des Pharaons, de Joseph, de Moïse et des Prophètes, le Nil dont il garde les principales fontaines, et cette « Mer des Ténèbres », née de ses flancs, ce lac Albert-Édouard, — d'où sortent la Semliki, ce Nil de l'occident, et le Kafour, qui coule vers l'Orient, alimentant d'un côté le lac Albert et, de l'autre, le lac Victoria; — ses rares apparitions hors de sa sombre nuit et à l'endroit même où de modernes voyageurs contemplaient un « lac illimité »; ce nom si bien trouvé de Montagnes de la Lune — longtemps et vainement cherchées; sa rude et sauvage grandeur, sa formidable altitude, — tout nous fait un devoir de consacrer à ce Rouvenzori, devant lequel (s'il fallait en croire les poètes) Alexandre et César auraient voulu se prosterner, autre chose qu'une note écrite à la hâte sur un carnet. Qui a contemplé l'Oberland Bernois sans en garder l'impression ineffaçable? Pour moi, voyageur de longue date, à l'heure où pour la première fois je vis se dresser devant mes yeux cette chaîne fière et superbe, j'éprouvai une sensation unique en mes vingt-deux années d'explorations africaines, tellement profonde — qu'elle me domine encore aujourd'hui et m'oblige à raconter ce que j'ai vu.

Pendant notre voyage au lac Albert, en décembre 1887, nous

eûmes, de l'éperon du Pisgah, la vue d'une longue chaîne boisée dont nous estimâmes l'élévation à 2 100 mètres — courant du sud-est au sud. Quelques semaines après, en venant du lac, nous vîmes émerger subitement deux énormes cônes tronqués, portant Sud ¼ Ouest, que nous appelâmes les « Pics Jumeaux » et dont la hauteur pouvait être de 3 000 à 3 600 mètres. Leur forme remarquable et les linéaments révélés, ci et là, nous firent penser qu'entre eux et le pic Gordon Bennett devait s'étendre une région très intéressante.

Lors de notre second voyage au Nyanza en avril 1888, les « Jumeaux » restèrent invisibles; mais le 25 mai, à deux heures de marche après la plage du lac Albert, nous fûmes arrêtés net par le plus prodigieux des spectacles. Une chaîne neigeuse, portant 215°, apparaissait tout à coup. Point de pics, mais une masse formidable, à sommets presque carrés, longue de 50 kilomètres, placée entre deux grandes crêtes, de 1 500 mètres moins élevées, et s'étendant sur une même longueur de 50 kilomètres à chaque côté du massif central. Ce jour-là, elle fut visible pendant plusieurs heures. Le lendemain, elle avait disparu : nulle trace ne restait des cônes jumeaux ou de la montagne neigeuse.

Lors de notre troisième voyage au Nyanza, en janvier 1889, et pendant notre séjour de plus de deux mois à Kavalli, le Rouvenzori restait invisible, lorsqu'un soir, levant les yeux vers le point où nous le cherchions toujours, soudain, comme par magie, la chaîne tout entière jaillit à la fois du sein des nuées, fière de se montrer dans sa gloire et sa beauté à des milliers de regards anxieux.

La partie supérieure de la chaîne, qui paraissait alors divisée en cimes presque cubiques, baignées d'une vive lumière, avait l'air d'être suspendue dans le ciel, d'un bleu profond, pur comme le cristal; les larges draperies de vapeurs, d'une blancheur laiteuse, montaient à mi-hauteur et, au-dessus, semblaient flotter dans l'éther, image d'une de ces îles bienheureuses qu'on disait voyager entre ciel et terre.

A mesure que le soleil s'inclinait vers l'ouest, la bande vaporeuse se faisait de plus en plus légère, pour disparaître ensuite; l'île flottante s'était immobilisée sur les pentes montagneuses et la lunette nous permettait de suivre sans effort les contours précis de ses flancs et les grandes ondulations de sa masse. Bien qu'elle fût à 120 kilomètres de distance, nous distinguions sur les pentes la ligne frangée des forêts, les bouquets de bois sur les larges terrasses, couronnant le faîte des tours ou suspendus au bord des précipices. Nous remarquions même le brun pourpré des frontons rocheux, s'alignant, en face du soleil, sur le bleu lumineux du ciel.

Le côté qui se présentait à nos regards paraissait singulièrement escarpé, inaccessible peut-être. Les névés nous semblaient de simples mouchetures, et cependant leurs minces traînées de neige descendaient très bas sur les talus, coupées par une crête nue qui s'interpose entre la chaîne centrale et les collines Balegga, à 20 kilomètres de distance et au-dessus desquelles le Rouvenzori, 100 kilomètres plus loin, s'élève, colossal et magnifique.

N'oublions pas qu'un ciel pur est chose très rare en cette région : n'eût été la durée de notre séjour, le Rouvenzori fût resté longtemps encore inconnu.

Pendant notre voyage vers le sud en mai 1889, le long des collines des Mazamboni et des Balegga, la grande chaîne fut presque journellement visible, non en entier, mais par échappées successives : tantôt un pic, tantôt une épaule, l'image indécise d'une crête ou celle d'un contrefort ; ici, l'éclat soudain de la neige virginale jaillissant des nuages sombres ; plus loin, au contraire, les flancs du colosse, noirs comme la nuit, émergeant des vapeurs floconneuses. Mais lorsque la fière montagne daigna se montrer sans voiles, la précision, l'étrange netteté de ses lignes nous rendit facile le tracé de notre voyage ultérieur.

Nous ne pûmes cependant nous rendre un compte exact des divers détails de la chaîne, qu'après avoir traversé la Semliki et une grande partie de l'épaisse forêt qui croît avec une ampleur si magnifique dans l'atmosphère humide et chaude de la vallée.

Les lecteurs européens se feront une idée de cette dépression et des montagnes qui la bordent, en considérant que sa largeur moyenne représente celle du Pas de Calais entre Douvres et la France, et que sa longueur est celle de Douvres à Plymouth, ou bien de Dunkerque à Saint-Malo. Sur sa droite, à l'occident, ce sont les collines des Balegga et le plateau onduleux élevé de 1 000 à 1 200 mètres au-dessus de la

Semliki; sur la gauche, c'est la grande chaîne qui dresse ses sommets de 1 000 à 4 700 mètres au-dessus de la vallée. Le Rouvenzori occupe environ 150 kilomètres de cette ligne montagneuse; projeté en avant comme l'énorme bastion d'une forteresse imprenable, il commande au nord-est les approches de l'Albert-Nyanza et la vallée de la Semliki, au sud tout le bassin du lac Albert-Édouard. Pour un voyageur remontant le lac Albert par une très belle journée, ce bastion prend l'aspect d'une chaîne courant de l'est à l'ouest; pour un voyageur venant du sud, il paraît barrer tout passage vers le nord; à l'observateur placé sur les hauteurs des Balegga ou du plateau occidental, le pays d'Ounyoro, s'élevant en une pente douce et ininterrompue, semble le glacis de la superbe chaîne.

Escarpée, ingravissable sur la face occidentale, au sud elle s'abaisse par terrasses et pentes successives jusqu'au lac Albert-Édouard, tandis que le revers oriental, âpre et rugueux, projette en avant des chaînes plus basses et des forts détachés qui lui font une ligne de défense, comme le Gordon Bennett et le Mackinnon, tous deux élevés de 4 500 à 4 600 mètres.

Le drainage principal de la chaîne neigeuse se fait à l'ouest par la Semliki et au sud par le lac Albert-Édouard. La Katonga, qui se jette dans le Victoria-Nyanza et le Kafour du Nil Somerset, sont tous deux alimentés par les pentes orientales du Rouvenzori. La rivière Mississi, tributaire du lac Albert, sort directement de la chaîne à l'extrémité nord.

Pendant notre voyage vers le sud le long de la Semliki et sur les rives de l'Albert-Édouard, j'ai compté 66 torrents descendus du Rouvenzori. Les plus importants sont le Rami, le Rouboutou, le Singuiri, le Rami-Loulou, le Boutahou, le Roussiroubi, le Rouimi, tributaires de la Semliki, et les rivières de Rouverahi, Nyamagazani, Ounyamouambi, Roukoki, Nsongui et Roussango, qui se jettent dans l'Albert-Édouard.

Le point d'ébullition donne au lac supérieur l'altitude de 1 009 mètres et celle de 717 au lac Albert, soit une différence de niveau de 292 mètres sur une distance de 240 kilomètres environ. Il faut en conclure, qu'outre la vitesse de son courant et ses rapides, la Semliki compte nombre de cataractes dans sa course d'un lac à l'autre.

Sur une longueur de 65 kilomètres environ, la vallée de la Semliki est une véritable serre chaude. La partie balayée par les bourrasques du lac Albert n'offre qu'un sol aride, nourrissant quelques maigres bois d'acacias et une herbe amère refusée par les troupeaux. Mais entre elle et une zone de même nature que parcourent les vents du lac Albert-Édouard, le sol riche et fécond doit être un des plus riches du monde. Les indigènes le savent bien : d'innombrables petites tribus y défrichent la forêt et cultivent le plantain et la banane dans les clairières. On ne peut faire un kilomètre dans une direction quelconque sans tomber sur une florissante bananeraie. Nulle terre africaine, y compris l'Ouganda, n'offre une telle abondance de vivres; elle défrayerait les orgies de dix caravanes comme la mienne. J'ai déjà parlé de la grosseur des plantains.

Pendant les seize jours que nous mîmes à traverser cette plantureuse région forestière, généralement connue sous le nom d'Aouamba, d'après une de ses tribus, nous dûmes supporter dix terribles averses, dont plusieurs duraient neuf heures, sans compter un fort orage quotidien. Quand, sortis de la région boisée, nous eûmes gravi la terrasse herbeuse, haute d'une centaine de mètres, et bordière des monts, aussi loin que nos regards pouvaient atteindre, la forêt continuait, immense, infinie, sans autre interruption que les nombreuses bananeraies, reconnaissables à leur vert moins foncé. Les mouvements du sol se bornaient aux dépressions latérales marquant le cours des torrents. Au-dessus se mouvaient avec lenteur les longues traînées irrégulières de vapeurs, blanches comme la neige. Lourdement, comme avec effort, elles se portaient à la rencontre l'une de l'autre et s'unissaient en masses compactes qui, vues d'en haut, offraient l'aspect d'un ciel inversé. Parfois la silhouette fugitive d'un coin de forêt se dessinait dans une déchirure de la nuée; puis les masses flottantes roulaient l'une sur l'autre, se joignant ou s'écartant sans relâche jusqu'à ce que, condensées par le refroidissement de la température — généralement au lever ou au coucher du soleil, — elles finissent par tomber en averses copieuses. Tout cela nous contrariait fort, chercheurs obstinés de points de vue, anxieux de connaître ce monde étrange; mais nous y trouvions l'explication de la merveilleuse fécondité de la région et de la modestie toujours voilée de notre Rouvenzori. La hauteur et l'étendue de la chaîne interdisent l'entrée de la vallée aux vents frais, chasseurs de nuages.

Vue à vol d'oiseau du Rouvenzori, du lac Albert-Édouard et du lac Albert.

Sur tout un quart de cercle, de l'est au sud, la grande montagne, interceptant les courants aériens, empêche les vapeurs de fuir dans cette direction ; mais, parvenues à la hauteur des sommets, saisies par le froid, ces vapeurs se résolvent en pluies abondantes. Du nord à l'ouest, la chaîne fait obstacle à la libre entrée des vents et contribue à maintenir cette chaleur égale, si favorable à la végétation, qui, enveloppée de moites exhalaisons, foisonne en cette vie exubérante, sans égale sur la terre africaine.

Où la couche d'humus est légère, comme au pied de la chaîne, l'herbe-canne, haute de 4 à 5 mètres, s'étale sur d'énormes étendues en masse luxuriante et impénétrable. Lorsque cette couche est profonde, la forêt se dresse serrée, abritant un impénétrable sous-bois de jeunes arbres reliés, et parfois presque cachés, par les lianes et les plantes vivaces.

Chaque tronc a sa robe verte de mousse fine et moelleuse d'où l'eau retombe en perles brillantes ; chaque fougère arborescente, chaque branche horizontale, a sa moisson d'éléphantus et d'orchidées ; chaque rocher se revêt de lichens et sa moindre fissure s'orne d'une guirlande fleurie. Les plantes s'élancent de partout et, sauf sur la paroi verticale d'un bloc récemment remué, mettent sur chaque objet le sourire de leur forme, de leur couleur et de leur grâce.

La veille de notre sortie définitive de la région forestière, nous pûmes constater quelles surprises la nature nous réservait en fait de nouveautés botaniques. Entre Mtarega et Oulegga, nous vîmes des bananiers sauvages dont le stipe mesurait, à deux pieds au-dessus du sol, de 45 à 60 centimètres de diamètre. Longues de plus de 3 mètres et larges de 60 centimètres, les feuilles étaient réunies en bouquet au sommet de la tige, puis retombaient tout autour en courbe gracieuse, d'ombre fraîche et reposante. Au milieu s'épanouissaient les grappes de fleurs où brillaient les régimes. Je ne sais à quelle altitude peuvent croître ces bananiers sauvages ; j'ai seulement observé qu'au-dessus de 2400 mètres on n'en voyait plus guère. Les fougères arborescentes se dressent à 5 ou 6 mètres du sol, par séries de bosquets étroits, le long des creux humides ou sur la marge des ruisseaux ; une incroyable variété de ptéridées plus modestes se pressent autour des géants de la famille. Plus loin, des calamus s'élancent des hautes branches sur la cime prochaine. Près des grandes fougères, les arbres sont de véritables colosses, les orchidées plus nombreuses croissent à la fourche des branches, les feuilles d'éléphantus se font encore plus larges, la mousse se montre plus douce et plus verte.

Après Oulegga, la culture est si développée, que nous ne nous rendons pas tout à fait compte du changement de région. Mais à Mtsora, le contraste s'impose. Vers le nord-ouest s'étend une plaine herbeuse, aux tons bruns, répétition exacte de celle qui enveloppe la pointe sud du lac Albert. A la voir si plate, il semble que les eaux viennent de l'abandonner. Nous suivons jusqu'à Mouhamba le rebord de cette ancienne extrémité septentrionale du Nyanza méridional et traversons l'éperon montagneux de Sangoué-Mirembé, afin d'éviter le long circuit du sentier qui le contourne. A mesure que nous nous élevons, le changement survenu dans la vallée et sur les pentes du Rouvenzori nous frappe davantage. Sur les vallonnements et les collines, la vie exubérante et gonflée de sève, les bananiers sauvages et les merveilleuses fougeraies, les épaisses forêts revêtant les gorges et les contreforts, ont fait place à de verts tapis d'herbe savoureuse ondulant au souffle léger de la brise. Ce fut un ravissement, et nous ne nous lassions pas de bénir la fortune qui nous délivrait de l'atmosphère étouffante pour emplir nos poitrines de cet air vivifiant.

Mais deux jours de marche apportent une modification nouvelle. Nous sommes dans un climat plus sec. Le paysage de cette région comparativement sans pluie semble comme usé, écorché par places; l'herbe perd sève et saveur; les collines se teignent en couleur brique; çà et là, un arbre rabougri étend avec effort ses branches ridées et tordues, au triste feuillage vert olive. Les incendies annuels de la savane font disparaître le meilleur de la terre, et les pluies périodiques ne suffisent plus pour activer la végétation. De ces pentes dénudées qui constituent le flanc méridional du Rouvenzori, la plaine s'étend jusqu'au lac Albert-Édouard, morose, déserte et déboisée. Seuls des arbres à gomme, comme l'acacia et une herbe laiteuse, de rigides euphorbes noirs, croissent sur ce sol maigre et saturé de sel.

En résumé, les côtés sud et sud-ouest du Rouvenzori ont leurs saisons alternatives de pluie et de sécheresse, tandis que les côtés ouest et nord-ouest, baignés d'humidité et mouillés d'averses presque quotidiennes, jouissent d'un éternel printemps et renouvellent sans cesse leur verdure. Dans la saison sèche, il ne se peut imaginer de plus frappant contraste qu'entre ces deux images de la jeunesse et de la décrépitude.

Je ne puis contempler un antique monument, une pyramide ou un sphinx de la vieille Égypte, le Parthénon, le temple du Soleil à Palmyre, le palais de Persépolis ou même un donjon d'Angleterre, sans éprouver une émotion intime et religieuse. L'aspect vénérable dont le temps les a revêtus, leurs relations avec des hommes depuis longtemps perdus dans la poussière, ces architectes et ces antiques habitants depuis longtemps oubliés, tout commande le respect et la sympathie. Leur histoire nous prend aux entrailles, leur durée éveille comme un sentiment d'orgueil, car ce sont de simples mortels, ce sont des nôtres, qui ont édifié sur leur base ces constructions dont le temps n'a pu venir à bout. Mais combien plus élevé et plus puissant le saisissement produit par la vue de ce Rouvenzori, vieux de tant de millions de siècles! Quand je songe au temps qu'il a fallu aux neiges fondues pour sculpter dans les roches des sommets ces gorges profondes de plusieurs centaines de mètres, pour former, des débris de ses pentes, la vallée de la Semliki et les plaines des deux Nyanza, je reste éperdu devant l'incommensurable, l'effrayante masse des âges écoulés depuis que le Rouvenzori se dressa debout, témoin solennel de Celui dont nous entendons la voix : « Où étais-tu quand furent posés les fondements de la terre? Réponds, si tu as de l'intelligence! » Mais si je suis saisi de respect et de crainte, j'éprouve en même temps l'invincible et douce confiance qu'il est bon pour moi d'avoir vu ce que j'ai vu.

Un autre sentiment nous envahit à la pensée que ce sombre coin de terre, perdu dans le brouillard, couvert de mystère et d'obscurité, cachait un géant bienfaisant, une montagne dont les neiges ont goutte à goutte abreuvé pendant cinquante siècles les peuples de l'Égypte. Imaginez quel Dieu ces primitifs, au sentiment religieux si intense, ont dû faire de cette montagne qui, de si loin, gonflait les eaux du Nil, leur fleuve généreux et sacré! En regardant cette veine d'argent sinueuse par laquelle il fuit gaiement pour infuser là-bas, à 6 ou 7 000 kilomètres de sa source, la vie à l'Égypte des Pyramides, ma pensée y voit s'agiter les foules d'affairés ou de flâneurs, Arabes, Coptes, Fellahs, Nègres, Turcs, Grecs, Italiens, Français, Anglais, Allemands et Américains, et nous éprouvons un sentiment de fierté bien pardonnable à leur dire aujourd'hui, pour la première fois : « Le doux breuvage qui vous désaltère et dont vous célébrez si souvent les vertus, ce sont les vastes et profonds champs de neige du Rouvenzori ou Rououendjoura, c'est le « Roi des Nuages » qui vous le donne !

Bien que le point le plus rapproché du massif central fût encore à 15 kilomètres à vol d'oiseau, une bonne lunette et quelques heures de temps clair nous permirent de bien l'étudier. Du village de Bakokoro surtout, je compris la raison de la faible quantité de neige retenue sur les pentes. Comme on le voit par les profils obtenus, la ligne de sommet est coupée en un grand nombre de casques triangulaires, de crêtes évidées en forme de selle. Vu séparément, chaque casque reproduit, en miniature, la chaîne entière, telle que l'ont crêtelée les siècles, météores, vents, pluies, gelées ou neiges ; et chaque face du massif elle-même décalque l'innombrable fourmillement de cimes et de dents, si caractéristiques de la fière montagne dont nous contemplons les détails. La plupart de ces heaumes sont à pans tellement raides, qu'en dépit des incessantes averses, c'est à peine s'il reste quelque neige sur la déclivité. Mais cent mètres plus bas, la pente se relève de façon à retenir les frimas, qui s'amassent en vastes champs : au-dessous un second précipice montre la ligne brun rouge de rancarrèdes à pic ; en bas s'étend une autre terrasse neigeuse, interrompue de distance en distance par les saillies des talus : ce sont là ces taches brunes que nous avons observées si souvent. Dans une de nos photographies, prises de Karimi, on peut voir à 900 mètres du sommet une grande étendue blanche sur laquelle pointent de nombreux îlots de teinte foncée.

La raideur et la nudité des casques, l'escarpement des parois, les gelées et les orages, ont bien vite fait de désagréger les cimes. Les fragments de roches, les pierres, les débris s'écroulent sur les champs de neige. Sous l'influence du dégel, toute la masse, minée en dessous par les eaux filtrant goutte à goutte, glisse lentement sur le lit rocheux et s'achemine vers la vallée. A mesure qu'elle descend, la masse neigeuse accentue son mouvement; elle arrive enfin dans la région des chaleurs équatoriales. La séparation s'opère : une partie de la neige se perd dans les vapeurs chaudes qui montent

Pics du Rouvenzori, vus de Bakokoro.

d'en bas; les blocs, les débris boueux, les quartiers de glace roulent dans la vallée, jusqu'à ce qu'ils soient arrêtés par quelque obstacle.

Parfois ces énormes champs de détritus, de neige et de glace, poussés par la terrible force qu'elles acquièrent dans leur chute, vont frapper le talus opposé, et, comme un immense bélier, déterminent de formidables glissements. D'énormes pans de forêt, couvrant les pentes des innombrables éperons de la grande montagne, sont ainsi descendus, avec le sol qui les nourrissait, dans la vallée de la Semliki. Nous l'avions déjà remarqué à l'endroit où la Rami-Loulou sort de sa cluse.

Entre Ougarama et Boukoko, nous avons vu un terrain très fertile en melons, courges, canne à sucre et millet. Dans le sous-sol, composé de sable et de gravier mêlé à une riche marne noire, un grand nombre de blocs à demi ensevelis nous semblèrent une preuve irréfutable de l'influence des glaciers dans les catastrophes dont cette région a été le théâtre. L'espace, large de 5 kilomètres, compris entre Boukoko et la montagne, et qui s'étend le long de sa base pendant 9 ou 10 kilomètres, nous paraît aussi une moraine analogue; mais la désagrégation y a été si bien activée par de longues pluies, que la surface offre une pente adoucie assez régulière.

Si nous considérons la périodicité probable de ces accidents depuis le soulèvement de la grande chaîne, si nous réfléchissons à l'importance de l'affaissement qui créa le profond golfe occupé aujourd'hui par le lac Albert, la vallée de la Semliki et l'Albert-Édouard-Nyanza, nous ne nous étonnons pas que le Rouvenzori ne soit plus que le squelette de ce qu'il fut jadis. « Tu es poudre et tu retourneras en poudre. » Sa tête a perdu plusieurs fleurons de sa couronne, ses épaules se sont affaissées; des torrents sans nombre ont déchiré ses flancs, ses côtes se dessinent sous leur vêtement de forêts; tout nous dit les combats qu'il a soutenus, les luttes qui l'ont usé depuis le jour où il jaillit comme au travers du feu. Lentement, mais sûrement, la montagne redescend à la place d'où elle fut tirée. Quelques siècles encore, et le lac Albert-Édouard sera une grande plaine; puis viendra le tour du lac Albert. Les géographes de cette lointaine époque se frotteront les yeux en découvrant dans quelque vieille bibliothèque les contours des deux Nyanza et de la vallée qui les relie, tels que je les ai tracés en 1889.

Le plus souvent, aux premières lueurs du matin, nous voyons se profiler au-dessus de nous une masse noire, solennelle, effrayante, aux sommets perdus dans une indécise clarté. Mais, comme le jour paraît à l'orient, changeant en or le gris pâle de l'aube, de petits nuages blancs mettent déjà leur trait léger sur les cimes, et d'en bas, à la dérobée, s'élève une longue ligne de vapeurs floconneuses qui s'insinuent dans les gorges, se glissent dans les fissures et, poussées par le courant d'air, montent en volutes arrondies le long des pentes sinueuses, toujours plus pressées, toujours plus compactes et toujours différentes. Des tourbillons s'en détachent à droite et à gauche, appelant à eux les vapeurs égarées, échappées l'une après l'autre des profondes retraites de l'abîme. Leur traîne sinueuse a déjà caché les contreforts. Maintenant, elles sortent de chaque brèche, de chaque anfractuosité de la pente et se rangent en bataille comme pour rallier le banc de vapeurs blanches, immobile et déjà immense, qui les attend sur les sommets. A ce moment, elles passent dans la zone d'attraction de l'air des altitudes; leurs mouvements sont plus rapides, leurs caprices plus soudains; des ravins supérieurs les légions nouvelles s'élancent, rejoignent l'armée; le principal corps prend hardiment la tête et conduit à l'assaut du ciel.

Le soleil s'est levé; depuis un quart d'heure il brille à l'orient et ses premiers rayons, frappant les champs de neige, en ont fait jaillir la splendeur. Joyeux, à pleins arcs-en-ciel, il jette des teintes irisées, brode les contours, festonne les crêtes. Le brouillard monte toujours, épais et formidable; son avant-garde atteint la neige et rivalise avec elle de blancheur; frappée en face par les clairs et brillants rayons, elle la dépasse même en éclat et en beauté. Une seconde plus tard, la neige a disparu et, victorieuse, triomphante, la nuée chevauche sur les frontons empourprés de la cime.

Mais, en bas, l'officine travaille toujours. Avec une force décuplée par le soleil, la cuve fumante de la vallée enfante de minute en minute une armée nouvelle qui, recueillant sur son passage les traînards restés sur les pentes, renforce les masses supérieures. C'en est fait : les vapeurs blanches et finement colorées qui voilaient les orgueilleux sommets sont elles-mêmes vaincues; elles ne sont plus que des débris informes dont la teinte plombée, toujours assombrie par de nouveaux apports, se change insensiblement en un noir d'encre, précurseur des orages. Généralement, les cimes restent ainsi cachées toute la journée, souvent même jusqu'à une heure avancée de la nuit. Mais, environ une demi-heure avant le coucher du soleil, le nuage est balayé et, l'un après l'autre, crêtes, pics, épaulements et champs de neige émergent en pleine gloire, et nous contemplons une fois de plus notre Rouvenzori avant que la nuit tombe et le recouvre d'un manteau plus noir encore.

Ces trop rapides échappées sur le Roi des Nuées, comme

les Ouakondjou appellent leur montagne, donnent au spectateur un avant-goût des splendeurs célestes. J'ai toujours observé le même ravissement sur les visages, blancs ou noirs, lorsque, les yeux levés vers ces sommets, demeures du froid et de la sérénité, au-dessus de l'atteinte des mortels, saintement paisibles et purs, chacun demeurait muet en un si ardent désir d'exprimer l'admiration, que la parole manquait aux lèvres! Quel étrange contraste entre cette région des lacs, à la température torride, aux plantes gonflées de sève, à l'éternelle verdure, avec sa sauvagerie, ses cris de guerre, ses ruisseaux de sang, et ce fier monarque des monts, enveloppé de son manteau de neige, entouré de sommets innombrables et sombres prosternés en adoration devant le trône du dominateur sur le visage pâle et glacé duquel est écrit : « Infini! Éternité! »

Ces minutes d'intense ravissement contribuent plus que toute autre chose à détourner l'esprit de ce qui est bas et mesquin. Détachés de ce qui nous retenait à la terre, en face de ces hauteurs inaccessibles, de cette majesté suprême, de cette image de l'Éternel, il nous faut admirer avec respect, adorer en silence. Jamais l'homme ne se sent fait pour le ciel comme en ces heures bénies où, tout violent et dédaigneux qu'il soit dans la vie quotidienne, il redevient un enfant rempli d'étonnement et de crainte devant ce qui lui a révélé le sublime et le divin.

Notre voyage nous avait laissés jusqu'à ce jour étrangers aux impressions de cette nature. En dehors des heures de sommeil ou de veille, nos jours avaient été absorbés par l'impérieuse nécessité du moment, par les soucis d'une vigilance et d'une prévoyance incessantes. Sans doute nous avions été émus par la vue du mont Pisgah, par le spectacle de la forêt sans limites; nous avions été exaltés jusqu'au délire lorsque, après cinq mois d'emprisonnement dans la profondeur des forêts sauvages, nous foulions de nouveau l'herbe moelleuse, nous promenions nos regards sur les campagnes ouvertes, les vallées fécondes, les collines aux formes variées, les plaines vallonnées où l'herbe haute et drue semblait courir folle de bonheur, et sauter devant la fraîche brise; nous avions admiré les vastes contours et la surface argentée du lac Albert, goûté une joie délicieuse à songer que nos labeurs incessants nous avaient enfin amenés au terme du voyage. Mais ce désir et cet acte involontaire d'adoration, cette émotion poignante et religieuse, nous ne l'avons éprouvée que lorsque, levant les yeux, nous aperçûmes en plein ciel, inaccessible, inviolable comme les murailles d'un palais céleste, les crêtes, les cimes et le sein de neige du Rouvenzori.

# CHAPITRE XXXI

## LE ROUVENZORI ET LE LAC ALBERT-ÉDOUARD

(Du 15 juin au 2 juillet 1889)

Importance des cartes dans les livres de voyages. — Temps que j'ai employé à mes cartes. — Lit desséché d'un lac découvert près de Karimi. — Évaluation de sa superficie. — Géologie de cette région. — Ce que montre l'observation depuis la vallée de la Semliki jusqu'au bassin des Lacs Jumeaux. — Vaste plaine entre Roussessé et Katoué. — Les zéribes d'euphorbe dans le Ouassongora. — Les razzias faites par les Ouaganda il y a dix-huit ans. — L'herbe et l'eau sur les larges bas-fonds. — Dernier regard sur le Rouvenzori méridional. — La ville de Katoué. — L'Albert-Édouard-Nyanza. — Analyse des eaux du lac salé de Katoué. — Environs du lac salé. — La teinte sanguinolente de ses eaux. — Le plus grand lac salé de Katoué, appelé aussi lac Mkiyo. — Grande réputation du sel de Katoué. — Les lacustres de l'Albert-Édouard. — Bévoua noue, en notre nom, amitié avec les natifs. — Kakouri se montre avec des chefs ouassongora. — Exploration du grand lac de Katoué. — L'établissement de Kaiyoura. — La baie de Katoué. — Léopard noir. — Cases des indigènes à Moukoungou. — Le golfe Béatrice. — Halte à Mouhokya. — Embuscade de Ouara-Soura près du Roukoki. — Nous les mettons en fuite. — Nous capturons une femme des Mahouma. — Nelson poursuit l'arrière-garde des Roukara. — Halte à Bourouli. — Les amis ouakondjou et ouassongora nous quittent. — La mauvaise eau nous fait tomber malades. — Nous traversons le Nsongui. — Capture d'un Ouara-Soura. — Maladies et morts parmi les noirs et les Égyptiens. — Notre dernier engagement avec les Ouara-Soura au défilé de Kavandaré. — Boulémo Rouigui met son pays à notre disposition. — Le contingent du Pacha. — La fièvre me prend à Katari. — Le côté sud du lac Albert. — Rivières qui alimentent ce lac. — Sa couleur. — Notre premier et dernier regard sur le lac. — Ce que nous aurions pu voir sans la brume.

Les critiques mentionnent à peine les cartes qui accompagnent les récits de voyages. Cela n'est pas juste. Les miennes m'ont coûté plus de peine que notes, journal, esquisses, photographies, plus même que la publication de ce livre. De fait, le remontage quotidien, pendant près de trois ans, de trois chronomètres, mes trois cents séries d'observations, la transcription des positions, du tracé des rivières, « l'ombré » des chaînes montagneuses, les relèvements à la boussole, le calcul des hauteurs, la mise en ébullition des thermomètres, l'enregistrement des variations de la température et des anéroïdes, toutes choses nécessaires à la construction d'une bonne carte, ne m'ont pas coûté moins de 780 heures, ce qui, à 6 heures par jour, donne 130 journées de travail. Si les livres de voyage n'étaient point accompagnés de cartes, il serait presque impossible de comprendre ce qu'ils ont voulu peindre, et la rédaction en deviendrait intolérablement aride. Je relègue cette sécheresse dans mes tracés topographiques, évitant ainsi les redites et les descriptions ennuyeuses. Ils m'aideront à être clair, seront le trait le plus beau et le plus intéressant de cet ouvrage. Après un regard jeté sur le profil du Rouvenzori, de la vallée de la Semliki et des deux Nyanza, le lecteur en saura plus sur les linéaments grandioses de cette région qu'il n'en sait, par exemple, sur les environs du lac Michigan.

En descendant de Karimi dans le bassin du lac Albert-Édouard, le premier fait dont nous avons conscience, c'est que nous foulons un ancien lit de lac. Pas n'est besoin d'un géologue pour le dire. 1 m. 50 d'élévation dans le niveau du lac étendrait ses rives de 8 kilomètres vers le nord et d'autant vers le sud; 15 m. 50 le replaceraient dans ses limites antérieures, aux temps glorieux où ses vagues déferlaient sur les plages de galets, à l'ombre des forêts, près du lieu où est aujourd'hui Mtsora. Une visite à cette ancienne berge du lac Albert-Édouard nous paraît nécessaire à l'intelligence des changements successifs qui ont, depuis quelques centaines d'années, restreint à ses limites actuelles la dimension, autrefois considérable, de ce Nyanza. Nous n'essayerons pas de fixer une date précise à l'époque où l'Albert s'étendait du nord à la forêt des Aouamba, où l'Albert-Édouard baignait la partie sud de celle-ci, et couvrait toute la plaine de Makara. Mais sans être mathématicien on peut calculer approximativement le nombre d'années qui se sont écoulées depuis que la Semliki s'est creusé un lit assez profond pour drainer la plaine de Makara. Le nitre et les autres sels déposés par le retrait du lac n'ont pas encore été complètement lavés, l'herbe n'y est suffisamment nourrissante que pour les plus robustes troupeaux; l'euphorbe noire, l'acacia, les buissons d'épines trouvent sur la lisière de la plaine une mince couche d'humus, formée par des herbes pourries, mais les neuf dixièmes de cette étendue sont une véritable savane que la forêt tropicale ne peut entamer. Même cas pour l'extrémité sud du lac Albert. D'abord une plaine de 35 kilomètres de longueur à l'herbe chétive et rare, fatale au bétail ; puis viennent 12 ou 13 kilomètres, piqués çà et là d'une euphorbe et traversés par un maigre bois d'acacias en parachute, puis la forêt, la vieille, l'antique forêt.

Chaque heure de loisir ramène ma pensée aux leçons que j'ai apprises dans ce merveilleux pays. Un temps fut où le Rouvenzori n'existait pas. Le plateau, prairie immense, s'étendait de l'Ounyoro jusqu'aux hautes terres des Balegga. Tout d'un coup, l'énorme chaîne s'élança par delà les nuages ; tandis qu'un abîme béant de 400 kilomètres de long sur 48 de large s'ouvrait du sud-ouest au nord-est. Les pluies tropicales, tombant pendant une longue série de siècles, remplirent la dépression ; celle-ci comblée, le trop-plein se fraya une issue à travers la contrée que nous appelons aujourd'hui l'Équatoria ; les eaux fouillèrent le sol, usèrent jusqu'aux roches sous-jacentes. Durant des siècles sans nombre, parcelle à parcelle, elles ont emporté les terres et les sables pour en recouvrir la Basse-Égypte et empiéter sur la Méditerranée. En même temps, le fond du gouffre s'élevait lentement, exhaussé par les éboulis du Rouvenzori, les restes de générations innombrables de poissons et de plantes. Des sédiments triturés par le Nil Blanc, un seuil se formait, partageant en deux lacs les eaux amoindries. Puis, entre ces réservoirs, de nouvelles digues apparurent, d'abord des traînées d'îlots qui se recouvrirent d'herbes et autour desquels s'amassèrent les débris apportés par les glaciers ; la boue combla les vides, la vallée naquit à l'ardente vie tropicale. La plaine, à chaque bout de sa merveilleuse forêt, subit une lente transformation. Sur les rives de ses lacs s'accumulent les dépôts vaseux accrus par les détritus d'organismes animaux et végétaux ; demain cette vase sera devenue un sol ferme et sec. Une gaffe enfoncée dans les maigres de l'extrémité méridionale du lac Albert plonge dans 1 m. 50 de vase. Les sédiments arrachés aux pentes du Rouvenzori sont, par les torrents tributaires de la Semliki, charriés dans les eaux mortes du lac.

Dans les profondeurs de l'Albert-Édouard, la sonde indique la même quantité de boue grise, à laquelle adhèrent d'innombrables parcelles de mica, d'écailles et d'os de poissons, qui exhalent une affreuse odeur. D'autre part, entre la forêt et l'Albert-Édouard, le lit rocheux s'érode lentement sous le flot de la Semliki. Un jour viendra où le lac sera un terrain solide, parcouru par les méandres de son ancien émissaire, qui restera seul à recueillir les torrents descendus du Rouvenzori, de l'Ankori et des hauts plateaux du Rouanda. Et, dans la suite des temps, lorsque la plaine aura été suffisamment lavée, quand le nitre et les autres sels auront disparu, quand la couche d'humus se sera faite plus profonde, la forêt d'Aouamba s'étendra par degrés et remplacera le désert actuel, ses arbres distilleront la gomme; l'huile et ses fruits bienfaisants mûriront pour la nourriture de l'homme. C'est là ce qu'enseigne l'étude de la vallée de la Semliki et du bassin des deux lacs, ce que confirme notre voyage dans la région de l'ancien lit du Nyanza, entre Roussessé et Ounyampaka.

Entre Roussessé et Katoué s'étend une vaste plaine descendant, par une succession de terrasses basses, jusqu'à la rivière de Nyama-Gazani. Couverte de pâturages, elle a pour trait distinctif d'énormes euphorbes, plantées par des générations successives d'Ouassongora, pour en former les zéribes qui protègent leurs troupeaux contre les bêtes sauvages, les flèches et les lances des tribus pillardes. Parmi ces euphorbes dont les lignes sombres entourent les groupes de huttes, plus d'une a deux siècles au moins : preuve évidente que les Ouassongora habitent la région depuis longtemps. Leur peuple y est resté puissant; il prospéra jusqu'au jour où les Ouaganda et les Ouanyoro, pourvus de fusils et de carabines par les Arabes, envahirent ce pays et en firent la victime de déprédations périodiques.

Les lecteurs de mon livre *A travers le Continent Mystérieux* se rappelleront peut-être le récit de la razzia de Katekiro, il y a dix-huit ans environ, et des merveilles vues, disait-on, par l'armée des maraudeurs dans la grande plaine, semée de sources vomissant la boue et de fontaines brûlantes; ils n'auront pas oublié les cruels combats entre les indigènes et les Ouaganda, la mauvaise eau qui ne désaltérait pas les hommes, mais les tuait par centaines.

Nous sommes ici dans le lieu témoin de ce pillage mémorable et qui fut alors dépouillé de ses magnifiques troupeaux.

Depuis ce temps, Kabba Réga, avec ses Ouara-Soura armés de mousquets, s'est emparé du pays et s'est adjugé les vaches. Le capitaine Casati, se trouvant un jour sur le passage d'une de ces bandes, au retour d'une expédition contre les Ouassongora, dit avoir compté plusieurs milliers de têtes de bétail.

Ces vastes plaines basses, toutes blanches d'efflorescences nitreuses, fécondes en sources chaudes et en volcans de boue, avaient été imaginées par un jeune conteur. Au lieu des horreurs que nous attendions, nous avons vu une fatigante monotonie de surface et une écœurante uniformité de traits : herbes brûlées par la sécheresse, touffes de ces raides euphorbes, qui signalent le plus maigre des terrains. Le silence de la plaine est dû à l'expatriation en masse de ses habitants ; la soif a pour cause le moins grand nombre d'affluents sur cette partie des rives lacustres ; la maladie enfin, l'usage que font les indigènes de l'eau stagnante qu'ils trouvent dans les creux.

L'herbe de la plaine, dure et piquante, nous causait irritation et souffrance. Les tiges ont un mètre de haut, et leurs épillets, s'accrochant aux vêtements, les perçaient de part en part, jusqu'à la peau inclusivement.

Nos deux meilleures photographies du Rouvenzori ont été prises de Karimi, village dominant une étroite et longue vallée, et de la plaine dans le voisinage de la Nyama-Gazani. Cette dernière fut notre épreuve d'adieu, la grande montagne ayant rejeté soudain son voile de nuées pour se laisser voir une fois encore. Les chaînes superposées se découvrirent l'une après l'autre jusqu'à leur cime suprême. Du sud, le massif a l'aspect d'une chaîne de 45 kilomètres de longueur, formée d'une multitude de sommets tronqués, séparés par de profondes brèches. Jusqu'à ce jour, nous l'avions estimé à 5 180 mètres ; mais, vu par sa face méridionale, ainsi couvert de vastes champs de neige descendant très près de sa base, il nous semblait avoir 450 mètres de plus. Je saisis avidement cette occasion de le photographier afin que d'autres yeux pussent voir le plus caractéristique de ses multiples aspects. Comme dans l'esquisse au crayon, on y reconnaît les taches sombres des parties les plus déclives, trop escarpées pour permettre l'accumulation des neiges. Si celles-ci nous paraissent plus abondantes sur la face méridionale du Rouvenzori, il faut l'attribuer à la moindre hauteur des chaînes intermédiaires qui, du côté nord, viennent s'interposer entre l'observateur et la montagne.

Quelques kilomètres au delà de la Nyama-Gazani, à l'eau pure comme le cristal et délicieusement fraîche, et qui a 12 mètres de large et 30 centimètres de profondeur, nous entrions à Katoué, quartier général de Roukara, commandant en chef des Ouara-Soura. Lui et ses troupes avaient fui la nuit précédente avec une telle précipitation qu'ils n'avaient pu emporter leur réserve de grains.

La ville de Katoué a dû contenir environ 2 000 habitants; c'est une agglomération de zéribas entourées d'euphorbes,

Petit lac salé de Katoué.

communiquant l'une à l'autre par des labyrinthes de sentiers bordés de palissades et de roseaux enchevêtrés. Comme le pays environnant n'était propre qu'à l'élève du bétail, la population est aujourd'hui réduite à vivre de la vente du sel extrait des deux lacs voisins.

Katoué est assise sur une chaussée herbeuse de 3 kilomètres de long et de 800 mètres de large, courant d'un des lacs salés à une vaste baie de l'Albert-Édouard. Cette terrasse est à 1 000 mètres d'altitude; le Nyanza est à 1 030; le lac salé à 985; elle est donc de 45 mètres au-dessus de ce dernier, et de 30 mètres au-dessus du premier. La différence de niveau entre les deux lacs est de 12 mètres. Cet établissement se trouve à 0° 8′ 55″ au sud de l'Équateur.

Après avoir veillé à la distribution du maïs, je longeai un moment la terrasse, et, descendant un talus escarpé formant presque falaise à sa partie supérieure, j'atteignis la rive sombre et sablonneuse du lac salé de Katoué. Des gâteaux de sel y étaient empilés en grand nombre. La température de l'eau est de 25°,5 ; celle d'un mince filet d'eau sulfureuse excessivement saumâtre monte à 29°[1]. L'eau amenée dans les lits très peu profonds creusés sur la rive laisse par évaporation une couche de cristaux salins durs comme de la pierre, très compacts et ressemblant à du quartz grossier. A distance, ces claires ont l'aspect de marais gelés. Dans les intervalles laissés libres, le

---

1. Au Caire, une fiole de cette eau a été analysée au laboratoire khédivial. Voici le résultat de l'analyse :

| | |
|---|---|
| Potasse, KOH. | 2.667 |
| Soude, NaOH. | 15.94 |
| Acide sulfurique anhydre (combiné), $SO_3$ | 3.17 |
| » carbonique » ( » ), $CO_2$ | 2.36 |
| Chlore ( » ), Cl | 11.33 |
| Hydrogène sulfuré ( » ), $SH_2$ | 0.02 |
| Chaux et magnésie. | traces |
| Silice. | 0.01 |
| Eau | 68.77 |
| | 102.26 |
| A déduire l'équivalent d'eau fixée | 2.55 |
| | 99.71 |

Et d'après les oxydes basiques :

| | |
|---|---|
| Chlorure de sodium. | 18.67 |
| Sulfate de sodium. | 5.63 |
| Carbonate de sodium | 2.72 |
| Carbonate de potassium | 3.87 |
| Sulfhydrate de potassium. | 0.04 |
| Silice. | 0.01 |
| Chaux et magnésie. | traces |
| Eau. | 68.77 |
| | 99.71 |

La différence entre 100 et le total trouvé provient sans doute d'une petite quantité de matières organiques.
La densité est de 1.2702.
L'échantillon, quand nous l'avons reçu, avait une odeur d'hydrogène sulfuré, et une couleur légèrement rosée, provenant des matières en suspension. La quantité est trop faible pour permettre l'examen de cette substance ou d'autres matières organiques qu'elle contient.
Cette eau est fort remarquable en ce que la solution est presque saturée (309 grammes de sel par litre) ; il est très rare d'en trouver de naturelle ainsi com-

rivage est bordé de palmiers *oukindou*, de méchants buissons, de roseaux, d'aloès; le petit village de Mkiyo, habité par les sauniers, a même une petite plantation de bananes et quelques champs de maïs ou d'éleusine coracana. Cette mince ligne de verdure, au pied de la falaise, atténue quelque peu l'impression de solitude morne et désolée que produit ce lieu désert. Derrière, le rocher se redresse à pic, par séries de hautes strates d'un dépôt gris et compact, blanchi de place en place par des incrustations de sel et par des taches ressemblant à de la craie et qui, examinées de plus près, se trouvèrent être des stalagmites. J'y ai découvert une grande défense d'éléphant, des os et des dents de petits animaux, et des coquilles de la dimension des

posée. La présence des sulfites est due à l'action réductrice des corps organiques sur les sulfates.

La bouteille était pleine et très solidement bouchée depuis plusieurs mois.

A. Pappe,<br>H. Droop Richmond, } *Chimistes.*

Snow Hill Buildings, Londres, 1ᵉʳ mai 1890.

Cher monsieur Stanley,

Voici le résultat de l'analyse quantitative d'un sel naturel cristallisé que vous nous avez soumis :

| | |
|---|---|
| Eau. . . . . . . . . . . . . . . . . . . . . . . | 0.82 |
| Oxyde de fer ($Fe_2O_3$) . . . . . . . . . . . . . | 0.15 |
| Potasse ($K_2O$) . . . . . . . . . . . . . . . . | 4.56 |
| Soude ($Na_2O$) . . . . . . . . . . . . . . . . . | 47.68 |
| Acide carbonique ($CO_2$) . . . . . . . . . . . | 1.02 |
| Acide sulfurique ($SO_3$) . . . . . . . . . . . | 6.87 |
| Chlore . . . . . . . . . . . . . . . . . . . . | 50.42 |
| | 111.52 |
| A déduire l'oxygène équivalent au chlore. . . | 11.36 |
| | 100.16 |

Il est tout à fait impossible de dire avec certitude comment sont combinés les bases et les acides, mais, calculé dans l'ordre de leurs affinités naturelles, voici l'arrangement qu'ils prendraient :

| | |
|---|---|
| Sulfate de potassium. . . . . . . . . . . . . . | 8.43 |
| Sulfate de sodium. . . . . . . . . . . . . . . | 5.52 |
| Carbonate de sodium . . . . . . . . . . . . . | 2.46 |
| Chlorure de sodium . . . . . . . . . . . . . | 82.71 |
| Oxyde de fer. . . . . . . . . . . . . . . . . | 0.15 |
| Eau. . . . . . . . . . . . . . . . . . . . . . | 0.82 |
| | 99.89 |

Espérant que ceci pourra vous être de quelque utilité, je reste, etc.

Henry-S. Wellcome.

A. H.-M. Stanley, Esq.

bucardes. Autour du lac se voyaient plusieurs lits de ces concrétions.

Une singularité de ce Nyanza est sa couleur rouge. Elle provient d'un dépôt semblable à du sang coagulé que je vis flotter sur la surface et entre deux eaux. A ma prière, un homme sauta au hasard dans le lac; l'eau lui montait à peine aux genoux. Il se baissa et m'apporta un gâteau de sel cristallisé à gros grains, dur et solidement agglutiné. Le dessous était enduit de cette matière compacte et visqueuse qui donne aux eaux, vues de la terrasse de Katoué, cette couleur vermeille qu'on dirait produite par la teinture.

Des centaines de papillons morts jonchaient la berge. Je n'ai pas aperçu le moindre poisson, bien que ses rives paraissent être le séjour favori des hérons, cigognes, pélicans, aigrettes.

Le plus grand lac salé, quelquefois appelé Mkiyo, du nom de son village, a 5 kilomètres de long sur 1 200 mètres de large et 1 mètre de profondeur. Le plus petit, perdu au milieu d'un bassin herbeux, à 3 kilomètres vers l'est, n'est qu'un marais arrondi; il a 800 mètres bord à bord.

Il ne peut y avoir de doute sur l'origine de ces étangs. Ce sont d'anciennes expansions du lac Albert-Édouard, laissées en arrière par le retrait de la nappe liquide et dont l'évaporation a peu à peu changé en eaux très salées des eaux primitivement douces.

Le sel est ici une marchandise de valeur. La réputation de ce dépôt s'est étendue jusqu'à Kavalli, où j'entends parler pour la première fois du grand lac salé de « Katto ». Des flottilles de canots chargés de grains comme moyen d'échange viennent du Makara, de l'Oukondjou, de l'Ounyampaka, de l'Ankori et du Rouanda. Des caravanes arrivent de l'Oukondjou oriental, du nord de l'Oussongora, de Toro, de l'Ouhaiyana, pour négocier sel contre millet, vêtements d'écorce, pois, fèves, éleusine, sésame, outils de fer, armes, etc. Les insulaires de l'Albert-Édouard, montés sur leurs pirogues, vont porter leur poisson séché et la précieuse denrée aux riverains de l'ouest et du sud. La possession de Katoué, qui commande les lacs, est un grand sujet de jalousie. D'abord sujette des Oussongora, elle passa au roi de l'Ankori; le chef insulaire Kakouri en hérita; mais Kabba Réga, entendant parler de cette riche proie, dépêcha Roukara pour s'en emparer.

Notre entrée dans l'Oukondjou avait fait déguerpir les Ouara-Soura de la plaine de Makara, et notre approche de Katoué avait déterminé la fuite rapide de Roukara et de son armée de porte-mousquets et porte-lances. Les Ouakondjou de notre camp, au nombre de 150, s'abouchèrent avec les Ouassongora, qui firent gratuitement le service d'informations.

Le jour de notre arrivée à Katoué, nous vîmes une flottille de canots quitter une île distante d'environ 5 kilomètres. La petite troupe, assez prudente pour se tenir tout juste à portée de salut, nous fit entendre qu'elle était envoyée pour dévisager la caravane d'étrangers qui avait fait peur à Roukara et à ses Ouara-Soura et rendu un si grand service à Kakouri et au monde entier. Nous répondîmes comme il convient. Ils présentèrent toutefois quelques objections. Finalement, ils dirent que si nous consentions à brûler Katoué, ils regarderaient cet acte comme la preuve que nous n'étions pas des Ouara-Soura. En conséquence, les villages voisins de la rive furent livrés aux flammes, et la bande poussa de bruyantes acclamations.

Puis l'orateur reprit : « Je crois maintenant que vous êtes des Ouanyavingui. Dormez en paix. Demain, Kakouri viendra avec des présents pour vous souhaiter la bienvenue. »

Alors Bevoua, chef de nos Ouakondjou, se tint debout dans une pirogue près du rivage et cria : « Ho! vous, enfants de Kakouri, le grand chef de la mer! vous souvenez-vous de Kouarou Kouanzi qui prêta ses lances aux fils de Kakouri pour défendre le pays contre les voleurs ouara-soura? Voyez! Kouara Kouanzi, le vrai fils des Ouanyavingui, est revenu! Réjouissez-vous, mes amis : Roukara et ses pillards ont fui, et tout le pays va se lever comme un seul homme pour les poursuivre. » Les gens de la flottille battirent des mains et tapèrent à tour de bras sur une demi-douzaine de petits tambours. Puis le porte-parole des insulaires reprit : « Kakouri n'a pas encore perdu une dent, et ce n'est pas un Mra-Soura qui lui en arrachera! Nous avons pris douze Ouara-Soura quand ils fuyaient Makara à cause des étrangers. Kakouri les fera tuer avant le coucher du soleil, et demain il verra face à face le chef des étrangers. »

Quand ils se furent éloignés, je questionnai Bevoua sur ces Ouanyavingui. Qu'étaient-ils? Était-ce une tribu?

Alors Bevoua me regarda fixement et dit :

« Pourquoi demandes-tu cela ? Ne sais-tu pas que, pour nous, vous êtes des Ouanyavingui ? Qui, sinon vous et les Ouatchouézi, ont cette couleur ?

—. Quoi ! des blancs comme nous ?

— Ils ne se vêtent pas à votre façon, ne chaussent pas leurs pieds comme vous, mais ce sont hommes grands et forts, avec un nez long et un visage pâle ; ils sont venus — nos vieillards nous l'ont raconté — de par delà le Rouvenzori. Vous arrivez de là, vous devez être des Ouanyavingui.

— Mais où demeurent-ils ?

— Dans le Rouanda, un grand pays en demi-cercle du sud-est au sud-sud-ouest. Leurs lances sont innombrables et leurs arcs plus hauts que moi. Le roi de l'Oussongora, Nyika, était un Myavingui. Il y a quelques hommes que Kabba Réga n'a pu vaincre, et ces hommes sont dans le Rouanda. Le roi de l'Ouganda lui-même ne s'aventurerait pas chez eux. »

Lorsque Kakouri parut le lendemain, il nous présenta des chèvres, des poissons, des bananes et des fèves. Quelques chefs ouassongora s'offrirent à nous accompagner ; ils espéraient que, dans notre marche vers Toro et Ouhaiyana, nous tomberions sur quelqu'une des bandes ouara-soura. Le chef insulaire est un fort bel homme, mais d'une couleur peu différente des noirs ouakondjou. Les Ouassongora, au contraire, rappellent dans les lignes du visage les plus fins types somali et ouagalla ; on dirait la même race.

Nous priâmes Kakouri d'amener ses pirogues dans l'après-midi pour charger du sel et l'emporter dans son île, car je voulais continuer mon voyage vers l'est dans un jour ou deux au plus tard. Une centaine d'insulaires se mirent donc au travail, et nos Ouakondjou leur donnèrent un bon coup de main. Ils entraient dans le lac, marchaient une centaine de mètres, l'eau jusqu'aux genoux, ramassant de grands gâteaux de sel cristallisé, qu'ils transportaient, par-dessus la terrasse de Katoué, jusque dans les canots du lac Albert-Édouard. Ayant remarqué une embarcation grossière et trapue, mais suffisamment large, je pris douze rameurs, et, le 19, je me mis en route pour une petite exploration. A onze heures nous avions fait 13 kilomètres et jetions l'ancre devant les possessions de Kaïyoura. Le village se compose de huit grandes huttes, riches en moutons et chèvres ; son chef était un de ces Msongora qui avaient échappé jusque-là aux armes des Ouara-Soura.

Mais notre canot était trop lourd et trop large pour que je m'aventurasse en plein lac. Le plus léger souffle de brise nous faisait embarquer des paquets d'eau. Je rangeai donc constamment le rivage à 15 mètres, jetant le plomb à quelques minutes d'intervalle; mais il ne trouva guère que 5 mètres d'eau sur plus d'un mètre de vase fine et onctueuse au toucher, exhalant une abominable senteur d'égout.

Aux premières heures du matin, le lac, d'une jolie teinte gris vert, brillait comme un miroir poli. Des papillons de toutes couleurs voltigeaient sur les berges; il en flottait une multitude de morts.

Au centre de la baie de Katoué s'élevaient, à 30 mètres au-dessus du flot, deux îles très peuplées et couvertes de villages, dont l'une remarquable par ses falaises crayeuses. Nous n'étions pas loin de Katoué lorsque nous aperçûmes, à quelque 200 mètres, un magnifique léopard noir s'éloignant de la rive, où il venait de s'abreuver. Il disparut malheureusement avant que notre embarcation se fût rapprochée.

Le seul profit retiré de cette exploration fut l'inspection complète de la baie et un furtif coup d'œil, au delà du cap de Kaïyoura, sur une étendue informe et vide. Le brouillard profond ne laissait rien distinguer à 5 kilomètres.

Le 20 juin, l'expédition quittait la terrasse de Katoué, escortée par un grand nombre de chefs et bergers ouassongora et de ses amis ouakondjou dans la direction de l'est. Elle défila le long d'un sentier qui, de la rive du plus grand des lac salés, plonge dans la cuvette gazonnée du second, en remonte la pente opposée et redescend dans une vaste plaine émergeant à peine du lac Albert-Édouard, parsemée de langues marécageuses et de nombreux étangs. Après une étape de 30 kilomètres, nous arrivons au village de Moukoungou, dans l'Ounyampaka, dépendance de Toro et dont le chef Kassessé m'était bien connu de nom depuis janvier 1876.

Vis-à-vis, sa demi-douzaine de zéribes se profile la longue île basse d'Irangara. Un chenal étroit, de 140 mètres au plus tout vert d'étendues flottantes de pistias, l'entoure et se glisse entre les îles Katero, Kateribba et quatre ou cinq autres à l'est d'Irangara. Par échappées apparaissent à travers le brouillard les hautes terres de l'Ouhaiyana, et, vers le sud, une rapide envolée de la brume nous permet d'entrevoir Kitagouenda, résidence du chef Rouigui. Je sais ainsi que nous sommes à l'ouest de ce bras du lac que nous avions appelé baie Béatrice.

Les bergers avaient transporté dans l'île leurs bêtes et leurs richesses; un immense troupeau venait de quitter Moukoungou pour Bourouli, fuyant devant les hordes de Roukara et de ses pillards. Les huttes des chefs indiquent le degré de culture artistique qu'ont atteint ces peuplades de Moukoungou. Une case occupée par le Pacha me parut particulièrement remarquable. Elle avait 6 mètres de haut et 8 de diamètre. Précédée d'un portique cintré, la porte en retraite, qui mesurait 2 mètres de long sur autant de large, était peinte de couleurs brillantes rappelant les ouvrages en stuc des anciens Égyptiens. Des cloisons en plâtre, rayonnant du centre à la circonférence, divisaient l'intérieur en segments réguliers incrustés de figures triangulaires ou à facettes disposées en cordons superposés et aux pointes rouges et noires. La division qui s'ouvrait en avant de la porte était une salle d'audience; derrière la cloison, gaiement décorée, se trouvait la chambre familiale; à droite, les pièces destinées aux enfants.

Outre qu'elle est protégée par une haie impénétrable de buissons épineux, chaque zéribe possède à l'intérieur de sa première enceinte une muraille circulaire en bouse de vache, de 1 m. 20 de hauteur. Ces grands cercles de fumier et de bouse se rencontrent fréquemment dans l'Oussongora, et, comme ils peuvent durer un siècle, ils indiquent le site des établissements après la disparition du village et des générations qui l'ont habité.

Sur le sinueux bras du lac, j'allais dire de la rivière qui tantôt s'étrécit, tantôt s'élargit, pullulaient aigrettes, canards, ibis, hérons, cigognes, oies, pélicans, bécasses, martins-pêcheurs, plongeons et autres oiseaux aquatiques.

Le lendemain, marchant sur les traces de l'armée et des troupeaux de Roukara, nous contournions la baie Béatrice par l'ouest et par le nord. Le rapide retrait du lac est ici particulièrement visible : jusqu'à de très longues distances dans la plaine, absolument plate, il a laissé des flèches d'eau étroites et marécageuses, fort ennuyeuses à traverser. Vers le nord, les collines de Toro se dessinaient à l'horizon. Arrivés à proximité, nous inclinons au nord-est pour nous refaire de cette étape de 18 kilomètres dans le petit village de Mouhokya, situé à égale distance du lac et de la montagne. Nos éclaireurs, battant les alentours, capturèrent un déserteur de Roukara; nous sûmes par lui que les Ouara-Soura étaient à Bourouli.

Une prairie, plane comme un billard, longe sur notre droite, à 15 mètres au-dessous de nous, la terrasse sur laquelle passa notre route du 22. A gauche, le flanc sud-est du Rouvenzori projette ses contreforts terminés en ressaut conique, et enserre de longues baies du plat pays. On traverse des ruisselets et même deux rivières considérables, l'Ounyamouambi et

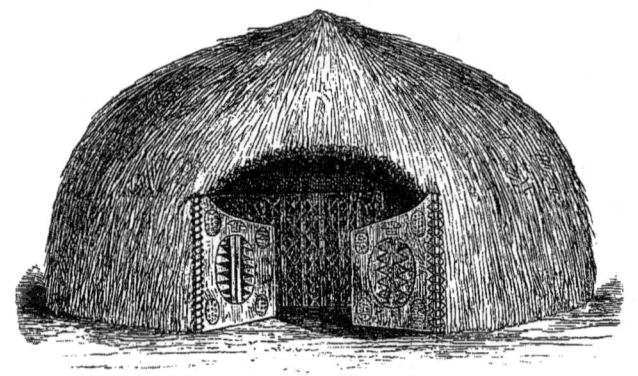

Hutte près de l'Albert-Nyanza.

le Roukoki, dont la première roule une profusion d'énormes galets polis par le frottement des eaux impétueuses.

Nous approchions du Roukoki, dont la berge disparaissait sous une végétation touffue de plantes marécageuses, lorsqu'une volée de mousqueterie surprit notre avant-garde. Effrayés, nos éclaireurs ouassongora et ouakondjou se laissent choir en tas dans la rivière, et le fer aigu des lances leur fut, dans cette panique, plus dangereux que le feu de l'ennemi. On dépose rapidement les fardeaux, et quelques minutes suffisent pour mettre en ligne deux compagnies, qui chargent dans le fourré avec un sang-froid admirable. L'arrière-garde des Ouara-Soura bondit hors du couvert, il se fait un vif échange de balles; mais, dans la guerre avec les indigènes, c'est une cavalerie légère qu'il faudrait pour atteindre ces feux follets toujours courant, soit qu'ils avancent, soit qu'ils reculent. Quelques-uns s'enfuient vers le sud, d'autres détalent vers la montagne pour échapper aux carabines. La place nette enfin, nos hommes reprennent leurs charges et nous nous engageons de nouveau sur la route de Bourouli, dont les vastes champs de bananes donnent un supplément de vivres fort apprécié.

Quelques pas avant l'embuscade, nous avions trouvé, placée en travers du sentier, une chèvre égorgée entourée d'une vingtaine de fruits jaunes semblables à des tomates, produit d'une plante buissonneuse très commune dans le pays. C'était un avertissement : l'ennemi nous prévenait qu'il allait se venger; mais, confiants en leurs nouveaux alliés, les indigènes n'hésitaient pas à marcher de l'avant. Leur surprise, d'ailleurs, n'en fut pas diminuée.

Dans l'après-midi, nos éclaireurs, suivant la trace des Ouara-Soura, s'assurèrent que leurs bandes, déjà ralliées, marchaient E.-N.-E. à travers la plaine. Incapables de se retenir, nos hommes leur expédièrent quelques balles. Cela ne fit qu'accélérer la fuite des pillards, qui jetèrent bas leur bagage et, pour les faire courir plus vite, appliquèrent de vigoureux coups de trique à leurs prisonniers. Plus d'un de ces malheureux, fou de terreur et de souffrance, réussit à s'échapper et à nous rejoindre. Parmi les objets abandonnés par les maraudeurs nous en trouvâmes qui nous furent fort utiles. Une assez jolie femme mhouma, recueillie avec les captifs, nous fournit de nombreux détails sur Roukara et ses immenses troupeaux de bêtes à cornes.

Le lendemain, le capitaine Nelson partit avec une petite armée de cent carabines et de cinquante Ouakondjou et Ouassongora pour surprendre, s'il était possible, l'avant-garde de Roukara; il fit 20 kilomètres sans apercevoir un seul ennemi, et revint à Bourouli, où nous étions entrés nous-mêmes après le coucher du soleil.

Deux sources chaudes coulent, dit-on, dans le voisinage de Bourouli : l'une à Ijouanda, vers le N.-E., l'autre, « où l'on peut cuire les bananes », au N.-E. du Louadjimba.

Nous passons au village deux jours de repos, nécessité par notre longue marche dans les plaines. Les sentiers du pays sont larges, bien tracés, sans épines, pierres, racines, fourmis rouges ou autres obstructions. En semblable occurrence, et lorsque la nourriture abonde, il serait peu sage de presser la caravane. Au moment de quitter cet établissement prospère, nos amis indigènes demandèrent la permission de rentrer chez eux, Bevoua et ses Ouakondjou étant à plus de 130 kilomètres de leurs villages. Chaque chef reçut nos présents, et nous échangeâmes des regrets réciproques. L'aimable nature de ces braves gens, leur bonne volonté, leur présence peu encombrante avaient gagné notre profonde sympathie.

Une étape de 19 kilomètres nous porta, le 25, à travers une plaine unie et gazonnée, coupée de ruisseaux et de langues marécageuses; à moitié chemin, elle se relève en douces ondulations alternant avec des bandes de prairies. D'épaisses forêts d'acacias couronnent les coteaux et sur le bord des étangs croissent trois variétés d'euphorbe, de beaux palmiers-éventails, quelques borassus et des palmiers *oukindou*. Un peu après midi, nous campions dans une forêt à une heure de la rivière Nsongui.

Cette place avait évidemment servi plus d'une fois aux haltes des Ouara-Soura et des caravanes de Toro en route pour les lacs salés; comme l'eau était à une grande distance, nos cuisiniers, fatigués, se servirent du liquide puisé dans de grands trous qu'avaient creusés les voyageurs indigènes. Imprudence que nous payâmes cher.

Le lendemain, nous traversons le Nsongui par 15 mètres de large et 75 centimètres de fond, pour nous engager immédiatement après sur le haut plateau d'Ouhaiyana, qui forme, avec le Toro de l'est, le Kitagouenda et l'Ankori, la muraille orientale du bassin du lac Albert-Édouard. Nous campons sur une vaste terrasse à 1215 mètres au-dessus de la mer, environ 207 mètres au-dessus du lac, après avoir traversé Kakonya et ses beaux champs de millet blanc, de sésame, de fèves, de patates douces, et laissé à l'est-nord-est l'important établissement de Karamoulli.

Les Ouara-Soura nous attendaient; ils commencèrent à tirer sur nous du haut d'une colline, mais ils décampèrent bien vite devant l'impétuosité de notre attaque, laissant entre nos mains un solide gaillard, capturé au moment où il allait zagaïer un de nos éclaireurs.

Cette halte vit mourir, d'un squirrhe du foie, l'officier égyptien Youssouf Effendi. Sa mort était la sixième survenue dans leurs rangs. Ces Égyptiens avaient mené dans leur province une telle vie de licence et de débauche qu'ils avaient déjà perdu leurs forces; ils succombaient à ce qui était pour nos Zanzibari un exercice modéré.

Dès notre arrivée au camp, c'est-à-dire trente-six heures après l'ingestion de l'eau croupie des mares, nous en ressentions les effets désastreux. Trente Zanzibari avaient la fièvre, deux de mes officiers étaient malades et je me sentais moi-même atteint; les suivants du Pacha chancelaient de faiblesse; plusieurs d'entre eux et de nos Manyouema manquaient à l'appel.

Le lieutenant Stairs fut envoyé avec sa compagnie à la recherche des traînards. Il en rencontra quelques-uns clopinant après la colonne; plus loin, une femme des gens du Pacha gisait percée d'un coup de lance, et il arriva juste à temps pour sauver un de nos Manyouema. Ces coquins, fort habiles à dépister la vigilance de l'arrière-garde, se jetaient dans les herbes et faisaient le mort jusqu'au moment où l'officier et sa troupe avaient disparu.

Cependant le nombre des malades avait atteint deux cents; Égyptiens, nègres de Zanzibar ou du Soudan et Manyouema étaient sur le flanc, s'épandant en lamentations. Le Pacha, le D$^r$ Parke et M. Jephson étaient pris à leur tour. Conduits par un de nos captifs ouara-soura, les valides firent une courte reconnaissance derrière les collines de Kavandaré. Le corps principal de la colonne avait à peine passé sans encombre que l'arrière-garde fut vivement attaquée, mais, à la première réplique de nos carabines, les ennemis s'enfuirent de tous côtés. Ce fut là notre dernier engagement avec les alliés de Kabbà Réga.

Le lendemain, ayant descendu le revers de la terrasse, nous arrivions à Tchamlirikoua pour être le 1$^{er}$ juillet à Kassounga-Nyanza, dans l'Ounyampaka oriental; j'y avais déjà séjourné en janvier 1876, quand j'envoyai des Ouaganda à la recherche de canots pour le passage du lac que j'avais découvert. Le roi Boülémo Rouigui, ayant entendu chanter nos louanges par des insulaires de Kakouri qui avaient traversé le lac avant nous, dépêcha des messagers pour mettre son pays à notre disposition avec liberté de manger tout ce que pouvaient offrir ses jardins, champs et plantations. Il demandait seulement de ne pas couper les bananiers. Inutile de dire que cette modeste requête fut accueillie.

Ce jour-là, commencement du mois, le Pacha m'envoya son rôle. Il marquait :

    44 officiers, chefs de famille, employés ;
    90 femmes mariées et concubines ;
    107 enfants ;
    223 gardes, soldats, ordonnances et serviteurs ;
    91 divers.
    ―――
    555

Le 3, nous fîmes notre entrée à l'établissement de Katari, dans l'Ankori, situé sur les bords du lac. Pendant notre halte du 28 juin, les cas morbides s'étaient multipliés : j'étais décidément parmi les malades. La fièvre faisait rage dans les rangs, sans égard pour l'âge, le sexe ou la couleur, et je restai jusqu'au 2 juillet, aussi démoli que pas un. La fièvre mit à mal le capitaine Nelson lui-même, le plus fort de nous tous, resté seul encore debout. A son tour d'avoir les frissons, les nausées, les accès brûlants rebelles à la médecine ; à son tour, les trois ou quatre jours de pénibles souffrances après lesquelles on reste ébloui, égaré. Mais si personne ne fut épargné, pas un cas fatal ne se produisit.

De ce campement du 28, au-dessus duquel était visible le pic Edwin Arnold, notre route avait toujours longé la base de la terrasse jusqu'au pays de Kitagouenda. Par l'Ounyampaka oriental s'entend le rivage du lac compris dans les terres de Kitagouenda. Depuis Katari, dans l'Ankori, la rive n'est qu'une suite ininterrompue de champs de maïs, de canne, d'éleusine, de houque qui se cachent derrière les bananeraies et appartiennent aux propriétaires de la demi-douzaine de marchés à sel. Les hautes terres courent parallèlement au lac, projetant dans l'intervalle, qui varie de cinq à dix kilomètres, quelques hardis promontoires.

J'avais ainsi suivi les côtes nord, nord-ouest, est du lac Albert-Édouard et j'ai pu entendre souvent parler des rives sud et ouest. Je n'en dirai pas grand'chose ici, les ayant reportées sur la carte soigneusement dressée qui accompagne cet ouvrage. Les plaines de la côte méridionale, dont nous avons entrevu une grande partie depuis certains points culminants comme celui de Kitété, offrent le même caractère que les plaines basses de l'Oussongora. Elles se déploient sur 32 à

48 kilomètres jusqu'à la base des hautes terres de Mpororo et de l'Oussongora. Les piroguiers de Kakouri ont visité fréquemment les nombreux ports du Rouanda et de la côte occidentale ; ils ont circumnavigué le lac et m'ont dit ses rives très plates et ses plaines plus étendues vers le sud que vers le nord, vers l'ouest que vers l'est. Il recevrait peu d'affluents, bien que dans le nombre il s'en trouve qui sont larges de 6 à 10 mètres sur 60 centimètres de profondeur ; les plus considérables seraient encore ceux de Mpanga et de Nsongui. S'il en est vraiment ainsi, la plus longue rivière du bassin méridional ne compte pas plus de cent kilomètres de développement, en sorte que la source la plus éloignée de la branche Albertine du Nil ne pourrait être reportée au delà de 1°10' de latitude sud.

Notre dernier regard sur le lac Albert-Édouard fut, comme le premier, bien différent de celui qu'on aime à jeter sur des terres ou des eaux inconnues. Si, partout ailleurs, des scènes, encore vierges, s'offrent sous la lumière d'un ciel plus ou moins transparent ; si nous suivons l'effet des rayons lumineux, et jouissons des charmes que prête la distance, aujourd'hui nous ne voyons que les strates changeantes, molles et fuyantes des vapeurs flottant en masses profondes. A travers ce voile opaque, le lac apparaît comme une plaque de métal mat ou de vif-argent couvert de poussière ; il est borné par la ligne indécise d'une terre couleur de basane. L'explorateur, vexé, ne peut définir ni distance, ni forme, ni figure, estimer les hauteurs des terres environnantes ou la profondeur de l'eau, assigner de limites à la nappe liquide, il ne peut même dire s'il regarde une mer intérieure ou quelque étang superficiel. Le brouillard, ou plutôt le nuage, pèse sur lui, comme un drap funéraire. Nous soupirions après la pluie pour éclaircir l'atmosphère. La pluie vint, mais, à la place de la brume, elle laissa un brouillard aussi sombre que ceux où Londres disparaît en un jour de novembre.

La couleur naturelle du lac est vert de mer, d'une teinte très douce, mais à distance du rivage il prend sous le brouillard une nuance gris pâle. Ne parlez pas ici de rayons, d'étincelles ; on ne connaît que l'opacité, la profondeur des buées. Si nous essayons de jeter un furtif coup d'œil sur ces eaux mystérieuses, de pénétrer le voile qui les recouvre, cette morne surface sur laquelle se montrent des nuages fumants comme sur une chaudière bouillante nous donne un ressouvenir du chaos. C'est bien là ce « commencement alors que la terre était sans forme et vide, et que les ténèbres recouvraient la face de l'abîme ».

Combien plus encore lorsque, levant les yeux pour étudier la composition de l'humide vapeur et voir s'il fallait l'appeler buée, brume ou brouillard, j'étais fasciné par ses formes rapides et fantastiques ! C'était une suite sans fin, une théorie étrange. Silhouettes aériennes, flocons, plumes légères, fils de la Vierge, globules, dentelles frangées, sinuosités nageant, flottant et voguant en multitudes infinies ; on s'imaginait les pouvoir saisir à pleines poignées. Dans le délire de la fièvre, je les avais vus, ces fantômes, ces vibrions tortueux glissant d'une forme à l'autre, se fondant avec la rapidité de la pensée, évoluant sans repos en figures étranges devant mes yeux éblouis. Littéralement l'atmosphère semblait peuplée d'atomes allongés, grisâtres, ayant une vague ressemblance avec un ramas de têtards. Regardant les lignes indécises d'une île à cinq kilomètres du rivage, j'observai qu'elle devenait plus claire ou plus nuageuse suivant que les vapeurs étendues en strates horizontales se relevaient ou s'abaissaient ; l'air brasillait comme au-dessus de rayons fasciés. Combien souvent d'une terrasse riveraine, ou du sommet d'une haute colline, ou de la plage mélancolique, j'eusse voulu arrêter ces formes flottantes entrevues dans le lointain et interroger leur mystère — terre hâlée ? — eau grise ? — ciel de plomb ? Si dans la morne atmosphère, j'avais entendu quelque chant plaintif, j'aurais pu imaginer qu'un des canots de Kakouri, là-bas sur le lac immobile, était une barge funéraire glissant silencieuse avec sa charge d'explorateurs morts, jusqu'à la sombre rive dont jamais voyageur n'est revenu.

Si, seulement nous avions eu un de ces jours de clarté pure, si nombreux à New-York, un ciel d'azur profond, aux transparences éblouissantes, j'aurais donné de ces pays inconnus des peintures comme jamais peintre n'en rêva. Ce lac à douce teinte bleue aurait arrondi de nobles contours, enveloppé les îles tropicales de vagues argentées ; projeté ses eaux en longs rubans moirés le long des vastes plaines herbeuses. S'infléchissant en courbes gracieuses, joyeux et plein de vie, il aurait étendu des vaguelettes sur les plages à la fraîche ombre des plateaux ; sous une flottille de canots il eût montré ses belles rives ourlées de palmiers, de cannes et plantains au feuillage arrondi en verdoyantes coupoles. Nous aurions marqué d'une touche plus vive la ligne irrégulière du haut pays et les fiers colosses dressant dans le ciel clair une ligne sinueuse ; les contreforts projetés au loin auraient caché des vallées fertiles entre leurs glacis. Des ruisselets d'argent se seraient élancés comme une flèche des retraites profondes ; les larges prairies d'herbe savoureuse, les forêts à la sombre verdure eussent alterné avec le gris austère ou la blancheur des précipices, et, bien loin, vers le nord, se seraient dressées les Alpes du Rouvenzori, magnifiques dans leur pur vêtement de neige, avec une armée de crêtes et de satellites rangés en bataille contre le ciel.

Mais, hélas ! c'est en vain que nous tournions vers elles nos regards de prière et d'attente : les Montagnes de la Lune restaient endormies sous leur tente de nuages, et la « fontaine » qui donne naissance au Nil de l'Albert-Nyanza demeura cachée sous l'impénétrable brouillard.

# CHAPITRE XXXII

### AU NIL ALEXANDRA A TRAVERS L'ANKORI

#### (Du 3 au 27 juillet 1889.)

Les routes à la mer, par l'Ouganda, à travers l'Ankori, le Rouanda, et de là au Tanganyka. — Nous nous décidons pour la route de l'Ankori. — A Kitété, nous recevons la bienvenue au nom du roi Antari. — Nous sommes fêtés par Massakouma et ses femmes. — La mère du roi Antari envoie un message amical. — Samuel et Zacharie, deux chrétiens ouaganda, se présentent à notre camp. — Zacharie raconte les événements qui ont eu lieu dans l'Ouganda. — Mouanga, roi de l'Ouganda. — La fièvre disparaît. — Nous remontons la vallée entre Iouanda et la chaîne Denny. — Nous campons à Ouamaganga. — Ses habitants. — Traversée de la rivière Rouizi. — Présent de la reine mère. — Conduite scandaleuse de quelques-uns de nos gens. — Un exemple qui montre la diversité des jugements. — Halte à la vallée du Roussoussou. — Extraits de mon journal. — Nous continuons notre voyage par la vallée de la Namiandja. — Les natifs, jusque-là paisibles, se rebiffent, mais ils sont punis par les guerriers du prince Outchounkou. — Je fais l'alliance des sangs avec Outchounkou. — Admiration du prince pour le canon Maxim. — Seconde députation que m'envoient les chrétiens. — Je les interroge longuement. — Extraits de mon journal. — Ma réponse aux chrétiens. — Nous entrons dans la vallée de la Mavona. — En vue de la vallée de l'Alexandra. — Le Nil Alexandra.

Le 3 juillet, au matin, nos officiers furent convoqués dans ma tente afin de s'entendre avec moi sur la meilleure route pour rejoindre la mer :

« Messieurs, leur dis-je, nous avons à débattre la question du retour. Vous avez tous mérité de donner ici votre avis. Je vais donc vous exposer impartialement le pour et le contre de chaque voie.

« 1° Par l'Ouganda, et mon ancien trajet jusqu'à l'embouchure de la Katonga. — Si le roi de ce pays était notre ami, comme autrefois, nous irions à Doumo, sur le lac Victoria, où j'emprunterais des embarcations pour nous transporter à Kavirondo; après nous être procuré du bétail et du grain, nous partirions pour Kikouyou, d'où nous gagnerions Mombasa. Mais Mouanga n'est pas Mtesa; l'assassin de l'évêque Hannington ne sera jamais notre ami. Par l'Ouganda, nous n'aurons que deux alternatives : combattre, ou rendre nos armes. Tant l'une que l'autre, notre pénible voyage n'aura servi de rien et nous aurons inutilement sacrifié ceux dont nous avions la charge.

« 2° Par l'Ankori dans la direction du sud-est. — En 1876, le roi Antari payait un tribut au roi de l'Ouganda. Il le paye encore, sans doute, et les Ouaganda doivent se trouver par vingtaines dans sa capitale. Ces gens savent qu'ils obtiendraient la faveur de Mouanga en lui assurant quelques centaines de carabines et des munitions de guerre. Ce qu'ils ne pourront gagner par ruse, ils essaieront de le prendre par force. Longtemps avant d'atteindre le Nil Alexandra, nous serons arrêtés dans notre marche par les Ouaganda et les Ouanyankori, et une lutte décisive aura lieu. Antari est assez fort lui-même pour nous empêcher de traverser son territoire; car, d'après mon estime, il pourrait, en cas d'invasion, réunir 200 000 lances. Or 10 000 suffiraient pour réduire à néant notre petite armée. Que fera-t-il? nul ne le sait. Avec cinquante Zanzibari, m'ouvrirais-je un chemin à travers le désert? Mais la chose n'est plus possible par suite des six cents incapables que le Pacha traîne après lui. Il faut nous préparer au pire.

« 3° Les deux premières routes gravissent le plateau que vous voyez d'ici. La troisième et dernière en longe la base pendant un jour de marche. Elle continue par le sud jusqu'au pays de Rouanda, qu'elle traverse pour atteindre Ouzighé et le Tanganyka, d'où nous ferions demander des embarcations soit à Kavalla, soit à Oudjidji. D'Oudjidji, *via* l'Ounyanyembé, nous continuons jusqu'à Zanzibar, ou bien, atterrissant à l'extrémité méridionale du lac, nous gagnons Nyassa et descendons à Quilimane par le Chiré et le Zambèze. Mais, avant d'atteindre le Tanganyka, il aura fallu déployer toutes nos ressources. Un proverbe arabe dit qu'il est plus facile d'entrer dans le Rouanda que d'en sortir. Une caravane de traitants d'ivoire qui essaya de le traverser il y a dix-huit ans n'est jamais revenue; Mohammed, le frère de Tippou-Tib, a tenté d'y pénétrer, et ses 600 fusils ne lui ont servi de rien. Je ne pense pas qu'il y ait dans ce pays une force suffisante pour nous arrêter, et s'il n'existait pas d'autre voie, nous n'aurions plus qu'à marcher de l'avant. C'est une contrée intéressante dont j'aimerais à connaître le peuple et le roi. Mais le voyage serait long.

« En résumé, la route la plus courte est celle du lac Victoria et Kavirondo, mais il faut compter avec les Ouaganda; vient ensuite celle de l'Ankori et du Karagoué, mais avec les Ouanyankori et les Ouaganda réunis; la plus longue est celle du Rouanda. »

Après une discussion animée, ils s'accordèrent à me remettre la décision : je choisis l'Ankori.

Les instructions furent données en conséquence. Des provisions généreusement offertes par les insulaires du Nyanza, je fis prendre pour cinq jours de vivres, afin que nous fussions arrivés au cœur de l'Ankori avant de commencer la distribution des perles et de l'étoffe nécessaires pour acheter de quoi nourrir un millier de bouches. Nous retirâmes à nos gens la permission de se pourvoir eux-mêmes, et nos crieurs proclamèrent, en tous les dialectes parlés dans le camp, que l'on ferait un exemple de toute personne surprise à voler dans les plantations ou les villages.

Le 4, tournant le dos au lac Albert-Édouard, nous défilions au sud-est le long d'un sentier qui croise la plaine. Une heure plus tard, la caravane serpentait sur un terrain soulevé en ondes régulières, parsemé de brousse et de rares bouquets d'arbres; puis nous arrivons au pied de la première ligne de collines; et de terrasse en terrasse nous gagnons Kitété, à plus de 500 mètres au-dessus du lac.

On nous y reçut amicalement au nom du roi Antari. Les messagers de Massakouma, gouverneur de la province lacustre de l'Ankori, venaient nous offrir toute hospitalité, tout honneur, puis nous conduire dans sa ville; en conséquence, les villageois furent délogés sur l'heure. « Place aux hôtes d'Antari! Place aux amis de Massakouma! M'entendez-vous, manants? Hors d'ici, avec vos sacs et vos quilles! » criaient les ambassadeurs en nous jetant de temps à autre un coup d'œil malin pour voir si nous n'étions pas subjugués par cette grandiose façon d'agir. Nous étions à peine dans l'Ankori que nous avions parfaitement compris la situation. Le pays est la propriété du roi, sans doute, mais ce n'était pas avec lui seul que nous aurions à compter; il fallait y joindre, avec le gouverneur, toute la famille royale, mère, frères, sœurs, oncles, tantes, etc. Tout comme dans l'Ouganda!

De Kitété, nous voyons, à 300 mètres plus bas que nous, une grande partie de l'extrémité sud-est du lac. Le soleil était ardent: pour la première fois nous pouvions porter nos regards jusqu'à plus de 16 kilomètres à travers la buée. De 312,5 à 324 degrés magnétiques, la plaine est sillonnée par de longs golfes parsemés d'îles basses; au 17°,5 la montagne de Nsinda

Village de l'Ankori.

se dresse à 760 mètres au-dessus du Nyanza, et, derrière elle, à 5 kilomètres plus loin, se profile la chaîne de Kinya, Magara; à l'est, au-delà d'une profonde vallée qui la sépare du haut pays de l'Ancori, la sombre chaîne du Denny élève sa grise muraille coupée à pic.

C'est à Kibouiga, au pied de cette chaîne, que nous porta la marche constamment ascendante du 5. De là, le mont Nsinda se montrait au nord-nord-ouest et, vis-à-vis le village, la ligne du Kinya Magara. La vallée triangulaire comprise entre ces rameaux nourrit les premiers troupeaux que nous eussions encore vus dans l'Ankori.

Le 7, nous passons en ligne serrée sur le col qui réunit les chaînes de Denny et de Kinya-Magara; puis, par un froid glacial, nous atteignons, à 1880 mètres, le sommet de cette dernière pour redescendre de 245 mètres sur la face orientale jusqu'au principal village du gouverneur Massakouma.

Ledit gouverneur était un homme génial et fort agréable. Il savait nos différentes rencontres avec les Ouara-Soura ; et dans un grand et solennel palabre tenu le jour même, il insista pour nous faire narrer nos exploits : il voulait apprendre aux anciens et aux chefs comment ces canailles d'Ouanyoro, qui avaient ravagé le Mboga, l'Outoukou, l'Aouamba, l'Oukondjou, l'Oussongora, venaient enfin d'être balayés du Toro. « Là! dit-il, c'est ainsi que ces voleurs de l'Ounyoro devraient être chassés de tous nos pays! Ah! si nous avions su quel bon ouvrage tu faisais là-bas, nous aurions été te chercher jusqu'à Mrouli. »

Après ce discours, vigoureusement applaudi, les femmes du chef vinrent nous

Dans les rochers de la vallée de l'Ankori.

faire une visite de cérémonie. Elles étaient fort galamment vêtues d'une coiffure de perles avec glands, de colliers, d'épais rouleaux de métal ; pour « devant de corsage », elles avaient un large poitrinal de verroterie très joliment agencé. Il fallut subir de beaux compliments sur la bonne œuvre que nous avions faite. « L'Ankori vous appartient désormais, dirent-elles, il n'est pas un sujet d'Antari qui refuse de vous donner la main de l'amitié ; vous avez prouvé que vous êtes de vrais Ouanyavingui ».

Puis les anciens à cheveux gris, vieux radoteurs courbés par l'âge, s'avancèrent les deux mains étendues, la paume en haut : « Nous vous accueillons avec joie. Nous avons pu voir aujourd'hui ce que nos pères n'avaient jamais vu, les vrais Ouatchouézi, les véritables Ouanyavingui. Regarde-les, ô peuple ! ce sont eux qui ont fait fuir Kabba Réga, ce sont eux dont on disait qu'à leur vue les Ouara-Soura montrent le dos et s'enfuient comme s'ils avaient des ailes aux pieds. »

Je ne m'attendais guère à une pareille réception quand nous agitions la question de la route par l'Ankori. Et, bien que le nom d'Ouatchouézi ou de Ouanyavingui ne nous semblât pas très euphonique, c'était visiblement un titre d'honneur ; le chef Massakouma glissait un regard d'admiration vers les pauvres esclaves à demi nues du camp égyptien, occupées à faire le ménage ou à porter l'eau.

On nous fournit jusqu'à trois cents régimes de plantains.

Le jour suivant, le vin de banane affluait ; les stations voisines nous envoyèrent leurs députations ; l'histoire de la chasse donnée aux Ouara-Soura et de la délivrance des riverains des lacs salés fut redite par Massakouma ; il nous fallut encore recevoir des remerciements publics. En réfléchissant au grand nombre de tribus qui profitaient de notre passage, nous n'étions plus surpris de la satisfaction générale. Notre victoire était le « Sésame, ouvre-toi » du cœur des Ouanyankori.

Vers le soir, les courriers dépêchés à la capitale reparurent avec un message de la reine mère. Sa diplomatie ne nous empêcha pas d'en comprendre le sens. Il était ainsi conçu : « Des guides massakouma te montreront la route du Karagoué. Tant que tu seras dans l'Ankori, la nourriture te sera partout fournie. Chèvres et bétail te seront partout livrés, marche en paix. La mère du roi est malade, mais elle espère être guérie quand tu reviendras dans son pays. Car désormais ce pays t'appartient avec ce qu'il renferme. Antari, le roi, est à la

L'expédition dans les gorges de Karya-Mouhoro.

guerre et moi, sa mère, je suis retenue au lit; il n'y a ici personne digne de te recevoir. »

La capitale avait fort exagéré notre nombre et nos prouesses. Il est vrai que notre colonne, marchant sur une seule ligne, semblait très importante et que notre terrible mitrailleuse Maxim contribuait pour une large part à notre influence; les Ouara-Soura avaient fui devant nous en nombre de lieux; le roi de Kitagouenda avait parlé en notre faveur, et combien plus toutes ces cargaisons de sel, emportées grâce à nous, et vendues à si bas prix! Mais, pour tant que la famille royale fût bien disposée pour nous, elle n'était pas persuadée que notre grosse troupe ne pût, à un moment donné, devenir un danger pour l'Ankori.

Pauvre reine mère! si elle avait pu voir quel poids m'enlevait son message, elle n'eût pas été si inquiète de la façon dont il serait reçu! Car, tout suffisamment pourvus que nous fussions de verroterie et d'étoffe pour les indigènes, nous étions fort démunis d'objets dignes des potentats que se croient les rois de l'Ankori!

On dit le pays infesté de lions et de léopards; nous n'en avons pas entendu autour du camp; mais, la première nuit de notre séjour chez Massakouma, une hyène pénétra dans notre parc et emporta une chèvre.

Une étape de quatre heures et demie et une autre de trois nous permirent d'arriver le 17 juillet à Katara, par une longue vallée sinueuse entre la chaîne du Denny, à droite, et celle de Iouanda, à gauche. Nous croisons les rus supérieurs du Roussango, qui coule au nord vers l'Edwin Arnold et s'unit à la Mpanga arrivant des monts Gordon Bennett et Mackinnon. Nous avions passé la Mpanga dans notre marche parallèle à la rive orientale de l'Albert-Édouard.

Peu d'instants après notre arrivée à Katara, deux Ouaganda chrétiens, Samuel et Zacharie, vinrent me trouver avec la permission d'Antari. Après le salut d'usage, ils me demandèrent une heure d'entretien pour une importante communication. M'attendant à des dithyrambes en l'honneur du roi Mouanga, dont tout loyal Ouaganda est fier de chanter les louanges, je renvoyai l'audience à la soirée. Avant de me quitter, ils me remirent un paquet de poudre et de capsules, perdu par quelque Manyouema, et qu'ils avaient ramassé sur leur route. Cet acte parlait en leur faveur; je posai l'objet près de moi; en moins de dix minutes il avait été déjà subtilisé par un musulman aux doigts experts.

Le soir, Zacharie me fit le récit des faits étonnants qui, l'année précédente, s'étaient passés dans l'Ouganda. Le roi Mouanga, fils de Mtesa, avait mal tourné; les musulmans indigènes s'étaient ligués pour déposer le tyran avec les chrétiens, que là-bas ils appellent « Amasia ». Si ces derniers avaient consenti à s'allier aux prosélytes des trafiquants arabes, c'était non seulement à cause des boucheries récentes, mais parce que Mouanga caressait la pensée de se débarrasser d'eux d'un seul coup. Ayant fait porter dans une île un grand troupeau de chèvres, il avait invité les chrétiens à monter ses pirogues pour les aller prendre. Si les malheureux avaient donné dans le piège, le roi, dès leur débarquement, aurait fait disparaître les canots, et les néophytes n'eussent eu qu'à mourir de faim, une fois les chèvres mangées. Mais un page trahit le secret, et les chefs chrétiens refusèrent les présents du maître.

L'union des deux partis amena la déposition du roi malgré sa résistance et celle de quelques fidèles. Roubaga et Oulagalla, ses capitales, étant tombées entre les mains des conjurés, il ne lui resta plus qu'à fuir au plus vite. Un canot le porta au sud du lac Victoria, chez un marchand arabe, Saïd bin Saïf, *alias* Kipanda, une de mes connaissances de 1871, et fixé à Oussoukouma. Saïd ayant reçu assez mal le roi détrôné, celui-ci s'évada, demandant asile aux missionnaires français de Boukoumbi, qu'il avait précédemment expulsés de l'Ouganda avec leurs confrères des missions anglaises et entièrement dépouillés, sauf du vêtement le plus nécessaire, paraît-il. Les Français s'étaient établis à Boukoumbi, les Anglais à Makolo, dans l'Oussambiro, à la pointe méridionale du lac.

Après la fuite de Mouanga, les musulmans et prosélytes chrétiens élurent pour roi son frère Kioueoua. Les affaires marchèrent assez bien pendant quelque temps; mais on sut bientôt que les sectateurs de l'Islam cherchaient à perdre les chrétiens dans l'esprit du monarque, prétendant qu'en imitation des choses d'Angleterre, ils songeaient à couronner une fille de Mtesa. Le roi se tourna donc du côté des musulmans. Mais ceux-ci, comme preuve de sa conversion définitive, exigeaient qu'il se fît circoncire. Le roi affectant de ne pas en comprendre la nécessité, il fut résolu d'y arriver par la force : douze *ouatongoli* (colonels) furent désignés pour l'opération, parmi lesquels mon compère Sabadou, à qui je dois tant de traditions sur l'histoire de l'Ouganda. Le roi, instruit de ce dessein, remplit sa demeure de gens armés qui tuèrent les conjurés, au fur et à mesure qu'ils arrivaient. Mais l'alarme fut donnée, la maison assiégée, Kioucoua saisi et mis à mort.

Les rebelles élurent alors Karéma, le frère des deux derniers rois actuellement souverain de l'Ouganda.

Pendant quelque temps les chrétiens se maintinrent assez bien ; plusieurs combats avec les troupes de Karéma leur avaient été favorables ; mais, à la quatrième bataille, ils furent battus à plate couture, et les survivants s'enfuirent chez Antari, roi de l'Ankori, qui, pensait-on, ne dédaignerait pas leur appoint dans ses différends avec Mpororo et le Rouanda. Ils étaient en ce moment près de 2 500 dans la capitale de l'Ankori et 2 000 environ cantonnés dans l'Ouddou.

Sur ces entrefaites, ayant appris que Mouanga s'était fait baptiser par les missionnaires français, ses hôtes de Boukoumbi, les chrétiens lui offrirent leur soumission, et le nouveau converti vint les visiter à Ouddou, en compagnie d'un négociant anglais nommé Stokes. Mais, assez avisé pour reconnaître que ses forces ne suffiraient pas pour récupérer le trône, Mouanga prit possession d'une île située près de la baie de Murchison. Il y était encore, avec 250 fusils et toutes les embarcations de l'Ouganda, au nombre de plusieurs centaines, pendant que Stokes s'en allait à Zanzibar pour troquer, dit-on, son ivoire contre des carabines et des munitions. Donc, à ce moment, la terre ferme appartenait à Karéma ; les îles et la flotte reconnaissaient Mouanga pour leur chef.

Mes interlocuteurs m'apprirent qu'ayant entendu parler de l'arrivée d'hommes blancs durant leur séjour chez Antari, leurs compatriotes les avaient députés vers nous pour solliciter notre appui en faveur de Mouanga et de ses revendications.

Que faire ? Certes la triste réputation de Mouanga, ses excès, ses débauches, ses barbares exécutions des chrétiens, sa responsabilité dans l'assassinat de l'évêque Hannington et de ses soixante infortunés Zanzibari — car c'était bien lui qui avait poussé Louba, de l'Oussoga — ne me prévenaient guère en sa faveur. L'histoire racontée par Samuel et par Zacharie était assez claire, et même vraie peut-être, bien qu'il y eût de fortes raisons pour n'ajouter qu'une foi très modérée au repentir de Mouanga et aux révélations des prosélytes. Je connaissais trop bien la duplicité des Ouaganda et leur remarquable talent de dissimulation pour me précipiter tête baissée dans l'aventure. Eussé-je été disposé à me rendre aux vœux des chrétiens, mon devoir envers le Pacha, son ami Casati et ses Égyptiens, que j'avais promis d'escorter jusqu'à la mer, me défendait même d'y penser.

Mais il n'est pas facile d'expliquer à ces indigènes pourquoi leurs désirs ne peuvent être toujours satisfaits; et, si le caractère des Ouaganda de 1889 ressemble à ce que j'en savais de 1876, ils étaient bien capables d'intriguer avec Antari pour arrêter notre marche vers l'est. Les lecteurs des chapitres consacrés aux Ouaganda dans le *Continent Mystérieux* seront de mon avis. Je répondis donc à mes visiteurs que je réfléchirais à la proposition; je leur donnerais une réponse en arrivant près du Nil Alexandra, où j'aurais à trouver des vivres suffisants pour ceux qu'il me faudrait laisser derrière moi si je me rendais à leurs vœux. En attendant, ils feraient bien de rentrer dans l'Ouganda pour savoir au juste où en était présentement Mouanga et me procurer des nouvelles de M. Stokes.

Un officier égyptien, Mohammed Kher, mourut à Katara. Abdoul Ouahid Effendi avait voulu rester à Kitega. A quelque distance de ce village, Ibrahim Telbass et ses hommes disparurent dans les hautes herbes. Sans doute ils sont retournés à Kitega, près de leur compatriote malade.

Nos gens étaient maintenant à peu près guéris des fièvres qui nous avaient tant affaiblis. Toutefois le Pacha, le capitaine Casati, le lieutenant Stairs et M. Jephson étaient encore souffrants. Nous avions couché la nuit précédente à 1 750 mètres au-dessus de la mer; la longue chaîne de Denny est de 170 mètres plus élevée, soit à 1 923 mètres, et, au matin, j'observai sur le sol une épaisse gelée blanche. Je découvris pendant notre marche quelques mûres sauvages, fruit que je n'avais pas vu depuis deux décades.

Trois jours après notre entrée dans la vallée qui remonte

entre le Iouanda et le Denny, nous atteignons le col pour descendre ensuite dans le bassin du Rouizi.

L'atmosphère brumeuse de la région s'était graduellement éclaircie; nous voyions maintenant à 8 kilomètres en avant et pouvions suivre du regard les contours du plateau pastoral d'Ankori. Il n'était certes pas dans ses bons moments. La saison sèche durait depuis deux mois et l'herbe couvrant la chaîne montueuse, les pentes escarpées, les collines et la plaine attendait l'incendie. Mais les troupeaux étaient nombreux, gras comme bêtes de concours. Nous avions compté plus de 4000 bovins de l'espèce à longues cornes, dans la vallée entre les chaines du Denny et du Iouanda. Le bassin du Rouizi, où nous venions d'entrer, au cœur même de l'Ankori, semblait en posséder encore davantage.

Nous campons le 11 à Ouamaganga. Ses habitants, bergers ouatoussi et agriculteurs ouanyankori, sont les représentants des deux classes entre lesquelles se partagent les peuples de l'Ankori et toutes les tribus des régions pastorales, depuis les prairies de l'Itouri jusqu'à l'Ounyanyembé, et des rives occidentales du lac Victoria jusqu'au Tanganyka. Les femmes ouatoussi portent au cou des torques avec clochettes en cuivre, et aux chevilles, des anneaux de fer ornés aussi de sonnettes en fer. Ils parlent le langage de l'Ounyoro, avec une petite différence de dialecte et leur vocabulaire contient un mot expressif, fréquemment employé pour marquer la reconnaissance, celui de *kassingui*.

Nous perdîmes dans ce village un homme, très aimé de tous, dont la maladie finit en paralysie, et un Nubien qui disparut dans les herbes.

Le 12, nous longeons le Rouizi, et après une heure et demie de marche il nous faut traverser cette rivière, changée maintenant en un marais large d'un kilomètre et demi et recouvert d'une jungle de frissonnants papyrus. Notre troupeau de bêtes à cornes diminua de vingt-quatre têtes dans ce terrible passage. Une heure plus loin, nous faisions halte à l'établissement de Kassari.

La mère du roi nous envoie ici quatre bovins; le roi ajoute au présent trois autres bœufs et une magnifique défense d'éléphant; il me fait amicalement demander l'échange du sang. Au nombre de ses messagers est un prince d'Oussongora, fils du roi Nyika, spécimen remarquablement pur de l'ancien type éthiopien. Ces ambassadeurs ont mission de nous escorter et de nous procurer le nécessaire jusqu'au Nil Alexandra.

Bien qu'il soit économique de voyager aux frais d'un puissant monarque africain, la chose a pourtant ses désavantages. Soumis à la taxe forcée, les contribuables s'aigrissent; ils se vengent en nous accablant de plaintes, souvent chimériques. De leur côté, nos gens, enhardis par le privilège, demandent plus qu'ils ne méritent ou que ne le permet la stricte équité. Ici ils s'emparaient des vases où les Ouanyankori gardent le lait et y buvaient à même. Or ce peuple regarde comme une grave offense qu'une personne habituée à faire cuire ses aliments touche une de leurs calebasses ou y pose ses lèvres; car cela cause la mort du troupeau et cent autres malheurs. Certains de nos hommes furent accusés de ces crimes énormes, et les bergers, aussi litigieux que les Somali d'Aden, vinrent, blancs de colère, m'apporter leurs récriminations. Il ne fut pas facile de prononcer mon jugement et de calmer les susceptibilités blessées par d'aussi scandaleuses pratiques.

Nous entrons le 14 à Nyamatosso, établissement vaste et prospère, situé à la base septentrionale de la chaîne du Rouampara, où, vu l'abondance des bananes dans le voisinage, ordre fut donné de préparer pour sept jours de farine.

Le Mpororo, qui s'étend au S.-S.-O., fut, il y a quelques années, envahi par les Antari et soumis au tribut après plusieurs combats acharnés. Une ligne tirée vers l'O.-S.-O. nous sépare du Rouanda, gouverné par le roi Kigueri. Voilà tout ce que nous pouvons glaner d'informations sur ce pays, sauf qu'il égale en superficie la contrée qui va de Nyamatosso à Kafourro. Sa population, nombreuse et guerrière, ne permet, sous aucun prétexte, l'entrée des étrangers, ni même leur sortie.

Un de nos officiers, affaibli par plusieurs accès de fièvre, se mit ce jour-là fort en colère contre les Ouanyankori. Si je rapporte cet incident, c'est pour montrer sous quels différents aspects les hommes voient les choses et comment un fait sans importance peut engendrer des préjugés contre toute une race.

« Vous savez, me dit notre camarade, si le soleil tapait hier ! La chaleur, la longue route, la fièvre, bref, j'avais une telle soif que j'eusse donné tout au monde pour une goutte d'eau fraîche.

En entrant au village, j'avise un homme qui nous regardait insolemment du seuil de sa cabane et je lui demande un peu d'eau. Croyez-vous qu'il en alla chercher? Du bout de sa lance, il pointa vers la boue noire du marais comme pour dire : « En « voilà! tire-toi d'affaire tout seul ». Comment pouvez-vous appeler des gens pareils une belle race? D'où vous est venue cette idée? Est-ce bien de nous refuser à boire? Et si celui-ci avait ce qu'il mérite,... n'en parlons plus!

— Mon bon ami, répondis-je, un peu de patience et je vous montrerai cet homme sous un jour différent. Avez-vous perdu votre miroir de poche? Voici le mien ; vous y verrez un visage pas gracieux du tout, hérissé de poils, hâve, en lame de couteau, une maigre copie de Guillaume de la Marck à barbe embroussaillée et à demi mort d'inanition et de fatigue. Vos yeux sont maintenant tout petits, ils ont perdu leur éclat et leur vie. Votre corps décharné n'est couvert que de loques. A Londres, vous étiez charmant; vous en eussiez remontré au bel Adonis. Hélas! excusez-moi, aucun de nous n'est séduisant pour le quart d'heure, mais vous, quand la mauvaise humeur vous tient...! L'indigène voit venir à lui cet individu à l'air si peu engageant. Comment lui avez-vous parlé? Lui avez-vous adressé un de ces gracieux sourires qui arrêteraient un buffle furieux? J'en doute : vous étiez fatigué, fiévreux, altéré, vous lui avez dit impérieusement : « Donne-moi à boire », et votre geste ajoutait : « et plus vite que ça, ou bien...! » Et pourquoi, je vous le demande, lui, un homme libre, aurait-il obéi à votre injonction? Il ne vous connaissait ni d'Ève ni d'Adam, et votre mine ne lui inspirait probablement pas le désir de cultiver de plus près votre connaissance. Allez-vous donc faire chorus avec la clique d'explorateurs qui ne trouvent rien de bon en Afrique et chez les Africains? Pour votre confusion, laissez-moi vous dire ce qui est arrivé à un de vos amis personnels. L'homme dont il m'a parlé est le frère ou le cousin ou le voisin de celui qui a encouru votre déplaisir.

« Notre ami avait un fort accès de fièvre. Il fut pris de vertige, chancela et tomba dans l'herbe sur le bord du chemin. Le commandant de l'arrière-garde ne le vit pas ; il passa, se doutant peu qu'un camarade était là, couché sans connaissance et presque sans vie. Là-dessus, arrive un guerrier indigène armé de sa lance et de ses flèches ; il distingue quelque chose dans l'herbe, y court, et reconnaît un de nos officiers. S'il eût été la brute que vous dites, il aurait percé de sa lance ce corps étendu sans défense, et nous aurions perdu l'un des nôtres. Mais cet homme, qui n'avait jamais entendu parler du Bon Samaritain, s'en alla et revint une demi-heure après avec une grande calebasse pleine de lait doux et frais, qu'il fit avaler au malade. Notre ami, bientôt ranimé, put se relever et rejoindre le camp, où il raconta cette touchante histoire.

« Ce brave indigène n'était pas un membre de la Croix-Rouge. Étranger aux discours sur la miséricorde et la charité familiers depuis seize siècles aux oreilles anglo-saxonnes, il ne ressemblait pas à ce missionnaire anglais qui refusa, dit-on, un verre d'eau à un capitaine hollandais. Une race qui offre de pareils exemples de bonté mérite qu'on l'appelle une belle race. Vous croyez peut-être que j'ai brodé? Voici notre ami; demandez-lui les détails.

« Pensez en outre à cette hospitalité qu'ils nous donnent. Mille hommes vivent ici librement et gratuitement des produits du travail des indigènes : plantains, fèves, millet, patates douces pour la nourriture, tabac pour le plaisir, libre parcours sans impôt ni redevances ! Que savez-vous si cet homme n'avait pas été déjà irrité avant de vous voir? Peut-être un de nos gens s'était-il gaussé de lui, avait-il pillé sa maison ou menacé sa famille? Voyons, essayez encore ! Allez dans un de ces villages autour de nous, demandez amicalement et en souriant du lait, du beurre ou du tabac, et je vous garantis que l'on ne vous les refusera pas !

« Et songez encore que ce pays vient à peine de changer de maître. On prétend qu'Antari a enlevé quarante femmes de chefs et les a distribuées à ses plus vaillants guerriers, après avoir fait tuer leurs maris. Si le fait est vrai, la colère ne serait-elle pas excusable chez des gens qui, par l'ordre d'un tel roi, sont forcés de nourrir et d'approvisionner une multitude comme la nôtre? Observez enfin la conduite des envoyés d'Antari. N'est-elle pas tyrannique, insupportable, et bien faite pour augmenter leur ressentiment? »

Notre caravane grimpe maintenant la chaîne herbeuse de Rouampara, dont l'extrémité occidentale aboutit, je suppose, à la ligne de collines qui bordent le bassin de l'Albert-Édouard, et sépare le bassin du Rouizi de celui du Nil Alexandra. Elle escalade quelques sommets rafraîchis par les brises, puis descend dans la vallée en entonnoir de Roussoussou d'où s'échappe la rivière Namiandja ; nous y campons trois jours pour nous reposer de ces multiples ascensions.

Je copie dans mon carnet, à la date du 20 juin :

Ce matin, la fièvre qui me tenait a enfin disparu. J'avais parlé trop tôt en nous disant guéris de cette malheureuse eau pourrie de l'Oussongora. L'un de nous n'est pas plus tôt remonté que l'autre retombe. Le Pacha et moi avons eu trois rechutes en même temps. La fièvre de Stairs l'a quitté hier. La température de Bonny est normale depuis deux jours. Casati, tombé le 17, a passé un jour au lit et s'est levé le 19. Ce sont des reprises continuelles, avec deux ou trois jours de rémittence, pendant lesquels nous sommes loin d'être gaillards.

Quatre officiers égyptiens m'ont demandé la permission de rester dans l'Ankori pour cause d'ulcères rebelles à tout traitement. Comme nous sommes déjà chargés de malades, de faibles vieilles femmes et d'enfants, je me vois obligé de céder à leurs instances. Ces messieurs vont donc nous quitter avec leurs familles. J'attends journellement l'héritier présomptif de l'Ankori pour la cérémonie de « l'échange des sangs » et je pourrai assurer leur confort.

Ce climat de l'Ankori est très particulier. Les vents froids et orageux soufflant de l'est, du sud-est et du nord-est, provoquent de nombreuses affections de poitrine. Toux, catarrhes, maux de tête par toute la caravane. L'écart entre les extrêmes de température cause ces indispositions et ces accès de fièvre. Cependant, en janvier 1876, mes gens et moi étions pleins de santé et de vigueur dans notre traversée de l'Ankori septentrional, et mon journal privé ne contenait aucune note comme celles que j'inscris ici quotidiennement. Devons-nous cet état maladif à la saison ? au liquide empoisonné des mares ? Nos cuisiniers emploient-ils l'eau noire du Rouizi qui charrie un compost putride ? — Nous sommes maintenant en plein hiver ; et janvier, c'était le printemps.

Si la distance prête aux périls le charme de sa grâce flottante et de ses contours indécis, si elle nous voile la laideur des crevasses, la profondeur des abîmes, si elle semble rendre abordables les hauteurs inaccessibles, elle cache bien souvent d'autres dangers tout aussi réels dont notre expédition a fait maintes fois l'épreuve. J'ai peur que les Égyptiens qui ont disparu ou se sont peu à peu égrenés sur la route, ne voient trop tôt le bien-fondé des avertissements qui, si souvent, leur ont semblé d'inutiles et vaines redites.

Nous levons le camp le 21 pour descendre le sentier parallèle au cours de la Namiandja, bordée de chardons énormes, de quelques tournesols et de ronces chargées de mûres. Le torrent a trois sources : un mince filet d'eau douce, sourdant d'une retraite cachée dans les fougères, une mare nitreuse et sulfureuse, un petit étang d'eau fortement alcaline. Trois heures de marche ont fait le ruisseau large de 1 m. 50, mais n'en ont pas changé la saveur peu recommandable. Les plantations de bananes alternent avec les parcs à bétail.

Nous continuons ainsi le lendemain dans la vallée étroite et sinueuse, avec de jolies esplanades entre les lignes brisées de la montagne. Au bout d'une heure, nous tournons vivement dans une coupure transversale dirigée au sud-est. Devant nous passent l'un après l'autre les troupeaux de bêtes grasses, conduites de la zéribe aux riches prairies, où l'herbe presque sèche se pare encore de quelque verdure aux endroits humides. Notre route infléchit bientôt vers l'est pour entrer dans un défilé, monter une demi-heure la pente nue d'une colline rocheuse, et redescendre par la paroi méridionale, dans un admirable bassin planté de bananes, parsemé de prairies et de troupeaux, où le village de Viarouha nous abrite contre la chaleur dévorante.

Au moment de quitter la Namiandja, notre avant-garde fut déconcertée en voyant les natifs, jusque-là si paisibles, saisis tout à coup d'une sorte de frénésie, les menacer de leurs gestes et de leurs cris de guerre. Deux fois, la foule hurlante s'avança contre les nôtres sans faire autre chose que lever ses lances, mais à la troisième, croyant notre petite troupe suffisamment terrifiée, ils avaient déjà jeté huit ou dix flèches, lorsque le commandant répondit par une volée en l'air, mais d'effet irrésistible. Criant, se bousculant, les indigènes décampèrent vers les collines et on ne les revit plus.

Derrière la petite troupe victorieuse s'avançait, inconnue d'elle, une autre caravane : le prince royal d'Ankori, Outchounkou de son nom, avec une escorte de lances et de mousquets, plus une seconde députation de chrétiens ouaganda. Sur l'ordre de son père, le prince venait faire l'échange du sang et conclure alliance. Les coups de feu l'avaient étonné, il en demanda la cause, et, sur l'explication de quelques bergers ouahouma spectateurs de la petite escarmouche, il envoya ses hommes à la chasse des fugitifs. Deux Ouanyankori furent tués, vingt autres désarmés

A 2 heures, le prince arrivait à Viarouha et réclamait une entrevue. C'était un jeune garçon de treize à quatorze ans, au visage doux, au regard aimable, un vrai Mhouma de pur type abyssin. Il était accompagné de son gouverneur, l'officier qui commandait la garde. Il nous donna deux grands taureaux. L'un d'eux avait les cornes si longues et encombrantes qu'il n'aurait pu nous suivre dans nos voyages : il fit le pot-au-feu. Les discours d'usage s'échangèrent, avec cordialité de part et d'autre; le prince s'amusa longtemps aux scènes variées du camp et accepta que la cérémonie eût lieu le lendemain.

Elle se passa le 23, avec un éclat extraordinaire. Zanzibari, Soudanais et Manyouema étaient sous les armes, rangés sur une colline, à 360 mètres, prêts à nous saluer des décharges de leurs carabines. La mitrailleuse était en place, bien et dûment bourrée. Les rites commencèrent. Le prince et moi prîmes place sur un tapis de Perse étendu sur le sol, nos jambes croisées, nos mains gauches serrées sur les genoux. Les maîtres ès arts s'avancèrent, firent une incision sur notre bras gauche et, mettant un peu de beurre sur deux petites feuilles qui servaient de godets, y mêlèrent notre sang, échangèrent les feuilles et frottèrent nos fronts avec cette mixture. Le mystère était accompli, sans aucune des manœuvres répugnantes dont l'accompagnent les tribus du Congo. Le prince, devenu mon jeune frère, me prit par la main et me reconduisit dans ma hutte, souriant, satisfait de tout ce qu'il voyait. Je le comblai de joie avec quelques riches étoffes du Caire; un collier de belles grosses perles, offert par le Pacha et les dames égyptiennes, leur gagna du coup sa tendresse. Le gouverneur reçut une vache en présent, et les gardes eurent un bœuf pour la fête. Quant à notre officiant, on lui remit une chèvre magnifique, les services de sa compétence étant tenus en très grand honneur comme au Congo, et devant être reconnus par de beaux honoraires.

Le feu mis à cinq paquets de cartouches emplit notre jeune homme d'admiration. Et quand la mitrailleuse parla, la poudre, la pluie des balles, les nuées de poussière qu'elles soulevaient au flanc de la colline le jetèrent en extase; pour s'empêcher de crier et d'exhaler son âme dans son ravissement, il ferma la bouche et la comprima en appuyant fortement. Les opinions diffèrent. Il avait craint, disait l'un, de casser ses belles dents, tant elles claquaient de terreur; je maintiens que c'était une marque d'étonnement et de joie juvénile.

Quoi qu'il en soit, j'étais publiquement reconnu fils de l'Ankori ; je pouvais le parcourir à mon gré, séjourner où bon me semblerait, j'avais libre accès à toute plantation du royaume. Bien plus, le prince jura, au nom de son père, que tout homme blanc pénétrant dans l'Ankori avec ma recommandation serait traité avec la même bienveillance. Le bétail seulement, les chèvres et les armes n'entraient pas dans le contrat, étant propriétés privées, sur lesquelles le roi lui-même n'a aucun droit, à moins qu'elles n'appartiennent à des criminels.

Un certain nombre de chrétiens ouaganda avaient, je l'ai dit, accompagné le prince. Le résultat de ma longue conférence est ainsi consigné dans mon journal :

Lorsque j'entendis parler pour la première fois de l'expulsion des missionnaires de l'Ouganda, je craignais qu'ils ne se fussent montrés inconsidérés ou trop ardents ; qu'ils eussent agi sans se préoccuper des conséquences ; que leur conduite eût été trop strictement conforme aux règlements ; que l'étroitesse d'esprit ou leur manque de sympathie les eussent portés à des erreurs de tact. Mais les prosélytes chrétiens leur rendent un excellent témoignage, et ce qu'ils m'ont dit des bons avis donnés par M. Mackay me prouve que, si le joug de Mouanga lui pesait lourdement, la mission s'était néanmoins abstenue de s'ingérer dans les affaires politiques. Elle a dépensé dans le pays près de 1 250 000 francs, et il suffirait de ne rien omettre de son histoire pour la rendre tout à fait compréhensible. Les morts tragiques de Smith, d'O'Neil, de Penrose et de l'évêque Hannington, la maladie qui emporta le D$^r$ Smith et deux autres, dont l'un se nommait Bishop, le séjour presque inutile dans l'Ouganda de MM. Wilson, Pearson et Felkin, puis la réussite merveilleuse de Mackay, le travail, le dévouement d'Ashe, de Gordon et autres, le récit fidèlement écrit de tant de labeurs, de tant de succès et de revers ferait comprendre à première vue pourquoi la sagesse a réussi où la témérité avait toujours échoué.

« Nul homme qui a mis la main à la charrue et qui regarde en arrière n'est fait pour le royaume de Dieu. » Nul homme ayant accepté une mission de confiance ne peut sans déshonneur l'abandonner avant que la victoire soit assurée. Le prélude de retraite ayant sonné avant mon départ de l'Afrique, je présume que la Société des missions enjoindra à M. Mackay de se retirer. Mais qu'ils y réfléchissent bien ! L'expulsion des missionnaires et la dispersion de leurs troupeaux seront pour des tiers l'aurore de la victoire. Les cris de triomphe que poussent déjà les musulmans vont-ils les décourager ? Qu'ils leur inspirent au contraire de plus nobles et plus sages efforts ! Une grande cause, une grande œuvre, une grande entreprise n'ont jamais réussi si ceux qui la conduisent n'ont la foi absolue qu'aucun effort n'est trop élevé, aucune lutte trop ardente pour la soutenir !

Des 4000 ou 5000 convertis que Zacharie et Samuel disent se trouver dans l'Ankori et l'Ouddou, mettons seulement 2000 dus aux travaux de Mackay et de ses associés. A ce taux, chaque prosélyte aura coûté 625 francs. Je ne suis pas de ceux qui, en pareilles crises, réclament l'aide des gouvernements; je m'adresse aux riches, à ceux qui, pouvant si facilement donner, répondent qu'il leur faut d'abord secourir les voisins. A ceux-là je rappelle la réponse faite par une sage Cananéenne : « Il est vrai, seigneur, mais les petits chiens mangent ce qui tombe de la table de leurs maîtres ».

La mission de l'Ouganda a fait ses preuves. Elle met en lumière les sacrifices qu'ont faits les chrétiens, leur résistance déterminée au tyran : Mouanga a dû déguerpir; et s'il est vrai qu'un parti compte lorsqu'il peut se défendre lui-même, la conduite des chrétiens ougandais montre que cette mission a obtenu un succès considérable. Contrainte à disparaître sous les flots de la persécution, elle ressuscite plus vivante que jamais; ses labeurs ont semblé inutiles pendant de nombreuses années, mais aujourd'hui ses prosélytes accourent vers l'Eglise nouvelle de l'Afrique équatoriale. Princes et cultivateurs, chefs et guerriers, demandent à être instruits dans la religion chrétienne; ils veulent apprendre à lire et écrire, posséder, eux aussi, des livres imprimés en leur propre langue, des livres qui parlent de l'Auteur du salut et de ce qu'il a souffert pour le bonheur de l'humanité.

Les progrès de la religion chrétienne étaient depuis longtemps un sujet d'inquiétudes pour les mahométans et leurs amis indigènes, mais ce n'est qu'à la mort de Mtesa qu'ils ont pu songer à les combattre. La jeunesse du roi, ses vices, son ivrognerie, sa passion pour fumer le *banghi*, ses débauches leur firent entrevoir le moyen, si souvent cherché, de supprimer les chrétiens. Avec une habileté méprisable, une dissimulation impossible à déjouer, ils saisirent la balle au bond. En dépit de la bonne renommée dont les blancs jouissaient dans la population, le jeune prince ne les vit plus qu'avec des yeux troublés par la calomnie. Les missionnaires ne furent plus que des révolutionnaires ligués contre son pouvoir et sa popularité. Les diverses expéditions parcourant les contrées équatoriales, la Massaïe, l'Oussoga, l'Oussoukouma et l'Ounyamouezi, les querelles entre Seyyid Barghash et les Allemands, la présence d'une flotte de guerre à Zanzibar, les petites colonies germaniques plantées sur les pays côtiers, quel but pouvaient-elles avoir, sinon la conquête sanglante de l'Afrique? De là une ère de persécutions inaugurée par des incendies et des meurtres, les autodafés de l'Ouganda, l'assassinat de l'évêque Hannington, le massacre de sa caravane dans l'Oussoga, l'épée sans cesse suspendue sur la tête du patient et fidèle Mackay, la menace d'arrêter son œuvre missionnaire.... Quand les chrétiens se furent cachés et que la jalousie des musulmans se fut un peu calmée, le jeune roi n'était plus désormais qu'un abominable despote, massacrant au hasard, à droite et à gauche. Plus d'un personnage éminent de son entourage tomba victime des soupçons et fut étranglé ou tué à coups de massue. Ce fut alors que les musulmans, craignant aussi pour leur vie, sollicitèrent le concours de leurs anciens adversaires. Le tyran se vit contraint de fuir; il put refléchir pendant ses voyages autour des lacs, et réfléchir si bien qu'il se repentit et se soumit enfin à recevoir le baptême[1].

J'informai alors Samuel et Zacharie que, vu l'impossibilité de renoncer à ma mission, je leur conseillais de s'en ouvrir à MM. Stokes et Mackay et leur donnai l'assurance que, lorsque je le pourrais, j'expliquerais toute l'affaire aux amis anglais. Me voyant résolu au départ, cinq chrétiens me demandèrent la permission de m'accompagner jusqu'à la mer, ce qui leur fut volontiers accordé.

Le 24, après de nombreux détours dans les vallées entre des collines noircies par les récents incendies d'herbes sèches, nous pénétrions dans la vallée de Mavona pour descendre insensiblement jusqu'au village à travers une maigre forêt d'acacias mêlés d'euphorbes, de plantes laiteuses, de chardons et d'aloès. Les jardins de Mavona produisent en abondance pois, fèves, tomates, patates douces, manioc, concombres, banigalls, bananes et plantains.

De Mavona, après quatre heures et demie de marche, nous arrivions en vue de la vallée du Nil Alexandra; la longue chaîne de collines qui se dirige vers le S.-S.-E. forme sur cette rive la frontière du Karagoué. Dans cette saison, les deux côtés du fleuve ont perdu leur grâce; pas une plantation n'égaye le regard, et les traces du feu qui a transformé vallées et collines en vastes étendues noires et désolées ajoutent encore à la tristesse du paysage.

Le 26 et le 27 se passèrent à nous transborder sur l'autre rive dans des canots de grossière façon; puis, son devoir envers nous et Antari rempli à la satisfaction commune, notre

---

1. Par une lettre du 21 novembre 1889, écrite de Boukoumbi, au sud du lac Victoria, j'apprends de M. Stokes qu'il était arrivé sain et sauf dans l'île de Mouanga. Trouvant le camp en assez piteux état par suite de la rareté des subsistances, il poussa une pointe hardie vers la capitale et requit à cet effet l'assistance des chrétiens cantonnés dans l'Ouddou. Accourus à son appel, ceux-ci furent vivement attaqués à une heure de la capitale, mais M. Stokes, Mouanga et ses partisans se précipitèrent à leur secours, et Karéma fut défait avec ses musulmans. Le 4 octobre, une seconde bataille eut lieu près de Roubaga; le résultat en fut tellement favorable aux troupes de Mouanga, que, le 5, celui-ci et ses amis blancs entraient dans la ville. Les vaincus tentèrent de se réfugier dans l'Ounyoro, mais Kabba Réga refusa de recevoir Karéma, à moins qu'il ne se séparât de ses amis les Arabes. Karéma se vit alors forcé de gagner l'Ouganda septentrional, où il est encore avec 500 fusils seulement. Voilà où en est, pour le moment, cette romanesque épopée. Mouanga a récupéré son trône, et les missionnaires anglais et français sont de nouveau établis dans l'Ouganda.

escorte d'Ankori, avec les chrétiens ouagandais, fut congédiée avec des présents qui nous attirèrent force protestations de reconnaissance.

Ici le Nil Alexandra a de 110 à 115 mètres de large ; sa profondeur moyenne est de 3 mètres et sa vitesse de trois nœuds à l'heure au centre du courant.

# CHAPITRE XXXIII

## LES TRIBUS DE LA TERRE AUX HERBES

Les Ouahouma. — Juste l'opposé des nains. — Leurs descendants. — Les tribus étroitement apparentées au vrai type nègre. — Les tribus du bassin nilotique. — Les Pasteurs. — Les traditions de l'Ounyoro. — L'expérience que j'ai faite des Ouahouma à Kavalli. — La vue qu'on a de Kavalli. — Les chefs Kavalli, Katto et Gavira me content leurs peines. — Les souvenirs du vieux Rougoudji. — Les pâturages entre la forêt et le lac Albert. — Le bétail autour de Kavalli. — Lait qu'il fournit. — Trois jugements que je porte sur des différends en matière de bétail. — Devoirs domestiques des femmes. — Costume des Ouahouma. — Les tribus de la Terre aux Herbes ont gardé maintes coutumes des Éthiopiens et des anciens Égyptiens. — Usages, habitudes et religion de ces tribus. — Mort du malheureux Gaddo, soupçonné d'avoir conspiré contre son chef Kavalli. — Alimentation des Ouahouma. — Le climat de la Terre aux Herbes.

Après les Pygmées, les Ouahouma sont la plus intéressante des populations de l'Afrique centrale. Des apprentis philologues les classent, les uns et les autres, sous le nom générique de Bantou, et tout voyageur qui a l'ambition de passer pour savant concourt par son témoignage et son influence à perpétuer une expression qui n'est rien moins que scientifique : Bantou, un terme de l'Afrique intérieure, signifie « les Hommes ». Ainsi, des gens sérieux vous demandent, au nom de la science, de reconnaître solennellement que les Ouatoua sont des hommes, les Ouahouma aussi.

Contrepartie des pygmées sylvains et rabougris, les Ouahouma sont de haute stature, bien formés, avec des traits presque européens, pasteurs de père en fils. L'habitude est une seconde nature : ôtez les uns et les autres à leur milieu héréditaire, et ils ne font plus que languir et mourir. Enlevez les nains du perpétuel crépuscule de leurs retraites forestières, privez-les de leurs bananes et plantains, transplantez-les en des espaces ouverts au jour et à tous les vents, donnez-leur du lait, du bœuf et de la farine autant qu'ils en pourront manger, et bientôt vous les verrez grelotter de froid, refuser toute nourriture, dépérir et s'éteindre. Par contre, exilez les Ouahouma dans les bois, fournissez-leur la nourriture végétale la plus délicate et la plus abondante, ils s'étioleront, leur teint d'un beau brun foncé tournera au gris cendré; ils perdront leur fière tournure, prendront un aspect misérable et succomberont à l'ennui et au désespoir. Et l'on nous donne ces deux types extrêmes pour des Bantou, des « hommes », mot qui date de la création. Les Esquimaux, les Peaux-Rouges, les Anglais, les Irlandais, les Allemands, les Français et Espagnols de l'Amérique du Nord, autant de Bantou. Des expressions aussi peu rationnelles n'encouragent guère à l'étude des diverses variétés de notre espèce.

Les Ouahouma sont les vrais descendants des tribus ou communautés sémitiques qui, de l'Asie, émigrèrent à travers la mer Rouge, se fixèrent sur la côte de l'Afrique orientale et sur les plateaux de l'Abyssinie, l'ancienne Éthiopie. De ce grand centre est sorti plus que du tiers des populations africaines de l'intérieur. En avançant vers le sud, elles firent la conquête des tribus nègres; et dans le mélange qui s'ensuivit, le sang sémite s'entacha de sang nègre. Les métis, se mariant à nouveau dans la race primitive, se dégradèrent davantage quant à la forme et aux traits; presque toute trace de l'origine asiatique se perdit dans la succession des âges. Qu'un explorateur retienne ce fait et parte du cap de Bonne-Espérance; en cheminant vers le nord, il fera aisément le départ des tribus moins mélangées et de celles qui ont gardé assez du véritable type pour qu'on retrouve leur filiation négroïde. De toutes, la chevelure laineuse se roule en coques; mais elle a ses degrés, depuis celle qui est à peine moins rude que le crin jusqu'à celle qui égale presque en finesse la bourre de soie. Ne nous arrêtons pas à ce seul caractère. Une étude nous importe et nous intéresse davantage : l'étude des figures caucasiques sous une toison crépue. Parmi les Cafres, Zoulous, Matabélé, Bassouto, Betchouana de l'Afrique australe, dans ces types magnifiques qu'on a si maladroitement confondus avec les nègres, prenez un échantillon moyen; placez-le près d'un individu de l'Afrique occidentale, Gabonais ou Congéen, puis entre les deux mettez un Hindou. Vous constaterez immédiatement que les traits du Cafre combinent subtilement les traits de l'Hindou et ceux de l'Africain occidental. Mais si au lieu du Cafre vous prenez un Mhouma d'âge mûr, l'affinité avec l'Hindou se manifestera plus évidente encore. En marchant du Zambèze vers l'aigue-verse du Congo et du Loangoué, nous reconnaissons l'amalgame des types de la Cafrerie et de l'Afrique occidentale, supérieurs à ceux-ci, inférieurs à ceux-là. Le type cafre est très répandu ; vers l'ouest, il comprend les Babissa, Baroua, Balounda et les habitants de tout le bassin congéen, et, vers l'est, les Ouatchounga, Ouafipa, Ouakaouendi, Ouakonongo, Ouanyamouezi, et Ouassoukouma. Par-ci par-là, nous constatons que tel ou tel groupe ressemble aux plus beaux Zoulous, et, vers la région orientale, nous retrouvons le facies négroïde chez les Ouaïaou, Ouassagara, Ouanguindo et les Zanzibari. Et si de la côte orientale nous nous dirigeons vers les plateaux du Tanganyka, et avançons au nord jusqu'à Oudjidji, nous voyons la taille se majorer et le visage s'ennoblir. De l'Oudjidji nous entrons dans l'Ouroundi : nouvelle amélioration. Faisant une pointe dans l'Ouhha, nous rencontrons les frères jumeaux des Zoulous, individus superbes et belliqueux, têtes et visages caucasiques, mais sous une forte couche de noir. Un peu plus à l'est, parmi les anciens Oukalaganza, les Oussoumboua d'aujourd'hui, mélange de nègre pur et de type cafre, voyez ce berger de haute taille, d'agréable physionomie, avec des traits européens, mais de teint très foncé, auquel nous demandons : « Qui es-tu ? — Un Mtoussi, répond-il, de la tribu des Ouatoussi. — Y a-t-il donc un pays appelé Outoussi ? — Non pas, mais nos pères venaient du septentrion. » En marchant toujours au nord, nous longeons l'épine dorsale du haut pays des bergers, et arrivons au bassin nilotique. Tous les cours d'eau se dirigent vers un grand lac, à l'est celui du Nyanza-Victoria, à l'ouest celui du Nyanza-Albert-Édouard. Le haut pays comprend le Rouanda, le Karagoué, le Mpororo, l'Ankori, l'Ihanguiro, l'Ouhaiya, et l'Oussougora, qu'occupent des tribus pastorales ; mais tous les habitants ne possèdent pas de troupeaux, quelques-uns s'adonnent à l'agriculture. Après avoir voyagé en long et en large, nous constatons que tous les bergers ressemblent au beau Mtoussi par nous rencontré dans l'Oussoumboué et qui nous avait vaguement indiqué le nord comme son point d'origine; tous les agriculteurs, au contraire, ont les traits négroïdes autant qu'aucun Africain lippu de la côte occidentale. En pratiquant les pasteurs, nous remarquons bientôt qu'ils ont pour l'homme qui cultive la terre le mépris d'un comptable de la Cité de Londres pour un garçon de charrue. Nous continuons vers le nord pour nous heurter bientôt à une immense chaîne neigeuse, barrière infranchissable. Prenons à gauche; partout nous retrouvons les frères du Mtoussi, jusqu'aux montagnes aux forêts épaisses et impénétrables, impropres à l'élève du bétail.

Puis le type caucasique disparaît tout d'un coup. Les traits négroïdes, le teint noir, le teint cuivré, le nez plat, le prognathisme, autant d'indications que là s'arrêta brusquement la race supérieure. Nous retournons sur nos pas, montons au haut pays, rangeant la chaîne neigeuse à l'est, et entrons dans un vaste pacage dénommé Toro, Ouhaiyana et Ounyoro. Nous revoyons ce qui nous avait frappé déjà plus au sud : de beaux pasteurs s'occupant de leurs troupeaux et des négroïdes au nez épaté et à la peau très noire s'attaquant au sol avec leurs bêches. Et après avoir contourné l'énorme rampe à son extrémité nord, nous traversons à l'ouest la vallée plate et herbue de la basse Semliki, pour aboutir à un haut pays tout en pâturages, parallèle à l'Ounyoro, dont il est séparé par l'Albert-Nyanza; dans cette région vivent côte à côte, mais tout à fait distincts, les cultivateurs et les pasteurs. Depuis Oussoumboué ces derniers ont changé de nom, ne s'appellent plus Ouatoussi, mais Ouanyambou, Ouahouma, Ouaïma, Ouavitou et Ouatchouézi. En somme, ces dénominations leur viennent des agriculteurs; mais qu'ils habitent l'Ankori, ou parmi les Balegga et Bavira, ou demeurent avec les Ouaganda ou dans l'Ounyoro, ils s'appellent entre eux Ouatoussi, Ouahouma ou Ouatchouézi. Ils forment la classe dominante dans le Karagoué, l'Ankori, l'Oussongora. Leurs descendants règnent dans l'Ihanguiro, l'Ouhaiya, l'Ouganda et l'Ounyoro, pays dont les habitants, plus ou moins adonnés à l'agriculture, sont mélangés de Zoulous et d'Ouest-Africains. Nous comprenons la puissance et la prospérité de tribus comme celles des Ouaganda, Ouassoga et Ouakouri, en regardant le Victoria-Nyanza, mer intérieure qui arrêtait les conquérants. Les émigrants filaient par l'est ou par l'ouest, passaient outre, et, sur le chemin du sud, égrenaient quelques-uns des leurs, l'agriculture les absorbait en effaçant leurs traits caractéristiques.

Et puisque les traditions de l'Ounyoro rapportent que les Ouatchouézi vinrent de la rive orientale du Nil Victoria, nous allons traverser le fleuve. Entre l'Abyssinie et nous, ni lac ni montagne, aucun accident de terrain n'arrête la migration vers le sud des multitudes barbares. Sol pauvre, climat sec. Les pacages ne donnent qu'une maigre nourriture aux bestiaux qu'y élèvent les tribus de pasteurs. Les peuplades autochtones, telles que le bassin congéen du littoral est-africain en donnait des échantillons, ont été dispersées par les vagues des migrations, entraînées au sud, et balayées par la race supérieure des Indo-Africains[1]. Le vaste plateau qui s'étend du Nil Victoria au golfe d'Aden ne fournit plus que des types fixés depuis longtemps, types que nous pouvons appeler galla, abyssin, éthiopique ou indo-africain.

Cette trop rapide esquisse préparera le lecteur à une connaissance plus approfondie des Ouahouma, les vrais descendants de ces Éthiopiens qui, pendant cinq mille ans, se sont répandus, en quête de pâturages, sur le continent africain, à l'est et à l'ouest du Victoria-Nyanza; ce que faisant, ils ont, depuis le golfe d'Aden jusqu'au cap de Bonne-Espérance, formé des tribus et des nations, en progrès notable sur les vieilles races de l'Afrique primitive.

Voici, sur la façon de vivre des Ouahouma, quelques détails recueillis pendant mon séjour chez la tribu qui reconnaissait Kavalli pour chef :

A l'ouest de sa principale station, la vue s'étend sur une aire

---

1. Quand on parle des races de couleur dans l'Afrique intérieure, il faut se rappeler qu'elles se sont développées en cinq types distincts : Pygmées, Nègres, Semi-Éthiopiens, Éthiopiens, Berbères ou Maures. En s'alliant les uns avec les autres, ils ont produit des types mixtes. Ainsi les Pygmées procréent avec les Nègres des tribus dont les mâles adultes ont une taille moyenne de 1 m. 58, — des Nègres se mélangent avec les Arabes Omani, sur le littoral est-africain, — des Éthiopiens avec des Arabes, sur le littoral encore, dans le voisinage de Djoub, — des Berbères avec des Nègres dans le Darfour et le Kordofan, chez les pasteurs du haut Nil et à l'est de Sierra Leone.

Je voudrais bien montrer par une carte les effets produits par cinquante siècles de migrations d'Asie en Afrique. Il suffirait d'un coup d'œil pour s'en rendre compte ; mais cette carte, le temps me manque pour l'établir.

de 1 600 kilomètres carrés. Très peuplé en certains endroits, l'immense espace ne montre de l'homme que peu de chose, sauf sur le premier plan. Au milieu des éperons montagneux et des larges plis de terrain, que peuvent être les chaumines jaunâtres qui indiquent les cultures des Bavira? Pendant les premiers jours de notre résidence, nous nous délections à regarder cette prairie continue et sans limite, ces renflements, ces collines isolées, cette haute montagne, ces molles vallées, ces niveaux prolongés. N'étant plus en peine de vivres, satisfaits du régime alimentaire que fournissait le Pays aux Herbes, c'était pour nous un charmant spectacle que celui des innombrables tigelles s'inclinant en larges vagues sous les bouffées des aures du Nyanza ; après cette longue vie dans la forêt, nous ne nous lassions pas de contempler cette pelouse à travers laquelle, comme des ruisseaux serpentant en mouvements rapides, couraient les nuances d'un vert plus clair.

La zéribe où Kavalli loge son bétail grand et petit marque le centre d'une pente gazonnée. Le broutage constant par les troupeaux du propriétaire et des voisins tient l'herbe courte et fait les promenades faciles. A une fléchée on compte encore les poussins autour de la poule. De distance en distance s'élèvent des termitières hautes de 1 à 4 mètres, autant de postes d'observation d'où les pasteurs inspectent leurs bovins, ovins et caprins. Les anciens s'y juchent à proximité des kraals, et jabotent sur la politique du jour. C'est là que, nombre de fois, dans mes paisibles entretiens avec Kavalli et ses conseillers, j'obtins des renseignements sur les tribus et villages avoisinants. Une soixantaine de districts s'étalaient devant nous; nul endroit ne se prêtait mieux aux conversations et histoires.

A l'ouest lointain, le Pisgah, dominant une centaine de lieues de l'obscure forêt, se profilait sur le vermillon du couchant. Cette masse sombre, trônant en sa majesté solitaire, attirait les regards à chaque pause de la causerie. Du Pisgah, ici le bout du monde, et après lequel on entrait dans la nuit et la région des chimères, Kavalli dirigeait notre attention sur les combes qu'habitent les Kimberri, à une journée de marche N.-N.-O. du Kouka, dont le pic aigu se dresse en arrière, sur le massif carré du Douki, et sur les basses plaines des Balongoué aux nombreux troupeaux : nul sujet n'intéressait Kavalli plus que le bétail. Au S.-O. s'élève une chaîne gazonnée, le pays de Mazamboni ; elle se continue jusqu'au bassin du lac Albert, plaines, vallées et terrasses riveraines. De ces montagnes, la partie occidentale obéit à Mazamboni, la partie orientale à Komoubi. Les terres basses qui, à partir des pentes, s'étendent jusque chez Kavalli et s'appellent l'Ouzanza, sont occupées par les Bavira agriculteurs, originaires d'au delà le Douki dans le voisinage du pic Kouka. Entre Kavalli et Kimberri, une large tranche de la plaine appartient au belliqueux Moussiri et à son peuple.

Après avoir montré le pays, Kavalli nous ouvre son cœur. Il a Katonga pour ennemi, et Kadongo en veut à sa vie, Kadongo, l'allié de Kabba Réga. Il y a quelques années, Kavalli possédait un village près du Nyanza, où habitaient ses pêcheurs. de Kadongo en eut envie, et avec Katonga et quelques pillards de l'Ounyoro il brûla les cases une belle nuit, tua plusieurs hommes et enleva les bestiaux. Kavalli se réfugia à Mélindoué, puis revint chez les Bavira ; en ramassant bribe à bribe, et faisant quelques bonnes affaires, il avait fini par s'approprier 80 têtes de bétail. Mais on l'avait prévenu que Kadongo ne tarderait pas à lui courir sus.

Kavalli n'eut pas plus tôt cessé de raconter les torts des autres envers lui que Katto et Kalengé — l'un frère et l'autre cousin de Mazamboni — se mirent à énumérer leurs griefs contre Moussiri, le cruel Moussiri qui leur avait tué un frère, une sœur et plusieurs proches. Ces récits, accompagnés de nombreux détails et de gestes pittoresques, mettaient en relief l'odieuse conduite de l'adversaire.

Gavira, à son tour, de raconter comment les Balegga de Moutoundou et de Moussiri l'avaient maltraité. Les rares troupeaux qui avaient échappé aux razzias périodiques des Ouara-Soura, Moutoundou et Moussiri, les nocturnes brigands s'entendaient pour les diminuer encore : « Hier le Ouara-Soura, demain le Moussiri, après-demain le Moutoundou : il nous faut sans cesse courir aux collines, poursuivis par quelqu'un ! »

Ce charmant paysage et ces verdoyantes prairies, ce ciel sans nuages, ce repos, cette sérénité,... en cette Arcadie il y avait donc des dissensions, des inimitiés, des guerres ?

La plupart des Ouahouma de l'ouest du lac Albert avaient fui la tyrannie et la rapacité de ces rois.

Ainsi, le vieux Rougoudji, le plus proche voisin de Kavalli, auquel nous restituâmes les 40 pièces de bétail que les gens de Mélindoué lui avaient volées, était venu de l'Ounyoro. Il se rappelle son bisaïeul, né vers 1760, auquel Tchouambi, père de Kamrassi, père de Kabba Réga, envoya demander du bétail, en 1829, quand lui, Rougoudji, n'avait que dix ans. « A cette époque, la Semliki coulait dans une vaste lagune, dite Katera, au S.-E. du lac, laquelle empêchait les Ouaganda d'attaquer les Balegga; mais, la lagune s'étant comblée, Kamrassi — il n'avait jamais assez de vaches — me tomba dessus quand j'étais encore jeune homme; je pris mes femmes et mes enfants, et vins me réfugier ici.

— Depuis, as-tu été tranquille, Rougoudji?

— Vois ces cicatrices : autant de souvenirs que m'ont laissés les Balegga, et les Mélindoué, et Moussiri et les Ouara-Soura! Les Bavira arrivèrent à leur tour du Kouka, et demandèrent la permission de vivre à côté de nos troupeaux, mais ils en font à leur tête, et un jour ou l'autre il y aura du désagrément. »

La pluie ravage les terrains qui s'étendent entre la forêt et le lac Albert. Les sommets des collines et des tertres sont à peu près de niveau, mais le terrain intermédiaire varie beaucoup; des bords du plateau il descend à l'Itouri, qui le draine. Il serait difficile de trouver une surface de quelque étendue et tout à fait plane, bien que de haut et de loin il en semble autrement. C'est un système compliqué de pentes et contrepentes, d'où partent quantité de ruisseaux et petites rivières qui se réunissent pour former un affluent de l'Itouri.

Le sol — une argile légère et sableuse, — menuisé par une multitude d'insectes qui le fouissent, à la manière des taupes et lombrics, n'offre qu'une résistance insuffisante aux tempêtes de pluie, fréquentes et furieuses; l'eau ravine malgré les herbes. On voit combien la destruction est rapide quand on visite un de ces torrents après quelque bourrasque; en suivant un ru jusqu'à son confluent avec une des artères principales, on constate quels dommages un abat-d'eau de plusieurs heures produit sur des surfaces relativement planes.

Dans le pacage en face de Kavalli, j'estime que le bétail ne dépasse pas 4000 têtes. La race, à peine inférieure à celles que l'on élève en Angleterre, n'a de bosse que chez le taureau, et diffère notablement des espèces qu'on voit à l'est et au sud du lac Victoria. Les cornes sont de taille moyenne; néanmoins il y en a çà et là d'exceptionnellement fortes. Le bétail de l'Oussongora et de l'Ounyoro est couleur chamois et dépourvu de bosses et de cornes; celui de l'Ankori a une robe tachetée et des cornes démesurément longues. J'entends dire qu'on les lui brûle afin qu'il pénètre plus facilement dans les jungles. Les propriétaires le marquent à l'oreille par une ou plusieurs entailles.

Kavalli dit que de nombreuses bêtes s'empoisonnent en mangeant certaines plantes quand on les amène en des localités nouvelles. L'herbe plusieurs fois incendiée perd ses qualités nuisibles. Les plaines riveraines du lac sont fatales aux troupeaux, qui, au bout d'une quinzaine, se prennent de maladie; un liquide visqueux s'écoule des naseaux; le lait s'assèche, l'animal se dépoile, refuse de brouter, et meurt.

Les vieux Ouahouma sont peut-être de bons vétérinaires, mais nous ne saurions reproduire leurs recettes. Voulant qu'on me fît du beurre avec ma ration de lait quotidienne, je me fis prêter une calebasse, et après l'opération j'ordonnai de nettoyer le vase; mais on me remercia par une avalanche de reproches. Ils se figuraient que l'eau mise dans la gourde serait nuisible à la vache. Ils ne supportent pas non plus qu'un mangeur de viande ou d'aliments cuits touche des lèvres un pot ou une calebasse à lait.

Tous les jours j'entendais baratter dans une hutte tout proche; l'opération ressemble au mouvement du punkah qu'agitent les serviteurs hindous pour rafraîchir l'atmosphère d'une chambre; la gourde à lait est suspendue à la poutre.

La quantité de lait fournie est très petite, eu égard à la taille des vaches et à leur nourriture abondante. La meilleure laitière ne donne pas plus de 2 litres 25 par jour. Nos vaches étaient traites par les garçons et les jeunes hommes de Kavalli. Ils attachent les jambes postérieures de l'animal, et placent le veau devant sa mère. D'une main on tient le seau de bois, de l'autre on tire le lait, et il ne me semblait pas qu'on en laissât beaucoup pour le pauvre nourrisson. Les chèvres donnent souvent presque autant de lait que les vaches, mais je ne me suis jamais aperçu que les natifs se soucient de la notable addition qu'ils pourraient obtenir de ce chef.

En ces pays, la femme est un objet qu'on achète et qu'on vend, comme toute autre marchandise; on la paye d'une à cinq têtes de bétail. Cependant on la tient en honneur et en estime, et elle possède des droits qu'on n'enfreint pas impunément. Quand même le prix en aurait été compté au père, la femme maltraitée s'en retourne chez ses parents, et, pour la ravoir, le mari doit la racheter à nouveau : il tient à son bétail et maîtrise ses mouvements de mauvaise humeur. Un foyer froid n'a rien de confortable, le tyran s'ennuierait bientôt dans un intérieur vide et glacé.

Je fus requis de prononcer sur une difficulté qui avait surgi entre Kavalli, possesseur d'une jeune esclave, d'une part, et Katonza, un chef Mhouma, d'autre part. Celui-ci avait demandé en mariage la demoiselle, et avait déjà livré deux vaches après en avoir promis trois. Kavalli retenait la fiancée de Katonza, et ce retard occasionnait la dispute. Les termes du contrat ne furent contestés par personne, mais Katonza disait craindre que Kavalli ne remît pas la fille contre la troisième vache. Je dis aux adversaires de livrer chacun l'objet en litige entre les mains du juge, et l'affaire fut arrangée.

Autre consultation : Kavalli, marié cinq fois déjà, désirait une sixième épouse. Il l'avait achetée dans la tribu des Bougombi; mais on l'avait desservi auprès des parents de la jeune personne, qui réclamaient maintenant double nombre de têtes de bétail. Je conseillai au chef d'arranger l'affaire en ajoutant une vache et son veau au prix convenu.

Le troisième cas n'était pas sans difficulté. Au grand jour du Barza, un homme sortit des rangs, et accusa le chef Mpigoué de retenir indûment deux vaches d'une autre tribu. Et Mpigoué d'expliquer qu'une fille de ses sujettes avait été épousée au dehors, payée deux vaches et rendue mère trois fois. Voilà que l'homme vint à mourir. Sur quoi les voisins accusèrent la veuve d'avoir fait périr son mari par magie et la chassèrent.

Mpigoué avait recueilli la malheureuse avec sa progéniture. Et maintenant la tribu du défunt réclamait la restitution des deux vaches. — Mais était-il juste qu'elle reprît les vaches, après avoir renvoyé la femme et les enfants? Mpigoué eut gain de cause, car une semblable prétention, égoïste autant que mesquine, tendait à discréditer la respectable institution du mariage.

Les femmes ont le contrôle tant de leur intérieur que des produits du champ et de la laiterie. A l'homme il incombe de construire la maison, de panser le bétail, de traire les vaches, de tenir les clôtures en état, de fournir le vêtement — il n'y en a guère. — A la femme de bêcher le lopin de terre, de faire le beurre et d'aller au marché. On lui achète le lait et le beurre ainsi que les provisions. Cette coutume est générale en Afrique.

Le costume masculin est une peau de chèvre, attachée à l'épaule gauche, ou bien une robe d'antilope, dont on a raclé le poil, sauf sur une bordure de 8 à 10 centimètres. Les femmes s'habillent en cuir de vache, très souple parfois et supérieurement tanné. Les esclaves, quand elles ne portent pas un sayon en peau de chèvre, se ceignent la taille d'une lanière de cuir, à laquelle sont attachés deux chiffons d'écorce, un à l'avant, l'autre à l'arrière, ou un diminutif de tablier. Les filles non pubères vont et viennent dans la plus entière nudité; mais les garçons de dix ans singent déjà les adultes et paradent avec une peau de chevreau. Aux festivités, les femmes suspendent à leur ceinture une ramée verte, des frondes de maïs, de canne ou de bananier qui tombent sur les reins.

Les favorites des chefs, les sorcières ou « femmes de médecine » ont, comme les grands personnages, le droit de porter une fourrure de léopard, tout au moins de chat ou de singe. L'idée est répandue que les dépouilles de lion ou de léopard indiquent le rang et la dignité. Si un étranger ne reconnaissait pas un chef, on lui montre la robe du fauve : Tiens ! regarde !

L'autre jour, en feuilletant l'ouvrage de Wilkinson, *les Anciens Égyptiens*, je fus frappé de voir avec quelle ténacité l'Africain garde ses institutions. Parmi les dessins de costumes, je reconnus[1] ceux que portent le plus fréquemment les Oua-

1. Grav. p. 459.

houma, les Ouatoussi, les Ouanyambou, les Ouahha, les Ouaroundi et les Ouanyavingui, costumes déjà en vogue parmi les noirs qui payaient tribut aux Pharaons. J'ai retrouvé chez les Balegga, les Ouahouma, et en 1876, chez les Basoga, plusieurs instruments de musique, provenant de la vieille Égypte, et que conserve le British Museum [1]. Les manches de couteau, les rainures et la forme des lames, les ornements triangulaires en plâtre dans les maisons ou sur les boucliers, les étoffes d'écorce, les boîtes, la batterie de cuisine, les armes, zagaies, arcs et massues, les *moundou*, très semblables à l'ancienne hache d'armes égyptienne, les supports de tête en quart de cercle, les cuillers en bois et ivoire, les sandales à oreillettes, sans lesquelles un Mhouma ne se permettrait pas d'aller en voyage; la préférence pour certaines couleurs, telles que le rouge, le noir et le jaune; les corbeilles pour porter les nourrissons, les flûtes de roseau, les longs bâtons de promenade semblables à ceux que les dieux tenaient en main, la douleur exprimée en gémissant, en se frappant la poitrine, et par des gestes disant qu'on ne veut pas être consolé, les chants tristes et mélancoliques, cent autres usages montrent la fidélité avec laquelle les tribus du Pays aux Herbes ont conservé les coutumes qui caractérisaient les Égyptiens et les Éthiopiens des âges reculés.

Les garçons ont des jeux qui ressemblent à nos « billes », à la pelote, et au trictrac. Dans les cruches où les anciens mettaient l'eau pour arroser leurs champs, les Ouahouma d'aujourd'hui portent au chef le tribut de lait; dans leur toilette ils s'oignent toujours de beurre et d'huile de ricin. Le respect que dans l'antiquité on inspirait à la jeunesse pour les vieillards et pour les chefs est toujours de règle dans l'Afrique intérieure. Ces populations sans littérature et restées à l'écart des influences civilisatrices n'ont appris que ce que leur ont transmis les parents; lesquels ont eux-mêmes reçu de leurs progéniteurs le dépôt des coutumes locales et fonctions indispensables pour l'existence et la conservation des particularités caractéristiques de la tribu. De sorte que les habitants de ces régions, si longtemps inconnues, ont les usages, les habitudes et les préceptes de ceux qui bâtirent les Pyramides aux âges obscurs de l'Égypte préhistorique.

1. Fig. 135 et 136.

Les Ouahouma ignorent toute religion, mais ils croient sincèrement à un mauvais génie en semblance d'homme, qui hante les lieux inhabités, tels que les ravins dans la sombre forêt et les vastes flachères, mais se laisse gagner par des présents. Le chasseur lui abandonne, le jetant comme à un chien, un morceau de viande, un œuf, une petite bananc, ou bien encore il suspend une peau de chevreau dans le

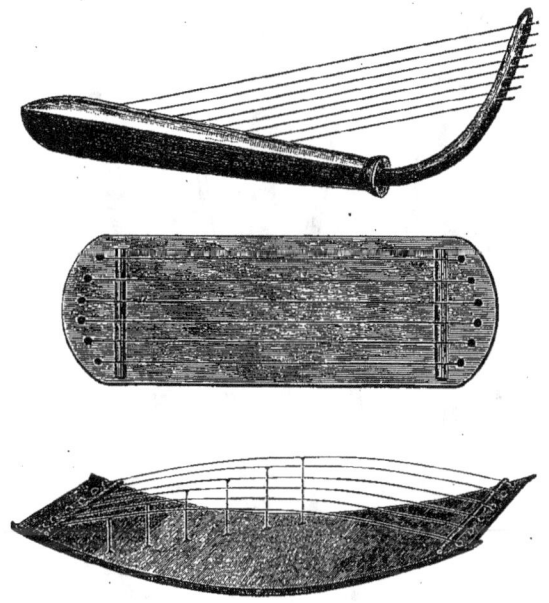

Instruments de musique des Balegga.

sanctuaire microscopique qui ne manque à l'entrée d'aucune zéribe.

Nul qui ne porte un charme au cou, au bras ou à la ceinture. Ils croient à la maraille, à la jettature et aux présages, mais sont moins superstitieux que les Ouaganda, probablement parce qu'ils sont plus clairsemés. Ils redoutent les sorciers ; malheur arrive bientôt à la personne qu'on soupçonne de machinations ténébreuses.

Le pauvre Gaddo, un bon garçon de belle prestance, attaché à M. Jephson, dont il avait été le pilote jusqu'à Msoua, fut soupçonné, bientôt après son retour à Kavalli, de conspirer contre son chef. Il vint me confier que sa vie était menacée; je lui con-

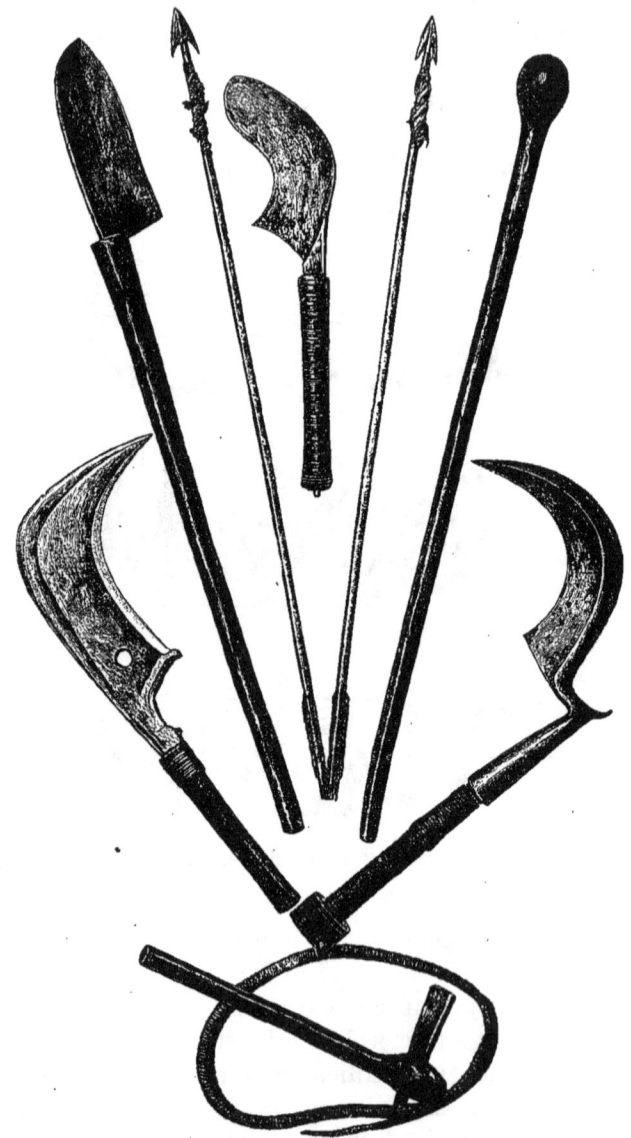

Armes des Balegga et des Ouahouma.

seillai de rester auprès de moi jusqu'à notre départ. Voilà que les anciens s'éloignèrent du camp jusqu'à une centaine de mètres et ouvrirent le ventre à un poulet. On les vit chuchoter : ils avaient acquis la preuve que Gaddo était coupable. Le pauvre jeune homme était innocent comme l'enfant qui vient de naître ; j'envoyai un messager dire au chef que je le tiendrais pour responsable s'il arrivait malheur à mon protégé. Mais l'infortuné avait été condamné par l'opinion publique ; inquiet de se sentir à proximité du village, il voulut chercher refuge chez Katonza, au lac. Son destin l'atteignit avant qu'il eût quitté le plateau. On raconta, très en détail, comment il était tombé d'un rocher et s'était cassé le cou. Ce fut un triste spectacle que celui des lamentations de ses sœurs, de ses enfants et de sa jeune épouse. Et Kavalli se montra ces jours-là particulièrement aimable et complaisant.

Les Ouahouma se nourrissent principalement de lait. Avec le prix du beurre et de leurs cuirs, ils s'achètent des patates douces, du millet et des bananes. Mais ils disent avec un orgueil tout particulier n'être pas « fouisseurs de terre ». Le sorgho des tribus agricoles appartient à la variété rouge ; leur maïs est de qualité inférieure. On le plante fin février, en même temps que les fèves ; deux mois après, celles-ci peuvent se manger ; en mai, le maïs monte en épi, en juin, il est mûr. En septembre, on sème le millet, et on le coupe en février. Chaque village cultive en grand les ignames, et plante le long des bananeraies la colocasie ou *helmia* ; mais les étrangers ne sont guère partisans de ce dernier aliment, nauséeux quand on ne sait pas le bien cuire.

La bière *maloué*, faite avec du millet fermenté ou des bananes mûres, est fort goûtée. La principale fonction du chef consiste, paraît-il, à visiter ses amis à la ronde, pour les aider à vider leurs cruches. Heureusement, la maloué n'est point une liqueur redoutable, elle a juste assez de montant pour « allumer » les sentiments de gaîté et de sociabilité.

Le climat est agréable. Cinq heures chaque jour, on peut travailler en plein air sans souffrir d'une chaleur excessive, et le temps est couvert pendant la majeure partie de la semaine. Au pic du soleil, tout le monde se réfugie à la fraîcheur des huttes. Les portions les plus élevées du Pays aux Herbes, — telles que Kavalli, les collines des Balegga et les prairies de l'Ankori, sont à une altitude de 1370 à 1980 ; de vastes espaces du Toro et de l'Ounyoro sud n'en ont pas moins de 3000, et promettent, quand il aura été pourvu aux moyens de communication, un séjour agréable aux Européens; ils y trouveront des voisins tranquilles, aimables et bienveillants. Cette belle race, qui a pour ses meilleurs représentants les Ouahouma avec lesquels nous n'avons jamais échangé de paroles irritées, nous remet en mémoire le souvenir de ce « peuple irréprochable » avec lequel les dieux daignaient banqueter une fois tous les ans, sur les montagnes de l'Éthiopie.

# CHAPITRE XXXIV

### DU LAC ALBERT A LA POINTE SUD DU LAC VICTORIA

(Du 28 juillet au 17 septembre 1889.)

L'Ankori et le Karagoué sous deux aspects. — Le Karagoué et le Nil Alexandra. — Les eaux thermales de Mtagata. — Un petit rhinocéros. — Son humeur batailleuse. — Disparition de Ouadi Asmani. — L'opinion du Pacha sur le capitaine Casati. — Le D$^r$ Parke et la nabote. — Un jeune pygmée. — Kibbo-Bora perd sa femme aux Eaux-Chaudes. — Arrivée à Koufarro. — Les derniers rois du Karagoué. — Kiengo. — Nelson ressemble à Speke. — Le roi de l'Ouganda est fort redouté dans le Karagoué. — Ndagara n'ose pas permettre à nos malades de rester dans son pays. — Le campement à Outhenga. — Morts de froid. — Pour porter nos malades, nous jetons les objets inutiles dans le lac d'Ourigui. — Le district de l'Ihanguiro. — Il nous faut acheter notre nourriture. — Lac d'Ourigui. — Au village de Moutara, Fath el-Moullah court l' « amouk » sur les natifs. — Il leur est livré. — Le plateau de l'Ounya-Matoundou. — Halte à Ngoti. — Le chef Mouengui. — Le territoire de Kadjoumba. — Vue du lac Victoria. — Le pays autour de Kissaho. — Des lions et des crânes humains dans le voisinage de notre camp. — Les événements de 1888 ont aplani notre route vers la mer. — Amranda et Bouanga. — Les missionnaires français et leurs stations à Oussambiro. — Arrivée chez M. Mackay, à la mission anglaise. — La bibliothèque de M. Mackay. — Nous prenons du repos et achetons des vivres. — MM. Deakes et Mackay nous donnent un beau dîner. — Dernière lettre de M. Mackay, en date du 5 janvier 1890.

Un étranger qui visiterait l'Ankori ou le Karagoué pendant la saison sèche n'y verrait que vastes espaces dévorés par le feu, hérissés de roches grisâtres en lignes ou en masses nombreuses, traversés de lourds chaînons étalant les uns après les autres leurs pentes brûlées et noircies. Il s'écrierait avec impatience : « Montrez-moi donc quelque chose de moins maussade. » Cet étranger, je le connais depuis longues années : de nature, il est mécontent, refrogné; il a le sang appauvri, le foie ou la rate malades. C'est lui qui, au Congo, sur la côte de l'océan Indien ou dans la terre des Betchouana, gravit une termitière, regarde tout autour, et vous dit lentement : « Et c'est ça, l'Afrique! » Mais trois semaines après que la flamme a consumé les herbes sèches, et sur les sommets, les versants, les vallées, le tendre gazon ondoie à la brise dans toute la joie de la jeunesse, de la beauté, de la couleur; alors ces deux pays de pâturages, si renommés pour l'élève du bétail, sont réellement admirables. Nous les avons vus sous leur double aspect : c'est l'Ankori que je préfère, avec ses longues plaines aux ondulations rappelant la houle de l'océan, interrompues par de petits mamelons et des montagnes naines que séparent des affluents du Nil Alexandra, comme le Rouizi, ou des tributaires du lac Albert-Édouard, tels que le Roussango. Tous ces rus descendent en courbes sinueuses des rampes grandioses qui séparent les eaux des deux bassins. On dirait que le relief du sol a été préparé d'après les exigences des diverses tribus qui devaient l'habiter. Ces limites, cependant, ne sont pas toujours observées. En dépit des frontières naturelles assignées à l'Ankori, Antari commande en maître dans toute l'étendue des bassins du Rouizi, de la Namiandja, du Roussango et de mainte autre rivière. Il vient de s'annexer le Mpororo, et si sa puissance égalait son ambition, on le verrait bientôt dominer le Karagoué, le Koki et l'Ouddou, jusqu'au lac Victoria.

Nous voici dans le Karagoué. Le Nil Alexandra[1], qui reçoit les eaux du Rouanda et du Mpororo à l'ouest, de l'Ouhha au nord, de l'Ouroundi et du Kichakka au nord-est, coule au nord en longeant la frontière occidentale de la contrée. En entrant dans l'Ankori, il se dirige subitement vers l'est pour aller se jeter dans la mer Victorienne. Quittant son étroite vallée et nous élevant peu à peu sur le talus d'une de ces longues auges si caractéristiques de cette partie de l'Afrique centrale, nous allons bivouaquer à Ounya-Katera, au-dessus de la chaîne de ce nom. Multipliée quarante fois, la vue qu'on découvre du sommet serait tout le Karagoué. Aussi loin que porte le regard, ce sont de profondes coulières, creusées entre des rampes étroites et longues, drainées au nord par les petits cours d'eau tributaires de l'Alexandra.

Le second jour nous amène à ces sources chaudes de Mtagata

---

[1] Le Kaguérasou Tengouné des indigènes.

dont j'ai parlé dans mon ouvrage *A travers le Continent Mystérieux*.

Nos Nubiens vont à la chasse, car le pays est fameux par ses rhinocéros. Tireurs habiles, ils réussissent à en tuer quatre et m'amènent un petit vivant, de la grosseur d'un très beau sanglier. On l'attache à un arbre : il montre tout de suite ses

Source chaude de Mtagata, d'après une photographie.

instincts de combativité. Prenant le tronc pour un ennemi, il le charge avec impétuosité, le laboure de la corne qui surmonte son mufle; puis, le voyant rester obstinément immobile, il s'arrête et l'examine comme pour chercher une autre méthode d'attaque. Quelque méchant gamin zanzibari en profite pour lui fouailler les cuisses d'une pointe de roseau; le pauvre petit pousse un grognement de rage, se retourne et de toute la longueur de la corde s'élance contre son agresseur. Puis il se rue de nouveau contre l'arbre — c'est lui le coupable, pour sûr ! —

Le petit rhinocéros dans le camp.

et avec une véhémence telle qu'il tombe les quatre fers en l'air; il se relève, recommence l'assaut : l'arbre de ne pas bouger, le garçonnet de piquer, et ainsi de suite, il ne sait à qui en avoir.... Enfin, pour mettre un terme à ses misères, je renonce à l'emmener à Zanzibar et fais mander le boucher et ses aides. Je n'avais encore vu bambin plus stupide, plus colère et plus intraitable.

Le 31 juillet, pendant la marche de Kirouroumo, le Zanzibari Ouadi Asmani, un de mes chefs de caravane, déposait sur la route sa carabine et son ballot et disparaissait on ne sait où, sans avoir fait ses adieux à personne. Sa santé était parfaite, il n'avait pas d'ennemis, et je lui devais trente mois de gages. On porte maintenant en hamac Casati, dont la faiblesse augmente. Emin vient me rendre visite : « Quel original que ce capitaine! Figurez-vous que je l'ai trouvé couché sur l'herbe, tête nue, à un soleil si ardent que même sous la tente j'en étais incommodé. Sa maison se compose de quatre femmes, de deux Manyouema, d'un garçon emmené de sa province. « Comment! lui ai-je dit, quelqu'un de vos sept domestiques
« ne vous arrange pas un ajoupa avec des feuilles de bananier?
« — Mais je n'ai pas de domestiques. — Pourquoi n'avez-
« vous pas envoyé chercher le baquet que je vous ai proposé?
« Ces eaux chaudes vous seraient très salutaires! — Je le
« crois, mais je n'ai pas de domestiques. — Que faites-vous
« donc de ces quatre solides gaillardes qui sont chez vous? —
« Oh! je ne voudrais rien leur demander : elles pourraient
« croire que je les traite en esclaves. Ce sont des veuves,
« vous savez », etc.

La jeune fille pygmée qui était avec nous depuis un an, est atteinte d'une maladie chronique; il nous faut la laisser chez le chef de Kirouroumo. Parke s'était attaché la petite personne par ses manières douces et affectueuses qui font que le plus morose a un sourire pour le docteur. Elle le servait avec dévouement et s'était constituée la gardienne de sa tente. Quand il s'absentait pour les devoirs de la journée, il la retrouvait couchée en travers de sa porte comme un épagneul; elle ne souffrait point qu'un intrus y pénétrât. Elle faisait son ouvrage sans bruit, la seule de son sexe qui n'abusât pas des privilèges qu'on accorde aux femmes dans notre campement. En route elle portait le havresac du docteur, et, en arrivant au bivouac, s'activait comme une abeille, ramassant du bois et préparant la tasse de thé réconfortante qu'après de patientes leçons elle avait compris nécessaire au bien-être de notre camarade. Nous avons encore au camp un spécimen de sa race, le jeune serviteur d'un officier; il ne parle jamais qu'à son maître, mais au bivouac il est toujours le premier à trouver du bois et à faire du feu. En marche, quoiqu'il ait son fardeau comme les autres, il ne paraît jamais fatigué; jamais il n'a causé le moindre mécontentement. Quand il s'est ramassé une bonne provision de combustible, si quelque grossier malandrin vient à s'en emparer, ses regards seuls expriment sa détresse, puis il se remet tout de suite à l'œuvre : le temps est trop précieux pour qu'il proteste contre l'inévitable. Les pygmées donnent ainsi par leur conduite une preuve de leur proche parenté avec les plus nobles et les meilleurs parmi l'espèce humaine.

Kibbo-Bora, un des chefs manyouema, a perdu sa femme aux Sources Chaudes. Si grande est sa peine qu'il a fallu l'empêcher de se suicider. Assis à part dans la gorge de Mtagata, il est resté vingt-quatre heures à hurler, ses hommes répondant en chœur à ses lamentations, et nous associant malgré nous à son deuil, car personne n'a pu dormir de la nuit. Il fut longtemps à se remettre.

Continuant notre voyage sur les chaînes herbeuses qui forment d'étroites vallées parallèles courant du N.-N.-O. au S.-S.-E. à travers le Karagoué tout entier et le Rouanda plus à l'ouest, nous arrivons en trois étapes à Kafourro, ancien repaire favori des traitants arabes.

Il s'est produit des changements au Karagoué comme dans l'Ouganda. Mtésa, roi de l'Ouganda, que les capitaines Speke et Grant nous firent les premiers connaître, a pris le chemin de toute la terre, et, depuis quatorze ans, Mouanga, Kiouéoua, Karéma, puis de nouveau Mouanga, se sont assis sur son trône. Au Karagoué, Roumanika, l'aimable païen, un véritable Mhouma, est aussi entré en un repos à peine plus paisible que ne fut sa vie. Kyensi, son fils aîné, n'a régné que neuf mois, déposé par un autre fils, Kakoko. Pendant les trois ans de sa souveraineté, celui-ci a tué dix-sept de ses frères et crevé les yeux à Louadjoumba, le plus jeune. Ka Tchikondjou les a vengés. Entrant dans la maison de Kakoko et le trouvant couché sur son lit, ivre de maloué, il le transperça par deux fois de sa lance et délivra ainsi le pays. A la même époque, un trafiquant d'ivoire, un Arabe nommé Hamed bin Ibrahim, qui avait passé plusieurs années au Karagoué, fut tué par son fils Seyyid bin Hamed. Ndagara ou Ounyagoumboua, aujourd'hui âgé de seize ans, et l'héritier légitime du trône, puisqu'il est le fils de Kyensi, a succédé à Kakoko.

Le Karagoué nous accueille tout aussi bien que l'Ankori. Sur la route de Kafourro, on nous permet de prendre autant de bananes et de plantains qu'il nous plaira, et Ndagara est à peine informé de notre arrivée, qu'il nous envoie quantité de régimes, un bœuf, des poules, de la maloué, des fèves, des patates douces, du maïs. Je lui donne, en retour, une carab deux rouleaux de fil de fer.

Kiengo, l'ancien guide de Speke et de Grant, qui les avait accompagnés de l'Ounyanyembé dans l'Ounyoro, nous gratifie d'un bœuf, de bananes, de volailles et de lait ; au capitaine Nelson, qui lui rappelle un peu « Speki », il fait cadeau d'un mouton gras à large queue ; il n'accepte point d'autre payement que la charge à nous d'écouter ses interminables réminiscences de « Speki ».

Le roi de l'Ouganda est grandement redouté au Karagoué. Avant la déposition de Mouanga, aucun étranger ne pouvait traverser ce pays sans sa permission. Après la mort de Roumanika, les Ouaganda avaient poussé les choses si loin qu'ils imposaient les hôtes arabes de Ndagara avec aussi peu de façon que s'il se fût agi de leurs propres sujets. Deux ans avant notre arrivée, les Ouaganda étaient en force dans la capitale de Ndagara et à Kitangoulé, où ils gardaient les bacs et passages du Nil Alexandra. Ils avaient demandé à Bakari, traitant de la côte qui remplaçait Hamed Ibrahim à Kafourro, un tribut de vingt fusils et de vingt barils de poudre, et, celui-ci s'y étant refusé sous prétexte qu'il était l'hôte du Karagoué et non celui de l'Ouganda, ils l'avaient passé par les armes avec ses principaux serviteurs. Il ne nous eût donc pas été facile de prendre cette route pour délivrer le Pacha ; le roi de l'Ouganda, nous sachant une si grande quantité d'armes et de munitions, fût devenu absolument intraitable. Un grand déploiement de forces militaires aurait pu seul le mettre à la raison.

Et cette pression de l'Ouganda sur le Karagoué n'avait pas

encore pris fin. Vingt-six personnes de la suite du Pacha, atteintes d'ulcères graves, demandaient la permission de rester au Karagoué jusqu'à leur guérison. Donc, je fis dire au roi que plusieurs des nôtres étaient trop malades pour continuer leur voyage. Il lui était impossible de les garder, répondit-il : si le roi de l'Ouganda apprenait qu'on tolérât des étrangers dans le pays, non seulement il enverrrait ses guerriers pour les mettre à mort, mais encore pour dévaster la contrée. Je transmis dûment ces paroles aux hommes du Pacha : mourir pour mourir, ils préférèrent rester; aussi bien étions-nous trop lourdement chargés pour qu'il me fût possible de les faire charroyer par mes porteurs.

L'étape suivante nous conduisait à Rosaka, et le 8 nous traversions, par monts et par vaux, de mornes étendues d'herbe sèche. Le temps était sombre et la pluie menaçait. Après avoir longé une crête élevée par un vent debout, âpre et glacial, nous fûmes assaillis d'épaisses giboulées, qui paralysèrent incontinent les malheureux efféminés que traînait après lui le Pacha. L'arrière-garde en ramassa plusieurs, déjà sans connaissance; le capitaine Nelson ordonna une halte et fit allumer des feux, mais avant que les pauvres gens y pussent arriver, ils tombaient sur la route, raides et glacés; il fallut les porter devant la flamme, et les frictions énergiques des Zanzibari les remirent sur pied; malheureusement cinq avaient déjà succombé, l'arrière-garde n'ayant pu les secourir assez tôt. La tête de la colonne, à neuf kilomètres en avant, s'était réfugiée dans les bananeraies du bassin de l'Outhenga, les porteurs marchant toujours d'un bon pas pour être plus vite débarrassés de leurs fardeaux, tandis que les Égyptiens et leur suite continuaient à s'éparpiller sur le chemin, souvent à plusieurs kilomètres de l'avant-garde.

Le 10, nous quittions Outhenga, et, après avoir traversé deux chaînes et redescendu de 240 mètres vers l'étroit bassin qui est au nord du lac Ourigui, la caravane en franchit les anciennes laisses. Nous enfilons un sentier qui nous amène sur la rive orientale. Au bivouac, en face duquel la nappe d'eau mesure un kilomètre et demi de large, je fais abattre neuf bœufs, distribuer les rations de viande, puis jeter dans le lac deux caisses de munitions pour remingtons. Je m'étais déjà débarrassé des curiosités recueillies dans la forêt et de tous les articles superflus : il fallait maintenant sacrifier poudre et cartouches pour suffire à notre service de brancardiers.

Le 11, nous sortions du Karagoué. Les pressantes recommandations de Ndagara nous valurent un bon accueil dans l'Ihanguiro, où l'on nous escorta, de village en village, jusqu'à la station de Kavari. Mais, à partir de là, c'en était fini de l'hospitalité généreuse avec laquelle la caravane des chefs blancs

Lac d'Ourigui.

avait été accueillie depuis l'Albert-Nyanza, sur un parcours de 970 kilomètres. Donc je procédai à la répartition entre tous, hommes, femmes et enfants, des perles rouges, blanches, bleues, brunes et jaunes, des perles de verre et des perles de porcelaine qui serviraient désormais à l'achat des vivres. C'eût été un grand soulagement pour nos porteurs, mais une très grave imprudence, d'en distribuer pour un mois à des gens dont les neuf dixièmes mangeraient en un jour la ration de cinq et s'empresseraient ensuite d'acheter peu de grain, il est vrai, mais beaucoup de maloué, de volaille et de chèvres. Dans ces conditions, nous aurions dû recommencer dans dix jours, et bientôt finir par la ruine complète.

Vu d'Ousseni ou de Kavari, le lac d'Ourigui, aux eaux d'un bleu pâle sous l'azur intense du ciel, est joli dans son cadre de collines brunes que parsèment des buissons d'un vert foncé. En se retirant, il a laissé des baies qui se prolongent au loin dans l'intérieur, larges bras marécageux, où foisonne la *Pistia stratiotes*, repaires favoris d'innombrables échassiers et oiseaux pêcheurs : grues, hérons, pélicans, aigrettes, et la petite mésange noire, *Parra africana*. Il y a beaucoup d'hippopotames et malheureusement des légions de moustiques noirs. La rive orientale est jonchée d'os d'animaux, dévorés par les lions et les hyènes, nous dit-on. Le lac abonde en poissons infestés de filaires, à en juger par ceux qu'on nous vendit et que je m'empressai de faire jeter. L'Ourigui mesure 40 kilomètres de long, 2 à 5 kilomètres de large, et les collines herbeuses qui lui font ceinture le dominent de 360 mètres en moyenne.

De Kavari, nous suivons la rive gauche jusqu'à Moutara. Nous n'y sommes pas encore arrivés que les indigènes s'empressent de nous vendre grain, miel, poisson, maloué, bananes. Les incorrigibles Soudanais, oublieux de mes ordres précis donnés la veille quant à la distribution des perles, continuent jusqu'au village, encore distant d'un kilomètre et demi, et font main basse sur la bière et les fèves. Dans un pays où rien n'empêche les voyageurs d'obtenir, moyennant échange, tout ce qu'ils demandent, cette conduite déplut aux indigènes, tout comme elle déplairait à des commerçants de Londres ou du Caire dévalisés de leurs marchandises. Ils se récrient, demandent des explications. Pour toute réponse, un Soudanais charge son remington, tue un naturel, en blesse un second à la mâchoire et un troisième à la jambe. Les malheureux, comprenant de moins en moins, n'essayent cependant pas de se faire justice, ils m'envoient une députation de cinquante hommes, qui arrivent au camp en bon ordre et m'exposent convenablement la situation. L'histoire me paraît incroyable, et j'envoie un officier aux informations. Sur sa réponse, je fais sonner l'appel : Zanzibari, Soudanais, Manyouema, Égyptiens et leur suite forment le carré; je prie les indigènes d'en faire le tour et de me désigner le coupable. Cinq d'entre eux me montrent Fath el-Moullah. Ce témoignage ne me paraissant pas suffisant, j'interroge les Soudanais; Sourourou sort des rangs et raconte comment son camarade est entré dans le village pour courir l' « amouk » pendant que les femmes étaient à tenir leur marché dans notre camp : un naturel voulant empêcher Fath el-Moullah de lui prendre une cruche de maloué, celui-ci, le traitant d'*abid*, de *kelb*, d'esclave, de chien, l'avait abattu d'une balle, puis avait tiré trois ou quatre fois sur d'autres, au hasard.

« Cet homme est à vous, prenez-le. Mais si du bétail, des étoffes, du fil de fer ou toute autre chose peuvent le racheter, je payerai sa rançon.

— Non, non, non, non. Nous ne vendons pas la vie de nos frères ! Une centaine de bœufs ne la rachèteraient pas !

— Mais que ferez-vous de cet homme ? Vous ne pouvez le manger ; il ne travaillera point pour vous. Prenez cinq bœufs !

— Non, non, non, non. C'est lui que nous voulons. Il a tué un de nos chefs ; peut-être les autres mourront aussi.

— Alors prenez-le. Il n'est plus à moi ; il n'a plus droit dans mon camp. »

On l'entraîna, et nous n'avons jamais su ce qu'il était devenu.

Le jour suivant, nous quittions la rive pour marcher droit à l'est du lac, dans un pays aride, sans eau et sans habitants, un terrain dur et pierreux, parsemé de termitières sans nombre, avec une brousse maladive et rabougrie. A droite et à gauche, une maigre forêt d'acacias mourants ou morts et dépourvus de feuilles. En deux heures nous avions atteint la base du plateau d'Ounya-Matoundou, et, comme il était encore d'assez bonne heure, nous en gravîmes le sommet : 365 mètres au-dessus du lac. De là, traversant de beaux pâturages, des champs fertiles et quelques bourgs, nous faisons halte à Ngoti, après quatre heures et demie de marche.

Le chef Mouengui, jeune Mhouma de la taille d'un garde de Sa Majesté Britannique, calme, se possédant parfaitement et sachant très bien se faire obéir, nous reçut à merveille ; aussi accordai-je un jour à mes gens pour faire des échanges. Pour dix cauris, on avait un beau régime de bananes, et comme chacun des nôtres recevait huit cauris par jour, personne ne pouvait se plaindre d'être insuffisamment nourri.

Une heure de marche après Ngoti commence la descente orientale du plateau ; elle aboutit, 275 mètres plus bas, au pays d'Ouzindja, sur une plaine couverte d'acacias moribonds.

Une étape de cinq heures nous amenait ensuite à Kimouani ou Kizinga, capitale du chef Kadjoumba, autre géant de race ouahouma, pour le moment souffrant d'une ophtalmie. L'année précédente, les Ouaganda ayant envahi son territoire, il avait dû s'enfuir à Ounya-Rououamba, district ouriguien du roi de l'Ihanguiro, et se cacher dans une des îles du lac. Quand il put rentrer chez lui, après avoir payé une indemnité et reconnu la suzeraineté de Mouanga, ce fut pour trouver ses bananiers coupés et ses champs dévastés. Ihanguiro réclame aujourd'hui la possession de Kimouani en reconnaissance de sa protection ; d'un autre côté, Kassassoura, roi d'Oussoui, ayant envahi le pays et gardé prisonnier l'infortuné Kadjoumba pendant deux mois, prétend le traiter en vassal.

Kadjoumba se montra généreux : il nous envoya 81 régimes de bananes, une chèvre et deux cruches de maloué. Comme il est despotique et hargneux, — peut-être parce qu'il sent approcher la vieillesse, — une petite caravane eût sans doute été moins bien traitée.

Accompagnés par des guides de Kimouani, nous nous dirigeons vers le sud ; à cinq kilomètres de chez Kadjoumba nos regards charmés s'étendent au loin sur le lac Victoria et les îles Ikouta, Madjinga, Sossoua, Roumondo et Maïssomé. Vers midi nous faisons halte à Nyamagodjou, à l'extrémité sud-occidentale d'une baie où se jette le Lohougati, torrent périodique qui reçoit les eaux de l'Oussoui occidental.

Le lendemain nous parcourons une plaine qui s'étend de Nyamagodjou à un autre point du lac, et la caravane s'arrête au bout du village de Kissaho. Nous marchons tous les jours sur un terrain dont les eaux se retirent depuis à peu près 25 ans et que recouvrent des buissons bas, dépourvus de feuilles dans cette saison. Le sol est dur, crevassé, blanchi en plusieurs endroits par les efflorescences nitreuses. A droite il s'élève graduellement à 15 mètres au-dessus du lac ; la maigre forêt n'a que des arbres nains, mais à 30 mètres les fûts sont plus hauts et les herbes plus savoureuses.

Nous coupons à travers une sorte de large promontoire, et passons, le 20, de la baie de Kissaho à une autre baie près d'Itari. D'une hauteur du voisinage je découvre par des relèvements de boussole et par l'observation solaire que nous sommes au sud de la côte sud-occidentale, telle que je l'ai indiquée sur ma carte de *A travers le Continent Mystérieux*. On peut voir la longue chaîne des îles qui semblent s'imbriquer ; nous n'avions pu les explorer, en 1875, quand nous fuyions

Campement à l'extrémité sud-ouest du Victoria-Nyanza.

sans rames devant les féroces Boumbiré, et je les avais portées comme faisant partie de la terre ferme.

Les Ouazindja appellent le Victoria-Nyanza « Mouta Nzighé », comme les Ouanyoro appellent le lac Albert « Mouta Nzighé », et les Ouassongora et les Ouanyankori le lac Albert-Édouard « Mouta Nzighé » aussi.

Les lions ont dévoré un zèbre que nos chasseurs avaient abattu. Nous sommes surpris de voir des crânes humains en grand nombre; les guides disent que les Ouazindja ayant voulu s'opposer aux Ouaganda lors de leur dernière invasion en ont été cruellement punis. Une juste rétribution, peut-être! Les Oussoui auraient besoin d'une leçon de ce genre : le dernier exploit de Kassassoura a été d'arrêter une caravane de 150 fusils.

En réfléchissant aux divers événements qui en 1887 se sont succédé dans cette région : les Ouaganda tout-puissants au Karagoué, audacieux, insolents, fusillant les traitants arabes et envahissant l'Ouzindja, le pays en entier, de Kichakka au lac Victoria, n'étant plus qu'un champ de carnage et de dévastation, je me félicite d'y arriver après la déposition de Mouanga, la révolution et la contre-révolution. Je n'ai plus à craindre d'obstacles à notre marche pacifique vers la mer.

Les aborigènes de la forêt qui nous accompagnent dans ces plaines arides, dépourvues de toute humidité, dont la seule végétation consiste en quelques acacias nains et de robustes euphorbes, ne supportent pas ce climat desséchant. Nous en avions laissé déjà la moitié derrière nous, et cependant ni l'eau ni les vivres ne leur avaient manqué! On ne peut impunément les arracher à la vie sylvestre, pas plus qu'à celle-ci on n'habituerait les fils du désert. Nos Somali, Soudanais, Madi ou Bari ne restaient pas dans la forêt sans se démoraliser promptement, perdre la joie de vivre et mourir. Et cependant j'ai lu, dans des livres qui affectent des prétentions à la science, que l'Afrique n'est faite que pour les Africains!

A ma grande surprise, je puis dire ma joie, je vois le lac Victoria s'étendre jusqu'au 2° 48' de latitude sud, par suite du relèvement que je fais le 21, à Amranda. Depuis Nyamagodjou, nous sommes à 15 mètres seulement au-dessus du lac. Le retrait des eaux laisse à sec d'immenses plaines qui resteront improductives jusqu'à ce que nombre de saisons pluvieuses en aient enlevé le nitre, toujours prêt à efflorir.

Depuis Amranda, nous nous dirigeons vers le sud, nous élevant insensiblement vers de meilleures terres, qui produisent du bois de bonne qualité. A 30 mètres déjà, l'acacia disparaît, laissant la place au *mayombo*, dont l'écorce rend de grands services aux naturels; ils en font des vêtements et des boîtes; les troncs creusés pourraient servir de pirogues. A Bouanga, la langue ouahouma, en usage depuis l'Albert-Nyanza, cesse d'être comprise et nous prenons des interprètes ouanyamouézi : nos sceptiques Zanzibari commencent enfin à reconnaître que nous approchons de *Pouani* (la côte).

Il faut à présent nous acheminer vers l'est, sur la route de la station missionnaire qu'on nous dit exister encore à Oussambiro. De Bouanga à Ouyombi, étape de six heures trois quarts; de Ouyombi à Kamouaga, étape de cinq heures; cinq heures encore jusqu'à Oumpété; six heures jusqu'à Oussambiro. La mission française est déserte. Au centre de la palissade circulaire se trouve une jolie église surmontée d'une simple croix, dont la vue nous remet au cœur ces mots CHRIST et CIVILISATION, auxquels, je le crains, plusieurs d'entre nous étaient depuis longtemps devenus étrangers.

Les missionnaires français, il faut le dire, ne sauraient être surpassés dans l'art de donner à leurs stations, et avec les plus misérables matériaux, un aspect de confort et d'élégance. De ces plaines arides, où pendant la saison sèche, mes lecteurs ont pu le constater, on trouve à peine, sur une étendue de 4 à 500 kilomètres, un coin de paysage digne d'être remarqué, leur établissement occupait peut-être le lieu le plus ingrat. Et cependant il faisait plaisir à regarder. Trois rangées de constructions en pisé et peu élevées forment les trois côtés d'une cour spacieuse. Chacune comprend quatre ou cinq chambres, très proprement plâtrées avec une sorte de terre glaise grise, au dehors comme au dedans. Au milieu s'élève l'église, fort bien construite avec le mayombo de la forêt prochaine et l'argile du sol environnant. Un premier rang de palis protégeait la demeure des missionnaires, et un second, le village de leurs prosélytes. Rien de mieux conçu et de mieux exécuté. C'était, on le voyait, une œuvre de patience et d'amour. Mais si leur foi eût été moins ardente, ils se fussent peut-être aperçus à temps qu'ils venaient s'établir au milieu des plus perfides, des plus endurcis, des plus sensuels des indigènes, des Ouanyamouézi, c'est tout dire, et que le pays manque d'eau. Aussi ont-ils reçu l'ordre du départ avant que la station fût complètement achevée.

J'avais déjà, pour ne pas trop le surprendre, expédié des messagers à M. Mackay, de la Société des Missions de l'Église anglicane, et, le lendemain, nous arrivions en vue de son établissement, construit au milieu d'une morne solitude, à la base d'une colline dont la cime est couverte de roches jetées pêle-mêle, un véritable chaos; elle descend en pente douce vers une prairie marécageuse où abondent les papyrus. Au delà brillent les eaux d'une longue baie du Victoria-Nyanza. Nous sommes sur une route assez large pour le passage d'un wagon; un peu plus loin voici le véhicule lui-même, — quelques planches montées sur des roues en bois, et chargées de matériaux de construction. L'aspect du paysage vous serre le cœur. Rien de vert, sauf en bas dans le marigot. L'herbe est morte; morts aussi les arbres, ou flétris, ou malades. Pas un bourgeon; pas une fleur; la sécheresse a tout emporté. Nous avions encore un kilomètre à faire quand se présente un petit homme à barbe abondante et brune, cheveux châtain, costume de toile blanche, chapeau tyrolien gris.

« C'est vous, monsieur Mackay! Mouanga ne vous a pas happé, cette fois! Quelle vie il a dû vous faire là-bas? Mais vous ne semblez pas en avoir trop souffert! On dirait que vous revenez d'Angleterre!

— Non! j'en suis à ma dixième année d'Afrique. Mouanga a levé l'embargo, le révérend Cyril Gordon m'a remplacé; mais, depuis, tous les missionnaires ont été expulsés de l'Ouganda. »

Causant ainsi, nous entrons dans l'enceinte de hautes perches qui entoure la mission. Ici tout annonce le travail persévérant, sans repos, sans relâche, dans la plaine, sous le soleil cuisant; à la ferme, à l'établi; partout on sent la résolution bien arrêtée de ne pas se croiser les bras pour réfléchir à tout ce qui vous entoure, de peur que le désespoir ne vous saisisse et ne vous pousse à chercher le moyen le plus prompt d'en finir avec toutes ces misères. Dans la cour, un grand atelier, bien installé, plein d'outils et d'instruments;

des forgerons sont en train de river une chaudière à vapeur ; d'autres réparent un canot ; à côté, une fosse à scier le bois ; tout autour sont empilées des billes de bois ; plus loin, des perches à palissades. Ailleurs, les étables et les parcs à chèvres ; des poules, par vingtaines, y picorent des grains microscopiques. En dehors du quartier européen s'ébattent de joyeux enfants, grands et petits, négrillons à peau luisante et paraissant très bien se porter. Les travailleurs se découvrent en passant et nous disent bonjour.

Mais si quelque chose peut, plus encore que le travail, nous donner de la joie sur cette terre de Dieu, c'est le sentiment que notre tâche va être terminée. Cette impression, je commençai à l'éprouver dès mon entrée dans la maison des missionnaires. Mon œuvre n'était pas tout à fait accomplie, mais l'accueil que l'on nous faisait était le présage de son achèvement prochain.

On m'introduit dans une chambre aux solides murailles d'argile, épaisses de 60 centimètres, bien plâtrées, parsemées de gravures représentant des scènes de l'histoire des Missions ; quatre rayons contiennent un choix de livres utiles. « *Alla ho akbar*! me dit Hassan, le majordome zanzibari de Mackay. Des livres ! Mackay en a par milliers, dans sa chambre à coucher, dans la salle à manger, dans l'église, partout ! Des livres charges sur charges ! » Et tout en savourant, pour la première fois depuis trente mois, d'exquises tartines de pain de ménage avec du beurre et de vrai café, je sympathise avec M. Mackay et comprends sa passion pour la lecture. Au milieu de tant de bouquins, de négrillons, d'ouvriers à conduire, il n'a pas le temps de s'ennuyer ou de trop s'étendre sur ce qui l'entoure, désastres, tristesses, désespoir, solitude. Un littérateur distingué a dernièrement écrit l'histoire d'un homme qui a longtemps séjourné en Afrique ; le livre n'est d'un bout à l'autre qu'un long gémissement. Le spectacle des agissements de M. Mackay eût guéri à la fois l'auteur et son héros. Notre missionnaire ne prend pas le temps de se douloir et de récriminer. Dieu sait pourtant si jamais homme eut meilleure occasion d'être triste et mélancolique, de regretter sa solitude, de rêver « sombre oubli » et « vers du tombeau » ! Quand Mouanga a fait tuer Hannington, l'évêque de M. Mackay, brûler vifs ses élèves, étrangler ses néophytes, assommer ses amis, puis qu'il a levé sur le petit homme ce regard qui annonçait la mort, il n'a pu faire baisser ces calmes yeux bleus. Voir ce véritable héros poursuivre depuis douze ans son œuvre, jour après jour, sans un mot de regret, diriger son petit troupeau du désert, annoncer « chaque matin la bonté de l'Éternel, et sa fidélité toutes les nuits », vaut bien la peine, par la leçon de courage moral

Mission de M. Mackay au Victoria-Nyanza.

et de contentement qu'on en retire, d'entreprendre un long et périlleux voyage.

Notre séjour à la station des missions se prolongea du 28 août au matin du 17 septembre. Tous les Européens de l'expédition se trouvèrent admirablement de l'aimable société, d'une nourriture régulière autant que bien préparée, et surtout du repos complet.

Nous étions maintenant riches en provisions de toute sorte, apportées de la côte par M. Stokes en 1888 et que M. Mackay avait bien voulu nous garder. Deux cents ballots d'articles divers et quarante de conserves. Je fis distribuer à prix coûtant trente charges d'étoffe pour que chacun pût se refaire, à cœur joie, de toutes ses privations. On livra quatorze ânes au Pacha pour le transport de ses malades. Les missionnaires français de Boukoumbi eurent la bonté de nous visiter et de nous apporter des produits de leurs jardins; je leur achetai des ânes de selle pour le Pacha, Casati et moi. Ils ouvrirent leurs magasins à nos officiers, et les bottines, pantoufles, chemises, chapeaux qu'ils y trouvèrent, leur permirent de s'équiconvenablement.

Ayant engagé une vingtaine de porteurs pour les bagages, quelques Zanzibari de plus purent s'employer aux hamacs. Malgré cela et malgré les dix-neuf jours de bombances auxquelles nos hommes venaient de se livrer dans un pays assez bien approvisionné du reste, il s'en trouva plus de cent qui, la veille de notre départ, quand je passai la revue, se plaignaient de souffrir à la poitrine, au foie ou aux reins, d'avoir l'asthme ou la sciatique et se déclaraient incapables de voyager.

Le même soir un somptueux repas d'adieu était offert par MM. Mackay et Deakes, les seuls membres de la mission présents à Makolo, MM. Gordon et Walker étant partis pour l'Ouganda quelques jours avant notre arrivée. On nous servit rosbif, volailles rôties, riz, sauces, curry, plum-pudding et une bouteille de vin médical. Selon la coutume des pays civilisés, des discours terminèrent le banquet. Je fus chargé de porter un toast à Emin Pacha. M. Mackay but à ma santé, et chacune des personnes présentes fut à son tour l'objet des vœux les plus bienveillants, et des plus sincères aussi.

### DERNIÈRE LETTRE DE M. A.-M. MACKAY.

Ousambiro, 5 janvier 1890.

Mon très cher monsieur,

Vous m'avez honoré de trois précieuses lettres, dont deux datées d'Oussongo et une d'Ougogo. La dernière m'arriva le 1er décembre.

Depuis que les missionnaires français ont passé ici pour rejoindre votre expédition, je n'ai pas envoyé de courriers à la côte.

J'ai été bien heureux d'apprendre que vous avez réussi à votre satisfaction et pense que vous êtes maintenant confortablement installé en pays civilisé et jouissez d'un repos chèrement acheté après les fatigues et les privations du grand voyage. Si quelqu'un mérite les félicitations de l'Europe, c'est vous certainement. Mais sans doute vous en aurez bientôt assez de toutes ces ovations et ne demanderez qu'à vous retirer à l'écart pour écrire le récit de vos remarquables aventures. Inutile de vous dire le profond sentiment de solitude physique et morale qui nous a envahis sitôt après votre départ. Nous attendîmes vainement le courrier annoncé, et les porteurs revinrent de

Kissokoué le 23 octobre, sans lettres de la côte. En décembre nous avons reçu beaucoup de lettres, mais ni journaux ni revues. Ce sera pour plus tard.

Après avoir été bien malade, Deakes est complètement rétabli. Depuis les pluies, notre colonie de Baganda, presque entière, a été éprouvée par les fièvres. Votre homme Ali bin Saïd est mort le 27 septembre, et Mohammed Arabi, un des blancs du Pacha, le 20 octobre. Les autres, au nombre de huit, sont tout à fait guéris et à l'ouvrage.

Ma machine à vapeur est terminée ainsi que les pompes; la chaudière est rivée avec son foyer et le revêtement extérieur. Ce travail a été tout une affaire; depuis 14 ans les plaques, sans cesse changées de place, n'avaient plus forme, elles étaient devenues cassantes comme de l'acier, quoique portant les meilleures marques. J'ai réussi, en le faisant refondre. J'installe maintenant une scierie à vapeur, car il me faut des planches pour le nouveau bateau. La pirogue transformée, que vous avez vue déjà fort avancée, est presque finie et le serait complètement si je n'avais eu d'autres occupations, entre autres des travaux d'impression pour Bouganda.

Vous aurez appris qu'après de rudes combats, les chrétiens ont battu Karéma et ses Arabes, puis replacé Mouanga sur le trône. Ils ont pris tous les commandements, les partageant également entre catholiques et protestants. Apollon Kagoua, un de mes élèves, jeune homme très actif, a été nommé Katekiro.

Mouanga est complètement entre leurs mains, et ils ne paraissent pas disposés à lui en laisser faire à sa guise. Cinq missionnaires français, y compris leurs évêques, sont maintenant dans sa capitale, où notre mission n'est représentée que par Walker et Gordon.

Je ne sais rien de la Compagnie impériale de l'Afrique Orientale, depuis la vieille nouvelle de Zanzibar, en février, qu'ils étaient à Oulou. A leur tête ils semblent avoir besoin d'un homme actif et résolu, et ma joie sera grande d'apprendre que leurs affaires sont entre vos mains. Je suis heureux que M. Mackinnon ait été fait chevalier. Il mérite bien cet honneur. J'ai écrit à ses agents de Zanzibar pour leur démontrer l'absurdité de concéder à l'Allemagne que la ligne frontière passe à l'ouest du lac, le long du 1° lat. S., ce qui couperait en deux le royaume de Bouganda, puisque le Karagoué, l'Oussoui et l'Oussindja lui appartiennent ou lui payent tribut jusqu'à Serombo, au sud. Des limites tracées sur le papier à Berlin ou à Londres n'empêcheront pas ces États de reconnaître la suzeraineté de Bouganda. Il n'y a pas matière à rivalité. La seule ligne frontière que je comprenne partirait de la pointe de cette longue baie (détroit de Smith), diagonalement au S.-O. jusqu'à l'intersection du 4° parallèle avec le 34° degré de longitude et de là droit à l'ouest vers Bikani, sur le Tanganyka.

Plusieurs chefs du sud-ouest m'ont visité, d'autres m'ont envoyé des émissaires, et je compte leur faire porter ces lettres à Ouyin, car ces misérables tribus Nindo me font l'effet d'être par trop rapaces.

J'ai envoyé des étoffes et autres objets à Nindo pour racheter la carabine enlevée à votre messager, mais ce coquin de Mouanangoua a gardé le prix et la carabine, sous prétexte d'une querelle avec Stokes.... Je me garderai de mouiller dans leurs eaux.

J'apprends de bonne source que les Banyoro par vous combattus n'étaient pas qu'une expédition faisant razzia, mais la propre armée de Kabba Réga, envoyée contre vous tout exprès. La défaite de ses troupes l'a démoralisé, au point qu'il s'est réfugié sur une île du lac Albert.

Un mois après votre départ, Mouanga envoyait ici une députation implorant votre assistance.

Les Arabes paraissent n'avoir plus aucune confiance et ont décampé de Nagou. La *dhou* de Saïd bin Saïf (Kipanda), avec sa cargaison de fusils et de barils de poudre, a été prise et détruite par les gens de Mouanga, ainsi que celle de Soungourou. Il n'y a plus sur le lac que la seule embarcation de Stokes. J'ai dépecé l'*Éléonore*, trop délabrée pour servir encore, mais j'espère mettre bientôt à flot un autre bateau, en attendant de lancer ma petite chaloupe à vapeur.

Je n'ai aucune nouvelle authentique de la côte. On m'a parlé de la réinstallation des Allemands à Mpouapoua. Assurément l'expérience leur profitera, mais jusqu'à présent ils s'y sont bien mal pris. J'espère cependant que ni eux ni les Anglais n'en viendront à faire parler la poudre. Ce ne serait pas le moyen de gagner les chefs de l'intérieur.

*Être ou ne pas être : voilà la question.* Aurons-nous ou n'aurons-nous pas la route du lac? C'est en vous que je fonde ma seule espérance pour ce pays. Sur ce sujet, vous seul pouvez éclairer Sir William Mackinnon. Je ne donnerais pas douze sols de tout ce qu'auront fait les Compagnies en cinquante ans, si elles ne commencent par relier le lac à la côte par une route quelconque. Quand on l'aura ouverte, du coup on aura cassé l'échine à l'incorrigible barbarie.

Mes meilleurs remerciements pour votre bonté en laissant pour moi le théodolite à Kissokoué. J'espère qu'il me parviendra sans accident. Il me sera doublement précieux comme souvenir de vous.

Avec tous mes souhaits, croyez-moi toujours, mon cher monsieur, votre fidèle,

A.-M. MACKAY.

A H.-M. STANLEY.

J'ai appris avec douleur que M. Mackay, le meilleur missionnaire que nous ayons eu depuis Livingstone, est mort au commencement de février. Comme Livingstone, il a voulu rester à son poste. Cependant je l'avais fortement pressé de nous accompagner à la côte.

# CHAPITRE XXXV

### DU VICTORIA-NYANZA A ZANZIBAR

(Du 17 septembre 1889 au 16 jnvier 1890.)

L'œuvre missionnaire sur les rives du Victoria-Nyanza et du fleuve Congo. — La route à partir de la mission Mackay. — Le pays de Guengué. — A Koungou, la paix fut difficile à garder. — Rupture de la paix à Ikoma. — Monangoué pris et relâché. — Les guerriers ouassoukouma nous attaquent, puis battent en retraite. — Trahison. — De Néra jusqu'à Séké. — Nous entrons chez Sinyanga. — Amitié entre les indigènes et nos hommes. — Agression constante des natifs. — Lourds tributs. — Massacre d'une caravane. — L'Oussongo et son chef Mittinguinya. — Ses voisins et entours. — Deux missionnaires français nous rejoignent. — Crânes humains à Ikoungou. — Nous rencontrons une caravane de Tippou-Tib, venant de Zanzibar. — Les troubles à Ougogo. — Le lieutenant Schmidt nous souhaite la bienvenue à Mpouapoua. — Emin Pacha visite les Pères du Saint-Esprit. — Les Pères ignoraient la célébrité d'Emin. — Notre courrier s'égarant continuellement en Afrique. — Coupillures de journaux. — Le baron de Gravenreuth et plusieurs autres viennent à notre rencontre. — Provisions d'Europe, effets et chaussures. — Le major Wissmann. — Wissmann et Schmidt nous conduisent à Bagamoyo. — Les hôtes et le dîner servi au mess des officiers allemands. — Le major Wissmann propose la santé des invités. — Ma réponse et celle d'Emin. — L'accident arrivé à Emin. — Emin à l'hôpital. — L'opinion du D$^r$ Parke. — Effet produit à Bagamoyo. — On s'embarque pour Zanzibar. — Dernières paroles avec Emin Pacha. — Maladie du D$^r$ Parke. — Emin Pacha entre au service du gouvernement allemand. — Lettre d'Emin Pacha à Sir John Kirk. — Cessation brusque des rapports d'Emin avec moi. — Trois occasions dans lesquelles j'ai pu sembler offenser Emin. — Les craintes d'Emin. — Réponse du Khédive. — Emin et la Compagnie britannique de l'Afrique orientale. — La courtoisie et l'hospitalité reçues à Zanzibar. — Sommes dues aux survivants de l'expédition de secours. — Djaffar Tarya, l'agent de Tippou-Tib à Zanzibar. — Le juge consulaire fait opposition, en mon nom, sur une somme appartenant à Tippou-Tib. — Au Caire. — Conclusion.

Il y a quinze ans ce mois-ci que, pour la première fois, j'arrivai sur les bords de cette mer Victorienne; je lançai mon embarcation sur ses eaux, je naviguai le long de ses rives, j'inspectai ses baies et ses criques et en esquissai les contours. Six mois après, pour la modique somme de deux sous, le

*Daily Telegraph* et le *New York Herald* apprenaient à leurs lecteurs que le plus grand des lacs de l'Afrique venait d'être exploré, et que, au nord de ce nyanza, un roi, commandant à trois millions de nègres beaux et propres, criait au monde civilisé qu'il était las de ses ténèbres et demandait la lumière. Et quelques braves gens, entendant cet appel, envoyèrent des missionnaires qui, pendant des années, instruisirent ce roi et son peuple, sans grand succès d'abord; mais la semence était tombée sur un bon terrain; peu à peu la plante germa, grandit et la moisson fut abondante, malgré l'ivraie, les chardons et les mauvaises herbes qui encombrent le sol.

Le matin de notre départ pour Zanzibar et l'Égypte, il me revint à l'esprit que bien loin, sur le Congo, à 2 250 kilomètres de l'Atlantique, il m'avait été donné d'aventurer le premier bateau à vapeur sur l'immense fleuve et d'y fonder des stations; et voici que, en 1887, ces mêmes stations avaient été d'un grand secours à notre expédition, et nous avaient offert bienvenue et hospitalité. Et je me rappelai les paroles de l'Ecclésiaste : « Jette ton pain à la surface des eaux, et, avec le temps, tu le retrouveras ».

Je n'ai pas l'intention de m'étendre longuement sur les régions situées entre le lac Victoria et Bagamoyo. Ce qui est écrit ailleurs, il est inutile de le répéter, dit-on.

De la station de Mackay, la route se dirige au sud-est pour traverser un petit ruisseau qui devient un marais large de 500 mètres, avant d'arriver à la baie formée au sud-est par le lac Victoria. Puis elle tourne au nord, court parallèlement à la crique et reprend l'orientation de l'est à travers une plaine basse où le sol, extrêmement maigre, produit une herbe aussi courte que la mousse des rochers.

Les missionnaires français m'ont affirmé que, depuis leur arrivée à Boukoumbi, c'est-à-dire depuis onze ans, la hauteur du lac a décru de 90 centimètres. Oukéréoué, une île autrefois, est aujourd'hui une presqu'île. En admettant que le retrait se fasse depuis longtemps dans les mêmes proportions, il a fallu 183 années au Nyanza pour baisser d'environ 15 mètres. A l'époque où Frédéric le Grand fut couronné, le lac Victoria devait avoir 64 400 kilomètres carrés. La découverte de son expansion sud-orientale en met aujourd'hui, autant que j'en peux juger, la superficie à 42 600 kilomètres carrés.

## GUENGUÉ ET KOUNGOU.

L'aspect de la région de Guengué, de plus en plus agréable depuis notre départ du petit goulet de Makolo, fait dire à nos Zanzibari que les blancs avaient été bien mal inspirés de s'établir à Oussambiro. Ils ne réfléchissent pas que, dans l'Oussoukouma et l'Ounyamouézi, plus un district a d'habitants, moins il est facile aux pauvres missionnaires de l'habiter : par suite des taxes écrasantes, des exigences inouïes de chefs grossiers et impitoyables, le séjour en devient si onéreux, l'oppression tellement difficile à supporter, que bientôt il ne leur resterait qu'à mourir de misère.

A Guengué et à Koungou, nous avons eu toutes les peines à ne pas en venir aux mains avec les indigènes. La route est barrée par des foules hurlantes qui dansent et poussent les cris de guerre. Un vilain garnement excite à une lutte d'invectives; nous sommes des cannibales : les cicatrices des Zanzibari en sont la preuve. « Mangeurs d'hommes, vous! nous ne voulons pas de mangeurs d'hommes ici! » J'active de toutes nos forces la construction de la boma. L'endroit est assez peu favorable; il n'y a que de méchants broussis et pas du tout d'herbe. Tout à coup nous arrive un de nos hommes, domestique égyptien; il est sinistre à voir : une hache lui a fendu la tête et blessé le bras; on lui a arraché ses vêtements, son fusil, sa petite provision d'étoffe. Je n'avais qu'un mot à dire et il aurait été vengé, mais il fallut empocher l'injure, car je voulais le lendemain atteindre sans encombre la capitale du district, Ikoma, résidence du chef Malissa, et quatre fois plus peuplée que Guengué et Koungou.

M. Mackay m'avait dit qu'un Anglais, M. Stokes, traitant d'ivoire et ami de Malissa, habitait cette station et y avait enmagasiné certaines denrées exotiques : beurre, jambons, lard, biscuits, etc., dont il ne demandait qu'à se défaire. Or nous étions dix Européens, pourvus, en ce moment, d'un excellent appétit. M. Mackay nous fournit deux guides zanzibari pour nous conduire à Ikoma, où je désirais acheter à tout prix les provisions de M. Stokes. J'espérais, par son entremise, aviser Malissa de l'insolence des Koungouais; sans doute nous prierait-il d'excuser leur jeunesse exubérante, et la paix se ferait sur la route.

Devant nous, au centre d'une plaine que recouvraient, il y a quelques siècles, les eaux du lac Victoria, s'élève une colline qui, jadis, fut sans doute une île montagneuse, mais dont la dernière motte avait été depuis longtemps balayée. Il n'en reste que l'ossature, traînées de gneiss gris, grands monolithes, caillasses, énormes rochers. A leur ombre, partout où il se trouve un espace ouvert, s'est groupée une population d'environ 5 000 âmes. Et, à portée d'un coup de feu, d'une sonnerie de cor ou même d'un cri humain, de nombreux hameaux parsèment la plaine, chacun entouré de sa haie d'euphorbes. Sous la protection de cette forteresse, le pays est riche et prospère, à en juger par les nombreux bœufs, moutons et chèvres qui paissent la plaine. Nous avons compté trente-trois troupeaux d'un seul côté de la route, à l'ouest. A mesure que nous approchons, sortent des bandes joyeuses de garçons et de filles à la peau luisante, à l'air de santé; ils dansent, rient, s'amusent de tout cœur. Le chemin monte facile et agréable entre d'énormes roches, hautes de 60 mètres, et se rétrécit un peu avant l'entrée du principal village. Tout d'un coup des guerriers s'avancent à pas redoublés, coiffés de plumes brillantes; les armes étincellent, les robes flottent au vent. A grand vacarme, à cris impérieux, ils intiment à nos guides l'ordre de s'arrêter. « Les hommes que nous conduisons, répondent-ils, sont gens paisibles, des blancs, amis de Malissa et de Stokes », mais leurs paroles se noyaient dans les imprécations et les menaces de la foule. Je m'approche ; quelques indigènes courent sur moi, lance en arrêt; l'un d'eux saisit ma carabine : deux Zanzibari se précipitent et la lui arrachent, les arcs sont bandés, les piques levées ; deux de nos hommes furent blessés, et nous chargeâmes la multitude. Dix assaillants tombèrent et nous fîmes un prisonnier mouangoua. Impossible de songer à entrer dans la ville après cette échauffourée, et comme déjà les roches se couvraient d'indigènes armés d'arcs et de mousquets, il fallut évacuer la passe au plus tôt, et organiser notre camp avant d'être accablés sous le nombre.

J'avisai un petit étang non loin des éboulis qui terminent la colline rocheuse; ces blocs sont flanqués d'un ou deux monolithes ressemblant à des menhirs gigantesques. Avec des ballots, des caisses, du gazon, on complète l'enceinte, et nous pouvons attendre de pied ferme.

Du camp on voit s'étendre assez loin l'ancien lit lacustre, un vaste pâtis tondu ras par la dent des troupeaux. A tous les kilomètres ou environ se trouve un groupe de paillotes que séparent des euphorbes en haie. Mes gens avaient pris du bétail sur la route, mais je le fis lâcher. Puis je demandai à notre prisonnier pourquoi ses frères nous avaient si mal reçus. Il ne put ou ne voulut répondre. Je l'habille de fine cotonnade et lui donne la liberté sous la seule condition de dire à Malissa que nous sommes des blancs, amis de Stokes, et qu'il y a dans notre caravane beaucoup de porteurs ouassoukouma; nous n'a-

Oussambiro, village dans les rochers.

vons nulle intention de combattre; notre seul désir est d'atteindre la côte au plus tôt. On l'escorta jusqu'à quatre cents mètres du village; mais il ne reparut pas. Les tentatives hostiles se renouvelèrent toute la journée. A 4 heures de l'après-midi s'avancent de l'est, du nord et du sud trois grandes troupes faisant mine de nous attaquer. C'était le moment d'en appeler à la mitrailleuse.

Les Ouassoukouma approchaient avec certaines précautions et, semblait-il, avec répugnance. Mais la troupe du sud était précédée de tireurs qui vinrent se pavaner à 300 mètres de nos retranchements. On en avait tué un, quand le maxim lance dans leur direction son jet de 150 cartouches. Pas un naturel ne fut atteint, mais la longue portée et l'averse de balles suffirent. J'envoyai une compagnie contre la troupe arrivant du nord; une autre dispersa celle de l'est. Bref, tous s'éclipsèrent; un seul indigène périt dans cette escarmouche où figurèrent peut-être 2 000 guerriers.

Nous avions autre chose à faire qu'à combattre les Ouassoukouma, et, le lendemain 21, nous reprenions la marche, non sans regret du lard et du jambon que nous étions venus chercher; Malissa y avait perdu mon présent d'étoffes.

Nous étions à peine en route que toute la population de l'Ourima se pressait sur les flancs de la caravane; à 8 heures du matin elle attaquait la colonne. Plus n'était besoin de recommander aux Égyptiens de ne pas s'éparpiller : ils emboîtaient maintenaient les uns dans les autres. Deux compagnies les précédaient, et ils étaient suivis par l'arrière-garde, comprenant les Soudanais de Bonny et les hommes de Choukri Agha. Notre colonne ainsi formée et armée, les Ouassoukouma ne pouvaient nous molester, eussent-ils été trois fois plus nombreux, mais ils persistaient à bourdonner sur les flancs et l'arrière de la caravane, épiant quelque occasion favorable. Nous arrivons enfin à Mouanza, sur le bord d'une ravine tortueuse qu'on appelle la noullah du Jourdain, large de 40 mètres et profonde de 9, elle traverse l'ancien dépôt lacustre; on s'y procure de l'eau en creusant des trous dans le sable.

Les naturels continuant à rôder aux entours, je voulus tenter un dernier essai d'apaisement, et j'envoyai en parlementaire Poli-Poli, « Tout-Doux, Tout-Doux », le guide-chef des Ouassoukouma. A force de crier et d'appeler de loin, il finit par décider un Monangoua et quatre hommes à entrer dans le camp : tous se pressent autour d'eux dans l'espoir de voir enfin la « guerre » prendre terme. Nous échangeons des compliments d'amitié, je leur fais couper un joli morceau d'étoffe en témoignage de notre bon vouloir, et les autres reçoivent la permission d'avancer. Le Monangoua et ses hommes avaient à peine quitté ma tente, très satisfaits en apparence, quand, tout à coup, partent une cinquantaine de fusils. Les Ouassoukouma étaient chez nous : un de nos hommes avait été zagayé; nos chèvres fuyaient dans toutes les directions; les ennemis faisaient main basse sur d'autres; le fond de la noullah s'em-

Notre rencontre avec les Ouassoukouma.

plissait de gens qui sautaient et couraient; sept indigènes furent tués en dehors du camp. Le traître Monangoua reçut une balle dans l'épaule et jeta son paquet d'étoffes; nous recouvrâmes nos chèvres, mais nous l'avions échappé belle.

Le lendemain nous partions à l'heure habituelle; les villages se succédaient presque sans interruption sur les côtés de la route; les habitants, armés de mousquets chargés jusqu'à la gueule, sortent en masse, suivent en colonnes serrées, parfois longues de 3 kilomètres, et ne cessent de tirer. Ainsi fut tout le long de Nera sud jusqu'à notre entrée dans le district de Mamara. Là, faisant un dernier effort, ils poussent le cri de guerre. Nos gens posent leurs fardeaux, courent aux trousses des assaillants, qui s'enfuient à toutes jambes. Puis leur colonne se reforme et nous escorte jusqu'à Séké, ayant fait, comme nous, une fatigante étape de six heures.

Le 23, nous franchissons la distance entre Séké nord et Séké Kouikourou, ou Séké la Grande; les multitudes continuent à serrer nos flancs. D'insignifiantes démonstrations, les seules qui nous fussent permises, ne pouvaient produire grand effet sur ces tribus enragées de bataille; mais, s'abstenant d'augmenter inutilement leur furie, la caravane ne s'arrête quelques minutes que pour repousser une attaque.

Nous avions le plus grand besoin de nous reposer, surtout de nous désaltérer. Notre bétail et nos bêtes de somme n'avaient bu de quarante-huit heures. L'eau de Séké était rare et saumâtre. Le soleil brûlait nos figures et les faisait se gercer. Le bétail, ne mordant pas à l'herbe trop courte, s'attaquait aux racines.

Halte le lendemain. Les indigènes se montrant à 700 mètres de notre camp, quelques décharges les dispersèrent, et nous pûmes jouir enfin d'un repos bien gagné après sept jours d'une marche non interrompue.

Le 25, à notre entrée à Sinyanga, les femmes nous accueillirent avec des louloulous. On avait eu vent de notre « petite guerre » avec les Ouassoukouma; les vieillards nous félicitèrent d'avoir donné une brossée à cette racaille, non moins désagréable aux voisins qu'aux étrangers.

D'un canton à l'autre nous trouvions un petit État parfaitement indépendant, gouverné par son chef et son Conseil des

Anciens, ayant ses usages particuliers, ses coutumes, ses idées, sa politique dépendant de l'âge, de l'intelligence et des passions du chef. Notre ligne de conduite variait en conséquence. Nous traversions de minuscules royaumes dans lesquels il fallait accommoder le tribut aux demandes des souverains. Voici le district de Sinyanga, et ses deux mille âmes à peine, mais son chef et ses capitaines ne sont pas moins orgueilleux de leur petite patrie qu'un grand monarque et son Sénat peuvent l'être d'un empire. Conscients de leur faiblesse, ils n'ignorent pas que l'imprudence et l'agressivité pourraient les perdre ; nonobstant, ils réclament avec âpreté un péage, que nous payons largement et gracieusement. Le chef se pique d'honneur, nous fait un contreprésent, et le peuple se presse au camp pour troquer du grain et divers produits contre nos étoffes et verroteries ; notre caravane et les natifs font échange de bons procédés.

Par contre, dans l'Ourima et le Néra, déjà sur la frontière, les indigènes se précipitaient à notre rencontre comme autant de loups, avec des insultes et des cris de guerre; porte-mousquets et porte-lances nous provoquaient, les drilles huaient, les filles bafouaient ; tous nous obsédaient par leurs gestes et criailleries, leurs brocards insultants. Mais on peut en prendre son parti. Les mots ne blessent qu'au figuré et nous rendent plus circonspects. Quand nous arrivons au campement, la foule grossit, des galopins rôdent à l'entour des tentes, font les fendants avec leurs armes, frisolent dans leurs flageolets aigus, nous taquinent et agacent de leur mieux. Les bravaches se retournent et se comptent, quatre contre un. Ces rustres clament après une peignée : « Ah, s'il y avait bagarre, comme je prendrais cette étoffe — ou ce fusil — ou cette boîte ! » Le chef cède à la volonté du peuple ; il se fie aux assurances qu'on en viendra facilement à bout, et qu'après le succès on ne manquera pas de prétextes. Il se risque, puis déplore, non pas l'acte, mais la déconvenue. Et pourtant ils n'ont pas, comme les tribus neuves encore, l'excuse de leur ignorance. Il y a quinze ans, j'avais traversé l'Oussoukouma ne donnant à un chef que dix à douze mouchoirs de coton, et recevant en retour deux ou trois chèvres, ou bien un bœuf de taille. Mais depuis que missionnaires après missionnaires, tant anglais que français, et des caravanes arabes ont fait de l'Oussoukouma la grand'route du lac Victoria, les chefs ont majoré le péage, qui est maintenant de 300 doti[1], soit 2 250 francs. C'est ainsi que les missionnaires français ont payé 900 doti, soit 6 750 francs, pour traverser trois districts, trois journées de chemin! Avec ces doti, les chefs se procurent des fusils pour se rendre plus formidables encore; sous peu, un mince cabocère de canton exigera toutes les étoffes d'une caravane, et la détiendra jusqu'à parfait payement, ainsi qu'il advint dans l'Oussoui à une caravane de 150 fusils.

Khambi Mbaya, un Arabe qui s'arrêta, il y a deux ans, à Néra, rapportait quelque ivoire de l'Ouganda, et avait payé le tribut. Voilà qu'une femme de son camp et un berger de l'endroit se chamaillèrent : qui approcherait la fontaine le premier, la femme ou les bêtes? Le berger jeta le cri de guerre; il s'ensuivit un massacre, toute la caravane y passa, hommes, femmes et enfants.

Les révérends Ashe et Walter, des missions anglicanes, furent appréhendés, me dit-on, par un de ces roitelets, et détenus jusqu'à ce que Mackay eût payé leur rançon. M. Stokes, que son métier de traitant d'ivoire a obligé, comme tant d'Arabes avant lui, à être patient et endurant, a vu plus d'un mauvais quart d'heure quand ses porteballes, jetant leurs charges, détalaient devant ces bruyants matamores. Les missionnaires français ont dû quitter Oussambiro, et se retirer à Boukoumbi, tout comme M. Mackay est parti de Msalala pour émigrer chez Makolo. L'indigène qui aurait du bon sens, ou quelque reconnaissance pour l'honneur et les générosités que lui ont faits les missionnaires, ne les contraindrait pas à battre en retraite devant une rapacité de plus en plus odieuse.

Le 4 octobre, nous entrons dans la boma de Stokes. La capitale de son ami Mittinguinya est à un kilomètre de distance, enceinte carrée en glaise et torchis, contre laquelle, pendant des semaines, des balles pourraient pleuvoir sans faire aucun tort aux gens de l'intérieur. Tant qu'ils auraient suffisante provision de nourriture, de feu et d'eau, les défenseurs tiendraient contre des assaillants dépourvus de canon. Le canton d'Oussongo, qui obéit à Mittinguinya, est semé dru de

---

1. Près de quatre mètres d'étoffe.

ces *tembés*, autour desquels la vue est libre, sauf quelque vieux baobab par-ci par-là.

Mais le chef a le talent de se brouiller avec ses voisins, ou les voisins sont de mauvais coucheurs : le fait est que les uns et les autres ont le fusil inquiet. Au nord se tient le roitelet Simba ; à l'ouest, les gens d'Ouyogou, derrière lesquels s'agitent Kapera et ses alliés les Ouatouta ou Ouangoni, les Zoulous de l'Équateur ; au sud, les pillards ouatatourou, descendant des Somali ; au nord-est il y a les Ouandoui. Nous nous laissâmes entraîner dans ce nid de frelons, sur la bonne renommée de Mittinguinya et pour essayer d'y fournir de nouveaux porteurs ces Égyptiens qui étaient toujours à se plaindre.

Pour ajouter à la confusion, le chef avait appelé une horde de sauvages massaï, du district de Laïteri, à l'ouest du Kilima-Ndjaro, afin de servir ses projets ambitieux. Les Massaï s'étaient distingués contre les Zoulou-Ouatouta, aussi les Ouandoui avaient-ils passé à l'état de chiens muets. Voyant arriver des étrangers paraissant fort paisibles, les Massaï, le plus tranquillement du monde, s'approprièrent quatre de nos ânes. Mais ils ne les gardèrent pas longtemps. Après huit jours de halte, nous laissâmes l'ami de Stokes dans son guêpier, et nous eûmes la chance de trouver sans querelle 20 porteurs nouveaux pour voiturer nos malheureux Égyptiens.

Le 17, nous faisons notre entrée à Ikoungou. Deux missionnaires français, les Pères Girault et Schintze[1], malades et désireux de se rapatrier, demandent à profiter de notre escorte jusqu'à la mer.

Les euphorbes qui entourent le village sont parsemées d'une

---

1. Tandis que le prêtre français Père Girault a reconnu en public et en particulier les bons offices que nous lui avons rendus, j'ai le regret de dire que le Père Schintze a pris une attitude hostile à notre égard. Nous les avions reçus à bras ouverts, nous fournissions eux et leurs gens de rations quotidiennes de viande jusqu'à la côte. Nous avons payé leur part de tribut aux Ouagogo. On les invita à tous les banquets donnés en notre honneur à Bagamoyo et à Zanzibar. Le consul général d'Angleterre, le colonel Euan Smith, les honora de sa plus prévenante hospitalité. Entre temps, le Père Schintze, d'après le récit qu'il a donné lui-même, prit avantage de quelques remarques impatientes du Pacha, qui lui échappèrent en des moments de fatigue et de souffrance, pour amener une brèche entre nous et Emin, auquel il rapportait certaines critiques faites par nos officiers sur le caractère des réfugiés, critiques dont prit ombrage le Pacha, qui est d'un caractère très susceptible. La première impression que j'avais eue du personnage ne m'avait point trompé.

Stanley, Emin et les officiers à Oussambiro.

centaine de crânes et plus ; quantité d'ossements sont épars dans le voisinage. Ces débris proviennent de 400 Ouanyatourou que la famine avait chassés de l'Itourou. Ils avaient vendu tout ce qu'ils emportaient, puis leurs enfants et leurs femmes, et, quand ils n'eurent plus rien, il fallut mourir. Ces enfants ont le teint des mulâtres, et semblent très supérieurs aux moricauds des Ounyamouézi.

Une caravane venant de Zanzibar et appartenant à Tippou-Tib nous raconta que, la guerre ayant éclaté entre les Allemands et les Arabes de la côte, les premiers succès étaient pour les Allemands.

Le 26 octobre nous entrions à Mouhalala, et le 8 novembre nous sortions de l'Ougogo. Aucune contrée de l'Afrique ne m'avait autrefois plus intéressé. Là se brassent quantité de troubles et de désordres ; il s'en échappe comme des essaims de vermine qui font damner le voyageur. Nulle part l'indigène ne sait si bien se rendre désagréable. On pourrait croire qu'il existe dans l'Ougogo une école de malice et de basse ruse, où les chefs passent maîtres ès vilains tours. Depuis dix-neuf ans, j'aspirais vers ce pays et son peuple, qui me semblaient dignes qu'on s'occupât d'eux. Je tenais pour certain qu'il suffirait de six mois pour établir l'ordre dans l'Ougogo sans trop de peine ni de dépense, en faire un pays charmant, où les habitants seraient heureux et où se plairaient les étrangers ; par cette route s'établiraient les communications avec les peuples éloignés : des caravanes y apporteraient le confort et la richesse. Dès mon arrivée j'appris qu'il me fallait renoncer à cet espoir : cette œuvre attend les Allemands et je la leur envie. Il me peina d'apprendre que je ne serais jamais à même de nettoyer cet égout de crimes et d'iniquités, d'abattre l'insolence de ces roitelets, d'assainir la contrée, de la faire propre et même belle à regarder. Et tout en accompagnant de mes meilleurs souhaits les efforts des Allemands, je me prends à douter que jamais l'Ougogo devienne le beau séjour de repos et de bienveillant accueil que j'avais rêvé faire.

Deux journées de marche nous menèrent à la station allemande de Mpouapoua, où nous accueillit le lieutenant Rochus Schmidt, depuis un mois installé par le major Wissmann, qu'on nous dit être le commissaire impérial de l'Afrique orientale allemande. Schmidt avait déjà construit des parapets en pierre autour d'un petit fort, qui contenait 100 Zoulous, sur une hauteur très exposée aux vents, et où périra plus d'un officier assez malchanceux pour avoir été nommé commandant à Mpouapoua.

Le Révérend M. Price vint nous saluer. Entre autres complaisances, il mit à notre disposition les derniers douze mois du *Weekly Times*. En feuilletant les pages de la volumineuse collection, je m'étonnai de la facilité avec laquelle une année peut glisser sur les rails du temps, sans secousse ni vibration sensible. Le bruit de ses roues me semblait le vague murmure qu'on entend par un tranquille jour d'été, en Angleterre, dans une villa éloignée du brouhaha des rues et du tintamarre des trains express. Au milieu du calme et du repos, le roulement distant des wagons défilant sur les rails de fer donne à l'oreille distraite l'impression que le monde avance sans cahot ni secousse. L'Angleterre est toujours à l'ancre au milieu de ses mers argentées, l'Empire britannique est où il doit être; l'Europe s'amuse toujours aux exercices militaires; l'Amérique engrange ses magnifiques récoltes, enfourne lingots d'or et briques d'argent dans les caves de son Trésor.

Accompagnée du lieutenant Schmidt, l'expédition, forte de 700 individus, quitta Mpouapoua le 13, en route vers la côte, et, cinq jours après, nous sortions des déserts épineux et brûlés de l'intérieur, pour entrer en un pays que parfumaient les lis et qu'animait une verdure digne du printemps. Deux heures après Mouini-Oussagara, nous quittons la vallée de Moukondokoué, pour entrer dans la plaine de la Makata. Fatigués comme nous l'étions de quatre mois passés en pays secs et arides, ces prairies, ces ombrages et ces bourgs nombreux excitent l'enthousiasme de nos officiers. Un Père de la mission française, près de Férahani, au pied de la montagne, nous apporte, avec les compliments et les bons souhaits de ses collègues, des rafraîchissements très bienvenus.

Deux étapes après Vianzi, nous reçûmes du major Wissmann un assortiment de provisions, comme un explorateur de son expérience pouvait seul en faire le choix, et en telle abondance que, jusqu'à la côte, nos tables se couvrirent de mets délicats.

Le 23, nous étions à Simbamouenni, bourg de 400 cases coniques qu'entoure une muraille de boue. Pendant la halte du lendemain, le lieutenant Schmidt accompagna Emin Pacha dans une visite à la mission française du Saint-Esprit. Les bons Pères débutent, à Morogoro, avec la vigueur réfléchie qui a déjà rendu fameuse leur station de Bagamoyo : ils ont planté des orangers, des manguiers, des bananiers, des caféiers ; ils récoltent la vanille et la cannelle, presque tous les fruits du tropique ; un cours d'eau claire et abondante arrose le petit domaine.

Le lieutenant Schmidt fut très surpris de constater que les religieux s'occupent trop de leurs devoirs quotidiens pour rien savoir sur son illustre compagnon. Après avoir examiné le Pacha d'un œil étonné, un Père demanda à l'oreille : « Sait-il autre chose que l'arabe ? » et fut émerveillé d'entendre dire, avec la ferveur qui caractérise les jeunes et honnêtes officiers allemands, qu'il parle couramment l'arabe, et le français, et l'anglais, et le turc, et l'italien, et le grec, et qu'il est Allemand de naissance.

« En vérité ? Et son expédition, est-elle commerciale, scientifique ou militaire ? »

Alors, le lieutenant Schmidt, tout ébaubi de l'ignorance du pieux reclus, raconta l'histoire de fil en aiguille, et le solitaire apprit comment je visitais cette région pour la troisième fois.

Le Pacha s'amusait de l'incident, et pour le dédommager de la mésconvenue, je lui racontai comment j'avais été, par le chanoine de l'abbaye de Westminster, présenté à certain évêque comme ayant fait de « bon ouvrage » au Congo. Le prélat hésita un instant, puis d'une voix caressante : « C'est très intéressant, ce que vous me dites, mais où est le Congo, je vous prie ? » Toutefois, des laïques peuvent ignorer de l'Afrique autant que des ecclésiastiques, à preuve ce Ministre de la Grande-Bretagne, auquel des négociants de Manchester se plaignaient de quelque anicroche au Niger. « Le Niger ? » fit l'homme d'État. Et il pria poliment l'orateur de vouloir bien lui montrer, sur la carte de l'Afrique, la rivière qui intéressait si fort la grande cité cotonnière.

Le 27, arrivée à Ounguerengueri, où nous reçûmes enfin quelques lettres. Jamais courrier d'Afrique n'éprouva tant d'accidents que le nôtre. Non pas trois fois, mais plusieurs fois, j'avais requis nos amis de m'adresser leurs lettres à Msalala, à l'extrémité sud du lac Victoria, avec la suscription bien lisible : « *Pour y attendre jusqu'à nouvel ordre* ». On avait envoyé des missives par boisseaux, mais tous les paquets, sauf un, contenant trois lettres, s'étaient perdus dans l'Ounyoro et l'Ouganda, et Bouchiri, l'adversaire du major Wissmann, en avait capturé d'autres.

Parmi les coupillures de journaux, je vis une notice qui était un tissu de malentendus, un télégramme, paraît-il, d'un employé indigène de Zanzibar :

*Zanzibar, 12 juin 1889.*

On raconte que Stanley est arrivé dans l'Ourouri, où il s'est reposé pendant quelques jours. Il est retourné au lac Victoria, abandonnant 56 malades et 44 fusils. Plusieurs de ses malades sont morts. Peu après arriva Mitchell qui emporta les fusils. Stanley passe pour avoir subi de sérieuses pertes par la famine et les maladies. Plus tard Stanley est venu lui-même. On dit qu'Emin Pacha est dans l'Ounyoro, au N.-E. du lac Victoria, à 15 journées de marche. Stanley, ayant ramassé tous les hommes qui vivaient encore, est retourné auprès d'Emin après m'avoir remis une lettre pour la transmettre à l'agent général de la Compagnie.

La nouvelle apportée par un agent d'Ougarrououé, le traitant en ivoire, avait été, par l'écrivain de Zanzibar, expliquée à sa façon, c'est-à-dire rendue inintelligible. Elle signifiait :

Stanley, après être arrivé à la rivière Itouri, a continué sa route vers le lac Albert, laissant chez moi 56 malades et 44 fusils. La plupart des malades sont morts.

Mazinga (le lieutenant Stairs) vint après et emporta les fusils; il raconta que Stanley avait subi des pertes notables, occasionnées par la famine et les maladies. Enfin Stanley est revenu en personne.

On dit qu'Emin Pacha est dans l'Ounyoro, au N.-E., à 15 journées d'ici (la station d'Ougarrououé). Stanley, ayant ramassé tous les hommes qui avaient été laissés (de l'arrière-colonne), retourna vers Emin, m'ayant donné une lettre à remettre au consul général. (Il faut dire qu'Ougarrououé désirait fort obtenir une lettre d'introduction auprès du consul. Ougarrououé était connu à Zanzibar sous le nom de Oulédi Balyouz, ou l'Oulédi du Consul, pour le distinguer des autres Oulédi, aussi nombreux que les Smith en Angleterre.)

Avec les atrocités qu'on débita comme s'étant passées sur les rives de l'Arouhouimi — Stanley mort, tué par 17 flèches — les communications d'un officier de l'État libre du Congo — les lettres de missionnaires et d'ingénieurs — la relation par Osman Digna de la capture d'Emin Pacha et d'un autre homme blanc — l'invasion du Soudan par un pacha blanc, — rien d'étonnant que les journalistes anglais ne sussent que penser. Quoi qu'il en soit, « tout est bien qui finit bien ».

Tandis que nous faisions halte à Msoua, arriva le baron de Gravenreuth avec 100 soldats. Le baron, un hardi militaire, n'aime rien tant que le feu des batailles ; il a fort habilement attaqué les zéribes appartenant aux Arabes de la côte. Il m'amusa en me rappelant comment il m'avait jadis demandé conseil pour savoir comment s'équiper et se gérer en Afrique. Je lui avais donné l'avis tout paternel de lire *le Congo et la fondation de son État libre*. « J'ai suivi l'avis, et m'en suis bien trouvé, je puis le dire. »

Bientôt après s'introduisirent deux correspondants de journaux américains, MM. Thomas Stevens et Edmond Vizetelly, représentant le *New York Herald*, le dernier apportant toute une collection d'articles bien choisis pour mon agrément et mon profit particulier, plus des provisions que m'adressait M. James Gordon Bennett, le propriétaire du journal au service duquel j'avais entrepris deux voyages en Afrique, l'un en Abyssinie, où j'accompagnais Sir Robert Napier en 1867-1868, et l'autre dans l'Achanti, avec Sir Garnet Wolseley, en 1873-74.

Deux étapes après Msoua, nous arrive un envoi de la Compagnie impériale et britannique de l'Afrique orientale : 70 charges de riz et 25 caisses de provisions d'Europe, effets et chaussures. Tout individu de la colonne eut pour sa part 10 kilos de riz, sans préjudice des rations de sel, sucre, biscuits et confitures.

Dans la soirée du 3 décembre, comme nous conversions au clair de la lune, nous entendîmes un coup de canon. C'était la retraite à Zanzibar, et tout aussitôt les Zanzibari poussèrent d'assourdissants cris de joie ; ils savaient maintenant qu'ils étaient au bout de leur long voyage à travers l'Afrique. Les Égyptiens et leur suite de faire écho, comprenant que le lendemain ils verraient l'Océan, sur lequel ils seraient, en tout confort et toute sécurité, transportés jusqu'aux rives du Nil, leur futur séjour.

Au bac de la Kingani, le major Wissmann vint à notre rencontre, et j'eus l'honneur d'être présenté à un collègue qui s'était fait connaître au quartier général de la Kassaï, au service de l'Association internationale, pendant que j'organisais des stations sur le cours du fleuve. Sur la rive droite de la Kingani, nous trouvâmes des chevaux sellés; je remis le commandement de la colonne au lieutenant Stairs, et avec Emin Pacha je fus conduit à Bagamoyo par le major Wissmann et le lieutenant Schmidt. Les rues étaient très joliment décorées de palmes; nous reçûmes les félicitations de citoyens banians et hindous et de maint brave officier allemand qui avait partagé les fatigues et les dangers de la pénible campagne que Wissmann mène avec un succès si bien mérité contre les mécontents arabes. Et comme nous tournions un angle et arrivions à la place du quartier général, voilà que nous apercevons à gauche, tout près, la mer des Indes, ondulant doucement, une vaste étendue du bleu le plus pur. « Là, Pacha, m'écriai-je, nous sommes arrivés !

— Oui, grâce à Dieu ! » fit-il. En même temps tonna la batterie, annonçant aux vaisseaux à l'ancre que le gouverneur de l'Équatoria venait d'entrer à Bagamoyo.

Nous descendons à la porte du mess des officiers allemands ; on nous conduit au haut de l'escalier, à une longue et large véranda, de 8 mètres sur 24, qu'on avait convertie en palmeraie, tout ornée de guirlandes et de drapeaux allemands. Sur de nombreuses tables rondes une collation somptueuse avait été servie, digne de notre appétit. Après si longue absence, je me défiais de l'excellent champagne et le diluai largement dans l'eau du Sauerbrunn. Mais le Pacha ne fut jamais si gai que pendant cet après-midi, alors qu'entouré d'amis et de compatriotes, il répondait à leurs mille questions empressées et disait la vie qu'il avait menée pendant son long exil dans l'intérieur en Afrique.

A quatre heures, notre colonne, en très bon ordre, fit son entrée dans la place. Nos gens furent menés dans des huttes préparées sur la plage. Les uns après les autres, et pour la dernière fois, les pagazi déposèrent leurs lourds fardeaux et la longue suite de hamacs dans lesquels ils portaient les malades de tout âge et de tout sexe. Comme moi, ces braves Zanzibari éprouvaient un profond soulagement et comprenaient l'entière signification de ces paroles : « Nous sommes arrivés à la mer ! »

A 7 h. 30, banquet. Le Pacha se rendit à ses appartements pour s'y habiller. Dans ladite palmeraie, 34 personnes étaient

Banquet à Msoua.

réunies : le vice-consul anglais, M. Churchill, — le consul allemand, — le consul italien, — Brackenbury, capitaine du navire de S. M. Britannique la *Turquoise*, — T. Mackenzie Fraser, commandant le *Somali*, — le juge consulaire, — les capitaines Foss et Hirschberg des vaisseaux de guerre allemands *Sperber* et *Schwalbe*, puis l'état-major du commissaire impérial, — Emin Pacha, — le capitaine Casati, — le capitaine Nelson, — le lieutenant Stairs, — le D$^r$ Parke, — M. Jephson, — M. Bonny, — les Pères Etienne et Schmidt, de la mission de Bagamoyo, — les Pères Girault et Schintze, de la mission algérienne, — des fonctionnaires de la compagnie allemande de l'Afrique orientale, — baron Saint-Paul Illaire, — M. W.-H.-W. Nicoll, de la Compagnie Impériale Britannique de l'Afrique orientale, — le capitaine de la flottille du Commissaire, etc., etc. La musique de la *Schwalbe* donnait de l'éclat à cette fête, on ne peut plus superbe pour Bagamoyo.

Le major Wissmann conduisit ses hôtes à la longue table de festin ; sur la place, les infatigables Zanzibari célébraient la fin de leurs peines par une danse effrénée et des chœurs bruyants. Quant au banquet même, je ne saurais le décrire ; il me semblait merveilleux pour Bagamoyo. Je n'osai demander à Wissmann où il avait recruté son chef et comment il avait pu si bien se tirer de la corvée présente. Un triomphe que ce dîner ! Vins à la glace et du plus heureux choix ; sans le sauerbrunn que je ne ménageais point, il m'eût été bientôt impossible d'apprécier leur mérite. J'avais presque oublié la cérémonie qui termine les banquets, mais, sur les neuf heures, la musique se tut, le major Wissmann se leva et j'eus le pressentiment qu'il allait — avec un tolérant oubli de toute anicroche — proposer aux convives de boire avec lui à la santé de ses hôtes : Emin Pacha, le capitaine Casati, M. Stanley et les officiers qui trouvaient la fin de leurs labeurs dans un port de l'Afrique orientale allemande. L'aimable homme s'exprimait en phrases mesurées, avec une bonté native et une cordialité incomparable, et l'assistance se leva pour répondre par des hourrahs bien sentis.

En substance je répondis : « D'abord, j'ignorais qu'Emin Pacha fût Allemand quand j'offris mes services pour lui porter secours ; nous pensions surtout au bon serviteur dans l'embarras, au brave gouverneur qui, tout ténacité, courage et sagesse, défendait sa province contre les attaques d'hommes féroces et fanatiques, occupés à extirper du Soudan toute civilisation. En second lieu,... puisqu'il avait été prouvé, par les expéditions antérieures, que le succès s'obtient seulement par la bonne volonté la plus sincère, par l'effort extrême et soutenu, mes compagnons et moi, en hommes animés du même esprit, avions consacré jusqu'à la dernière fibre de nos muscles, toute notre vigueur morale à l'accomplissement de l'œuvre. En troisième lieu,... puisque le monde enseignait l'indifférence pour sa louange comme pour son blâme; que la faveur n'était gagnée ni par le dévouement, ni même par la perfection, l'insuccès, par contre, attirant le mépris, le succès appelant l'envie et la haine; et puisqu'un individu, sauf le cas où il sacrifie tout, ne peut posséder de mérite ou de fortune assez pour être par tous admiré — ce qu'il y a de plus certain est l'approbation de sa propre conscience.... En quatrième lieu, l'homme propose, mais Dieu dispose. Emin est ici, Casati aussi. Mes amis et moi de même. C'est pourquoi notre joie est entière et parfaite; pour le présent, au moins, nous avons fini avec les marches et les fatigues quotidiennes. »

Le discours que le Pacha prononça d'une voix sonore et profonde, avec une diction accomplie, claire, distincte et grammaticale, surprit agréablement. En majeure partie, c'était une effusion de reconnaissance, tant pour la généreuse nation britannique, qui de lui s'était souvenue, que pour ses compatriotes d'Allemagne qui lui faisaient si aimable réception. Il exprimait sa gratitude envers Son Impériale Majesté Guillaume II pour son message de bienvenue et de congratulation.

Une gaieté communicative animait la société. On avait le cœur content, quelques-uns parce que le soleil du lendemain inaugurait une période de repos; d'autres par pure et généreuse sympathie. Le Pacha, on ne peut plus jovial et souverainement heureux, errait d'un bout de table à l'autre, tantôt se penchant sur le Père Étienne, tantôt échangeant des propos, innocemment allègres, avec le D$^r$ Parke et autres. Je m'absorbais dans le récit que me faisait Wissmann de la campagne sur la côte orientale. Voilà que Séli, mon garçon de tente, me glisse à l'oreille que « le Pacha est tombé ». « Sans doute il a trébuché contre une chaise », pensai-je. Voyant que je ne m'émouvais pas autrement, mon domestique continue :

« Il est tombé de la véranda dans la rue, et s'est dangereusement blessé ».

Le banquet était oublié. Séli descend l'escalier avec moi

Maison d'où Emin est tombé.

et nous courûmes dehors. A vingt pas environ de l'endroit où Emin était tombé, s'étalaient deux larges macules de sang. L'accident eut lieu un quart d'heure après le discours, et je n'en fus informé qu'après plusieurs minutes. On avait emporté dans l'hôpital allemand, lotionné et couché le Pacha évanoui. Les Zanzibari n'avaient interrompu ni leurs chants, ni leurs danses.

Je me pressais après mon guide, l'esprit accablé par ce brusque revirement de la gaieté à l'anxiété, de la joie à la douleur, de la figure rayonnant le contentement à la forme silencieuse étendue sur le bord du sépulcre. Un officier levait les bras en regardant le blessé, le lit était entouré d'un groupe anxieux. Emin, couché à demi déshabillé, avait des linges mouillés sur tout le côté droit de la tête. On souleva un coin de la charpie humide, et je vis l'œil fermé par un amas de tissus gonflés; les bandages étaient rouges du sang qui coulait par l'oreille. Personne n'avait vu l'accident; l'impression générale était que le Pacha, qui depuis deux ans est mi-aveugle, avait dû se pencher trop brusquement de la véranda-palmeraie, voulant sans doute regarder les indigènes qui dansaient au clair de lune; ne se rendant pas compte de la hauteur, il s'était trop avancé et, glissant sur le toit en zinc, était tombé de 4 mètres sur le trottoir et de là dans la rue. Le lieutenant Rochus Schmidt, immédiatement informé, trouva le Pacha sans connaissance, lui jeta de l'eau froide sur la tête, mais, ne pouvant le faire revenir, avait donné l'ordre de le transporter à l'hôpital.

Le lendemain matin, le chirurgien Parke m'apprit qu'Emin était resté évanoui jusqu'à l'aube; sans doute, l'accident était grave, mais il n'y avait pas précisément danger. L'examen ne lui ayant révélé aucune fracture du crâne, le sang de l'oreille provenait d'artères lésées; et s'il n'y avait pas d'inflammation, le patient pourrait être remis dans les dix jours. Le Pacha, ecchymosé au dos et au flanc droit, souffrait beaucoup.

Mais deux chirurgiens des vaisseaux de guerre allemands déclarèrent, après inspection minutieuse, que l'état du Pacha était des plus graves, vu qu'il y avait fracture évidente à la base du crâne. En pareils cas, les guérisons n'étaient que de 20 pour 100.

Il n'y eut Européen à Bagamoyo qui ne fût navré de l'événement; la gaieté avait fait place à la tristesse. L'impression était plus profonde que des soldats n'aiment à en montrer. Aucune manifestation, mais on était désolé que le retour vers ses compatriotes et amis eût été si funeste à Emin, après une absence de quatorze années. Ce que n'avaient pu l'émir Karamallah et ses fanatiques, ni cent tribus de barbares, ni les

A Bagamoyo, sous les palmiers.

chaleurs torrides de l'Equatoria, une innocente hospitalité l'avait fait. Au moment où il eût pu dire : « Mon âme, réjouis-toi! » voici que l'ombre de la mort passa devant ses yeux. Cette joie changée en détresse, cette sombre perspective rendait les gens silencieux; une pareille malechance inspirait un étonnement solennel.

Le 6 décembre, à 9 heures du matin, une flottille composée de la *Turquoise*, capitaine Brackenbury, ayant à bord le lieutenant Stairs, le major Wissmann, MM. Jephson et Bonny, — le *Sperber*, capitaine Foss, avec le capitaine Nelson, quatre Pères de la Mission algérienne et moi, — la *Schwalbe*, capitaine Hirschberg, — le *Somali*, vaisseau de S. M. B., commandant Fraser — et trois navires de la petite escadre à vapeur allemande, levèrent l'ancre et se mirent en ligne, le cap sur l'île de Zanzibar. La mer, d'un bleu clair, passant au verdâtre sur les récifs d'à côté, était délicieuse à voir. Au frais souffle de la brise nous aspirions en larges bouffées cet air que ne souillent ni miasmes, ni effluves impurs. Pour ce qui me concerne, quel profond soulagement que de n'avoir plus à me lever le matin, au milieu d'une centaine de malades, geignants, désespérés, implorant le secours! Plus rien de ces scènes quotidiennes de faim, de souffrance, de misère irrémédiable, de torture sans cesse renaissante auxquelles notre caravane, si fort éprouvée, avait été sujette pendant des mois, — il nous semblait des siècles! Certes, nous n'avions rien prévu de tout cela quand nous acceptâmes, le cœur léger, la mission d'aller au secours du gouverneur de l'Equatoria.

Sachant ce que mes compagnons et moi nous savons, nous avons une satisfaction certaine, et je la dirai avec orgueil. Fassent l'envie, la malice et la jalousie ce qu'elles voudront, le plus sévère examen des témoins devant un tribunal ne pourrait mettre au jour que l'affirmation, de plus en plus haute et entière, du dévouement et de la sincérité avec lesquels, librement et gratuitement, nous nous sommes employés à la délivrance d'Emin Pacha, du capitaine Casati, et de leurs suivants par centaines. Nous avons dépensé l'argent, le temps, les années, la vigueur, la santé, la vie, absolument tout, librement, résolument, et sans nous faire prier. Nous n'avons jamais pensé à la récompense. D'ailleurs, comment eût-on pu nous payer? Que font les banquets à un homme tel que moi? Une croûte de pain, une côtelette, une tasse de thé sont une fête à qui n'a pas mangé pour vingt-cinq sous par jour pendant vingt-trois années. Les réceptions? Je ne demande qu'à les éviter; car je suis lent à la parole, et la nature ne m'a pas donné ce qu'il faudrait pour en jouir. Des médailles? Mais je ne saurais les porter, et le plaisir de les regarder m'est interdit par des absences continuelles. Quoi donc? — Rien. Nul honneur, aucune rémunération, si grande fût-elle, n'égale la satisfaction délicate qu'un homme éprouve quand il peut montrer son œuvre, et dire : « Ce que j'avais promis d'accomplir honnêtement et loyalement, de mon mieux et de tout mon pouvoir, — je l'ai fait, avec l'aide de Dieu. » Et si l'on répond : « C'est du bon travail, en vérité! » — aucune récompense vaut-elle la satisfaction intérieure qu'apporte ce témoignage.

Dans la matinée, j'avais été visiter Emin. Il souffrait beaucoup. — « Or çà, Pacha, vous n'avez pas envie de mourir ici, j'espère?

— Oh non! je n'en suis pas là »; et il branla la tête.

« Pour ce que je sais, Pacha, je suis du même avis. Qui aurait la tête fracturée ne la remuerait pas comme vous[1]. Adieu. Le docteur Parke vous soignera jusqu'à ce que vous lui donniez congé, et j'espère qu'il me transmettra tous les jours de bonnes nouvelles. »

Le fait paraîtra singulier : Emin, qu'animait un souffle de cosmopolitisme, et qui professait les vues les plus larges tant qu'il vécut dans l'intérieur, changea tout à coup d'allures. La veille de notre arrivée à Bagamoyo, je lui disais : « Pacha, sous peu vous allez rentrer parmi vos compatriotes. Mais quand vous respirerez l'orgueil et la joie de leur présence, n'oubliez point que des Anglais les premiers entendirent votre cri de détresse, et que de l'argent anglais et de jeunes Anglais vous ont fait échapper de Khartoum. »

— Jamais je ne l'oublierai! N'ayez crainte. »

On m'a conté que le D<sup>r</sup> Parke eut à supporter beaucoup d'ennuis. A la fin, tombant malade lui-même, et sa vie en

---

[1]. Le Pacha est arrivé à Zanzibar, tout à fait remis, dans les premiers jours de mars 1890.

Embarquement à bord de la *Turquoise*.

danger, il fut transporté à l'hôpital français de Zanzibar, où son cas sembla d'abord désespéré, comme naguère celui d'Emin. Heureusement qu'il réchappa de la grave affection qu'il avait gagnée en veillant Emin.

Entre les messieurs de Bagamoyo et moi les rapports se tendirent de plus en plus, et finalement mon garçon Séli, revenant d'une visite qu'il avait faite au Pacha de ma part, déclara que, s'il y retournait, on lui ferait promptement son affaire. Depuis, onques n'ai reçu ni lettre ni message d'Emin, l'ancien gouverneur de l'Equatoria.

J'écrivais ce dernier chapitre quand j'appris qu'Emin Pacha entrait au service du gouvernement allemand dans l'Afrique orientale. L'idée qu'il en viendrait là m'avait obligé de lui rappeler, le 4 décembre, qu'il avait été sauvé par l'argent anglais. Il semble naturel qu'il serve plutôt l'Allemagne que l'Angleterre; néanmoins la nouvelle a surpris la plupart de ses amis, même les plus ardents et les plus désintéressés, parmi lesquels je puis certes me compter.

En effet, parmi les copies de lettres relatives au Pacha et aux affaires de notre expédition qui me furent communiquées par le Foreign Office, se trouve une note, portant la signature d'Emin, et adressée à sir John Kirk, par laquelle, avant même d'y avoir été autorisé par le Khédive, il offrait de livrer sa province à l'Angleterre. La publication de cette lettre l'ennuya fort, car elle paraissait impliquer qu'il trahissait les intérêts du gouvernement qu'on le supposait servir avec tant de fidélité. Il comptait sans doute rencontrer en moi un agent muni de pleins pouvoirs, et venant, au nom du gouvernement de la Grande-Bretagne, prendre livraison de la province, dont il aurait été immédiatement nommé gouverneur. Loin de là, il apprenait que le cabinet égyptien, d'accord avec le représentant de l'Angleterre, ne prenait avantage de notre expédition que pour notifier le désir qu'il eût à vider l'Equatoria avec les troupes qui le voudraient accompagner; faute de quoi, il resterait dans la province, mais sous sa propre responsabilité. Ceux qui se préoccupent des motifs n'auront aucune peine à comprendre ses hésitations et son apparente indécision quand je demandai ce qu'il entendait faire : rien ne pouvait lui arriver de plus inattendu et de plus désagréable que ces lettres officielles du Khédive et de Nubar Pacha, mandant qu'ils avaient résolu l'abandon de la province, à moins qu'il ne fût encore plus vexé par le silence des fonctionnaires britanniques, des philanthropes et commerçants anglais relativement à l'avenir d'un pays où il avait passé de nombreuses années, sinon dans la paix, au moins dans le contentement. Au lieu de tout ce qu'il espérait, je n'avais à lui présenter qu'une proposition du roi des Belges, sous des conditions qui n'étaient pas celles d'une brillante affaire : le Roi ne pouvait garantir aucun revenu, et le Pacha savait mieux que personne qu'il n'y avait à l'Equatoria ni province, ni gouvernement, et partant point de revenu. Ce fut alors que je lui offris de mon chef de se retourner vers l'Association britannique de l'Afrique orientale, parce que je devinais par la lettre à sir John Kirk que cette proposition lui conviendrait mieux que les précédentes. Mais comme je n'avais pas qualité pour donner la moindre garantie, et que je ne pouvais promettre que mon appui personnel, je ne réussis à en tirer d'autre réponse que celle-ci : il préférait les possibilités de l'Afrique orientale au parti de rentrer en Egypte ou de prendre service dans l'Etat du Congo. Quoi qu'il en soit, il ne pouvait s'engager définitivement d'aucun côté, puisqu'il ignorait si les officiers rebelles consentiraient à le suivre, ne fût-ce que jusqu'au Victoria-Nyanza. Comme je n'avais autre mission que celle de porter des munitions à Emin et de lui rendre tous les services en mon pouvoir, j'étais libre de lui faire des offres au nom de l'Italie, de l'Allemagne, de la Russie, du Portugal ou de la Grèce, comme au nom du roi Léopold. Mais du moment qu'Emin ne se souciait pas de rentrer en Egypte, ni d'accepter les généreuses ouvertures du monarque belge, et qu'il n'osait s'engager au service de la Compagnie anglaise, tant qu'il ignorait si personne le suivrait, il lui fallut consulter ses officiers, qui répondirent en le déposant et l'emprisonnant. Et quand les rebelles lui permirent de visiter notre camp, il se mit sous notre protection, et nous accompagna jusqu'à la mer, n'ayant d'autres domestiques que ceux que nous obligeâmes à le servir.

C'est pourquoi, ayant rempli notre mission fidèlement, avec la considération et tout le respect dus au gouverneur d'une province importante; après l'avoir convoyé, lui et sa famille, avec toute obligeance et une sollicitude de tous les instants, pendant un voyage de 2 253 kilomètres, et l'avoir ramené dans les bras de ses compatriotes, nous avons raison d'être surpris que l'accident du banquet de Bagamoyo ait terminé si brusquement nos relations. Nous n'avons pas reçu le moindre remerciement.

Je sais avoir offensé Emin trois fois. La première, le 5 avril, quand, le voyant incapable de rien décider, de rien proposer ou d'accepter le moindre conseil, je me vis à bout de patience, après m'être contenu pendant cinquante-deux jours. Encore aujourd'hui, ce souvenir me bouleverse. Si le Pacha eût eu quelque menin à faire fouetter en son lieu et place, le pauvre garçon aurait passé un mauvais quart d'heure. En second lieu, mon jugement dans l'affaire de la femme de Mohammed fut contraire à ses désirs; mais Emin eût-il été mon frère ou mon bienfaiteur, je n'eusse pu faire autrement que de rendre stricte justice. En troisième lieu, à Mtsora, quand Emin s'excusa de certaines paroles inconsidérées qui lui avaient échappé, je profitai de l'occasion pour lui servir une petite conférence sur les manières qui conviennent à un Pacha et à un homme qui sait vivre : « J'accepte volontiers vos excuses, Pacha, mais je me plais à espérer que, d'ici à la côte, vous nous permettrez de vous considérer comme le gouverneur de l'Equatoria et non pas comme un enfant gâté. Nous ne pouvons qu'être affligés de voir tomber en de semblables puérilités l'homme pour lequel nous sommes toujours prêts à sacrifier nos vies. Cette façon de manifester du ressentiment pour des torts imaginaires, qui plaît tant à Casati et à vous, n'a rien de bien neuf. Nous ne comprenons pas que le moindre malentendu doive interrompre nos relations. Nous avons toujours exprimé franchement nos opinions; nous n'avons jamais gardé nos colères plus d'une minute, et ne nous forgeons pas de rancœurs pour nous y complaire. Aussi cette reclusion affectée dans votre tente nous semble-t-elle enfantine et absurde.

— Ah! monsieur Stanley, je regrette vous avoir jamais rencontré. Dès que nous serons arrivés chez M. Mackay, je vous prierai de me laisser chez lui.

— Et pourquoi, Pacha? demandai-je. Dites-moi ce que vous désirez! Quelqu'un vous a-t-il offensé? Je sais tout ce qui se passe au camp, mais j'avoue ignorer que personne ait voulu vous contrarier. Jusqu'au dernier garçon des Zanzibari, je n'en vois pas un qui n'ait le plus sincère désir de vous être agréable !

« Et pour la première fois, laissez-moi vous dire, Pacha, combien votre conduite nous semble étrange. Quand nous nous sommes présentés en volontaires pour vous porter secours, vous étiez en danger de périr comme tous ceux qui ont été mêlés aux affaires du Soudan. Nous avons pris la résolution de faire le possible pour vous arracher à ce qui semblait l'inévitable destin. Nous ne demandions pas quel pays vous avait donné le jour, nous ne nous enquérions pas de vos antécédents : vous étiez pour nous Emin, l'héroïque gouverneur de l'Equatoria ; par leurs lettres et leurs discours, Felkin, Junker et Allen, de la Société contre l'esclavage, avaient allumé dans tous les cœurs une vive sympathie pour le dernier lieutenant de Gordon. On nous dit que vous n'aviez besoin que de munitions, et du jour où je quittai New-York pour prendre le commandement de l'expédition, je n'eus qu'une pensée : arriver avant qu'il fût trop tard. Je vous écrivis de Zanzibar que nous pensions prendre la route du Congo, pour marcher vers Kavalli au S.-O. du lac Albert, et je vous priai d'instruire les indigènes de notre future visite ; cela vous était facile, puisque vous aviez deux vapeurs et des bateaux de sauvetage, sans parler des canots. Eh bien, nous étions le 14 décembre 1887 à Kavalli, et l'on ne vous y a pas vu avant mars 1888. Cette omission de votre part a causé, autant que nous en puissions juger, la mort d'un vaillant Anglais, et un retard de quatre mois. Il nous a fallu retourner au Fort Bodo, pour prendre une embarcation. Pendant les vingt-six jours que nous sommes restés à vos côtés, nous ne vous avons vu fixé que sur un point : attendre l'arrivée du major et de l'arrière-colonne. Retournant en hâte sur nos pas, nous trouvons le major enterré et l'arrière-colonne une épave. Tout cela eût été évité, si vous aviez pris langue à Kavalli et mis la main à votre délivrance. A notre seconde visite, en janvier 1889, vous étiez déposé, prisonnier et menacé d'être mené à Khartoum. Vous m'avez écrit que si j'accordais plus de temps, vous, Casati, et nombre d'Egyptiens partiriez. Mais, après cinquante-six jours d'attente et de patience, vous n'êtes pas encore décidé. Ma maladie vous donne un autre délai de vingt-huit jours, après lesquels je vous trouve méditant encore quelque projet que je ne puis deviner et que vous ne voulez pas me communiquer. A cette date, nous avions déjà perdu le major Barttelot et 500 autres existences. Nous sommes ici pour perdre la nôtre à votre service, s'il le faut. Que pouvons-nous davantage? Formulez distinctement ce qu'il vous faut, et vous verrez si nos protestations ne sont que de vaines paroles! »

Depuis cet entretien jusqu'à l'adieu que je lui fis le 6 décembre à l'hôpital, rien ne se passa qui fût de nature à troubler les plus courtoises relations. Cependant il y avait une difficulté : c'etait d'écrire mes lettres au Comité sans marquer ma surprise de l'irrésolution extraordinaire qui caractérisait la conduite du gouverneur. Certes, il eût été agréable de laisser durer les illusions que nous partagions tous lors du départ d'Angleterre; mais il n'y fallait pas penser. Les incidents de Kavalli n'étaient ignorés d'aucun officier; tôt ou tard un mouvement indiscret aurait fait tomber le masque de dévouement qui couvrait les excentricités du Pacha. J'avais à relater la vérité avec tous les ménagements possibles et quoi que les critiques pussent en inférer. Notre plus grave reproche devait être que ses vacillations évidentes provenaient de son excessive bonté pour ses subordonnés.

Mais la conduite du Pacha à Bagamoyo, dès le jour où il entra à l'hôpital allemand, ne me laisse plus la faculté de le montrer sous une lumière si favorable. L'affront fait à mon pauvre Séli, — mes lettres passant de main en main parmi les officiers allemands, toutes lettres le pressant de sauvegarder sa bonne réputation et le respect qu'on avait pour son nom, — l'étrange ingratitude montrée au docteur Parke, qui dans le monde entier n'aurait pas dû trouver d'ennemis, — la soudaine et inexplicable cessation de tous rapports avec les membres de notre expédition, — je ne puis fermer ce livre en les passant entièrement sous silence.

Emin avait exprimé la crainte de ne plus trouver d'emploi s'il retournait en Égypte. Je n'étais pas arrivé au Caire depuis une demi-heure que je prenais la liberté d'insister auprès du Khédive, afin que le Pacha reçût la prompte assurance qu'il pourrait reprendre du service. Sa Hautesse voulut bien y consentir immédiatement. Trente-six heures après, Emin avait répondu : « Merci, mon bon maître! »

Un mois plus tard il télégraphiait au Khédive pour qu'un crédit de 10 000 francs lui fût ouvert. Le colonel Euan-Smith à Zanzibar fut aussitôt avisé par le gouvernement égyptien de payer cette somme à Emin, qui envoya cette réponse : « Puisque vous ne pouvez me traiter mieux que ça, je vous envoie ma démission ! »

Il avait offert ses services à l'Angleterre : la Compagnie britannique de l'Afrique orientale prêta l'oreille à ses ouvertures. J'appris au Caire qu'elle lui proposait un très bel engagement. Mais soudain tout le monde fut scandalisé à la nouvelle qu'il avait pris service chez les Allemands. Naturellement, un de ses premiers devoirs serait d'instruire ses nouveaux employeurs de la haute opinion qu'avait de ses capacités administratives la Compagnie britannique de l'Afrique orientale.

Ainsi que je le disais, je ne suis nullement surpris qu'il ait désiré servir les Allemands; mais sa surprenante indifférence pour sa bonne réputation et pour toute délicatesse de sentiments n'est pas faite pour le rendre plus sympathique. Certes, on ne songerait pas à lui reprocher de se mettre aux ordres de son empereur, ni de préférer à tous autres son pays et ses compatriotes; mais il ne semblera pas aussi naturel qu'il ait si dédaigneusement remisé le drapeau qu'il avait servi trente années, comme il disait si bien à Kavalli; qu'il ait donné si cavalièrement congé à son « bon maître » le Khédive, qui avait dépensé 350 000 francs pour le secourir, — qu'il ait refroidi soudain les sympathies que lui portaient sir William Mackinnon et ses amis anglais, qui avaient donné 400 000 francs pour le tirer d'affaire. Il ne semble pas tout simple qu'il ait si vite oublié les gens « qu'il aimait tant », pour lesquels il plaidait si noblement en mars 1888, en février et mars 1889, et qu'il devait laisser au Caire pendant quatre mois sans leur adresser un mot. Enfin, Vita Hassan, le pharmacien, son acolyte le plus dévoué, reçut une lettre l'avisant de se tirer d'affaire tout seul, lui et les autres; car depuis qu'il avait rompu ses relations avec l'Égypte, il avait d'autres chiens à fouetter. Et le pauvre Choukri Agha, fidèle jusqu'à la fin, me demandait, avec des larmes dans les yeux, ce que cela voulait dire? Qu'avait-il donc fait pour être négligé de la sorte? Avec les huit ans de gages qu'Emin restait leur devoir, les serviteurs ne pouvaient comprendre que le maître les jetât par-dessus bord !

A Zanzibar, nous fûmes l'objet de tant de politesses et de bons offices, que nous remplirions des pages rien qu'à les mentionner. Au major Wissmann, je suis redevable d'une fête magnifique, et je me sens honoré d'avoir fait la connaissance de ce brave et noble centurion allemand. Nous avons à reconnaître les incessantes amabilités des brillants capitaines Foss et Hirschberg. Le consul général colonel Euan-Smith et sa charmante femme m'ont prodigué leurs attentions, et m'ont donné une hospitalité si princière et si désintéressée, sans parler des innombrables faveurs dont ils m'ont comblé, que je suis trop pauvre pour faire autre chose que relater leur généreuse affabilité. Il n'y eut pas à Zanzibar de résident allemand, ou anglais, ou italien, ou hindou qui ne montrât à mes compagnons ou à moi, sous une forme quelconque, soit par de superbes dîners, soit par l'envoi de vins fins, ce qu'ils appelaient « l'appréciation des services » rendus à Emin Pacha, au capitaine Casati et à leur suite.

L'agent de la Compagnie de l'Afrique orientale ayant, avec le lieutenant Stairs, calculé ce qui était dû aux survivants de l'expédition, et compté les sommes, on forma un fonds complémentaire de 25 000 francs que souscrivirent :

| | | |
|---|---|---|
| Le Khédive égyptien . . . . . . . pour | 7 500 | francs |
| Le fonds de secours à Emin . . . . . — | 7 500 | — |
| Stanley en son nom personnel . . . . — | 7 500 | — |
| Et le Seyyid Khalifa de Zanzibar . . . — | 2 500 | — |

ce qui permit d'ajouter au payement de chaque pagazi survivant une gratification de 100 à 150 francs, proportionnée aux services rendus. A tous le général Lloyd Matthews donna un magnifique banquet, et s'employa, au nom du généreux Khalifa, à récompenser les bien méritants. Une autre somme de 25 000 francs fut, par le fonds de secours, répartie entre les veuves et orphelins de ceux qui étaient morts au camp de Yambouya et avec l'avant-garde.

Parmi mes visiteurs à Zanzibar se trouva un nommé Djaffar

Tarya, un mahométan de l'Inde orientale, opulent négociant de Bombay, ayant de nombreuses caravanes d'Arabes et de Zanzibari qui parcourent l'intérieur du continent. Parmi ses clients il compte Hamed bin Mohamed, dit Tippou-Tib. Il m'apprit incidemment qu'il détenait une somme de 265 000 francs en or, payée par le gouvernement de l'État libre du Congo pour ivoire acheté par le lieutenant Becker au même Tippou-Tib. Sans le savoir, Djaffar Tarya me mettait en position d'amener Tippou-Tib devant le tribunal des consuls à Zanzibar pour y répondre de dommages occasionnés à des sujets anglais, — les membres du Comité de secours — et rembourser les dépenses occasionnées par les fausses assurances données devant le consul général Holmwood, que lui, Tippou-Tib, fournirait de porteurs l'expédition de secours. Contre cette promesse de 600 pagazi, il avait reçu libre passage et nourriture de Zanzibar à la Pointe de Banana, pour lui-même et 96 de ses suivants. Ce qui représentait une somme de 48 500 francs, et pour le trajet de Banana jusqu'aux Chutes Stanley, 48 500 autres francs. A Yambouya, il avait reçu 47 ballots d'étoffes, environ 50 caisses de poudre, 50 autres de cartouches en paquets, puis des carabines remington et à éléphants, des revolvers, plus 3 200 francs en marchandises, livrées à son employé Mouini Somaï, toujours sous la promesse qu'il fournirait Barttelot de pagazi, jusqu'à ce que le major vînt à rencontrer, soit Stanley, soit Emin Pacha. Ce que Tippou-Tib ne fit que sur un parcours de 145 kilomètres environ, occasionnant par là un retard d'une année, pendant laquelle couraient les gages de 250 Zanzibari, un peu plus ou un peu moins. Le total des dommages que nous lui présentions en compte se chiffrait à 250 000 francs. Je frappai d'opposition tout argent qui pouvait être remis ès mains du sujet britannique Djaffar Tarya, au nom dudit Hamed bin Mohamed, jusqu'à ce qu'un tribunal anglais eût décidé, jugeant en équité, si le Comité de l'Expédition n'a pas droit au remboursement du surplus des dépenses. Si stricte justice est faite à ce malin personnage, le Comité Emin se trouvera en position de payer à chaque survivant des Zanzibari une gratification de 750 francs et 25 000 francs à chacun de nos officiers. Ce que nous désirons vivement.

Les fidèles à Zanzibar (d'après une photographie).

Dès mon arrivée au Caire le 16 janvier, et sitôt après avoir fait remise aux autorités compétentes de mes 250 réfugiés, je cherchai une maison retirée pour y écrire le récit de mes aventures pendant les trois dernières années : *Dans les Ténèbres de l'Afrique*, histoire de notre recherche d'Emin, le gouverneur de l'Equatoria, sa délivrance et son retour. Je trouvai mon affaire à la villa Victoria, et le 25 janvier je pris la plume. Mais je ne savais comment débuter. Semblable à Elihou, j'étais plein de mon sujet et je voulais soulager mon âme en écrivant. Ma main avait oublié sa dextérité, une longue désuétude m'avait fait perdre l'art de la composition. J'opposai une digue à la foule trop pressée des réminiscences ; pages après pages échappèrent à ma réflexion laborieuse ; tandis qu'un jour ma plume courait sur le papier à neuf feuillets par heure, d'autres fois elle n'arrivait qu'à une centaine de mots. Enfin, après cinquante jours de travail acharné, et obéissant à une impulsion irrésistible, j'arrive au folio 903 de mon manuscrit; non compris 400 lettres et 100 télégrammes. Excédé de fatigue, je demande au lecteur la permission de conclure.

Cette merveilleuse région de l'Afrique intérieure que nous avons traversée ensemble, montre d'inoubliables paysages. Partout nous emporterons le souvenir de la Grande Forêt. Cette sylve éternelle se maintiendra d'âge en âge dans sa lointaine solitude. Ainsi qu'ils l'ont fait dans le passé, ainsi vivront et mourront ces arbres en des siècles de siècles. Enveloppées d'ombre comme les revenants dans la demi-obscurité du crépuscule, ces multitudes muettes et silencieuses veulent s'élever vers l'air et le soleil, monter plus haut, toujours plus haut. Combien de fois écouterons-nous le tonnerre craquant et roulant en échos, la foudre répercutée à travers le ténébreux silence ! Au matin nous verrons les brouillards de plomb, et dans les clairières le lustre des herbes qu'aiguaye la rosée, nous regarderons les reflets du feuillagehumi de et respirerons le parfum des fleurs.

Çà et là, — quelle misère ! — glissent à travers la mémoire, les spectres d'hommes accroupis dans l'obscurité pluvieuse, frissonnant le froid, décharnés, aux yeux enténébrés par la faim, désespérés et perdus dans l'inconnu. Nous entendons le gémissement plaintif des moribonds, regardons les vagues silhouettes des cadavres nus, et tombons dans un accablement morne. Des lueurs blanchissantes surgissent ensuite ; l'aube matinale éclaire un paysage de la Terre aux Herbes, des collines bleuissantes, de jeune gazon que la brise fait ondoyer et chatoyer par la plaine. Des bosquets emplissent les creux et se prolongent en lignes sombres qu'estompe la distance; les mouvements du sol, vagues montantes et descendantes, vont échouer au pied des montagnes qui profilent leurs formes dans le vague azur du ciel. Plus rapide que l'hirondelle, la pensée s'élance dans les hauteurs sublimes, plane au-dessus des terrains brûlés, des bananeraies verdoyantes, au-dessus des lacs, tantôt bleus, tantôt argentés. Elle côtoie les colosses qui dominent la Semliki. Elle contemple le groupe de géants à tête blanche, trônant dans la gloire bien au-dessus du Monde Noir. Elle écoute les échos des cataractes, regarde les ruisseaux glisser sur les pentes du Rouvenzori, comme des faisceaux de flèches argentées. Elle file à travers les nuages de pluie, les buées grises qui flottent au-dessus d'abîmes insondés, à travers l'éternelle brume de l'Oussongara. Puis, d'un bond joyeux, elle saute dans la fraîche atmosphère de l'Ankori et du Karagoué, — et droit à travers trois cents lieues de pacages mouchetés de troupeaux, elle va contempler l'Océan, qui roule ses flots d'azur de l'Afrique aux Indes Orientales.

Et maintenant, adieu Pacha, et vous capitaine Casati, adieu ! Après avoir lu ces pages, vous saurez mieux que par le passé ce qu'il en a coûté de vies et de souffrances pour vous sauver. Pour ce qui me concerne, je ne regrette rien. Ce que j'ai donné, je l'ai donné librement, et avec la plus entière bonne volonté ; et les autres en ont fait autant.

Messieurs du Comité de secours, adieu ! Trois ans ont passé depuis que votre bienveillance nous enrôla pour aller au secours de gens faibles et en détresse. Nous avons rapatrié deux cent soixante individus, et mis cent cinquante autres en sûreté.

Et vous, camarades, adieu ! Puissent des honneurs, autant que vous en méritez, pleuvoir sur vos têtes ! Je vous recommande aux sympathies de vos compatriotes. Si jamais personne venait à mettre en doute votre virilité, votre loyauté, votre vaillance, ces pages témoigneront de la noble fortitude avec laquelle vous avez traversé une épreuve dont rien, je pense, n'égalera jamais la tristesse et le désespoir. Adieu,

Stairs, Jephson, Nelson et Parke; à vous aussi, Bonny, à vous tous une longue et bonne nuit !

« Vous qui jamais n'avez reculé, et qui toujours avez marché de l'avant; vous qui n'avez jamais douté que se dissiperait la sombre nuée, et que le droit l'emporterait, fût-il un moment terrassé par l'injustice; vous qui pensez qu'on ne tombe que pour se relever, qu'on n'est battu que pour mieux vaincre et qu'on ne dort que pour se réveiller!

Vous les vaillants, acclamez l'Invisible de vos saluts joyeux! Il est midi et nous sommes au fort de la mêlée. Poussez les compagnons, poussez-les en avant, poussez-les par le dos, par la poitrine, comme il se rencontre. Il faut courir et se hâter, il faut lutter et vaincre, aujourd'hui, demain, toujours, et comme ici, là-bas encore! »

Gloire à Dieu, au siècle des siècles, amen !

FIN

# APPENDICES

### FÉLICITATIONS PAR TÉLÉGRAMMES, REÇUES A ZANZIBAR.

Windsor, 1<sup>er</sup> décembre 1889.

Stanley, Zanzibar. — Souvent mes pensées sont avec vous et vos braves compagnons, dont les dangers et les épreuves ont pris fin. Une fois de plus je vous congratule tous cordialement, sans oublier les survivants parmi les braves Zanzibari qui ont montré tant de dévouement et de vaillance pendant votre merveilleuse expédition. J'espère qu'Emin se remet.

Victoria Regina Imperatrix.

Berlin, 4 décembre 1889.

Stanley, Zanzibar. — Grâce à votre résolution tenace et à votre courage indomptable, vous venez, après avoir plus d'une fois traversé le Continent Noir, d'accomplir un nouveau et long voyage, plein de dangers terribles et de fatigues à peine supportables; que vous les ayez tous surmontés, et que votre retour dans la patrie vous mène en des territoires sur lesquels flotte mon drapeau, me donne une grande satisfaction, et je vous félicite cordialement d'avoir pu rentrer dans la civilisation et la sécurité.

Wilhelm Imperator Rex,
Comte de Bismarck.

Bruxelles, 23 novembre 1889.

Stanley, Zanzibar. — De nombreuses félicitations et les plus chaudes congratulations pour votre expédition merveilleuse autant qu'héroïque.

Léopold.

Washington, 15 décembre 1889.

Stanley, Zanzibar. — Le président des États-Unis me charge de vous féliciter pour le succès qui a récompensé votre long voyage de découverte à travers l'Afrique, et les avantages qui pourront en résulter pour le monde civilisé.

BLAINE.

Caire, 7 décembre 1889.

STANLEY, Esquire, Zanzibar. — Je vous adresse mes sincères et cordiales félicitations sur votre arrivée à Zanzibar, après toutes les péripéties de votre remarquable expédition pour aller au secours d'Emin Pacha et de ses braves compagnons. Je vous ai envoyé un de mes bateaux, le *Mansourah*, pour vous ramener, et j'attends avec impatience le plaisir de vous recevoir tous.

MEHEMET THEWFIK, Khédive d'Égypte.

Abdin du Caire, le 12 décembre 1889.

STANLEY, Zanzibar. — Vous êtes autorisé à payer 5 000 francs à vos Zanzibari, en gratification pour leurs services. Le consul général d'Angleterre a été prié de vous les faire tenir pour le compte du gouvernement égyptien.

MEHEMET THEWFIK, Khédive.

Londres, 12 décembre 1889.

STANLEY, Zanzibar. — La Corporation de Londres vous invite à sa réception du Guildhall.

BRAND, Guildhall.

Bruxelles, 11 décembre 1889.

STANLEY, Zanzibar. — Société géographie Bruxelles félicite invité.

Melbourne, 11 décembre 1889.

STANLEY, Zanzibar. — La Société géographique Victoria vous congratule. Transmettez Emin Pacha vive sympathie.

MACDONALD, secrétaire.

Bruxelles, 8 décembre 1889.

STANLEY, Zanzibar. — La Conférence de Bruxelles, justement émue des souffrances et des périls que vous avez bravés avec vos compagnons et admirant l'énergie que vous avez déployée dans l'accomplissement d'une noble mission, vous adresse ses sincères félicitations; elle connaît et apprécie les nouveaux et grands services que vous avez rendus à la science et à l'humanité; elle vous prie d'exprimer ses sympathies à Emin Pacha, qui, fidèle au devoir, a si longtemps gardé un poste dangereux, et de lui faire part des vœux qu'elle forme pour son complet rétablissement au nom de la Conférence.

Le Président baron LAMBERMONT.

Londres, 11 décembre 1889.

STANLEY, Zanzibar. — Sir Julian Goldsmid, Sir Edwin Arnold, Alfred Rothschild, Comte Wharncliffe, Prince Gluca, Sir Arthur Sullivan, Beatty Kingston, Charles Wyndham, Colonel Fitz George, Lord Ronald Gower, Lord Ernest Hamilton, Sir James Linton, Comte Lutzow, Sir Morell Mackenzie, Général Sir Roger Palmer, d'Oyly Carte, Fred Cowen, Anderson, Critchett, Sutherland Edwards, John Pettie, Robson, Rowe, Frank Lockwood, Farjeon, Professeur Herkomer, qui constituent le comité du Club des Arts et Lettres, vous félicitent sincèrement de votre brillant succès, de votre heureux retour dans la civilisation, et vous invitent à un banquet donné en votre honneur.

Londres, 2 décembre 1889.

STANLEY, Zanzibar. — Le comité de la Société géographique royale vous congratule cordialement de l'heureux voyage et des grandes découvertes.

GRANT DUFF, président.

Édimbourg, 30 novembre 1889.

STANLEY, Zanzibar. — Cordiales félicitations. Remerciements.

SOCIÉTÉ GÉOGRAPHIQUE D'ÉCOSSE.

Manchester, 5 décembre 1889.

STANLEY, Zanzibar. — Société géographique de Manchester envoie cordiales félicitations à vous et braves compagnons, souhaitant conservation de votre santé.

GREENWOOD, STEINTHAL ET SOWERBUTTS.

Berlin, 5 décembre 1889.

STANLEY, EMIN, Zanzibar. — Société géographique envoie cordiale bienvenue.

Londres, 4 décembre 1889.

STANLEY, Zanzibar. — Je dois être le premier à vous offrir mes plus chaudes félicitations cordiales pour l'accomplissement de votre tâche herculéenne. Dès qu'il sera possible, informez-moi de vos mouvements et télégraphiez l'état général de la santé de vos officiers. Je les félicite de leur succès.

(Sir William) MACKINNON, baronnet.

Londres, 25 novembre 1889.

Stanley, Zanzibar. — Ma femme et moi nous nous réjouissons avec reconnaissance d'apprendre votre succès et votre santé, et attendons de nouveaux détails avec anxiété. Acceptez nos plus cordiales félicitations. Il nous tarde de vous voir. Présentez nos plus affectueuses sympathies à Emin Pacha et à tous vos compagnons. Tous les fonctionnaires de la Compagnie ont reçu les ordres de faire leur possible pour prévenir vos désirs.

(Sir William) Mackinnon, baronnet.

21 novembre 1889.

De la part du Comité de secours à Emin Pacha et des Directeurs de la Compagnie impériale britannique de l'Afrique Orientale à H. M. Stanley, Esquire, et Emin Pacha, les plus cordiales félicitations.

Aden, 24 novembre 1889.

Stanley, Zanzibar. — George Mackenzie et moi espérons organiser réception digne de vous; je la crois convenable et nécessaire.

Colonel Euan Smith.

Aden, 24 novembre 1889.

Stanley. — La plus cordiale bienvenue et les plus sincères congratulations sur votre heureux retour. J'espère vous rencontrer à Bagamoyo, si vous n'arrivez pas avant le 5 décembre. Je ne toucherai Zanzibar que le 2 décembre, venant d'Angleterre. Il va sans dire que vous descendrez chez nous. Ma femme se joint à moi pour vous exprimer ses meilleurs souhaits.

George S. Mackenzie.

Stanley. — Mes plus sincères félicitations à vous et à Emin. J'apporte plusieurs lettres d'amis. Il me faut absolument rester à Mombasa plusieurs jours. Je dois y aller en toute hâte, et vous souhaiter la bienvenue, comme représentant délégué du Comité de secours.

G. S. Mackenzie, Aden.

Londres, 25 décembre 1889.

Stanley, Zanzibar. — Balinakill vous envoie de nous tous les meilleurs et les plus cordiaux souhaits pour un joyeux Noël et une heureuse année. On se réjouit de savoir qu'après tant de fatigues et de dangers vous jouissez d'un repos si bien gagné.

Mackinnon.

Embekeloueni, 5 décembre 1889.

Stanley, Zanzibar. — Encore sauvé, Dieu merci!

Colonel de Winton, pays des Souazié.

# FÉLICITATIONS. 459

Londres, 3 décembre.

Stanley, Zanzibar. — Mille bienvenues! Votre vieil ami,

J. R. Robinson, du *Daily News*.

Londres, 14 décembre 1880.

Stanley, Zanzibar. — La Corporation des Poissonniers envoie ses félicitations à M. H. M. Stanley, et lui fait savoir qu'elle désire le compter parmi ses membres. M. Stanley y consent-il? Si oui, qu'il veuille nous faire le plaisir de dîner avec nous en février, ou à telle autre époque qui lui conviendra.

Bruxelles, 7 décembre 1889.

Stanley, Zanzibar. — Le Bourgmestre de Bruxelles, au nom de l'Administration communale, envoie ses plus vives félicitations à M. Henry Stanley pour l'heureuse issue de son admirable entreprise, et espère lui souhaiter la bienvenue à l'Hôtel de Ville.

Buls.

Londres, 22 décembre 1889.

Stanley, Zanzibar. — Le « Club des Sauvages » félicite le héros, et lui offre un dîner de bienvenue.

Londres, 15 décembre 1889.

Stanley, Zanzibar. — Félicitations du George Club.

Londres, 6 décembre 1889.

Stanley, Zanzibar. — La Compagnie des Tourneurs-Ébénistes a donné un banquet au lord-maire. Nombre d'anciens amis y assistaient. Après avoir reçu un généreux télégramme de Sa Majesté le roi Léopold, un de nos ébénistes honoraires, on a bu à votre santé avec le plus ardent enthousiasme. La Compagnie vous envoie ses félicitations cordiales pour vos magnifiques exploits, et vous adresse un salut de bienvenue fraternelle.

Burdett Coutts, président.

Londres, 19 décembre 1889.

Stanley, Zanzibar. — Les meilleurs souhaits de Noël, et les congratulations de tous.

Lawson, du *Daily Telegraph*.

Londres, 18 décembre 1889.

Stanley, Zanzibar. — Les Américains à Londres applaudissent à vos triomphes héroïques dans la cause de la science et de l'humanité. Ils vous invitent à dîner, sous la présidence du ministre Lincoln. Indiquez le jour approximatif.

Wellcome, à Snowhill.

Paris, 6 décembre 1889.

Stanley, Zanzibar. — Que je vous félicite d'abord de votre magnifique succès ! En second lieu, je vous remercie de votre lettre, et de votre amabilité pour mon correspondant. J'espère bientôt vous revoir. Votre grand admirateur.

James Gordon Bennett, du *New York Herald*.

Édimbourg, 29 novembre 1889.

Stanley, Zanzibar. — Salut, mille fois! et félicitations de votre heureux retour après un si brillant exploit.

Bruce (gendre de Livingstone).

Zanzibar, 7 décembre 1889.

Stanley, Zanzibar. — Pierce dit : Plusieurs sociétés artistiques vous félicitent. Elliot dit qu'allant au Caire demain, il espère vous y avoir à dîner au jour du nouvel an. Chacun vous dit un grand homme et un phénomène. Pour moi, votre réussite est vraiment miraculeuse. C'est plus fort que le roman. Je regrette pour Emin. J'espère que votre habile médecin le tirera de là. Cela vous est dû, que vous le rameniez sain et sauf.

Le Directeur de la *Compagnie du Télégraphe oriental*.

4 décembre 1889.

Stanley, Zanzibar. — Vous aurez maintes félicitations pour l'heureuse issue de votre héroïque entreprise; mais nulle ne sera plus sincère et plus cordiale que celle de votre ami.

Sir John Pender

30 novembre 1889.

Stanley, Zanzibar. — Votre plus vieil ami de Londres vous congratule de votre heureux retour, et de vos magnifiques prouesses qui dépassent tout ce que vous aviez accompli jusqu'ici. Le dimanche 22 décembre, votre nom était dans toutes les bouches : Robinson, Sala, Irving, Toole, Yates, Lawson, Wingfield, mes hôtes au Reform Club, où nous avons bu à votre santé et à votre glorieuse carrière.

J. C. Parkinson.

Vienne, 28 novembre 1889.

Stanley, Zanzibar. — Nouveau salut après une autre périlleuse expédition en Afrique.

Douglas Gibbs.

Leipzig, 5 décembre 1889.

Stanley, Zanzibar. — Les plus cordiales congratulations.
Brockhaus.

Bruxelles, 4 décembre 1889.

Stanley, Zanzibar. — Vives félicitations.
*L'Indépendance belge* et Gerald Harry.

New-York, 5 décembre 1889.

Stanley, Zanzibar. — H. M. Stanley Africanus!
J. B. Pond.

Londres, 5 décembre 1889.

Stanley, Zanzibar. — Les plus sincères congratulations.
Glave, Ward.

Londres, 4 décembre 1889.

Stanley, Zanzibar. — Bravo! Bienvenu dans la patrie!
Sheldon, May, Welcome.

New-York, 6 décembre 1889.

Stanley, Zanzibar. — Le *Century Magazine* envoie ses félicitations.
Etc., etc., etc.

Paris, le 8 décembre 1889.

Monsieur et cher Collègue,

La Société de Géographie de Paris nous charge de vous féliciter de votre retour. Elle a pris le plus vif intérêt aux périlleux voyages que vous venez d'accomplir et tout particulièrement aux découvertes géographiques qui en auront été le résultat.

La Société espère que vous voudrez bien la mettre à même d'en apprécier toute l'importance.

Veuillez agréer, monsieur et cher Collègue, avec nos félicitations personnelles, l'expression de nos sentiments les plus distingués.

*Le Secrétaire général,*<br>
C. Maunoir.

*Le Président de la Commission centrale, membre de l'Institut,*<br>
J. Milne-Edwards.

*Le Président de la Société, membre de l'Institut,*<br>
Comte de Lesseps.

A Monsieur Henry M. Stanley, Membre Correspondant de la Société de Géographie de Paris.

Le dessin est de genre arabe. L'écrin est monté sur un socle en onyx d'Algérie, la plinthe est en ébène; ses quatre angles, arrondis en piédestal,

Écrin or et ivoire contenant le Diplôme de Citoyenneté de Londres, présenté à l'auteur, en janvier 1887, au moment de son départ pour aller à la délivrance d'Emin Pacha

portent chacun une autruche sculptée en ivoire. Au-dessus de chacun de ces oiseaux se projette une défense d'éléphant, entaillée pour supporter trois

Écrin donné par Léopold II, roi des Belges, contenant l'Étoile d'Afrique et l'Étoile du Service.

pointes de lances. Aux quatre angles de l'écrin se dresse une double colonne en crocidolite, dont le soubassement et le chapiteau sont en or. Les panneaux et le dôme sont en ivoire, avec de riches ornements en or de plusieurs couleurs. Le panneau de derrière porte les armes de la Cité et son écusson avec les couleurs héraldiques. Des panneaux latéraux, l'un porte le trigramme H. M. S. en trois couleurs, avec une guirlande de victoire, et l'autre du Lord-Maire de Londres. Le panneau de devant, qui forme volet, est orné par un écusson avec la carte de l'Afrique; au-dessous une tablette porte l'inscription : « Présenté à Henry Morton Stanley, avec le diplôme de Citoyen de Londres ». Au-dessus des panneaux antérieur et postérieur du dôme les étendards affrontés des États-Unis et de la Grande-Bretagne. Le tout est surmonté d'une plate-forme ovale, portant la figure allégorique de l'État Libre du Congo, assise aux sources du fleuve qui lui a donné son nom, et tenant en ses mains la corne d'abondance, d'où s'échappent quantité de fruits.

Le dessin a été choisi parmi un grand nombre qu'avaient présentés les principaux orfèvres de Londres; il fait le plus grand honneur au goût et à l'habileté des dessinateurs et artistes, MM. George Edward et fils, à Glasgow, et Poultry, à Londres.

## NOTES LINGUISTIQUES

Les Ouamboutti avaient la connaissance d'un âne qu'ils appelaient *atti*. Ils disent qu'ils en prennent quelquefois dans des fosses. Ce que ces ânes trouvent à manger est une merveille : des feuilles.

Les Bakiokoua ont le langage des Inde-karou.

Les Ouamboutti appellent leur langage Kou Mboutti, ou celui des Bakkvoua. Je me figure que Schweinfurth a dénommé ses pygmées Akka, pour ne s'être pas rendu compte du *V-ou*, qui est prononcé très légèrement.

Les Kou Mboutti ou Bakkvoua, les Bakiokoua ou Boukoumou, et les Babira, entre Kinnena et Kabongé sur le Congo, parlent trois dialectes très analogues, surtout le premier et le dernier, que sépare pourtant une forêt longue de quelques centaines de kilomètres, et les rivières Lindi, Lenda et Itouri.

Les Bavira et les Babousessé, que sépare seulement l'Itouri, et qui habitent le même Pays aux Herbes, parlent un dialecte, naguère identique; mais, depuis deux générations, le Bavira s'est corrompu par l'usage quotidien du Roukobé qu'emploient les Ouahouma. Les Bavira, qui émigrèrent de l'Itouri, traversèrent le Rouki, et allèrent habiter parmi les Ouahouma, race exclusive et hautaine.

Les Roukobé ou Ouahouma n'ont aucune expression pour dire « merci ». Traduit littéralement, leur *Yo simire kouroundji* signifie : « Je reconnais cela pour être une bonté de votre part », ou encore : « J'accepte cela avec bienveillance ».

Les enfants Ouahouma appellent leur père *baba* et leur mère *mama* : ce qui équivaut à notre « papa » et à notre « maman ». Les adultes disent *tata* et *man*.

De l'autre côté du lac, les Ouahouma sont appelés « Ouatchouézi ».

Le nombre « trois » est représenté à peu près partout par le même mot. Depuis Zanzibar et la côte orientale à Banana, jusqu'à la côte occidentale, et en passant par la région sylvaine jusqu'au lac Albert, l'expression ne varie guère.

Les vocables exprimant « l'eau » sont très analogues, surtout dans la moitié occidentale du continent : *riba, liba, libou, libo, ibo, roubou*.

« Poulet » : *koukou, kokko, n'gokko, boukoko*.

« Lance » : ikounga, kounga.

« Chèvre » : *mé-mé*.

« Dix » : *koumi*.

« Jour » : *mboua, mbua*. Ces cinq mots semblent être les plus populaires dans toute l'Afrique.

On imaginerait volontiers que les mots ci-après témoignent d'une confusion des langages :

| | | | |
|---|---|---|---|
| En hottentot. | En babousessé. | En kou-mboutti. | En mandinguo. |
| Œil : *mou*. | Tête : *mou*. | Tête : *mo*. | Homme : *mo*. |
| En ouahouma. | En galla. | | |
| Lait : *mata*. | Tête : *matta* | | |
| En danakil. | En arabe. | | |
| Vache : *la*. | non : *no*. | | |
| En touareg. | En kikongo. | | |
| Cheveu : *tzaou*. | Éléphant : *nzaou*. | | |
| En kiyantzi. | En bakiokoué. | | |
| Ami : *koï*. | Œil : *koï*. | | |
| En kisaouahili. | En manyouema de l'est. | | |
| Maître : *báná*. | Quatre : *báná*. | | |
| *bouáná* | | | |
| En kisaouahili. | En bavira. | | |
| Hippopotame : *Kiboko*. | Tête, main, doigt : *kiboko*. | | |

Le *Boro*, « montagne » des Somali, signifie « pays » chez les Soualuli, et chez les Niam-Niams c'est un mot d'ignoble argot.

Dans le Hourrour, *Semmé* est « firmament » ; dans l'arabe soudanais, « bon ».

*Koubé* est « firmament » chez les Bavira, « chien » chez les Adaïel, « grand » chez les Soualhili.

## VOCABULAIRE COMPARATIF DE LA FORÊT ET DU PAYS AUX HERBES

| FRANÇAIS. | KOUMBOUTTI ou BAKOUA. FORÊT. | BAKIOKOUA ou BAKOUROU. FORÊT. | PRÈS INDEKAROU. = MBAROU-KIOKKAROU. FORÊT. | DARIBA près KINENNA. FORÊT. | BALEGGA près le LAC ALBERT. | BOCKOBE ou OUABOUMA. PAYS AUX HERBES. | RAVIRA. PAYS AUX HERBES. | BABOUESSÉ. PAYS AUX HERBES. | DINKA. | MONBOUTTOU. | NIAM NIAM. |
|---|---|---|---|---|---|---|---|---|---|---|---|
| | kadi. | do. | oudjjou. | nodi. | anderré. | kim | bouigiri. | ngilini. | tog. | ona. | sa. |
| | ibari. | do. | ibari. | ibari. | andrekoua. | kabili. | bala. | bali. | rog. | oroui. | uoni. |
| | saro. | do. | ikaro. | isaro. | oundichikoua. | avato. | isaro. | isaro. | ndiya. | etta. | biata. |
| | zimma. | do. | ikouanganya. | » | gerouchi. | kané. | imé. | aiui. | dé. | osona. | biamu. |
| | itano. | do. | boumoutli. | itano. | andekaro. | katane. | bitmc. | fire atano. | douman. | zerma. | bisoui. |
| | moutouba. | d. | aljou. | moutouba. | zabandou. | mitkaga. | madva. | kiboko-bari. | ndoro. | tongoni kanna. | batissa. |
| | kitanai. | do. | boumoutti-na-ibali. | » | karombaro. | mousansa. | lalodou. | » | bet. | lovoroui. | batiomoui. |
| | kilbé. | » | boumoutti-na-iharo. | » | koibandou. | mnani. | lalo. | » | devarkounnan. | gonanda. | batti-biata. |
| | ellalo. | do. | boumoutti-na-ikouanganya. | » | bangeouadou-ouna. | nouvenda. | sobya. | » | hityaro. | tengirigi kanna. | batti-biama. |
| | moukko. | » | mabo. | moukko. | Boga ou zadichi. | ikoumi. | koumi. | ten-koumi. | » | tokkeoué. | bamoué. |
| | meukko ibali. | do. | mabo ibari. | » | makibo za. | ikounion nakimon. | » | koumi bali. | » | » | bololognoui. |
| | moukko saro. | do. | » | » | » | — nabili. | » | » | » | » | » |
| | » | » | » | » | » | — navato. | » | » | » | » | » |
| | » | » | » | » | » | — naviné. | » | » | » | » | » |
| | » | » | » | » | » | — navitano. | » | » | » | » | » |
| | » | » | » | » | » | namoukaga. | » | » | » | » | » |
| | » | » | » | » | » | na mousansou. | » | » | » | » | » |
| | » | » | » | » | » | no minami. | » | » | » | » | » |
| | » | » | » | » | » | na mvenda. | » | » | » | » | » |
| | mokou. | mogo. | mabo-mabe. | mkoua. | mbissa. | igano. | igana bingiri. | » | » | nabérou. | boeru. |
| | kali. | kali. | moutlou. | » | » | mountou. | angirini. | mbou. | kyrakot. | namêro. | dé. |
| | bassari. | ikouma. | oukali. | inki. | adthé. | mkazi. | mkali. | lu-oumboua. | aiuir. | cyti. | » |
| | | | | | | | | | | (mot importé) | |
| | ibou. | ibou. | mboua. | mbo. | atche. | mboua. | nmboua. | lu-oumboua. | edjou. | nessi. | ango. |
| | atti. | makabo. | » | » | » | » | » | » | » | » | » |
| | samanga. | mémé-apabay. | mé-mé. | mé-mé. | ndiri. | mbousi. | mé-mé. | mé-mé. | etto. | mamé-mé. | vousondé. |
| | itindi. | itindi. | magourou. | itindi. | djokoloro. | kigeré. | buta. | soubougouata. | edjok. | motomo. | gonaredoné. |
| | boukanzigou. | kerro. | iheu. | ndjaga. | nethagoua. | mkoumo. | kiboko. | bouki kiboko. | liyin. | netté. | ouribbé. |
| | mo. | mabongo. | morou. | mo. | podjo. | kigaaro. | kiboko. | mara. | srrama. | m'doua. | li. |
| | mbata. | mbata. | pumbourou. | mbouta. | » | kétchè. | mbata. | mbata. | etotch. | nebara. | mbata. |
| | koukou. | koungi. | bonato. | » | achou. | ououato. | bouato. | tabo. | ichorya. | nekoke. | kouroumba. |
| | mi. | boue. | mpabo. | mi. | achougouaro. | viti. | miri. | apobouu. | ethin. | nekirri. | oungououa. |
| | indou. | kourounbo. | bangouari. | indou. | adza. | enjou. | ndabo. | adabo. | ichelotou. | nedjji. | dima. |
| | moukouari. | appi. | balboura. | moeh. | mbourr. | engoué. | mara. | mara. | » | nembangou. | gonzo. |
| | ngouou. | tambi. | mbako. | mbago. | adyo. | mouvo. | mbako. | mbago. | coueloa. | risapé. | sappé. |
| | ikounga. | mouroupa. | ikounga. | ikounga. | allé. | ichoumou. | kounga. | kounga. | idjoutar. | norrou. | bassa. |
| | indoumbi. | kokko. | kokko. | kokko. | 'a-o. | ngoko. | boukoko. | boukokouki. | edjid. | nalé. | kondo. |
| | afi. | afi. | farouba ou rouba. | ibo. | adda. | mgera. | ntengoro. | pourpoupourou | hiseu. | nedda. | di. |
| | libo. | akko. | rouba. | » | adde. | midje-zi. | libo. | moosa. | moosa. | aypou. | eggou. | immé. |
| | mosa. | mousa. | ritta. | nas. | kazi. | mouro. | moosa. | imbazi. | icholnatch. | mkagou. | ore. |
| | koupa. | mani. | beheuali. | mani. | adjjé. | ousans. | mouani. | mouauli. | echolokolo. | neggou. | ourou. |
| | soungi. | bourougouourou. | timba. | soungi. | apiro. | oukouezi. | soungi. | soungi. | echolpé. | nanguué. | dioui. |
| | bihi. | passi. | antongera. | barerengona. | bibiro. | nyezi. | tonga-tanga. | uzoga. | goulpyatouil. | ettourou. | » |
| | ikou. | ikou. | ligalika. | koupa. | abiro. | igourou. | kouba. | ougourou. | etchelnvaiit. | norro. | ariba. |
| | mbous. | mbeu. | maneri. | mbous. | adjeui. | ndjiro. | mbours. | nhoula. | eddoun. | nckoumu. | naui. |
| | mboungou. | oukou. | mboungou. | mboungou. | addy apesi abbé. | ndjodjou. | mboungou. | mboungou. | hakkon. | noklo. | mbana. |
| | mapiranga. | mapilongo. | bioukaboui. | mabianga. | agoro. | engoué. | oungoui. | oungoui. | akkor. | nckondo. | morna. |
| | mdondaté. | » | kic. | » | nyiehon. | mpissi. | mpu. | onseu. | etcheretch. | » | » |
| | nsou-mboungi. | mbouugi. | bahi. | sou. | abbé. | eachou. | bauseou. | nyama. | etchorin. | neouguré. | tiya. |
| | nimbou. | koupa. | agal. | aboré. | asa. | nyama. | nyama. | » | neri. | posyo. | |
| | ndiya. | mbabon. | banori. | mbou. | avé. | myona. | mbourou. | mbourou. | ter (mot arabe). | nori. | zellé. |
| | imbanda. | » | » | » | ango. | ensi. | nkoungou. | para. | » | nebha. | hore. |
| | mambou. | ibiko. | ligoungou. | mambou. | abero. | rousossi. | limba. | bioula. | ckgour. | noureu. | gaougara. |
| | ilyapa. | ilari. | matanja. | pikisavia. | goussa. | viakoulya. | lori. | lissa. | benekouou epichar. | anyo. | niya. |
| | mbembé. | mbeketti. | mbeou. | lenda. | achou. | mouigo. | mouigo. | miri. | etchortim. | nekkirri. | negona. |
| | kakala. | » | » | » | akari. | enkou. | koubouna mousa | baou. | » | ekkirré. | nyaké. |
| | nangembé. | bongo. | ngombé. | bongo. | abbo. | roubokou. | kibougou. | bengo. | ebouam. | noggi. | lokki. |
| | mbourebbo. | » | » | » | lali. | viyata. | kiatta. | kaletta. | » | nawamazingi. | aboungoué. |
| | masaba. | ibouki. | bogoa. | iboukou. | setza. | vitoké. | didi. | ndori. | » | ebbougou. | bou. |
| | koua. | mabouari. | appa. | koua. | ako. | kisoura. | moukoua. | gokoi. | » | ngongou. | tikoue. |
| | keké. | amamatoubitoubi. | » | simbo. | ousaro-ou. | nsano. | mioubeu. | aiouloa. | etyolabib. | nekkim-bappou. | opounga. |
| | apedé. | » | hambi. | afi. | adeou. | moubanda. | ayo. | sha, midendé. | ekgouera. | neyi. | rijiné. |
| | mboungou a-libo. | » | » | » | achou. | roubengou. | tari. | tari. | makoocgourou. | nekoppi. | mbia. |
| | itari. | moukoukou. | liboukou. | ité. | ndenyo. | lisou. | iso. | isou. | enyer. | nongo. | bounglisé. |
| | mboukesou. | koi. | libo. | isou. | loro. | nindou. | rourou. | rourou. | eoubomi. | namou. | omno. |
| | erro. | mbemberro. | hongo. | erro. | kangaroro. | mkanoua. | noko. | daka. | kotok. | nettiko. | ngousry. |
| | medari. | medari. | ouelé. | afenego. | nekouro. | meno. | manyo. | nino. | eyaless. | ekki. | limlisé. |
| | minyo. | minyo. | minyo. | mine. | néeho. | mouuoua. | noké. | goubone. | cttok. | andoumitiki. | ngonn. |
| | passanioko. | basanioko. | mbouchouki. | moutoutou. | nappé. | mato. | kiloi. | kitoui. | ayit. | obbi. | tourou. |
| | kitou. | kitoi. | mateutou. | kitoui. | neehouro. | arimi. | daka. | daka. | deh. | » | nublolo. |
| | idakka. | iddakako. | limi. | iddaka. | uethoro. | kiganza. | kiboko. | kibogo. | otchini. | etté. | bebeyo. |
| | chkakanzikka. | ekkaki. | rabedji. | ndjaga. | koura. | mbirri or rouhou. | mbourou. | ngouéou. | » | nerikoppi. | kenotic. |
| | koke. | kosso. | eddippa. | mbogo. | akoro-lelé. | chonireuki. | kite-toha. | » | » | kourouenge. | moro. |
| | mbango. | » | mbangou. | koutiya. | mandonzon-yigou. | viamé. | kisi-niyba. | ngoufou. | » | cyoyé. | lammi. |
| | toro. | boulangi. | toro. | toro. | » | yosimiré. | kousimiya-mali. | mtagake. | nyapote. | Ce mot n'existe pas. | |
| | batori. | » | hek-heh. | » | » | kourondgi. | haba. | haba. | etcha tär. | papa. | ba. |
| | aupa. | aypa. | abba. | abbé. | abbou. | baba et tata. | ma-mé. | mameki. | etcholmar. | iyangoué. | na. |
| | ioyma. | eyma. | amma. | annmé. | azhn. | mana et meou. | mikima-mama. | namoke. | » | iyamogoua. | ourioucmi. |
| | bercukou. | aiyapa. | dadi-monami. | manema. | dja-djangona. | mousa-mou. | atyakou. | koukoua. | kodjadjiter. | monssi. | apert. |
| | keukoua. | ikousaa. | moutoupoua. | koukoua. | doro. | afouiri. | » | » | » | » | suotté. |
| | kipakari. | » | agh-agh. | » | » | nga. | kinuba. | kimasoni. | spongi. | » | kai. | kappa. | soudou. |
| | rouki. | » | ibba. | » | » | kiniba. | kisnissi. | kouramichi. | lala bionzoni. | » | ingosidjo. | mouyekongo. |
| | koundana. | » | oubalya. | kisa. | apobangoro. | » | » | » | » | » | » |

1. Difficile à distinguer de l'« homme ».

*Barra* est « femme » en adaïel, « continent » en Souahili.

*Iná* est « quatre » en kiyantzi, et « feu » en yorouba.

*Afi* est « route » en babira, « rivière » en kou-mboutti.

*A-é* est « chien » en somali, « mère » en hourrour, de sorte que « le petit de la chienne » en somali devient en hourrour « l'enfant de la mère ».

*Ariho* en ouahouma veut dire : « Êtes-vous ici ? » et signifie « firmament » en niam-niam.

*Happa* signifie « ici » chez les Souahili, devient « oui » chez les Monbouttous.

L'*ibouka* de la forêt se rapproche de l'*ebbugou* des Monbouttou à Banana.

Les Niam-Niams n'ont pas de terme pour expliquer un nombre plus haut que « cinq », « six » est dit : « un, nouvelle série », *battisa*, et sept « deux en deuxième », *battiououi*, etc. Les Ouabaroukourou font de même.

*Posyo*, le mot niam-niam pour « viande », se rapproche de *pocho*, « rations », en souahili, et de *podzio*, mot russe, « être pressé ».

*Roubou*, « pluie », des Adaïel, est une appellation que prennent une vingtaine de rivières en Afrique : *Loufou*, *Rouvou*, *Roufou*....

Le mot danakil *robé*, « pluie », est également apparenté à *libo*, « eau », des Monboutti, *ruba* des Mbaroukoukarou, *aïbo* des Babira, *libou* des Babousessé.

*Ba* signifie « père » chez les Niam-niams, et « mère » chez les Mandingues.

*Dé* signifie « femme » chez les Niam-Niams, et « loin » chez les Djalifs de l'O.-N.-O., mais désigne « quatre » chez les Dinka.

---

LETTRE D'OMAR-SALEH A EMIN PACHA.

Le document ci-après, pièce fort curieuse, est la missive que le général mahdiste envoyait à Emin pour l'engager à déserter la cause du gouvernement égyptien. M. Jephson la communiqua à Stanley :

Cher Monsieur,

Ce qui suit est la traduction d'une copie de la lettre écrite par trois derviches à plume de paon, au nom d'Omar-Saleh, général des troupes du Mahdi, à Emin Pacha. La lettre arriva le 17 octobre 1888, tandis que le Pacha et moi étions prisonniers à Doufilé. Les officiers rebelles l'interceptèrent et l'ouvrirent, et, après avoir torturé les trois envoyés du Mahdi pour en tirer des renseignements, ils les firent assommer à coups de matraque. Je dois copie de la missive à Osman Effendi Latif, vékil de la province. Son fils entra dans le cabinet des officiers rebelles, de nuit, en secret, à grand risque, et me copia le document, dont la traduction a été faite par Emin

Pacha. L'original fut détruit dans l'incendie de Doufilé, en même temps que les livres et papiers du gouvernement,

A vous fidèlement,<br>
A. J. MOUNTENEY JEPHSON.

M. M. STANLEY, Esquire,
commandant l'expédition.

« Omar-Saleh, serviteur de Dieu, chargé des affaires de la province de Hatalastiva, officier du Mahdi, auquel nous adressons nos salutations et révérences,

« A l'honoré Mahomed Emin, moudir de Hatalastiva. Que Dieu le conduise vers les sentiers de sa grâce ! Amen.

« Après vous avoir salué, je voudrais vous remettre en mémoire que le monde est une demeure de ruine et de vicissitudes. Tout ce que la terre contient devra périr un jour; elle n'a rien qu'apprécie un véritable serviteur de l'Éternel, sinon ce qui pourra servir pour la vie future. Si Dieu manifeste sa bonté à son serviteur, il l'humilie, mais en même temps il bénit ce qu'il fait. Le Seigneur porte la bénédiction où il se montre. Il n'est sienne parole, ni sienne action, qui ne montre son infinie compassion. Dieu, maître de toutes les créatures, tient en ses mains les clefs qui ouvrent et qui ferment; dans les cieux et sur terre il n'est rien qui excède sa puissance, il voit tout par le dedans et par le dehors; toute chose bonne ou mauvaise est entre ses mains. Le Roi fait ses présents à qui lui plaît, et quand il dit : Qu'il en soit ainsi ! il est fait ainsi.

« Vous êtes intelligent, et vous êtes capable d'apprécier un bon conseil. — C'est ainsi que nous avons entendu parler de vous par plusieurs de vos amis, qui nous ont raconté votre vie et votre œuvre, et en particulier par Osman-Erlab, votre messager, et notre ami qui est venu vers nous. Ayant ouï que vous êtes bon envers votre peuple et que vous aimez la justice, nous voulons vous dire ce que nous avons fait et où nous en sommes, parce que nous avons de nombreux ennemis, lesquels ne parlent pas de nos affaires sincèrement, et même contredisent la vérité. Nous faisons partie de l'armée divine, et nous suivons sa seule Parole. La victoire suit notre armée et nous marchons derrière l'Imam, Mahomed el Mahdi, le fils d'Abdoullah — devant lequel nous nous inclinons — le Khalifa et Prophète sacré, auquel nous adressons nos hommages. De lui disait le maître des existences : « En ces jours-là se lèvera un homme qui emplira la terre de justice et de lumière autant qu'elle est emplie de ténèbres et d'injustice. » Nous venons maintenant par l'ordre du Seigneur, et rien n'arrivera en ce monde changeant que le bien qu'il ordonne. Nous avons donné, en une offrande que Dieu a acceptée, nous, nos enfants et nos biens. A ses fidèles croyants il octroie la Parole en richesse à leurs âmes, et leur fait présent du Paradis. S'ils viennent à être tués, ils sont tués à titre de sacrifice agréable. Et s'ils tuent, ils tuent pour son service, ainsi qu'il est écrit dans le Coran et dans l'Ancien Testament. Qui accomplit son devoir envers Dieu est par Dieu racheté. Qui se donne tout entier achète le Maître du monde. Dans le mois du Ramadan de l'an 1298, Dieu, révélant le Mahdi que nous attendions, a fait de lui son marchepied, et l'a ceint de l'épée de la victoire.

Quiconque est l'ennemi du Mahdi blasphème Dieu et son Prophète. Il souffrira en ce monde et dans l'autre; ses enfants et ses biens tomberont entre les mains des vrais musulmans. Le Mahdi sera victorieux sur tous ses adversaires, quand même leur nombre égalerait le sable du désert. Qui lui désobéit sera puni de Dieu. Et le Seigneur montra au Madhi ses anges et ses saints, depuis le temps d'Adam jusqu'à ce jour, il lui montra aussi tous les génies et tous les diables. Le Mahdi a devant lui l'armée qui a pour chef Israël. A lui nos révérences! Toujours Israël précède de quarante milles la victorieuse armée. En outre, Dieu a révélé plusieurs miracles au Mahdi; il serait impossible de les nombrer, mais ils sont évidents, comme le soleil de midi. Et le peuple le suit, obéissant à l'Éternel et à son Prophète.

« Donc le Mahdi ordonna au peuple de se lever et de l'assister contre ses ennemis, de quelque part qu'ils vinssent. Il écrivit au gouverneur général à Khartoum et à tous les gouverneurs du Soudan, et ses ordres furent exécutés. Il écrivit à chaque roi, et tout d'abord au sultan de Stamboul, Abdoul-Hamid. Il écrivit à Mahomed-Thewfik, vali d'Égypte, et à Victoria, reine de Britannia, parce qu'elle était alliée au gouvernement égyptien. Alors les hommes vinrent de toutes parts et se soumirent à sa loi, disant qu'ils obéiraient à Dieu, à son Prophète et à Lui. Car il n'y a qu'un seul et suprême Seigneur. Et ils promirent qu'ils s'abstiendraient de tout mal, qu'ils ne commettraient ni larcin, ni adultère, ni chose que l'Éternel ait défendue. Ils promirent d'abandonner le monde, de ne travailler que pour la Parole sacrée, et de toujours faire la guerre pour la sainte foi.

« Et nous avons trouvé que lui, le Mahdi, est plus compassionné pour nous qu'une tendre mère. Il vit avec les grands, mais il a pitié des pauvres; il s'entoure de gens d'honneur et il loge les généreux chez lui; il parle en droiture. Il amène les hommes à Dieu, les assiste en ce monde et leur montre le chemin du ciel. Il règne sur nous en conformité avec la Parole divine et la révélation des prophètes. Et tous les musulmans devenus frères s'assistent les uns les autres pour le bien commun, et se font les serviteurs du Voyant qui a dit : « Tous les hommes sont égaux devant Dieu ». Dieu a révélé que le temps du Mahdi était venu, que ses amis étaient les siens, et que son peuple croirait en lui. Abdel-Kader el Geli crut et dit : Qui suit le Mahdi ira vers l'éternelle bénédiction, et qui le renie renie Dieu et son Prophète. Mais la multitude des Turcs qui après avoir vu les miracles et les prédictions ne crurent point, ont été par Dieu voués à la destruction.

« La première armée qui combattit contre le Madhi avait pour chef Abou Soud Bey, lequel vint avec un vapeur à Abba. Quoique le Mahdi eût été fortement attaqué, Dieu extermina ses ennemis. Alors le Prophète lui ordonna de se rendre à Gédir, et il y alla. Mais Raschid Iman, Moudir de Pachodo, suivit Abou Soud Bey. Ensuite vinrent Youseph Pacha el Chilali, Mahomed Bey, Souliman el Chaïki, et Abdoullah Ouadi Defallah, un marchand de Kordofan, et avec eux une autre armée de grande puissance, mais Dieu les anéantit. Alors se présenta la troupe de Hicks, un homme de renom, et avec lui Aleddin Pacha, gouverneur général du Soudan, et plusieurs officiers, et avec eux une très grande armée, rassemblée en plusieurs pays — nul homme ne connaît leur multitude — et maints canons Krupp. Tous ils furent tués en moins d'une heure; leur force fut brisée à Khartoum, la résidence du gouverneur général, une très forte citadelle entre deux fleuves.

« A Khartoum périrent Gordon Pacha, le gouverneur, et les consuls, Hansal et Nicola Léontidès le Grec, et Azor le Copte, et plusieurs autres chrétiens, et plusieurs musulmans rebelles, Farradj Pacha Ezzéim, Mohamed Pacha Hassan, Bachit, Batraki et Achmed Bey el Djelab. Et qui fut tué par les suivants du Mahdi fut aussitôt consumé par le feu. Et ceci est un des grands miracles qui confirment la vérité des prophéties dont la réalisation précédera la fin du monde. Un autre miracle s'accomplit : les lances portées par les suivants du Mahdi avaient une flamme qui brûlait à la pointe; et ceci nous l'avons vu de nos yeux, nous ne l'avons point entendu.

« Ainsi les événements succédèrent aux événements, près Souakim et Dongola. Alors mourut le général Stewart Pacha, le second de Gordon. Avec lui tombèrent plusieurs consuls, et cela arriva à Ouady Kama. Vint un autre Stewart avec une armée anglaise à Abou Teleah, afin de délivrer Gordon Pacha. Mais tout nombreux qu'ils étaient, ils furent navrés à mort, et Dieu les repoussa avec ignominie. Et alors tout le Soudan et ses dépendances acceptèrent la règle du Madhi et se soumirent à l'Iman. Se donnant à lui avec leurs enfants et leurs biens, ils se firent ses suivants.

« Les armées du Mahdi sous les ordres de notre ami Oued en Nedgoumi assiègent l'Égypte près Ouady Halfa et Abou Hamed. Près d'Askar el Houdjadg se tient notre ami Osman Digna. L'Abyssinie est entre les mains de notre ami Hamdan Abou Gandia. Dans une rencontre avec les Abyssins, Dieu l'assista, et il les tua; et parmi les morts était le chef, dit Ras Adrangi; de ses enfants quelques-uns furent tués et d'autres emmenés en esclavage. Nos guerriers sont arrivés jusqu'à la grande église dans la ville de Gondar, qui est illustre parmi les chrétiens. Dans le Darfour, le Shakka et le Bahr el Ghazal commande notre ami Osman Aden, assisté par Kérem Allah et Zebehr ef Fhasl. Le pays entier obéit aux soldats qui guerroient contre les détracteurs de l'Iman, ennemis de Dieu. La force et la puissance de l'Éternel les fait toujours victorieux, ainsi qu'il a promis : « Croyants, quand vous combattrez, Dieu vous donnera la victoire ». Et encore : « La victoire est aux croyants ». Et encore : « Dieu a pour agréables ceux qui sont tués à son service; ils ressemblent à de hautes citadelles ».

« Et maintenant nous sommes arrivés en trois vapeurs, en sandals et en nuggers, qu'emplit une armée que Dieu a mise sous nos ordres. Elle vous est envoyée par Sa Puissance, le grand chef de tous les Moslem, le Toujours Victorieux dans la religion, l'Homme qui se fie en Dieu, le Khalifa, le Mahdi — que le Seigneur du monde lui conserve sa grâce! Nous venons par ses ordres sacrés, énoncés par le Prophète. A vous d'y adhérer, en raison de leur vérité religieuse, vous et quiconque vous accompagne, tant Moslem que Chrétiens et autres. Nous vous apportons telles nouvelles qui vous vaudront le bonheur en ce monde et dans l'autre. Nous venons vous dire quelle est la volonté de Dieu et de son Prophète, assurant plein pardon à vous et quiconque vous accompagne, protection pour vos enfants et biens, à la seule condition que vous vous soumettiez à Dieu.

« Notre Maître nous a communiqué plusieurs lettres écrites par quelques-uns de vos frères, à savoir Abdoul Kader Slatin, naguère moudir de Darfour; Mahomed Saïd, lequel fut jadis appelé Georgi Islamboulia; Ismaïl Abdoullah, autrefois nommé Boles Salib, un Copte et plusieurs autres qui sont maintenant honorés par la grâce du Mahdi. Nous avons d'autres lettres de vos compagnons : Abdoullah Lupton, qui fut moudir du Bahr el Ghazal, Ibrahim Pacha Fanzi, Nour Bey, Ibrahim Bey, commandeur du Kordofan. Dieu leur a octroyé à tous sa bénédiction, et maintenant ils sont à leur aise et dégagés de souci. Dieu leur a donné en biens terrestres et en faveur céleste plus qu'ils ne possédèrent jamais ; et quand ils devinrent les amis du Mahdi, Dieu leur octroya récompense.

« Aujourd'hui, le Khalifa, prenant en compassion votre état misérable, et vous voyant abandonné aux mains des nègres, — vous avez sans doute perdu toute espérance, — m'a envoyé avec une armée, afin de vous retirer du pays des infidèles et vous réunir à vos frères les musulmans. Soumettez-vous donc avec bonheur au désir de Dieu, et venez me voir aussitôt, où que je sois. Pour le moment, je suis dans votre voisinage, et puis vous communiquer les mandements sacrés. Avec le salut en ce monde et dans l'autre, vous trouverez la paix de Dieu, le Régulateur suprême. J'ajoute, sur l'ordre de Sa Hautesse — personne ne le contredira — que j'aurai à vous honorer et vous être agréable. Avec nous, vous aurez la satisfaction de tous vos désirs, et vous deviendrez vous aussi un vrai croyant, ainsi que notre Maître le désire.

« Et maintenant soyez en joie et ne tardez point! J'en ai dit assez pour vous dont l'intelligence est vive. Nous prions Dieu de vous conduire vers notre Chef, car nous vous croyons de ceux qui entendant un bon avis n'hésitent pas à le suivre ; et cette qualité est un don de Dieu. Parmi les choses qui témoignent en votre faveur, il y a dans les mains du Khalifa et Mahdi votre lettre apportée par votre ami Osman Erbal, laquelle intime votre soumission. Il a reçu votre lettre ; elle lui a plu, et à cause de cette lettre et de la compassion du Khalifa et Mahdi, nous sommes venus ici.

« Que Dieu vous bénisse et vous assiste en toutes vos actions! Salaam. »

## ITINÉRAIRE DES VOYAGES FAITS EN 1887, 1888, 1889

| DATE. | NOM DE L'ENDROIT OU DU CAMP. | DISTANCE en KILOMÈTRES. | DURÉE de la MARCHE. | | HEURES de PLUIE du mois. | LONGITUDE. PARIS. | LATITUDE. | ALTITUDES en MÈTRES. |
|---|---|---|---|---|---|---|---|---|
| | | kil. m. | heures. | minutes. | | | | |
| **1887** | | | | | | | | |
| Mars 19 et 20 | De l'Océan Atlantique à Matadi, Bas Congo. . | 173.772 | 14 | » | » | » | » | » |
| Mars 24-Avril 21 | Marche de Matadi à Léopoldville, Haut Congo. | 578.115 | 74 | » | » | » | » | » |
| Mai 1er-Juin 15 | Par vapeur de Léopoldville à Yambouya. . . . | 1689.450 | » | » | » | 27°55′30″ | N. 1°17′24″ | » |
| Juin 28 | De Yambouya à Yankondi . . . . . Forêt. | 16.090 | 6 | » | » | » | N. 1°20′ | 569 |
| — 29 | Bahoungi . . . . . . . . . . . . . — | 6.456 | 2 | » | » | 27°55′30″ | N. 1°14′35″ | » |
| — 30 | Village brûlé . . . . . . . . . . . — | 16.090 | 7 | » | » | » | » | » |
| Juillet 1er | Camp . . . . . . . . . . . . . . | 12.872 | 5 | » | » | 27°47′ | N. 1°14′ | » |
| — 2 | — | 4.827 | 1 | 45 | » | » | » | » |
| — 3 | — | 9.654 | 7 | 45 | » | » | » | » |
| — 4 | Camp sur l'Arouhouimi . . . . . | 8.045 | 4 | 45 | » | » | » | » |
| — 5 | Boulanda . . . . . . . . . . . — | 10.459 | 6 | 45 | » | 27°55′ | N. 1°17′ | » |
| — 6 | Camp . . . . . . . . . . . . . — | 3.218 | 1 | 30 | » | » | » | » |
| — 7 | Village des Bukouti . . . . . . . . — | 9.654 | 5 | 30 | » | » | » | » |
| — 8 | — Bokoka . . . . . . . — | 9.654 | 5 | 45 | » | » | » | » |
| — 9 | Village . . . . . . . . . . . — | 12.872 | 6 | » | » | 27°57′45″ | N. 1°28′38″ | » |
| — 10 | — | 11.265 | 5 | 45 | » | 28°2′30″ | N. 1°29′ | » |
| — 11 | Gouengouéré . . . . . . . . . — | 8.045 | 4 | 30 | » | » | N. 1°28′50″ | » |
| — 12 | Bas Banalya . . . . . . . . . — | 12.872 | 6 | » | » | 28°11′45″ | N. 1°28′45″ | » |
| — 13 | Haut Banalya . . . . . . . . — | 12.872 | 6 | » | » | 28°18′45″ | N. 1°31′ | » |
| — 16 | Bas Mariri . . . . . . . . . . — | 9.654 | 4 | 30 | » | 28°22′51″ | N. 1°33′ | » |
| — 17 | Mariri central . . . . . . . . — | 11.265 | 5 | 30 | » | » | » | » |
| — 18 | Camp . . . . . . . . . . . . — | 8.045 | 5 | 30 | » | » | » | » |
| — 19 | Haut Mariri . . . . . . . . . — | 12.872 | 5 | 30 | » | » | » | » |
| — 20 | — | 3.218 | 2 | » | » | » | » | » |
| — 21 | Moupé Sud . . . . . . . . . . — | 3.218 | 2 | » | » | 28°30′45″ | N. 1°46′ | » |
| — 22 | Moupé Nord . . . . . . . . . — | 8.045 | 4 | 30 | » | » | N. 1°50′48″ | » |
| — 23 | Au-dessus de Boumboua . . . — | 8.045 | 5 | 30 | » | 28°42′15″ | N. 1°56′ | » |
| — 24 | Préau des Éléphants . . . . . — | 11.265 | 5 | 30 | » | » | » | » |
| — 25 | Rapide aux Guêpes de Bandeya . . — | 14.481 | 6 | 30 | » | » | » | » |
| — 27 | Camp . . . . . . . . . . . . — | 12.872 | 7 | » | » | 28°57′ | N. 1°56′ | » |
| — 28 | Au-dessous de Moukoupi . . . — | 9.654 | 5 | 30 | » | » | » | » |
| — 29 | En face Mayyoui . . . . . . . — | 11.265 | 5 | 50 | » | 29°5′ | N. 1°58′ | » |
| Août 1er | En face Mumbanga . . . . . . — | 9.654 | 4 | 15 | 56 ½ | 29°6′30″ | N. 1°58′30″ | » |
| — 2 | En face de la rivière Ngoula . . — | 14.481 | 6 | » | » | 29°8′45″ | N. 1°57′ | » |
| — 3 | En aval des chutes de Panga . . — | 14.481 | 6 | 30 | » | » | » | » |
| — 4 | Chutes Panga . . . . . . . . — | 11.265 | 5 | 30 | » | 29°10′45″ | N. 1°54′ | » |
| — 6 | En amont des chutes . . . . . — | 6.456 | 4 | » | » | 29°21′30″ | N. 1°55′ | » |
| — 7 | Rapides du Nedjambi . . . . . — | 2.414 | » | 45 | » | » | » | » |
| — 8 | En amont des rapides . . . . . — | 6.456 | 4 | 30 | » | » | » | » |
| — 9 | Outiri . . . . . . . . . . . . . | 1.609 | 1 | 30 | » | » | » | » |
| — 11 | Engouéldé . . . . . . . . . . — | 11.265 | 4 | » | » | 29°29′45″ | N. 1°51′ | » |
| — 13 | Avissibba . . . . . . . . . . — | 16.090 | 5 | 30 | » | » | » | » |
| — 15 | Camp . . . . . . . . . . . . — | 11.265 | 5 | 45 | » | 29°36′0″ | N. 1°41′16″ | » |
| — 16 | Rapides Mabengou, aval . . . . — | 4.827 | 2 | 45 | » | » | » | » |
| — 22 | Rapides Mabengou, amont . . . — | 9.654 | 5 | 45 | » | » | » | » |
| — 23 | Avougadou . . . . . . . . . . — | 4.025 | 2 | 45 | » | » | N. 1°45′ | » |
| | | 10.459 | 3 | 30 | » | » | N. 1°40′ | » |

| DATE. | NOM DE L'ENDROIT OU DU CAMP. | DISTANCE en KILOMÈTRES. | | DURÉE de la MARCHE. | | HEURES de PLUIE du mois. | LONGITUDE. PARIS. | LATITUDE. | ALTITUDES en MÈTRES. |
|---|---|---|---|---|---|---|---|---|---|
| | | kil. | m. | heures. | minutes. | | | | |
| 1887. | | | | | | | | | |
| Août 24 | Rapides de l'Avougadou. . . . . Forêt. | 6. | 456 | 5 | 30 | » | » | » | » |
| — 25 | Camp des Pêcheurs. . . . . . . . — | 14. | 481 | 5 | 50 | » | 29°47′30″ | N. 1°40′ | » |
| — 26 | Avédjéli. . . . . . . . . . . . . . — | 12. | 872 | 4 | 30 | » | 29°51′45″ | N. 1°37′ | » |
| — 28 | Petit village. . . . . . . . . . . — | 7. | 241 | 5 | 50 | » | » | » | » |
| — 29 | Camp. . . . . . . . . . . . . . . — | 6. | 456 | 5 | 30 | » | » | » | » |
| — 30 | Cataracte Basopo, aval. . . . . . — | 6. | 456 | 4 | » | » | 29°53′30″ | N. 1°40′ | » |
| — 31 | Cataracte Basopo. . . . . . . . — | 4. | 025 | 1 | 50 | 56 | » | » | » |
| Septembre 1er | Au pied des rapides. . . . . . . — | 9. | 654 | 4 | 50 | » | » | » | » |
| — 3 | Camp. . . . . . . . . . . . . . . — | 4. | 827 | 3 | 30 | » | » | » | » |
| — 4 | Amont de la cataracte. . . . . . — | 6. | 456 | 2 | 45 | » | » | » | » |
| — 5 | Larges des Hippos. . . . . . . . — | 4. | 827 | 1 | 30 | » | » | N. 1°40′ | 584 |
| — 6 | Cataracte Bafaïdo, aval. . . . . . — | 12. | 872 | 5 | » | » | » | » | 599 |
| — 8 | Avé Yabou. . . . . . . . . . . . — | 14. | 481 | 5 | » | » | » | N. 1°29′ | » |
| — 9 | Rapides Navaiya. . . . . . . . . — | 11. | 263 | 4 | 30 | » | 30°14′30″ | N. 1°30′ | » |
| — 10 | Cataracte Navaiya. . . . . . . . — | 5. | 632 | 3 | 30 | » | » | » | » |
| — 11 | Village de Navabi. . . . . . . . — | 6. | 456 | 3 | 30 | » | 30°18′ | N. 1°26′ | » |
| — 12 | Camp. . . . . . . . . . . . . . . — | 9. | 654 | 5 | » | » | » | » | » |
| — 13 | Chutes d'Amiri. . . . . . . . . — | 10. | 450 | 4 | » | » | » | N. 1°24′ | » |
| — 15 | Rapides. . . . . . . . . . . . . — | 8. | 850 | 5 | » | » | » | » | » |
| — 16 | Station d'Ougarrououé. . . . . — | 8. | 850 | 5 | » | » | » | » | » |
| — 17 | En face d'Ougarrououé. . . . . — | 2. | 414 | 1 | » | » | 30°20′45″ | N. 1°23′ | » |
| — 18 | Camp sous Bounda. . . . . . . — | 11. | 263 | 4 | 30 | » | » | » | » |
| — 21 | En amont la Lenda. . . . . . . — | 3. | 218 | 1 | 30 | » | 30°25′ | N. 1°20′ | » |
| — 22 | Ouméni. . . . . . . . . . . . . . — | 8. | 045 | 3 | » | » | 30°38′ | N. 1°18′ | » |
| — 23 | Près de la cataracte. . . . . . . — | 10. | 464 | 4 | » | » | » | » | » |
| — 25 | Vieux camp arabe. . . . . . . . — | 4. | 827 | 4 | » | » | » | » | » |
| — 26 | En face d'Avetiko. . . . . . . . — | 4. | 827 | 5 | » | » | 30°40′45″ | N. 1°16′ | » |
| — 28 | En face de l'île. . . . . . . . . — | 11. | 263 | 5 | » | » | 30°44′ | N. 1°13′ | » |
| — 30 | Camp indigène. Bac. . . . . . . — | 12. | 872 | 6 | » | 65 | 30°45′ | N. 1°11′ | » |
| Octobre 3 | Les Étroits. . . . . . . . . . . . — | 6. | 456 | 5 | » | » | » | » | » |
| — 4 | Traversée de la rivière. . . . . — | 2. | 414 | 1 | » | , | » | » | » |
| — 5 | Camp Nelson de la Famine. Retraversée. — | 3. | 218 | 1 | » | 6 | 30°40′ | N. 1°10′ | 777 |
| — 6 | Camp. . . . . . . . . . . . . . . — | 7. | 241 | 4 | 30 | » | » | » | » |
| — 7 | — | 11. | 263 | 7 | » | » | » | » | » |
| — 8 | — | 5. | 218 | 2 | » | » | 30°57′45″ | N. 1°10′ | » |
| — 11 | — | 11. | 263 | 6 | » | » | » | » | » |
| — 12 | — | 7. | 241 | 3 | » | » | » | N. 1°4′26″ | » |
| — 14 | Passage de l'Arouhouimi à la rive N. — | » | | » | » | » | 31°3′30″ | N. 1°4′45″ | 714 |
| — 15 | Camp. . . . . . . . . . . . . . . — | 7. | 241 | 4 | » | » | » | » | » |
| — 16 | — | 11. | 263 | 5 | » | » | 31°4′ | N. 1°9′ | » |
| — 17 | — | 11. | 263 | 5 | 30 | » | » | » | » |
| — 18 | Ipoto, station de Kilonga-Longa. . . — | 3. | 218 | 2 | 30 | » | 31°11′ | N. 1°6′11″ | 895 |
| — 28 | Youmbou . . . . . . . . . . . . . — | 8. | 045 | 3 | 50 | 1 | » | » | » |
| — 29 | Bousindi. . . . . . . . . . . . . — | 9. | 054 | 4 | 30 | » | 31°14′45″ | N. 1°9′ | 881 |
| — 31 | Camp. . . . . . . . . . . . . . . — | 12. | 872 | 5 | 15 | 51 ½ | » | » | » |
| Novembre 1er | Chez Mamboungou. . . . . . . — | 14. | 481 | 5 | 45 | » | 31°18′45″ | N. 1°13′22″ | 781 |
| — 3 | Camp. . . . . . . . . . . . . . . — | 13. | 077 | 5 | 45 | » | » | » | » |
| — 4 | Ndougonbicha. . . . . . . . . . — | 8. | 448 | 5 | 30 | » | 31°50′45″ | N. 1°14′28″ | 1100 |
| — 5 | Indé-karou Ouest. . . . . . . . . — | 15. | 689 | 5 | 45 | » | 31°34′ | N. 1°19′ | » |

| DATE. | | NOM DE L'ENDROIT OU DU CAMP. | DISTANCE en KILOMÈTRES. | DURÉE de la MARCHE. | | HEURES de PLUIE du mois. | LONGITUDE. PARIS. | LATITUDE. | ALTITUDES en MÈTRES. |
|---|---|---|---|---|---|---|---|---|---|
| | | | kil. m. | heures. | minutes. | | | | |
| 1887. | | | 7777.777 | | | | | | |
| Novembre | 6 | Indé-karou le Haut. . . . . . . Forêt. | 4.025 | 1 | 30 | » | 31°35' | N. 1°20'15" | 1162 |
| — | 8 | Camp. . . . . . . . . . . . . . . — | 17.699 | 7 | » | » | » | » | » |
| — | 9 | — | 15.286 | 6 | 15 | » | » | » | » |
| — | 10 | Ibouiri Ouest, site du Fort Bodo. . . — | 6.858 | 2 | 45 | » | 31°45" | N. 1°20' | 1084 |
| — | 24 | Camp. . . . . . . . . . . . . . . — | 14.481 | 5 | 15 | » | » | » | » |
| — | 25 | Indé-mouani. . . . . . . . . . . — | 13.677 | 4 | 30 | » | » | » | » |
| — | 26 | Indé-ndourou Ouest. . . . . . . — | 18.104 | 5 | 30 | , | 31°59'15" | N. 1°22' | 1101 |
| — | 27 | Indé-ndourou Est. . . . . . . . . — | 11.263 | 3 | 15 | » | 32° 1' | N. 1°22'25" | 1058 |
| — | 29 | Babourou . . . . . . . . . . . . — | 16.090 | 5 | 15 | » | » | » | » |
| — | 30 | Bakouourou, mont Pisgah. . . . — | 5.229 | 2 | 15 | 64 ¼ | 32° 6' | N. 1°21'40" | 1327 |
| Décembre | 1er | Village des Trois-Cases. . . . . . — | 16.895 | 6 | » | » | » | N. 1°26' | 1163 |
| — | 2 | Indé-soura, fin de la forêt. . . . — | 11.263 | 4 | 15 | » | 32°11'45" | N. 1°24' | » |
| — | 4 | Camp, traversée de l'Itouri, Pays aux Herbes. | 13.677 | 5 | » | » | » | » | » |
| — | 5 | Villages des Babousessé. . . . . . | 12.263 | 5 | 30 | » | 32°31' | N. 1°28' | 1058 |
| — | 6 | Traversée de l'Itouri ou Arouhouimi. . . | » | » | » | » | » | » | » |
| — | 7 | Traversée de l'Itouri Orientale. . . . | 6.436 | 2 | 30 | » | » | » | » |
| — | 8 | Oundoussouma, chez Mazamboni. . . | 20.917 | 6 | 45 | » | 32°30'45" | N. 1°25'15" | 1292 |
| — | 12 | Ouzanza, chez Gavira. Plateau dominant le Lac. | 14.481 | 5 | » | » | » | » | 1420 |
| — | 13 | Plaine du Lac. . . . . . . . . . | » | » | » | » | » | » | 1611 |
| — | 14 | Rivage de l'Albert Nyanza. . . . . . . | 20.917 | 8 | » | » | » | » | 717 |
| | | Altitude par l'anéroïde n° 1. . . . . | 8.045 | 2 | 30 | » | 32° 49' | N. 1°19'6" | 682 |
| | | — — 2. | » | » | » | » | » | » | 717 |
| | | — par l'hypsomètre. . | » | » | » | » | » | » | 717 |
| | | Colline des Balegga, au-dessus du lac. . . | » | » | » | » | » | » | 685 |
| — | 16 | Retour du Lac. Au pied du plateau. . . | 14.481 | 6 | » | » | » | » | 1633 |
| — | 17 | Ouzanza, chez Gavira . . . . . . . . | 16.090 | 4 | 45 | » | » | » | 1420 |
| — | 19 | Oundoussouma Est. . . . . . . . . | 19.308 | 6 | » | » | » | » | 1292 |
| — | 20 | — Ouest. . . . . . . . . . | 19.308 | 6 | » | » | » | » | » |
| — | 21 | L'Itouri Oriental. . . . . . . . . . | 8.850 | 2 | 30 | » | » | » | » |
| — | 23 | Le grand Itouri . . . . . . . . . | 6.436 | 2 | » | » | » | » | » |
| — | 24 | Pont à travers l'Itouri. . . . . . . . | 3.218 | 1 | » | » | » | » | » |
| — | 28 | Village Mbiri Ouest. . . . . . . . | 17.699 | 5 | » | » | » | » | » |
| — | 29 | Indé-soura. . . . . . Entrée de la forêt. | 12.872 | 4 | 30 | » | » | » | » |
| — | 30 | Village des Trois-Cases. . — | 11.263 | 5 | » | » | » | » | » |
| — | 31 | Imbouroungou . . . . . — | 14.481 | 5 | 45 | 51 ¼ | » | » | » |
| 1888 Janvier | 1er | Indé-tongo. . . . . . . — | 8.850 | 3 | 30 | » | 32° 2' | N. 1°29' | » |
| — | 2 | Indé-sédi . . . . . . . — | 8.045 | 5 | » | » | » | » | » |
| — | 3 | Barikounga . . . . . . — | 11.263 | 5 | » | » | » | » | » |
| — | 5 | Indé-mouani . . . . . . — | 14.481 | 4 | 45 | » | » | » | » |
| — | 6 | Camp des Pygmées. . . | 13.275 | 5 | 5 | » | » | » | » |
| — | 7 | Fort Bodo. . . . . . . | 12.068 | 4 | 15 | 29 ¼ | » | » | 1068 |
| Du 16 janvier au 26 avril. | | Pendant la construction du fort, Stairs va à Ipoto, et revient. . . . . . . . . . . | 255.417 | » | » | 43 ½ | » | » | » |
| | | Stairs va à Ougarrououé et revient. . . . | 645.600 | » | » | 60 ½ | » | » | » |
| | | SECOND VOYAGE A L'ALBERT NYANZA. | | | | | | | |
| Avril | 2 | Camp. . . . . . . . . . . . . . | 6.436 | 2 | 30 | » | » | » | » |
| — | 3 | Camp de la Croisée des Routes chez les Pygmées. . . . . . . . . . . Forêt. | 13.677 | 6 | 10 | » | » | » | » |

| DATE. | NOM DE L'ENDROIT OU DU CAMP. | DISTANCE en KILOMÈTRES. | | DURÉE de la MARCHE. | | HEURES de PLUIE du mois. | LONGITUDE. PARIS. | LATITUDE. | ALTITUDES en MÈTRES. |
|---|---|---|---|---|---|---|---|---|---|
| | | kil. | m. | heures. | minutes. | | | | |
| 1888. | | | | | | | | | |
| Avril 4 | Indé-mouani . . . . . . . . . . Forêt. | 8.850 | | 3 | 20 | » | » | » | 1070 |
| — 5 | Camp des Pygmées. . . . . . . — | 10.459 | | 4 | 20 | » | » | » | » |
| — 6 | Indé-ndourou Ouest. . . . . . . — | 8.045 | | 3 | » | » | » | » | 1101 |
| — 7 | — Est . . . . . . . — | 11.263 | | 3 | 45 | » | » | » | 1058 |
| — 8 | Babourou . . . . . . . . . . . . — | 16.090 | | 5 | 30 | » | » | » | 1146 |
| — 9 | Mandé Ouest. . . . . . . . . . — | 14.481 | | 5 | » | » | » | » | » |
| — 10 | Passage de l'Itouri . . . . . . — | 5.652 | | 2 | 30 | » | » | » | 915 |
| — 11 | Premier camp. . . . . . Pays aux Herbes. | 12.068 | | 4 | 30 | » | » | » | 1087 |
| — 12 | Bessé . . . . . . . . . . . . . — | 11.263 | | 3 | 50 | » | » | » | 1134 |
| — 13 | Près Moukandji . . . . . . . . — | 11.263 | | 4 | 30 | » | » | » | 1292 |
| — 14 | Oundoussouma . . . . . . . . — | 19.308 | | 6 | » | » | » | » | 1420 |
| — 16 | Ouzanza, chez Gavira . . . — | 14.481 | | 5 | 45 | » | » | » | 1465 |
| — 18 | Chez Kavalli . . . . . . . . . . — | 14.481 | | 5 | » | » | » | N. 1°28' | » |
| — 25 | Doundi . . . . . . . . . . . . . — | 9.654 | | 3 | » | » | » | N. 1°23'33" | » |
| — 26 | Badzoué, Plaine du Nyanza . — | 4.827 | | 2 | 45 | » | 32°44' | N. 1°25' | » |
| — 29 | Albert Nyanza. Rencontre avec Émin. . . | 11.263 | | 5 | 30 | » | » | » | 717 |
| — 30 | Nsabé, sur la rive du lac . . . . — | 8.045 | | 3 | » | 48 ½ | » | N. 1°30'13" | » |
| | A LA RECHERCHE DE L'ARRIÈRE-COLONNE. | | | | | | | | |
| Mai 24 | Badzoué . . . . . . . . . . . . | 16.090 | | 4 | » | » | » | » | » |
| — 26 | Doundi . . . . . . . . . . . . . | 4.827 | | 5 | » | » | » | » | » |
| — 27 | Ouzanza, chez Gavira . . . . | 12.872 | | 5 | 50 | » | » | » | 1420 |
| — 29 | Ousiri . . . . . . . . . . . . . | 8.045 | | 3 | » | » | » | » | » |
| — 30 | Oundoussouma . . . . . . . . | 10.459 | | 3 | » | 29 | » | » | 1292 |
| Juin 1er | Moukandji . . . . . . . . . . . | 19.308 | | 5 | » | » | » | » | 1134 |
| — 2 | Oukouba, Bessé . . . . . . . . | 12.872 | | 4 | 30 | » | » | » | 1087 |
| — 3 | Bac de l'Itouri . . . . . . . . . | 23.331 | | 6 | » | » | » | » | 915 |
| — 4 | Mandé Ouest . . . . . . . . . Forêt. | 5.652 | | 1 | 30 | » | » | » | » |
| — 5 | Indé-pessou Est . . . . . . . . — | 20.917 | | 6 | 50 | » | » | » | » |
| — 6 | Indé-ndourou Ouest . . . . . . — | 20.917 | | 6 | 50 | » | » | » | » |
| — 7 | Le Camp de la Croisée des Routes aux Pygmées . . . . . . . . . . . — | 20.917 | | 7 | 20 | » | » | » | 1101 |
| — 8 | Fort Bodo . . . . . . . . . . . . | 19.308 | | 7 | » | » | » | » | 1068 |
| — 16 | Camp . . . . . . . . . . . . . . | 18.504 | | 7 | » | » | » | » | » |
| — 17 | Indé-karou le Haut . . . . . . . | 20.113 | | 8 | » | » | » | » | 1101 |
| — 19 | Ndougou-bicha . . . . . . . . . | 19.711 | | 7 | 15 | » | » | » | 953 |
| — 20 | Chez Nzalli . . . . . . . . . . . | 18.504 | | 5 | 45 | » | » | » | 781 |
| — 21 | Au camp du 31 octobre . . . . . | 19.308 | | 7 | 20 | » | » | » | » |
| — 22 | Bousindi . . . . . . . . . . . . | 19.308 | | 7 | 20 | » | » | » | 778 |
| — 23 | Ipoto, station arabe . . . . . . . — | 11.263 | | 4 | 50 | » | » | » | 778 |
| — 25 | Passage de l'Itouri . . . . . . . | 6.436 | | 2 | 15 | » | » | » | » |
| — 26 | Camp du 14 octobre 1887 . . . . | 8.850 | | 2 | 45 | » | » | » | » |
| — 27 | Camp . . . . . . . . . . . . . . | 17.699 | | 8 | » | » | » | » | » |
| — 28 | Camp de la Famine Nelson . . . . | 16.090 | | 6 | 55 | » | » | » | » |
| — 29 | Iyoukou . . . . . . . . . . . . | 13.677 | | 7 | 20 | » | » | » | » |
| — 30 | Camp . . . . . . . . . . . . . . | 14.481 | | 7 | 45 | 45 | » | » | » |
| Juillet 1er | — | 6.436 | | 5 | 45 | » | » | » | » |
| — 2 | Camp sur la Lenda . . . . . . . | 14.481 | | 7 | 50 | » | » | » | » |
| — 3 | — | 9.654 | | 4 | 10 | » | » | » | » |
| — 5 | Traversée de la Lenda . . . . . . | 11.263 | | 5 | 30 | » | » | » | » |

| DATE. | | NOM DE L'ENDROIT OU DU CAMP. | | DISTANCE en KILOMÈTRES. | DURÉE de la MARCHE. | | HEURES de PLUIE du mois. | LONGITUDE. PARIS. | LATITUDE. | ALTITUDE en MÈTRES. |
|---|---|---|---|---|---|---|---|---|---|---|
| | | | | kil. m. | heures. | minutes. | | | | |
| 1888. | | | | | | | | | | |
| Juillet | 6 | Village . . . . . . . . . . . . . . | Forêt. | 11.265 | 5 | 30 | » | » | » | » |
| — | 7 | Camp. . . . . . . . . . . . . . . . | — | 12.872 | 6 | 15 | » | » | » | » |
| — | 8 | Bandeya. . . . . . . . . . . . . | — | 12.872 | 6 | 15 | » | » | » | » |
| — | 9 | Oudjangoué . . . . . . . . . . | — | 4.425 | 2 | 45 | » | » | » | » |
| — | 10 | Camp. . . . . . . . . . . . . . . | — | 9.654 | 4 | 30 | » | » | » | » |
| — | 11 | Par delà Nouyo. . . . . . . . . | — | 6.034 | 3 | 45 | » | » | » | » |
| — | 12 | Camp. . . . . . . . . . . . . . . | — | 6.436 | 3 | 30 | » | » | » | » |
| — | 13 | Au-dessous du camp d'Ougarrououé. . | — | 12.872 | 4 | » | » | » | » | » |
| — | 14 | Chutes d'Amiri. . . . . . . . . | — | 17.699 | 5 | 50 | » | » | » | » |
| — | 16 | Camp du 12 septembre 1887. . . . | — | 26.549 | 7 | 30 | » | » | » | » |
| — | 17 | Rapides de Navaiya. . . . . . . | — | 16.895 | 3 | 45 | » | » | » | » |
| — | 20 | Avé-yabou, près la cataracte de Bafaïdo. | — | 20.917 | 7 | 30 | » | » | » | » |
| — | 21 | Cataracte de Bafaïdo. . . . . . | — | 6.436 | 2 | » | » | » | » | 599 |
| — | 22 | En aval de la cataracte. . . . . | — | 24.155 | 8 | » | » | » | » | » |
| — | 23 | Cataracte de Basopo. . . . . . | — | 13.677 | 7 | 15 | » | » | » | » |
| — | 25 | Camp des Rapides. . . . . . . | — | 6.436 | 4 | » | » | » | » | » |
| — | 26 | Avé-djéli . . . . . . . . . . . | — | 13.677 | 5 | 50 | » | » | » | » |
| — | 28 | Près des rapides d'Avou-gadou. . | — | 20.917 | 7 | 30 | » | » | » | » |
| — | 29 | Avou-gadou . . . . . . . . . . | — | 9.654 | 4 | 30 | » | » | » | » |
| — | 30 | Village des Mabengou . . . . . | — | 17.699 | 6 | 30 | » | » | » | » |
| — | 31 | Avissibba . . . . . . . . . . . | — | 12.872 | 7 | 30 | 61 ¼ | » | » | » |
| Août | 2 | Camp sous Engouéddé. . . . . | — | 20.917 | 5 | 30 | » | » | » | » |
| — | 3 | En face de l'île Bapalya . . . . | — | 14.481 | 7 | 30 | » | » | » | » |
| — | 4 | Chutes du Panga. . . . . . . . | — | 13.677 | 8 | 30 | » | » | » | » |
| — | 7 | En face du bec de la Ngoula. . . | — | 17.699 | 8 | » | » | » | » | » |
| — | 8 | — Mambanga . . . . . . . | — | 14.481 | 6 | 30 | » | » | » | » |
| — | 9 | — May-Youi. . . . . . . . | — | 14.481 | 6 | 30 | » | » | » | » |
| — | 10 | Camp. . . . . . . . . . . . . . . | — | 16.090 | 8 | » | » | » | » | » |
| — | 11 | Bandeya. . . . . . . . . . . . . | — | 14.481 | 7 | » | » | » | » | » |
| — | 12 | A Batoundou, par canots. . . . . | — | 25.744 | 6 | » | » | » | » | » |
| — | 13 | Moupé Sud. . . . . . . . . . . | — | 17.699 | 4 | 30 | » | » | » | » |
| — | 15 | En aval des rapides Mariri . . . | — | 14.481 | 10 | » | » | » | » | » |
| — | 16 | Ile de Bougangéta . . . . . . . | — | 32.180 | 7 | » | » | » | » | » |
| — | 17 | Banalya. Découverte de l'Arrière-Colonne. | — | 11.265 | 1 | 20 | » | » | » | » |
| | | TROISIÈME VOYAGE A L'ALBERT-NYANZA. | | | | | | | | |
| — | 21 | Ile de Bougangeta . . . . . . . | Forêt. | 11.265 | 3 | » | » | » | » | » |
| — | 31 | En face de Mariri. . . . . . . . | — | 19.308 | 6 | » | 47 | » | » | » |
| Septembre | 1er | Rapides de Mariri. . . . . . . . | — | 12.872 | 3 | » | » | » | » | » |
| — | 2 | En amont de Mariri. . . . . . . | — | 6.436 | 4 | » | » | » | » | » |
| — | 3 | Moupé Sud. . . . . . . . . . . | — | 8.045 | 3 | » | » | » | » | » |
| — | 5 | Batoundou. . . . . . . . . . . | — | 17.699 | 7 | » | » | » | » | » |
| — | 8 | Préau des Éléphants. . . . . . | — | 16.090 | 6 | 50 | » | » | » | » |
| — | 9 | En aval de Bandeya . . . . . . | — | 8.045 | 5 | 30 | » | » | » | » |
| — | 10 | Bandeya. . . . . . . . . . . . . | — | 4.827 | 3 | 45 | » | » | » | » |
| — | 12 | En face de Mangini . . . . . . | — | 16.090 | 6 | 30 | » | » | » | » |
| — | 13 | — de May-Youi. . . . . . . | — | 14.481 | 7 | » | » | » | » | » |
| — | 14 | — de Mambanga . . . . . | — | 14.481 | 5 | » | » | » | » | » |
| — | 17 | — du bec de la Ngoula . . | — | 14.481 | 5 | 30 | » | » | » | » |
| — | 18 | — de l'île. . . . . . . . . . | — | 11.265 | 4 | 45 | » | » | » | » |

| DATE. | | NOM DE L'ENDROIT OU DU CAMP. | DISTANCE en KILOMÈTRES. | | DURÉE de la MARCHE. | | HEURES de PLUIE du mois. | LONGITUDE. PARIS. | LATITUDE. | ALTITUDES en MÈTRES. |
|---|---|---|---|---|---|---|---|---|---|---|
| | | | kil. | m. | heures. | minutes. | | | | |
| 1888. | | | | | | | | | | |
| — | 19 | Chutes de Panga........ Forêt. | 6. | 456 | 4 | 30 | » | » | » | » |
| — | 20 | Camp en amont........ — | 2. | 414 | 1 | » | » | » | » | » |
| — | 21 | Rapides du Nédjambi..... — | 6. | 436 | 4 | » | » | » | » | » |
| — | 24 | Camp par delà Outiri...... — | 14. | 481 | 5 | 15 | » | » | » | » |
| — | 25 | Engouéddé........... — | 14. | 481 | 6 | 45 | » | » | » | » |
| — | 26 | Avissibba........... — | 12. | 265 | 5 | 30 | » | » | » | » |
| — | 27 | En aval des rapides du Mabengou . . — | 14. | 481 | 6 | 30 | » | » | » | » |
| — | 29 | Rapides du haut Mabengou..... — | 4. | 023 | 4 | » | » | » | » | » |
| — | 30 | — — Avou-gadou . . — | 16. | 895 | 10 | » | 10 ¼ | » | » | » |
| Octobre | 1er | Avé-djéli............. — | 27. | 335 | 7 | 30 | » | » | » | » |
| — | 2 | Rayols............. — | 13. | 677 | 5 | 50 | » | » | » | » |
| — | 4 | Rive Nord du Bavikaï....... — | 9. | 654 | 4 | » | » | 29°54′ | N. 1°38′ | » |
| — | 7 | Cataracte du Basopo, Sud..... — | 6. | 436 | 3 | » | » | » | » | » |
| — | 8 | — en aval....... — | 9. | 654 | 4 | » | » | » | » | » |
| — | 9 | — — amont..... — | 6. | 436 | 3 | 15 | » | » | » | 604 |
| — | 10 | Larges des Hippos........ — | 4. | 827 | 1 | 30 | » | » | » | 584 |
| — | 11 | Cataracte de Bafaïdo....... — | 12. | 872 | 5 | 30 | » | » | » | 599 |
| — | 13 | Avé-yabou............ — | 14. | 481 | 5 | » | » | » | » | » |
| — | 14 | Rapides de Navaiya....... — | 11. | 263 | 4 | 30 | » | » | » | » |
| — | 16 | Cataracte de Navabi....... — | 5. | 652 | 3 | 30 | » | » | » | » |
| — | 17 | Par delà le village de Navabi.... — | 9. | 654 | 4 | 30 | » | » | » | » |
| — | 22 | Rapides............ — | 8. | 850 | 3 | » | » | » | » | » |
| — | 23 | Chez Ougarrououé, rive Nord... — | 12. | 872 | 6 | » | » | » | » | » |
| — | 24 | Bounda — — | 14. | 481 | 6 | 30 | » | » | » | » |
| — | 25 | En face de la Lenda — | 16. | 090 | 5 | » | » | » | » | » |
| — | 26 | Grands Rapides — | 12. | 068 | 5 | 30 | » | » | » | » |
| — | 27 | En amont de la Cataracte — | 12. | 872 | 4 | » | » | » | » | » |
| — | 28 | Ave-tiko Ouest — | 8. | 850 | 3 | » | » | » | » | 777 |
| — | 30 | Camp............. — | 11. | 263 | 5 | » | » | » | » | » |
| — | 31 | — près de la rivière Épéni... — | 9. | 654 | 5 | 30 | 39 | » | » | 859 |
| Novembre | 1er | Andaki............. — | 8. | 045 | 3 | 45 | » | 30°45′ | N. 1°16′35″ | 887 |
| — | 3 | Camp............. — | 11. | 263 | 5 | » | » | » | » | » |
| — | 4 | — — | 12. | 872 | 5 | 45 | » | » | N. 1°16′58″ | 931 |
| — | 5 | — — | 14. | 883 | 6 | 45 | » | » | N. 1°19′ | » |
| — | 6 | — — | 12. | 872 | 6 | 50 | » | » | » | » |
| — | 11 | — — | 5. | 652 | 2 | 30 | » | 31°2′15″ | N. 1°17′50″ | » |
| — | 12 | — — | 14. | 481 | 6 | » | » | » | » | » |
| — | 13 | — — | 13. | 677 | 6 | » | » | » | » | » |
| — | 14 | Andi-koumou......... — | 10. | 459 | 4 | » | » | 31°14′ | N. 1°29′15″ | 1041 |
| — | 19 | Camp............. — | 7. | 241 | 3 | 45 | » | » | » | » |
| — | 20 | — — | 8. | 045 | 4 | » | » | » | » | » |
| — | 21 | — — | 12. | 068 | 5 | 30 | » | » | » | » |
| — | 22 | — — | 13. | 274 | 6 | » | » | 31°22′ | N. 1°44′ | » |
| — | 23 | — — | 5. | 652 | 2 | 50 | » | » | » | » |
| — | 25 | Indé-maou........... — | 11. | 056 | 3 | 50 | 35 ¾ | 31°27′45″ | N. 1°47′16″ | 1409 |
| Décembre | 1er | La Doui............ — | 14. | 481 | 5 | 30 | » | » | » | 1005 |
| — | 2 | Andi-ouba............ — | 14. | 481 | 5 | 50 | » | » | » | 1025 |
| — | 5 | Addi-oouhha.......... — | 9. | 654 | 3 | » | » | 31°58′15″ | N. 1°59′ | 1056 |

| DATE. | NOM DE L'ENDROIT OU DU CAMP. | | DISTANCE en KILOMÈTRES. | DURÉE de la MARCHE. | | HEURES de PLUIE du mois. | LONGITUDE. PARIS. | LATITUDE. | ALTITUDES en MÈTRES. |
|---|---|---|---|---|---|---|---|---|---|
| | | | kil. m | heures. | minutes. | | | | |
| 1888. | | | | | | | | | |
| Décembre 4 | Ngouétza . . . . . . . . . . . . | Forêt. | 12.470 | 4 | 30 | » | » | » | 1087 |
| — 6 | Camp . . . . . . . . . . . . . . | — | 12.068 | 6 | 30 | » | » | » | » |
| — 7 | — . . . . . . . . . . . . . | — | 11.265 | 5 | 30 | » | » | » | 1098 |
| — 8 | — de la Famine . . . . . . | — | 13.677 | 6 | 15 | » | » | » | 1059 |
| — 15 | — du 7 Décembre . . . . . . | — | 13.677 | 5 | 50 | » | » | » | » |
| — 16 | — de la Famine . . . . . . | — | 13.677 | 5 | 50 | » | » | » | » |
| — 17 | L'Ihourou . . . . . . . . . . . | — | 8.045 | 3 | 30 | » | » | » | 1031 |
| — 18 | Camp . . . . . . . . . . . . . . | — | 8.045 | 3 | 45 | » | » | » | » |
| — 19 | Plantations du Fort Bodo . . . | — | 9.654 | 5 | » | » | » | » | » |
| — 20 | Fort Bodo . . . . . . . . . . . | — | 4.827 | 2 | » | » | » | » | 1068 |
| — 23 | La Croisée des Routes aux Pygmées . . | — | 14.481 | 5 | 30 | » | » | » | 1125 |
| — 24 | Camp des Pygmées . . . . . . . | — | 8.045 | 2 | 50 | » | » | » | 1179 |
| | Une fraction de la colonne va du Fort Bodo à l'Itouri et revient au Camp des Pygmées . . . . . . . . . . | — | 171.359 | 52 | » | 16 ½ | » | » | » |
| 1889 Janvier 4 | Indé-mouani . . . . . . . . . . | — | 8.045 | 3 | » | » | » | » | 1071 |
| — 5 | Près d'Indé-ndourou Ouest . . . | — | 16.090 | 5 | 50 | » | » | » | 1101 |
| — 6 | Par delà Indé-ndourou Est . . . | — | 12.872 | 5 | 55 | » | » | » | 755 |
| — 7 | Le mont Pisgah . . . . . . . . | — | 15.286 | 4 | 40 | » | » | » | 1403 |
| — 9 | Bac de l'Itouri . . . . . . . . | — | » | » | 7 | 3 ¾ | » | » | 915 |
| — 10 | Kandékoré . . . . . . . . . . | — | 0.805 | » | 15 | » | » | » | 1057 |
| — 13 | Près de Monkandgi . . . . . . | — | 15.688 | 4 | 30 | » | » | » | » |
| — 14 | Oundoussouma . . . . . . . . . | — | 12.872 | 3 | 50 | » | » | » | 1292 |
| — 16 | Ouzanza, chez Gavira . . . . . | — | 14.481 | 4 | 30 | » | » | » | 1420 |
| — 18 | Kavalli, Délivrance d'Émin Pacha . . | — | 12.872 | 4 | 10 | 9 | » | » | 1465 |
| | Colline des Balegga . . . . . . . | | » | » | » | » | » | » | 1678 |
| | 19 voyages au Nyanza et retour . . . . . | | 794.846 | » | » | Févr.11 / M. 10 ½ | » | » | » |
| | Voyage à l'Itouri et retour . . . . . . . | | 151.246 | » | » | » | » | » | » |
| | **Retraite vers la Mer.** | | | | | | | | |
| Avril 10 | A Gavira . . . . . . . . . . . | | 12.872 | 4 | 10 | » | » | » | 1420 |
| — 12 | Oundoussouma . . . . . . . . . | | 14.481 | 4 | 30 | 43 | » | » | 1292 |
| Mai 8 | Bouryambiri . . . . . . . . . . | | 11.265 | 3 | 45 | » | » | » | » |
| — 9 | Oudjoungoué, Centre . . . . . . | | 10.458 | 4 | 15 | » | » | » | 1250 |
| — 10 | Outinda . . . . . . . . . . . . | | 11.265 | 4 | 50 | » | » | » | » |
| — 11 | Bonhobo . . . . . . . . . . . . | | 10.458 | 4 | 15 | » | 32° 28′ 50″ | N. 1° 11′ | 1515 |
| — 12 | Mboga . . . . . . . . . . . . . | | 8.045 | 3 | » | » | 32° 28′ 15″ | N. 1° 5′ | » |
| — 14 | Kiryama . . . . . . . . . . . . | | 9.654 | 3 | 45 | » | » | N. 1° 0′ 50″ | » |
| — 17 | Bac de l'Aouamba sur la Semliki . . . . | | 16.090 | 4 | 45 | » | 32° 51′ 45″ | N. 1° 53′ 45″ | 885 |
| — 20 | Grand village, Aouamba . . . . | | 5.025 | 1 | 50 | » | 32° 51′ 45″ | » | 747 |
| — 22 | Petit village . . . . . . . . . | | 12.872 | 6 | » | » | » | » | » |
| — 23 | Baki Koundi . . . . . . . . . . | Forêt. | 6.456 | 2 | 15 | » | 32° 51′ 45″ | N. 0° 47′ 5″ | » |
| — 25 | Village . . . . . . . . . . . . | | 6.456 | 2 | 50 | » | » | » | » |
| — 26 | Ougarama. Coin de la forêt . . | | 8.045 | 3 | » | » | 32° 54′ 45″ | N. 0° 45′ 40″ | 897 |
| — 29 | Boutama . . . . . . . . . . . . | | 6.456 | 2 | 30 | » | » | N. 0° 38′ 48″ | » |
| — 30 | Boukoko . . . . . . . . . . . . | | 11.265 | 4 | » | 64 ¾ | » | N. 0° 40′ | 1020 |
| Juin 2 | Banzombé . . . . . . . . . . . | | 12.872 | 5 | » | » | » | N. 0° 58′ | » |

## COMPTE DES FONDS DE SECOURS A ÉMIN PACHA

| RECETTES. | Fr. | c. |
|---|---:|---:|
| Gouvernement Égyptien. | 350 000 | » |
| Sir William Mackinnon, baronnet. | 75 000 | » |
| Peter Mackinnon, Esq. | 57 500 | » |
| Peter Bonny, Esq. de Dumbarton. | 57 500 | » |
| Baronne Burdett-Coutts. | 2 500 | » |
| James Sligo Jameson, Esq. | 25 000 | » |
| Comtesse de Noailles. | 25 000 | » |
| Gray, Dawes et Cie, Londres. | 57 500 | » |
| J. Mackinnon, Esq. | 11 250 | » |
| H. T. Younger, Esq., Denmore. | 12 500 | » |
| Duncan Mac Neil, Esq. | 26 250 | » |
| Alexander L. Bruce, Esq., Édimbourg. | 18 750 | » |
| James F. Hutton, Esq., Manchester. | 6 250 | » |
| Société Royale de Géographie. | 25 000 | » |
| W. Burdett-Coutts, Esq. | 10 000 | » |
| J. M. Hall, Esq. | 9 575 | » |
| N. Mac Michael, Esq. | 9 575 | » |
| J. Siltzer, Esq. | 2 500 | » |
| Sir Thomas Fowell Buxton. | 6 250 | » |
| Colonel J. A. Grant. | 2 500 | » |
| W. P. Alexandre, Esq. | 6 250 | » |
| A. F. Walter, Esq., du *Times*. | 12 500 | » |
| Reçu des journaux, en payement des lettres de H. M. Stanley : | | |
|   *Daily News*, Londres. . . . . . . . . 12 500.00 | | |
|   *Standard*, Londres. . . . . . . . . . 6 250.00 | | |
|   *Daily Telegraph*, Londres. . . . . . 5 000.00 | 33 750 | » |
|   *Manchester Guardian*. . . . . . . . 5 000.00 | | |
|   *Scotsman*, Édimbourg. . . . . . . . 5 000.00 | | |
| H. M. Stanley, remboursement d'espèces reçues de Beyts et Cie, Suez. | 14 950 | 10 |
| Compagnie du Télégraphe Oriental, remboursement du demi-tarif sur les télégrammes de Zanzibar. | 4 180 | 60 |
| Intérêts sur dépôts, Ransome et Cie. | 4 282 | 90 |
| Gray, Dawes et Cie, remboursement de transport. | 12 226 | 10 |
| B. Edgington, remboursement sur lettres de change. | 133 | 50 |
| MM. S. Allnutt. | 75 | » |
| Rev. S. Stevenson. | 52 | 50 |
| La Cie Commerciale de l'Afrique, vente de marchandises. | 5 815 | 20 |
| Gray, Dawes et Cie, remboursement. | 708 | 95 |
| Lord Kinnaird. | 2 500 | » |
| Total des recettes. | 825 464 | 85 |

| DÉPENSES. | Fr. | c. |
|---|---:|---:|
| Transport et voyages. | 180 034 | 25 |
| Approvisionnement général. | 126 160 | 40 |
| Équipement de l'Expédition. | 57 694 | 45 |
| Salaires avancés aux porteurs. | 50 694 | 15 |
| Salaires et commissions. | 15 920 | 80 |
| Télégrammes. | 12 974 | » |
| Assurances. | 755 | 50 |
| Service médical. | 2 405 | 90 |
| Messager spécial à Khartoum. | 1 625 | » |
| Deux lettres de change tirées en Afrique pour marchandises | 5 625 | » |
| Petites dépenses à Londres. | 2 445 | 50 |
| Compagnie du Télégraphe Oriental. | 880 | 10 |
| Impressions. | 54 | 65 |
| Petite monnaie. | 250 | » |
| Salaires des Soudanais, traite de Suez. | 50 000 | » |
| Traite d'Édimbourg. | 6 | 25 |
| Solde des honoraires de William Bonny. | 6 050 | » |
| Dépenses du capitaine Nelson. | 761 | 65 |
| Passage de Stairs et Jephson. | 1 116 | 85 |
| Dépenses sur la *Katoria* et la *Réoua*. | 615 | 95 |
| Traite Smith, Mackenzie et Cie pour payement de l'Expédition. | 151 675 | » |
| Total des dépenses. | 647 755 | 40 |
| Solde en excédent de recettes. | 177 729 | 45 |
| | 825 464 | 85 |

| DATE. | NOM DE L'ENDROIT OU DU CAMP. | DISTANCE en KILOMÈTRES. | | DURÉE de la MARCHE. | | HEURES de PLUIE du mois. | LONGITUDE. PARIS. | LATITUDE. | ALTITUDES en MÈTRES. |
|---|---|---|---|---|---|---|---|---|---|
| | | kil. | m. | heures. | minutes. | | | | |
| 1889. | | | | | | | | | |
| Juin 3 | Bakokoro. | 4.827 | | 3 | » | » | » | N. 0° 37′ | 930 |
| — 5 | Mtarega. | 6.436 | | 2 | 30 | » | » | N. 0° 29′ | 1179 |
| | Ascension de Stairs aux Cônes Jumeaux. | » | | » | » | » | » | » | 5256 |
| — 9 | Camp de la Forêt. | 11.265 | | 4 | 45 | » | » | » | 976 |
| — 10 | Oulegga. Oukondjou. | 10.056 | | 5 | » | » | » | N. 0° 20′ 39″ | 1372 |
| — 11 | Mtsora. | 11.265 | | 4 | 50 | » | 32° 6′ 45″ | N. 0° 15′ | 1217 |
| | La Plaine, ancien lit du lac. | » | | » | » | » | » | » | 1051 |
| — 14 | Mouhamba. Ousongama. | 16.090 | | 4 | 30 | » | » | » | » |
| | La haute Semliki presque en face | » | | » | » | » | » | » | 1037 |
| — 15 | Karimi. | 13.677 | | 4 | » | » | 32° 9′ | N. 0° 4′ 30″ | 1479 |
| — 16 | Roussessé, lac Albert-Édouard. Ousongama. | 17.699 | | 4 | 45 | » | 32° 13′ 30″ | N. 0° 2′ 50″ | 1152 |
| — 17 | Katoué. | 19.508 | | 4 | 20 | » | 33° 24′ 30″ | S. 0° 8′ 15″ | 1056 |
| | Lac Albert-Édouard. | » | | » | » | » | » | » | 1009 |
| | Lac Salé. | » | | » | » | » | » | » | 996 |
| — 20 | Moukoungou. | 29.767 | | 6 | 45 | » | 32° 31′ 30″ | S. 0° 4′ 30″ | » |
| — 21 | Mouhokya. | 17.699 | | 4 | » | » | 32° 31′ 30″ | N. 0° 8′ | » |
| — 22 | Bourouli. Lac Albert-Édouard. Tono. | 16.492 | | 4 | 15 | » | 32° 36′ 15″ | N. 0° 15′ | 1013 |
| — 23 | La Nsondji. | 19.508 | | 5 | 45 | » | 32° 40′ 30″ | N. 0° 19′ | 1013 |
| — 26 | Kavandaré. | 12.068 | | 4 | » | » | 32° 44′ 45″ | N. 0° 15′ 30″ | 1182 |
| — 28 | Camp. | 10.459 | | 3 | 45 | » | » | N. 0° 12′ | » |
| — 29 | Tchamlérikoué. | 10.459 | | 3 | 45 | 7 ½ | » | » | » |
| — 4 | Kitété. | 14.481 | | 3 | 15 | » | » | » | » |
| — 5 | Kibouigué. | 12.872 | | 2 | 45 | » | 32° 39′ 45″ | S. 0° 11′ 45″ | 1320 |
| | La crête du Kinya-magara. | 8.045 | | 3 | » | » | » | » | 1604 |
| — 6 | Bouzimba. | » | | » | » | » | » | » | 1849 |
| — 9 | Kitéga. | 8.045 | | 2 | 30 | » | 32° 48′ | S. 0° 10′ | 1526 |
| — 10 | Katara. | 14.481 | | 4 | 45 | » | 32° 51′ 30″ | S. 0° 16′ | 1754 |
| — 11 | Ouamaganga | 9.654 | | 5 | » | » | 32° 51′ | S. 0° 25′ 15″ | 1633 |
| — 12 | Kasari. | 8.850 | | 2 | 45 | » | » | S. 0° 52′ 15″ | 1513 |
| — 14 | Nyamatoso | 11.265 | | 3 | 30 | » | » | » | 1482 |
| — 17 | Kasoussou | 16.895 | | 4 | » | » | 33° 2′ 30″ | S. 0° 56′ 30″ | 1482 |
| — 21 | Namiandja | 16.090 | | 4 | 45 | » | » | S. 0° 44′ | 1617 |
| — 22 | Viarouha. | 9.654 | | 3 | 15 | » | 33° 7′ 30″ | S. 0° 43′ | 1491 |
| — 24 | Mavona. | 9.654 | | 3 | 15 | » | 33° 11′ | S. 0° 45′ 15″ | 1475 |
| — 25 | Le Nil Alexandra. | 12.872 | | 4 | 15 | » | 33° 14′ | S. 0° 46′ 45″ | » |
| — 26 | Traversée en bateau | 17.699 | | 5 | » | » | » | » | » |
| — 28 | Ounya Katera. Karagoué. | 2.414 | | » | 45 | » | 33° 16′ 30″ | S. 0° 57′ 45″ | 1266 |
| — 29 | Sources thermales, Mtagata. | 9.654 | | 2 | 50 | » | 33° 18′ 15″ | S. 1° 5′ 45″ | 1560 |
| — 31 | Kirouroumo. | 17.699 | | 5 | » | » | 33° 0′ 0″ | S. 1° 9′ 10″ | » |
| Août 1er | Boutété. | 14.481 | | 4 | » | » | » | » | 1522 |
| — 2 | Kivona. | 16.090 | | 4 | » | » | 33° 27′ 15″ | S. 1° 25′ | » |
| — 3 | Kafourro. | 17.699 | | 5 | » | » | 33° 51′ | S. 1° 30′ 15″ | » |
| — 7 | Rozaka | 19.508 | | 6 | » | » | » | S. 1° 39′ 45″ | 1440 |
| — 8 | Outenga. | 16.090 | | 5 | » | » | » | » | 1574 |
| — 10 | Lac d'Ourégui | 11.265 | | 3 | » | » | » | » | 1525 |
| — 11 | — Kavari. Ihandgiro. | 14.481 | | 4 | 50 | » | 33° 45′ 45″ | S. 1° 55′ 15″ | 1199 |
| — 12 | — Moutara. | 15.286 | | 4 | 45 | » | 33° 49′ | S. 2° 0′ | 1199 |
| — 13 | Ngoti. | 11.265 | | 3 | 30 | » | 33° 51′ 45″ | S. 2° 7′ 15″ | » |
| | | 16.090 | | 4 | 30 | » | » | S. 2° 11′ 30″ | » |

| DATE. | | NOM DE L'ENDROIT OU DU CAMP. | DISTANCE en KILOMÈTRES. | DURÉE de la MARCHE. | | HEURES de PLUIE du mois. | LONGITUDE. PARIS. | LATITUDE. | ALTITUDES en MÈTRES. |
|---|---|---|---|---|---|---|---|---|---|
| | | | kil. m. | heures. | minutes. | | | | |
| 1889. | | | | | | | | | |
| Août | 15 | Kimouani, Victoria-Nyanza. Ouzindja. | 16.090 | 5 | » | » | 34° 8' 45" | S. 2° 17' 50" | 1287 |
| — | 18 | Nyamagodjou, — — | 19.308 | 4 | 45 | » | 34° 6' 30" | S. 2° 19' 50" | 1190 |
| — | 19 | Kisaho, — — | 20.917 | 4 | 45 | » | 34° 11' 45" | S. 2° 30' | 1190 |
| — | 20 | Itari, — — | 21.722 | 5 | » | » | 34° 14' | S. 2° 37' 50" | » |
| — | 21 | Amranda, — — | 20.113 | 4 | 30 | » | 34° 16' 50" | S. 2° 48' | 1178 |
| — | 22 | Bouanga. | 17.699 | 4 | » | » | 34° 18' 15" | S. 2° 56' | 1208 |
| — | 23 | Ouyombi. | 28.962 | 6 | 45 | » | 34° 32' 15" | S. 3° 0' | 1278 |
| — | 25 | Kamouagué. | 20.113 | 5 | » | » | 34° 42' 15" | S. 3° 0' | 1391 |
| — | 26 | Oumpéké. | 20.917 | 5 | » | » | 34° 52' 45" | S. 3° 2' | 1421 |
| — | 27 | Mission française. Ousambiro. | 24.135 | 6 | » | 6 | 35° 2' 45" | S. 2° 59' 15" | 1545 |
| — | 28 | Mission anglaise, Victoria Nyanza. | 20.917 | 4 | 45 | 15 m. | 35° 48' 45" | S. 3° 1' 45" | 1225 |
| Septembre | 17 | Moutzimou, | 12.068 | 3 | » | » | » | » | » |
| — | 18 | Djendjé, près du Victoria Nyanza. | 13.677 | 3 | 30 | » | 35° 16' 45" | S. 2° 55' 45" | » |
| — | 19 | Konngou, Ourima. Ousoukouma. | 16.895 | 4 | » | » | » | » | » |
| — | 20 | Ikoma, Ourima. | 13.677 | 3 | 30 | » | » | S. 3° 6' 30" | » |
| — | 21 | Mouanza, Nera. | 14.481 | 4 | 30 | » | 35° 30' 15" | S. 3° 12' | » |
| — | 22 | Séké, Nera. | 20.917 | 6 | » | » | » | » | 1209 |
| — | 23 | Séké Kouikourou. | 10.459 | 3 | 30 | » | 35° 48' 30" | S. 3° 24' | 1345 |
| — | 25 | Sinyanga. | 19.308 | 5 | » | » | 35° 43' 45" | S. 3° 51' 30" | 1254 |
| — | 26 | Sinyanga Kouikourou. | 4.827 | 1 | 30 | » | » | » | » |
| — | 27 | Kixoumbou. | 18.504 | 4 | 30 | » | » | » | » |
| — | 28 | Chez Musari. | 16.090 | 4 | » | » | 35° 44' 45" | S. 3° 52' 54" | 1162 |
| | | Ousongo Nord. | 35.398 | 9 | » | » | » | » | 1424 |
| Octobre | 1er | Ousongo Central. | 4.827 | 1 | 30 | » | 35° 46' | S. 4° 5' | » |
| — | 9 | Nyaoué. | 17.699 | 4 | 15 | » | » | » | » |
| — | 10 | Simgoutzi. | 12.872 | 3 | » | » | » | » | » |
| — | 11 | Mana Tombolo. | 18.504 | 5 | 45 | » | » | » | » |
| — | 13 | Camp au désert. De l'eau dans les trous. | 18.504 | 3 | 45 | » | » | S. 4° 35' | » |
| — | 14 | — — | 16.090 | 3 | 45 | » | » | » | » |
| — | 15 | — — | 23.744 | 6 | 15 | » | » | » | 1253 |
| — | 16 | Ikoungou Nord. | 19.308 | 4 | 30 | » | » | » | 1162 |
| — | 17 | Ikoungou Kouikourou. | 6.436 | 1 | 45 | » | 36° 16' 30" | S. 5° 14' 30" | » |
| — | 20 | Camp au désert. | 28.962 | 7 | 10 | » | » | » | » |
| — | 21 | | 12.068 | 3 | » | » | » | S. 5° 26' | » |
| — | 22 | | 9.654 | 2 | 10 | » | » | » | » |
| — | 23 | Makoméro, Outatourou. | 24.945 | 6 | 15 | » | » | » | » |
| — | 24 | Camp au désert. | 22.526 | 5 | 30 | » | » | » | » |
| — | 25 | Kapalata. | 4.827 | 1 | 10 | » | 37° 2' | S. 5° 40' 50" | 1541 |
| — | 26 | Mouhalala. Ougogo. | 20.113 | 5 | » | » | » | » | 1150 |
| — | 28 | Mioui, Ounyangouira. | 17.699 | 4 | 15 | » | » | » | 950 |
| — | 29 | Chez Makendjé | 12.872 | 3 | 15 | » | » | » | 885 |
| — | 30 | Kitinkou. | 8.045 | 2 | » | » | » | » | » |
| — | 31 | Camp près des Puits | 10.459 | 2 | 45 | » | » | » | » |
| Novembre | 1er | Magombya. | 21.722 | 5 | 30 | » | » | » | » |
| — | 2 | Camp près des Puits. | 24.135 | 6 | » | » | » | » | 1190 |
| — | 3 | Ndjassa. | 16.895 | 4 | » | » | » | » | 1098 |
| — | 4 | Ipala. | 12.068 | 2 | 45 | » | » | » | » |
| — | 5 | Massonga. | 16.090 | 3 | 45 | » | » | » | 1098 |
| — | 8 | Camp près des Puits. Désert. | 8.045 | 2 | » | » | » | » | » |
| — | 9 | Kbambi. Ousagara. | 28.962 | 6 | 50 | » | » | » | 885 |

| DATE. | | NOM DE L'ENDROIT OU DU CAMP. | DISTANCE en KILOMÈTRES. | DURÉE de la MARCHE. | | HEURES de PLUIE du mois. | LONGITUDE. PARIS. | LATITUDE. | ALTITUDES en MÈTRES. |
|---|---|---|---|---|---|---|---|---|---|
| | | | kil. m. | heures. | minutes. | | | | |
| 1889. | | | | | | | | | |
| Novembre | 10 | Mpouapoua, Ousagara Afrique allemande... | 18.504 | 4 | 30 | » | » | » | » |
| — | 13 | Toubougoué, — — | 17.699 | 4 | 15 | » | » | » | 1022 |
| — | 14 | Mtoni, — — | 12.872 | 3 | 15 | » | » | » | » |
| — | 15 | Kidété, — — | 16.090 | 4 | 15 | » | » | » | 732 |
| — | 16 | Kirassa, — — | 14.481 | 3 | 45 | » | » | » | » |
| — | 17 | Mouinyi, — — | 10.459 | 2 | 30 | » | » | » | 589 |
| — | 19 | Ferahani, — — | 22.526 | 5 | 45 | » | » | » | » |
| — | 20 | Ouaziri, Ousegoubha, — | 11.263 | 2 | 30 | » | » | » | 455 |
| — | 21 | La Makata, — — | 24.135 | 6 | » | » | » | » | » |
| — | 22 | Vianzi, — — | 14.481 | 3 | 45 | » | » | » | » |
| — | 23 | Siambamouenni — — | 18.504 | 4 | 30 | » | » | » | 534 |
| — | 25 | — E. — — | 11.263 | 2 | 30 | » | » | » | » |
| — | 26 | Mikessé, — — | 20.917 | 5 | » | » | » | » | » |
| — | 27 | L'Oudjérendjéri — — | 23.351 | 5 | 30 | » | » | » | 153 |
| — | 28 | Msoua, — — | 27.353 | 6 | 45 | » | » | » | 117 |
| Décembre | 1ᵉʳ | Mbiki............ | 24.135 | 6 | » | » | » | » | 76 |
| — | 2 | Mbouyouni............ | 10.459 | 2 | 30 | » | » | » | » |
| — | 3 | Kibiro............ | 20.115 | 5 | » | » | » | » | » |
| — | 4 | Bagamoyo........... | 16.895 | 4 | 15 | » | » | » | » |
| — | 6 | L'Ile de Zanzibar par mer......... | 40.225 | » | » | » | » | » | » |
| | | TOTAL des kilomètres parcourus. | 9717.000 | | | | | | |

# COMPTE

DES

FONDS DE SECOURS

FIN

# TABLE DES GRAVURES

Épées et couteaux. — Armes diverses. — Cor d'ivoire. (D'après une photographie.). . . . . . . . . . . . . . . . . . . . . . . . . 23
Antilope chassée à la nage. . . . . . . . . . . . . . . . . . 24
Pygmée pris à Avatiko . . . . . . . . . . . . . . . . . . . . 39
Combat dans la clairière d'Andi-Koumou. . . . . . . . . . . . 49
Nains emportant une caisse de munitions. . . . . . . . . . . . 53
Pont jeté sur le Doui. . . . . . . . . . . . . . . . . . . . 57
Le camp de la famine. . . . . . . . . . . . . . . . . . . . 63
Lances. . . . . . . . . . . . . . . . . . . . . . . . . . . 90
Pot. . . . . . . . . . . . . . . . . . . . . . . . . . . . . 90
Siège. . . . . . . . . . . . . . . . . . . . . . . . . . . . 90
Table à jouer. . . . . . . . . . . . . . . . . . . . . . . . 90
Tabouret. . . . . . . . . . . . . . . . . . . . . . . . . . 90
Pointes de flèches des nains. . . . . . . . . . . . . . . . . 92
Les pygmées comparés avec les officiers anglais, les Soudanais et les Zanzibari (d'après une photographie). . . . . . . . . . . . . . 93
Piège à éléphant. . . . . . . . . . . . . . . . . . . . . . . 95
Les pygmées chez eux. . . . . . . . . . . . . . . . . . . . 97
Une beauté de Bavira. . . . . . . . . . . . . . . . . . . . 125
Vue du camp à Kavalli. . . . . . . . . . . . . . . . . . . . 133
Entrevue avec les officiers rebelles. . . . . . . . . . . . . . 141
Les pygmées, comparés avec Okili, domestique de Casati (d'après une photographie) . . . . . . . . . . . . . . . . . . . . . . . 153
Choukri Agha, commandant de Msoua . . . . . . . . . . . . 161
Le transport des bagages sur le plateau. . . . . . . . . . . . 165
Séli, mon ordonnance. . . . . . . . . . . . . . . . . . . . 173
La mère du vékil. . . . . . . . . . . . . . . . . . . . . . . 193
Les Égyptiens d'Emin avec leurs familles. . . . . . . . . . . . 207
Le Rouvenzori, vu de Kavalli. . . . . . . . . . . . . . . . . 235
Attaque des Ouanyoro au passage de la Semliki. . . . . . . . 241
Huttes sur la lisière de la forêt. . . . . . . . . . . . . . . . 243
Femmes et enfants égyptiens. . . . . . . . . . . . . . . . . 245
Le Rouvenzori, vue prise de la forêt d'Aouamba. . . . . . . . 251
Profil du Rouvenzori et de la vallée de la Semliki. . . . . . . . 255
Pics sud-ouest du Rouvenzori. . . . . . . . . . . . . . . . . 257
Le Rouvenzori, vu de Mtsora. . . . . . . . . . . . . . . . . 265
Le Rouvenzori, vu de Karimi. . . . . . . . . . . . . . . . . 267
Carte d'Afrique dans le *Monde d'Homère*. . . . . . . . . . . 272
Carte d'Hékatée, 500 ans av. J.-C. . . . . . . . . . . . . . . 273

Le Nil et ses fontaines, par Hipparque, 100 av. J.-C. . . . . . . . . . . . . 273
Carte de Ptolémée, 150 ans après J.-C. . . . . . . . . . . . . . . . . 273
Carte d'Edrissi, 1154 après J.-C. . . . . . . . . . . . . . . . . . 274
Carte de la *Margarita Philosophica*, 1503 ap. J.-C. . . . . . . . . . . 274
Carte de John Ruysch, 1508 ap. J.-C. . . . . . . . . . . . . . . . 275
Carte de Sylvanuus, 1511 ap. J.-C. . . . . . . . . . . . . . . . . 275
Carte de Verrazano, 1529 ap. J.-C. . . . . . . . . . . . . . . . . 276
Carte de Sébastien Cabot, xvi° siècle. . . . . . . . . . . . . . . . 276
Océan Atlantique ou occidental, d'après les géographes des xvi° et xvii° siècles. 277
Carte de Constable, Edimburg, 1819. . . . . . . . . . . . . . . . 278
Montagnes de la Lune. — Massoudi, xi° siècle. . . . . . . . . . . . 287
Vue à vol d'oiseau du Rouvenzori, du Albert-Édouard et du lac Albert. . . 295
Pics du Rouvenzori, vus de Bakokoro . . . . . . . . . . . . . . . . 304
Petit lac salé de Katoué. . . . . . . . . . . . . . . . . . . . . . 311
Hutte près de l'Albert-Nyanza. . . . . . . . . . . . . . . . . . . 319
Village de l'Ankori. . . . . . . . . . . . . . . . . . . . . . . 330
Dans les rochers de la vallée de l'Ankori . . . . . . . . . . . . . . 334
L'expédition dans les gorges de Karya-Mouhoro. . . . . . . . . . . 353
Instruments de musique des Balegga. . . . . . . . . . . . . . . . 562
Armes des Balegga et des Ouahouma. . . . . . . . . . . . . . . 363
Source chaude de Mtagata (d'après une photographie). . . . . . . . 368
Le petit rhinocéros dans le camp. . . . . . . . . . . . . . . . . 369
Lac d'Ourigni. . . . . . . . . . . . . . . . . . . . . . . . . 375
Campement à l'extrémité sud-ouest du lac Victoria-Nyanza. . . . . . . 379
Mission de M. Mackay au Victoria-Nyanza . . . . . . . . . . . . . 385
Oussambiro, village dans les rochers. . . . . . . . . . . . . . . 393
Notre rencontre avec les Ouassoukouma. . . . . . . . . . . . . . 395
Stanley, Emin et les officiers à Oussambiro. . . . . . . . . . . . . 401
Banquet à Msoua. . . . . . . . . . . . . . . . . . . . . . . 409
Maison d'où Emin est tombé. . . . . . . . . . . . . . . . . . . 413
A Bagamoyo, sous les palmiers. . . . . . . . . . . . . . . . . . 415
Embarquement à bord de la *Turquoise*. . . . . . . . . . . . . . 419
Les fidèles à Zanzibar (d'après une photographie). . . . . . . . . . 429
Écrin d'or et noir contenant le diplôme de Citoyenneté de Londres, présenté à l'auteur en janvier 1887 au moment de son départ pour aller à la délivrance d'Emin Pacha. . . . . . . . . . . . . . . . . . . . . 442
Écrin donné par Léopold II, roi des Belges, contenant l'Étoile d'Afrique et l'Étoile du Service. . . . . . . . . . . . . . . . . . . . . . 442

# TABLE DES MATIÈRES

## CHAPITRE XXI

### TROISIÈME VOYAGE AU NYANZA

(Du 18 août au 19 octobre 1888.)

M. Bonny et les Zanzibari. — Les plaintes des Zanzibari. — Harangue de Stanley. — Conversations avec Feradji et Sélim. — Ma réponse. — Récits enthousiastes sur l'abondance des vivres au Nyanza. — Nous attendons Tippou-Tib à l'île de Bounganegta. — Revue de l'expédition avant le départ. — Lettre de Jameson datée des chutes Stanley, 12 août. — Départ de la flottille. — Les rapides du Mariri. — Visite d'Ougarrououé et de Sélim bin Mohammed. — Tippou-Tib, le major Barttelot et les porteurs. — Sélim bin Mohammed. — Ma réponse à Tippou-Tib. — Sélim et les Manyouema. — Les Batoundou. — La variole parmi les Manyouema et les porteurs madi. — Deux folles. — Deux autres Zanzibari tués en maraude. — Promesses violées. — Les Ababoua et leurs armes. — Le rapide aux Guêpes. — Dix hommes tués et mangés par les natifs. — Accident de canot à Manguinni. — Le razzieur Lakki à Mambanga. — Feroudji et l'antilope. — Djabou, notre cuisinier, tué par une flèche empoisonnée. — Les chutes de Panga. — Autres malheurs causés par les natifs. — Rapides de Nedjambi. — Les flèches empoisonnées. — Rapides de Mabengou. — Une naissance. — Notre liste de malades. — Affection entre indigènes. — Une tornade aux Petits Rapides. — Le village de Bavikaï. — Observations sur la malaria. — Choc avec les natifs de Bavikaï. — Un nuage d'éphémères au Large des Hippos. — Incident à Avaiyabou. — Mort du garçon Soudi. — Résultat du vaccin sur les Zanzibari. — Zanzibari piqués par des guêpes. — Graves accidents aux rapides d'Amiri. — Nos pertes. — La variole. — La caravane se munit de vivres. . . . . . . . . . . . . . . . . . . . . . . . . . . . . 1

## CHAPITRE XXII

### DES CHUTES D'AMIRI AU FORT BODO

(Du 23 octobre au 20 décembre 1888.)

Nouveau séjour dans l'ancienne station d'Ougarrououé. — Marche vers Bounda. — Nous traversons l'Itouri. — Une page de mon carnet. — Les plantations d'Avatiko. — M. Bonny mesure un pygmée. — L'histoire et le costume des pygmées. — Conversation par gestes. — La femme du pygmée. — Les singes et autres animaux de la forêt. — L'essart d'Andaki. — Nos habits en guenilles. — L'Ihourou. — La disette. — Repas d'Amani. — Oulédi en quête de vivres. — Provisions soustraites. — Encore le village de Kilonga Longa. — Autres décès. — Meilleure route dans la forêt. — Escarmouche près d'Andi-koumou. — Les pygmées et la caisse de cartouches. — La colline de Kakoua. — Défaite d'une caravane. — Le dernier des Somali. — Un abat d'eau. — Heureuse trouvaille de vivres à Inde-maou. Le pont sur le Doui. — Une revue sommaire. — Une chèvre égarée dans notre camp. — Autre capture de nains. — Détresse. — Nous renvoyons chercher des bananes à Ngouetza. — Sabouri se perd dans la forêt. — Inquiétudes relatives à la troupe partie pour Ngouetza. — Le camp de la famine. — Retour de Sabouri. — A la recherche des absents. — Nous les retrouvons dans la forêt. — L'Ihourou. — Arrivée au fort Bodo. . . . . 35

## CHAPITRE XXIII

### LA GRANDE FORÊT DU CENTRE DE L'AFRIQUE

(Décembre 1888 )

Les renseignements du professeur Drummond sur l'Afrique. — Aire de la Grande Forêt. — Végétation. — Entomologie. — Description des arbres. — Les tribus et leur nourriture. — La brousse proprement dite. — Les abatis, merveilles de la vie végétale. — L'étrange sensation de solitude. — Une tempête dans la forêt. — Végétation tropicale sur les rives de l'Arouhouimi. — Nids de guêpes. — La forêt, image de la société humaine. — Quelques secrets des bois. — Le gibier dans la forêt. — Pourquoi nous ne faisions pas de chasses. — Les oiseaux. — Les simiens. — Insectes et reptiles. — Les coléoptères et les petites abeilles. — Le pou de Pharaon. — Les chutes des arbres. — Les chimpanzés. — La zone la plus pluvieuse de la Terre. — L'Itouri ou haut Arouhouimi. — Les différentes tribus et leurs dialectes. — Leurs coutumes et physionomies. — Leur teint. — Conversation avec des captifs à Engoueddé. — Les nains ouamboutti, leurs habitations et leurs manières de vivre. — Les nains batoué. — Vie dans les villages sylvains. — Les nains capturent deux Égyptiens au fort Bodo. — Poisons employés pour les flèches. — Le traitement des blessures par les flèches. — Les fruits de la forêt. — Animaux domestiques. — Maladies des Madi et Zanzibari. — Le chemin de fer du Congo et les produits de la forêt. . . . . . . . . . . . . . . . . . . . . . . . . . . 68

## CHAPITRE XXIV

### L'EMPRISONNEMENT D'EMIN PACHA ET DE M. JEPHSON

(Du 20 décembre 1888 au 7 février 1889.)

Notre réception au fort Bodo. — Rapport de Stairs sur ce qui s'est passé pendant notre absence. — Sans nouvelles de Jephson. — Revue de nos hommes. — Nous brûlons le fort pour aller trouver Emin et Jephson. — Le camp de Kandekoré. — Recommandations à Stairs et à Parke, commis à la garde des malades. — Nouvelles d'Emin et de Jephson. — Le vieux Gavira nous fait escorte. — Deux Ouahouma nous apportent des lettres. — Ce qu'elles contiennent. — Je confie mes réponses au chef Mogo. — Les Balegga nous attaquent. — Nous les repoussons avec l'aide des Bavira.

— Arrivée de Jephson. — Conversation sur Emin. — Récit que fait Jephson de la révolte dans l'Equatoria. — Son opinion. — Réponse d'Emin à ma lettre. . . . . . . . . . . . . . . . . . . . . . . . . . . . . . 104

## CHAPITRE XXV

#### EMIN PACHA ET SES OFFICIERS A NOTRE CAMP DE KAVALLI

(Du 7 février au 26 mars 1889.)

J'envoie chercher Stairs et sa caravane. — Plans relatifs aux moyens de tirer Emin de Toungourou. — Les récits de Jephson me donnent une idée de la situation. — Les intentions des officiers rebelles à Ouadelaï. — Lettre d'Emin. — Les officiers relâchent Emin et l'accompagnent à notre camp de Kavalli. — Arrivée d'Emin Pacha. — Stairs et sa caravane chez Mozamboni. — Lettre caractéristique de Jephson. — Jephson va chercher Emin et ses officiers. — Billet du Pacha. — Arrivée de la caravane d'Emin. — Grande revue hors du camp. — Le grand divan. — Sélim Bey. — La colonne de Stairs et les richesses qu'elle apporte. — M. Bonny est envoyé au Nyanza pour monter les bagages. — Message aux officiers rebelles restés à Ouadelaï. — Note de M. Bonny. — Arrivée du mercanti grec le signor Marco. — Suicide de Mrima, un Zanzibari. — Les chefs des tribus voisines nous fournissent des porteurs. — Nelson apporte le bagage d'Emin. — Arrangements avec les chefs de la contrée entre l'Itouri et le Nyanza. — Kabba Réga. — La fille d'Emin Pacha. — Lettre de Fadl el-Moulla à Sélim Bey. — Le Pacha est attaché à l'expédition comme naturaliste et météorologiste. — Le Pacha un matérialiste. — Arrivée du docteur Hassan. — J'inspecte le camp. — Arrivée du capitaine Casati. — M. Bonny amène Aouach Effendi et son bagage. — Un docteur unique au monde. — Les chimpanzés. — Le Pacha, un collectionneur-né. — Mensuration des nains. Pourquoi je diffère d'Emin dans mes appréciations sur les hommes. — Voyage du camp au lac pour chercher les gens et leurs colis. — Récriminations des Zanzibari. — Les meneurs. — Hassan Bakari. — Les officiers égyptiens. — Entrevue avec Choukri Agha. — La flore des collines Balegga. — Le Rouvenzori. — Le chef des Oussiri entre dans notre confédération. — Conversation avec Emin. — Mon discours à Stairs, Nelson, Jephson et Parke devant Emin Pacha. — Leur réponse. — Notification à Sélim Bey et Choukri Agha. . . . . . . . . . . . . . . . . . . . . . . . . . 152

## CHAPITRE XXVI

#### DÉPART POUR ZANZIBAR

(Du 27 mars au 8 mai 1889.)

Fausses nouvelles venant de chez Mazamboni. — Un peu de l'ivoire du Pacha. — Opinion d'Osman Latif Effendi sur les officiers du Pacha. — Séli espion du camp. — Jugement du capitaine Casati sur la retraite d'Emin. — Le poids de mes officiers. — Le Rouvenzori. — La fillette élevée par Casati. — J'interviens entre Mohammed Effendi, sa femme et Emin. — Bilal et Sirour. — Tentatives de voler des carabines. — Bruits de désordres à Ouadelaï, à Msoua. — Alternative posée à Emin Pacha. — On sonne pour la revue générale. — Les Zanzibari pourchassent les Arabes d'Emin. — Ma harangue aux Égyptiens et Soudanais. — Stairs pousse les domestiques du Pacha dans le carré. — Sirour et trois autres des meneurs principaux, mis sous garde. — Les suivants d'Emin Pacha. — Osman Latif Effendi et sa mère. — Emin et Casati ne se parlent plus. — Préparatifs de marche. — Passe d'armes entre Omar, le Nubien et les Zanzibari. — Je prononce la sentence. — Nous partons de Kavalli pour Zanzibar. — Notre effectif. — Halte sur le territoire de Mazamboni. — Je tombe malade. — Les habiles soins du docteur Parke. — Mes plans pour la marche du retour. — Bruits de nombreux complots. — Stairs et 40 hommes capturent Rehan et 22 déserteurs. — La cour martiale condamne Rehan. — Maladie de Parke et de Jephson. — Un paquet de lettres tombe entre nos mains. — Découverte d'un complot. — Conversation avec Emin sur cette affaire. — Choukri Agha nous arrive avec deux hommes. — Stairs cache des munitions. — Nous continuons la marche sur Bounyambiri. — Les services rendus par Mazamboni. — Trois soldats arrivent avec des lettres de Sélim Bey. — Contenu des messages. — Entretien avec les soldats. — Ils emportent une lettre d'Emin. — Ali Effendi et ses gens repartent avec eux. . . . . . . . . .  170

## CHAPITRE XXVII

### EMIN PACHA — UNE ÉTUDE DE PSYCHOLOGIE

David Livingstone comparé à Emin Pacha. — Esquisse du voyage de l'expédition jusqu'à la première rencontre avec Emin. — Quelques détails relatifs à Emin. — La haute idée que nous nous faisions d'Emin Pacha. — La fidélité de ses troupes. — L'irrésolution d'Emin. — Notre surprise en trouvant Emin prisonnier à notre troisième visite au Nyanza. — Ce qu'on eût pu faire si Emin avait eu plus de franchise et moins de secrétivité. — La vertu d'Emin et ses nobles désirs. — Emin à notre point de vue. — Le rang et la position d'Emin à Khartoum. — Comment il est nommé gouverneur de l'Equatoria. — Les difficultés de Gordon dans le Soudan. — Les égards d'Emin et sa patience. — Après 1883, Emin est abandonné à lui-même. — Les petites explorations d'Emin. — Exactitude de l'appréciation de l'empereur Hadrien sur les Égyptiens. — L'histoire de la lutte d'Emin contre les troupes du Mahdi de 1883 à 1885. — Junker porte les dépêches d'Emin à Zanzibar, en 1886. — Kabba Réga, un ennemi déclaré d'Emin. — Ce qu'était l'exacte position d'Emin avant notre entrée en matière. — Un bon gouvernement était impossible. — Deux documents mahdistes remis par le Sirdar Sir Francis Grenfell (lettres d'Osman Digna et d'Omar Saleh) . . . . . . .  210

## CHAPITRE XXVIII

### DE BOUNDEGOUNDA A L'ALBERT-ÉDOUARD-NYANZA

#### (Du 9 mai au 16 juin. 1889)

Description de la route depuis Boundegounda. — Les Pics Jumeaux. — La marche vers Outinda. — Les officiers du Pacha injurient l'officier de service. — Sévère ordre du jour. — Kaïbouga se met en hostilité contre Ouhobo. — On se rencontre avec l'ennemi. — Okili, le domestique de Casati, est tué. — Description de la chaîne du Rouvenzori, vue de Nboga. — M. Jephson toujours débile. — Toukabi, le petit fugitif. — Nelson examine la Semliki. — Arrivée à la Semliki. — Description de la rivière. — Oulédi et Saat-Tato la traversent à la nage pour avoir un canot. — Attaqué par une bande de Ouara-Soura. — Tous débarquent heureusement. — Dans la forêt de Aouamba. — Vers Baki-Koundi. — Hamdan. — Nous rencontrons quelques aborigènes sylvains. — Les Égyptiens et leur suite. — Conversation avec Emin Pacha. — Les parties de l'Afrique encore inexplorées.

TABLE DES MATIÈRES. 481

Abondance de vivres. — Le Rouvenzori, vu de l'éperon de l'Ougarama. — Informations locales. — Le vieux Batouma. — Nous rencontrons des Manyouema à Boukouko. — Mtarega, au pied de la chaîne de Rouvenzori. — Stairs explore les Montagnes de la Lune. — Son rapport. — La vallée de la Semliki. — La vallée du Rami-Loulou. — La plus belle des forêts tropicales. — Villages dans l'essart d'Oulegga. — Soumission du chef des Ouakondjou. — Renseignements que nous donnent les Ouakondjou. — La tribu ouakondjou. — Encore la Semliki. — La vue du Rouvenzori depuis Mtsora. — A Mouhamba et à Karimi. — Capture de gros bétail chez Roukara. — La zéribe de Roussessé. — Notre première vue du lac Albert-Édouard-Nyanza. . . . . . . . . . . . . . . . . . . . . . . . . 250

## CHAPITRE XXIX

### LES SOURCES DU NIL — LES MONTAGNES DE LA LUNE ET LES FONTAINES DU NIL

Le père Jérôme Lobo sur le Nil. — La cartographie au temps d'Homère. — L'idée qu'Hékatée se faisait de l'Afrique. — L'Afrique d'après Hipparque. — La grande carte de Ptolémée. — La carte d'Edrissi. — La carte de la *Margarita Philosophica*. — La carte de John Ruysch. — La carte de Sylvannus. — La carte de Sébastien Cabot. — L'arbitraire des cartographes modernes. — La carte de Constable, Édimbourg. — Ce que dit Hugh Murray en son livre publié en 1818. — Une belle dissertation sur le Nil par le prieur de Neuville. — Extrait d'un manuscrit en la possession de S. E. Ali Pacha Moubarek. — Plan du mont Goumr. — Une bonne description de l'Afrique, par Scheab Eddin. — Le Nil, d'après Abdoul Hassan Ali Massoudi. — Abou Abdallah Mohamed ed-Dimachgué au sujet du Nil . . 270

## CHAPITRE XXX

### LE ROUVENZORI, « ROI DES NUAGES »

Voyageurs récents qui ont manqué la vue de la chaîne. — Les Monts de la Lune d'après les classiques. — La chaîne aperçue par nous du Pisgah en 1887. — La Montagne Neigeuse et les Pics Jumeaux ; premières constatations en 1888 et en janvier 1889. — Description de la chaîne. — La vallée de la Semliki. — Description du Rouvenzori. — L'écoulement principal de la chaîne montagneuse. — La forêt d'Aouamba, dans la vallée de la Semliki. — La vallée est abritée des vents. — Nouveautés curieuses en botanique dans la forêt d'Aouamba. — Les plaines entre Mtsora et Mouhamba. — Changement de climat et de végétation à mesure qu'on approche du flanc méridional du Rouvenzori. — Sentiments qu'inspire le Rouvenzori. — Pourquoi le Rouvenzori garde tant de neige. — Les champs de neige et de débris. — Autres aspects du Faiseur de Pluies, dit aussi Roi des Nuages. — Impression faite par les pics sublimes et les gorges blanches. . . . . . . . . . . 289

## CHAPITRE XXXI

### LE ROUVENZORI ET LE LAC ALBERT-ÉDOUARD
(Du 15 juin au 2 juillet 1889.)

Importance des cartes dans les livres de voyages. — Temps que j'ai employé à mes cartes. — Lit desséché d'un lac découvert près Karimi. — Évaluation de sa superficie. — Géologie de cette région. — Ce que montre l'observation depuis la vallée de la Semliki jusqu'au bassin des Lacs Jumeaux. — Vaste plaine entre Roussessé et Katoué. — Les zéribes d'euphorbe dans l'Oussongora. — Les razzias faites par les Ouaganda il y a dix-huit ans. — L'herbe et l'eau sur les larges bas-fonds. — Derniers regards sur le Rouvenzori méridional. — La ville de Katoué. — L'Albert-Édouard-Nyanza. — Analyse des eaux du lac salé à Katoué. — Environs du lac salé. — La teinte sanguinolente de ses eaux. — Le plus grand lac salé de Katoué, appelé aussi lac Mkiyo. — Grande réputation du sel de Katoué. — Les lacustres de l'Albert-Édouard. — Bévoua noue, en notre nom, amitié avec les natifs. — Kakouri se montre avec des chefs ouassongora. — Exploration du grand lac de Katoué. — L'établissement de Kaiyoura. — La baie de Katoué. — Léopard noir. — Cases des indigènes à Moukoungou. — Le golfe Béatrice. — Halte à Mouhokya. — Embuscade de Ouara-Soura, près du Roukoki. — Nous les mettons en fuite. — Nous capturons une femme des Mahouma. — Nelson poursuit l'arrière-garde des Roukara. — Halte à Bourouli. — Les amis Ouakondjou et Ouassongora nous quittent. — La mauvaise eau nous fait tomber malades. — Nous traversons le Nsongui. — Capture d'un Ouara-Soura. — Maladies et morts parmi les noirs et les Égyptiens. — Notre dernier engagement avec les Ouara-Soura au défilé de Kavandaré. — Boulémo Ruigui met son pays à notre disposition. — Le contingent du Pacha. — La fièvre me prend à Katari. — Le côté sud du lac Albert. — Rivières qui alimentent ce lac. — Sa couleur. — Notre premier et dernier regard sur le lac. — Ce que nous aurions pu voir sans la brume.  306

## CHAPITRE XXXII

#### AU NIL ALEXANDRA A TRAVERS L'ANKORI

(Du 3 au 27 juillet 1889.)

Les routes à la mer par l'Ouganda, à travers l'Ankori, le Rouanda, et de là au Tanganyka. — Nous nous décidons pour la route d'Ankori. — A Kitété nous recevons la bienvenue au nom du roi Antari. — Nous sommes fêtés par Massakouma et ses femmes. — La mère du roi Antari envoie un message amical. — Samuel et Zacharie, deux chrétiens ouaganda, se présentent à notre camp. — Zacharie raconte les événements qui ont eu lieu dans l'Ouganda. — Mouanga, roi de l'Ouganda. — La fièvre disparaît. — Nous remontons la vallée entre Iouanda et la chaîne Denny. — Nous campons à Ouamaganga. — Ses habitants. — Traversée de la rivière Rouizi. — Présent de la reine mère. — Conduite scandaleuse de quelques-uns de nos gens. — Un exemple qui montre la diversité des jugements. — Halte à la vallée du Rousoussou. — Extraits de mon journal. — Nous continuons notre voyage par la vallée de la Namiandja. — Les natifs, jusque-là paisibles, se rebiffent, mais ils sont punis par les guerriers du prince Outchounkou. — Je fais l'alliance des sangs avec Outchounkou. — Admiration du prince pour le canon Maxim. — Seconde députation que m'envoient les chrétiens. — Je les interroge longuement. — Extraits de mon journal. — Ma réponse aux chrétiens. — Nous entrons dans la vallée de la Mavona. — En vue de la vallée de l'Alexandra. — Le Nil Alexandra. . . . . . . . . . . . . . . .  327

TABLE DES MATIÈRES.

## CHAPITRE XXXIII

### LES TRIBUS DE LA TERRE AUX HERBES

Les Ouahouma. — Juste l'opposé des nains. — Leurs descendants. — Les tribus étroitement apparentées au vrai type nègre. — Les tribus du bassin nilotique. — Les Pasteurs. — Les traditions de l'Ounyoro. — L'expérience que j'ai faite des Ouahouma à Kavalli. — La vue qu'on a de Kavalli. — Les chefs Kavalli, Katto et Gavira me content leurs peines. — Les souvenirs du Rougoudji. — Les pâturages entre la forêt et le lac Albert. — Le bétail autour de Kavalli. — Lait qu'il fournit. — Trois jugements que je porte sur des différends en matière de bétail. — Devoirs domestiques des femmes. — Costume des Ouahouma. — Les tribus de la Terre aux Herbes ont gardé maintes coutumes des Éthiopiens et des anciens Égyptiens. — Usages, habitudes et religion de ces tribus. — Mort du malheureux Gaddo, soupçonné d'avoir conspiré contre son chef Kavalli. — Alimentation des Ouahouma. — Le climat de la Terre aux Herbes. . . . . . . . . . . . 550

## CHAPITRE XXXIV

### DU LAC ALBERT A LA POINTE SUD DU LAC VICTORIA

(Du 28 juillet au 17 septembre 1889.)

Ankori et Karagoué sous deux aspects. — Karagoué et le Nil Alexandra. — Les eaux thermales de Mtagata. — Un petit rhinocéros. — Son humeur batailleuse. — Disparition d'Ouadi Asmani. — L'opinion du Pacha sur le capitaine Casati. — Le docteur Parke et la nabote. — Un jeune pygmée. — Kibbo-Bora perd sa femme aux Eaux-Chaudes. — Arrivée à Koufarro. — Les derniers rois du Karagoué. — Kiengo. — Nelson ressemble à Speke. — Le roi de l'Ouganda est fort redouté dans le Karagoué. — Ndagara n'ose pas permettre à nos malades de rester dans son pays. — Le campement à Outhenga. — Morts de froid. — Pour porter nos malades, nous jetons les objets inutiles dans le lac d'Ourigui. — Le district de l'Ihanguiro. — Il nous faut acheter notre nourriture. — Lac d'Ourigui. — Au village de Moutara, Fath el-Moullah court l' « amouk » sur les natifs. — Il leur est livré. — Le plateau de l'Ounyamatoundou. — Halte à Ngoti. — Le chef Mouengui. — Le territoire de Kadjoumba. — Vue du lac Victoria. — Le pays autour de Kissah. — Des lions et des crânes humains dans le voisinage de notre camp. — Les événements de 1888 ont aplani notre route vers la mer. — Amranda et Bouanga. — Les missionnaires français et leurs stations à Oussambiro. — Arrivée chez M. Mackay, à la mission anglaise. — La bibliothèque de M. Mackay. — Nous prenons du repos et achetons des vivres. — MM. Deakes et Mackay nous donnent un beau dîner. — Dernière lettre de M. Mackay, en date du 5 janvier 1890. . . . . . . . . . . . 566

## CHAPITRE XXXV

### DU VICTORIA-NYANZA A ZANZIBAR

(Du 17 septembre 1889 au 16 janvier 1890.)

L'œuvre missionnaire sur les rives du Victoria-Nyanza et du fleuve Congo. — La route à partir de la mission Mackay. — Le pays de Guengué. —

T. II. — 31

À Koungou, la paix fut difficile à garder. — Rupture de la paix à Ikoma. — Monangoué pris et relâché. — Les guerriers ouassoukouma nous attaquent, puis battent en retraite. — Trahison. — De Néra jusqu'à Séké. — Nous entrons chez Sinyanga. — Amitié entre les indigènes et nos hommes. — Agression constante des natifs. — Lourds tributs. — Massacre d'une caravane. — L'Ousongo et son chef Mittinguinya. — Ses voisins et entours. — Deux missionnaires français nous rejoignent. — Crânes humains à Ikoungou. — Nous rencontrons une caravane de Tippou-Tib, venant de Zanzibar. — Les troubles à Ougogo. — Le lieutenant Schmidt nous souhaite la bienvenue à Mpouapoua. — Emin Pacha visite les Pères du Saint-Esprit. — Les Pères ignoraient la célébrité d'Emin. — Notre courrier s'égarant continuellement en Afrique. — Coupillures de journaux. — Le baron de Gravenreuth et plusieurs autres viennent à notre rencontre. — Provisions d'Europe, effets et chaussures. — Le major Wissmann. — Wissmann et Schmidt nous conduisent à Bagamoyo. — Les hôtes et le dîner servi au mess des officiers allemands. — La major Wissmann propose la santé des invités. — Ma réponse et celle d'Emin. — L'accident arrivé à Emin. — Emin à l'hôpital. — L'opinion du docteur Parke. — Effet produit à Bagamoyo. — On s'embarque pour Zanzibar. — Dernières paroles avec Emin Pacha. — Maladie du docteur Parke. — Emin Pacha entre au service du gouvernement allemand. — Lettre d'Emin Pacha à Sir John Kirk. — Cessation brusque des rapports d'Emin avec moi. — Trois occasions dans lesquelles j'ai pu sembler offenser Emin. — Les craintes d'Emin. — Réponse du Khédive. — Emin et la Compagnie britannique de l'Afrique orientale. — La courtoisie et l'hospitalité reçues à Zanzibar. — Sommes dues aux survivants de l'expédition de secours. — Djaffar Tarya, l'agent de Tippou-Tib à Zanzibar. — Le juge consulaire fait opposition, en mon nom, sur une somme appartenant à Tippou-Tib. — Au Caire. — Conclusion.. . . . . . . . . . . . . . . . . . . . . . . . . . 389

APPENDICES. . . . . . . . . . . . . . . . . . . . . . . 435
   Félicitations par télégrammes, reçues à Zanzibar. . . . . . . . . . 435
   Notes linguistiques. . . . . . . . . . . . . . . . . . . 443
   Lettre d'Omar-Saleh à Emin Pacha. . . . . . . . . . . . . 445
   Itinéraire des voyages faits en 1887, 1888, 1889. . . . . . . 450
   Compte des fonds de secours. . . . . . . . . . . . . . 472
TABLE DES GRAVURES. . . . . . . . . . . . . . . . . . . 475

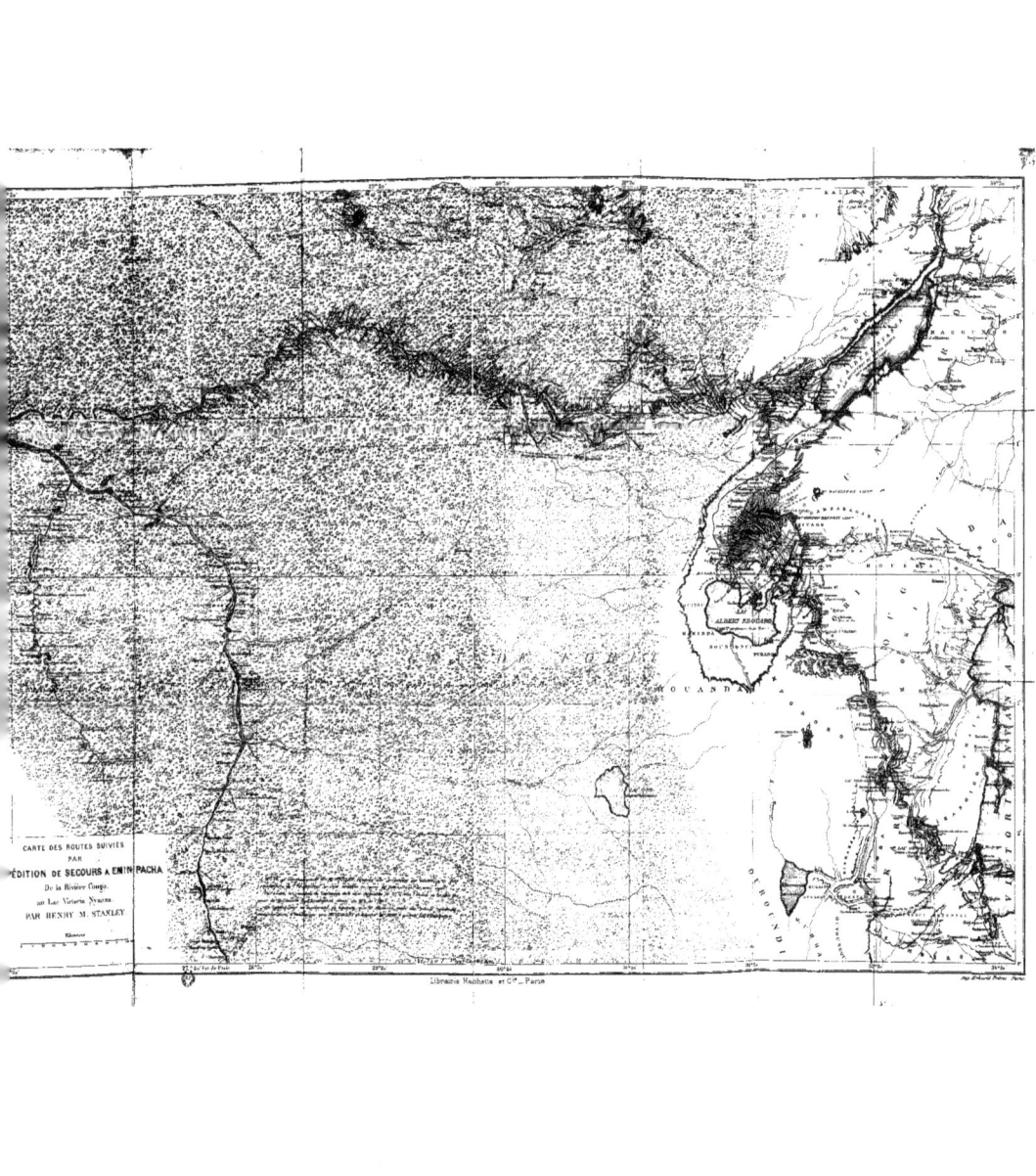

www.ingramcontent.com/pod-product-compliance
Lightning Source LLC
Chambersburg PA
CBHW060220230426
43664CB00011B/1493